BÉNÉZET BUJO

WIDER DEN UNIVERSALANSPRUCH WESTLICHER MORAL

D1664149

QUAESTIONES DISPUTATAE

Begründet von
KARL RAHNER UND HEINRICH SCHLIER

Herausgegeben von
PETER HÜNERMANN UND THOMAS SÖDING

182
BÉNÉZET BUJO
WIDER DEN UNIVERSALANSPRUCH
WESTLICHER MORAL

Internationaler Marken- und Titelschutz: Editiones Herder, Basel

BÉNÉZET BUJO

WIDER DEN UNIVERSALANSPRUCH WESTLICHER MORAL

GRUNDLAGEN AFRIKANISCHER ETHIK

HERDER

FREIBURG · BASEL · WIEN

Für
Narcisse Pilo Kamaragi
und
Jean-Benoît Kiza Katanga

Die Deutsche Bibliothek – CIP-Einheitsaufnahme

Bujo, Bénézet : Wider den Universalanspruch
westlicher Moral : Grundlagen afrikanischer
Ethik / Bénézet Bujo. – Freiburg im Breisgau ;
Basel ; Wien : Herder, 2000
(Quaestiones disputatae ; 182)
ISBN 3-451-02182-X

Druckvorlage durch den Autor

© Verlag Herder Freiburg im Breisgau 2000
Druck und Bindung: Difo-Druck, Bamberg 2000
Gedruckt auf umweltfreundlichem, chlorfrei gebleichtem Papier
ISBN 3-451-02182-X

Inhalt

6

8

Vorwort

Die heutige Welt sieht sich mehr denn je mit neuen und komplexen Problemen konfrontiert, die sie vor ebenso neue Herausforderungen stellen, welche von eminent entscheidender Bedeutung für die Zukunft der Menschheit sind. Man denke hier an das rasante Tempo, mit dem die moderne Technologie die Welt erobert und verändert. Darin liegen durchaus große Hoffnungen auf eine Verbesserung der Lebensqualität der Menschen. Moderne Technologien ermöglichen beispielsweise derart gute Kommunikationsmöglichkeiten, daß man in die Lage versetzt wird, schneller und effizienter als je zuvor in verschiedenen Erdteilen zu helfen, Konflikte zu lösen, Ungerechtigkeiten bzw. Verstöße gegen Menschenrechte zu denunzieren, kurzum, Frieden zu stiften. Die Gentechnologie etwa erlaubt heute die Bekämpfung des Welthungers durch Verbesserung der Agrarkultur und der Nahrungsmittel. Viele Krankheiten lassen sich leichter unter Kontrolle bringen, oder es besteht für manch andere die Hoffnung, daß man sie in einer nicht allzu fernen Zukunft überwinden wird. – Diese positiven Aspekte dürfen aber nicht über die Ambivalenz der modernen Technik hinwegtäuschen, die der Menschheit auch Angst einflößen kann. Philipp Schmitz betont zu Recht, daß Technik nicht weniger beunruhigt als das Leben: „Nichts macht so viel Angst wie verpaßtes oder verlorenes Leben. Mit der Technik können Wertsysteme durcheinandergebracht werden. Mit ihr kann auch schon einmal die Autonomie des Menschen in Frage gestellt, der Zusammenhalt von Gesellschaften aufgelöst und der Machtanspruch des Staates frustriert werden."[1] Daß die Technik sogar die ganze Natur zerstören und eine Weltkatastrophe herbeiführen könnte, ist eine Realität, für die wir heute ein feines Sensorium entwickelt haben. Im Zusammenhang mit dem Thema unserer Studie muß man aber vor allem darauf aufmerksam machen, daß die moderne Technik die Schaffung einer *Monokultur* bewirkt. Diese Beobachtung gilt in besonderer Weise für die Kulturen der nicht-westlichen Welt, die kaum die Möglichkeit haben, sich technisch durchzusetzen und ihre Stimme im Globalisierungsprozeß zu Gehör zu bringen. Es ist indes verwunderlich, daß diese Gefahr einer Monokultur die Geister nicht zu beunruhigen scheint. Von allen Seiten hört man Proteste gegen die Vernichtung von Pflanzen- oder Tiergat-

---

[1] *Ph. Schmitz*, Fortschritt ohne Grenzen? Christliche Ethik und technische Allmacht, Freiburg i.Br., 1997, 14.

tungen. Auf der Ebene der ‚Menschenkulturen' aber scheint die Globalisierung und eine Art Klonierung selbstverständlich zu sein, ohne daß bedacht wird, daß Fortschritt und Zukunft der Menschheit nur im Plural zu realisieren sind. Ohne also die implizierten, deutlichen Vorteile übersehen zu wollen, muß man unbedingt auf die Gefahr hinweisen, der etwa die modernen Massenmedien erliegen können. Nicht selten verbreiten diese neben Positivem auch manche Ideologien, die das Gute in den nicht-westlichen Kulturen nur zerstören können. Die Massenmedien, die vom Westen gefördert werden, kümmern sich nicht um das Menschenbild ihrer Adressaten und Adressatinnen in der Dritten Welt, sondern es wird oft von vornherein vorausgesetzt, daß das, was für Europa oder Nordamerika gut ist, überall und für alle Kulturen ebenso gut sein muß. Die negativen Folgen einer solchen Globalkultur heute lassen sich in Schwarzafrika ganz besonders am Beispiel der westlichen Demokratie beobachten: Diese wird auf den schwarzen Kontinent ohne Hinterfragung übertragen und durch moderne Medien wie Fernsehen und Radio gegenüber einer zum größten Teil analphabetischen Bevölkerung unterstützt. Diese neue Kultur, selbst wenn sie demokratisch zu sein behauptet, zerstört die Lebenswelt der Afrikaner, die darin bestand, das politische Leben höchst *kommunitaristisch* – im Sinn von gemeinschaftlich – durch das Palaver zu gestalten. Heute aber wird das Wort gerade auch durch die Massenmedien von einzelnen monopolisiert und zwar unter Berufung auf das westliche Menschenbild. Zugegebenermaßen ist die Globalisierung für die Dritte Welt und vor allem für Afrika nicht neu. Man kann sagen, daß sie für Schwarzafrika mit dem Sklavenhandel begonnen hat. Denn eigentlich galten die schwarzen Sklaven und Sklavinnen als Menschen ohne Kultur, die gekauft und weiterverkauft werden konnten und sich den jeweiligen Herren unterzuordnen hatten. Diese Unterbewertung der Kultur aber betraf die Sklaven und Sklavinnen aufgrund ihrer Abstammung, so daß das negative Urteil sich tatsächlich auf Schwarzafrika insgesamt bezog.[2]

Es ist indes zu betonen, daß die heutige Globalisierung viel radikaler und totaler ist als damals, wo es einfach nicht möglich war, die ganze Welt in solch rasantem Tempo zu einem einheitlichen Denken und Handeln zusammenzuführen. Es ist deshalb kein Zufall, wenn manche Kreise im Blick darauf von einem Weltethos sprechen, das dem Negativen der Globalisierung entgegenwirken soll. Im Laufe unserer Untersuchung werden wir deshalb auch die Frage erörtern müssen, inwiefern das Projekt Weltethos selbst eine geeignete Antwort für eine multikulturelle

---

[2] Vgl. das Urteil von *G.W.F. Hegel*, Vorlesungen über die Philosophie der Geschichte (Theorie-Werkausgabe, Bd. 12), Frankfurt a.M. 1970, 120ff.

Welt sein kann. Damit berühren wir zugleich das Problem der Inkulturation, die für das christliche Ethos hoch bedeutsam sein muß. Mit anderen Worten: Das Christentum kann nicht umhin, den Globalisierungsprozeß gerade im Hinblick auf dessen Tendenz hin zur *Monokultur* aufmerksam zu verfolgen, da diese unbestreitbare Konsequenzen für die Evangelisierung hat. Wenn sich nämlich die Frohbotschaft Jesu in jedem Volk *beheimaten* soll, dann kann sie sich nicht mit einer bestimmten Kultur – auch nicht mit einer Mono- bzw. Globalkultur – identifizieren. Davor hat die Kongregation „*De propaganda Fide*" schon 1659 unter Papst Alexander VII. gewarnt. Den u.a. für China und Korea bestimmten Apostolischen Vikaren wurde nahegelegt, die zu evangelisierenden Völker, sei es auch nur argumentativ, *nicht* dazu zu zwingen, ihre Riten, Sitten und Gebräuche aufzugeben, es sei denn, sie stehen *in evidenter Weise* im Widerspruch zur ‚Religion' und ‚Moral'. Die Kongregation macht deutlich, daß es *absurd* wäre, etwa den Chinesen Französisches, Spanisches, Italienisches, kurzum Europäisches aufzuoktroyieren.[3] Diese weisen Worte wurden in der Folgezeit nicht ganz aus den Augen verloren. Man findet sie beispielsweise wiederholt im Hinblick auf die Evangelisierungsarbeit im Kongo, wo dieselbe Kongregation meint, die Katholische Kirche sei weder belgisch, noch französisch, sie sei auch nicht englisch, italienisch oder amerikanisch. Sie könne all das sein, aber dann auch kongolesisch.[4] Dessen ungeachtet und obwohl auch viele andere lehramtliche Dokumente[5] immer wieder auf die Notwendigkeit der Respektierung der Kulturen im Evangelisierungsprozeß hingewiesen haben, wurde in der Praxis dieses Problem letzten Endes doch stiefmütterlich behandelt. Erst das Zweite Vatikanum hat diesbezüglich frischen Lebensatem gebracht, der einen neuen Frühling für die Inkulturationsbewegung bedeutete. Das Missionsdekret ermutigt die jungen Kirchen dazu, „Brauchtum und Tradition ihrer Völker", sowie deren Weisheit,

---

[3] Vgl. Collectanae Sacrae Congregationis de Propaganda Fide, Rom 1907, I, Nr. 135. Vgl. den französischen Text bei *V. Mulago*, Évangélisation et authenticité dans l'enseignement du Magistère, in: *ders*. (Hrsg.), Aspects du Catholicisme au Zaïre, Kinshasa 1981, 10: „Ne mettez aucun zèle, n'avancez aucun argument pour convaincre ces peuples de changer leurs rites, leurs coutumes et leurs mœurs, à moins qu'elles ne soient évidemment contraires à la religion et à la morale. Quoi de plus absurde que de transporter chez les Chinois la France, l'Espagne, l'Italie ou quelque autre pays d'Europe? N'introduisez pas chez eux nos pays, mais la foi [...]."
[4] Vgl. Sylloge praecipuorum documentorum Summorum Pontificum et Sacrae Congregationis Romanorum ad usum Missionariorum, Rom 1939, Nr. 206. Zit. bei *V. Mulago*, Évangélisation 11: „L'Église catholique n'est ni belge, ni française, ni anglaise, ni italienne ou américaine; elle est catholique. C'est pourquoi elle est belge en belgique, française en France, anglaise en Angleterre, etc. Au Congo, elle doit être congolaise."
[5] Vgl. die Textsammlung bei *V. Mulago*, Évangélisation 7–45.

Wissen, Kunst und dergleichen im Hinblick auf die Verkündigung des Evangeliums ernst zu nehmen und nicht preiszugeben.[6] Diese Lehre des Konzils wirkte nicht nur wohltuend, sondern auch befreiend; waren doch die jungen Kirchen stark abendländisch geprägt, wie auch Suso Brechter bemerkt: „Es ist eine bedrückende Tatsache der Geschichte, daß die Kirche außer im abendländischen Raum und in der Neuen Welt keine Fremdkultur mehr sich einzuverleiben und umzuwandeln vermochte. Sie ist nirgendwo mehr ganz einheimisch geworden, ist überall westlich geblieben."[7] Diese Beobachtung ist für Schwarzafrika in besonderer Weise zutreffend, da man hier weder eine echte ‚Kultur' noch irgendeine Großreligion entdeckt zu haben meinte. So ist auch ein echter Dialog zwischen Christentum und afrikanischer Religion lange für nicht relevant erachtet worden. Erst viele Jahre nach dem Vatikanum II fängt man an, das Thema – vielleicht noch zögernd – explizit zur Sprache zu bringen.[8] Der zu initiierende Dialog betrifft dann nicht nur die Sphäre des Glaubens, sondern auch die der Moral. Mit anderen Worten: Es geht um eine Orthodoxie, die in die Orthopraxie münden soll. – Vorliegende Studie ist in diesem Zusammenhang zu sehen. Sie knüpft an frühere Überlegungen an, die man „afrikanische Ethik im Fragment" nennen könnte.[9] In seiner Rezension dazu schrieb der viel zu früh verstorbene Kollege und Freund Franz Furger, daß „man [...] wünschen möchte, daß der [...] Verfasser über Einzelstudien hinaus gelegentlich selber eine systematische Synthese aus afrikanischer Sicht vorlegen würde [...]."[10] Lange bevor Furger diesen Wunsch aussprach, war dies schon vom Verfasser in Aussicht gestellt worden, wie es auch im Vorwort der genannten Studie angedeutet wird.[11] Allerdings kann es sich hier nicht um eine Synthese afrikanischer Ethik handeln, die selbst noch nicht gänzlich systematisch entwickelt ist. Im folgenden wird lediglich die Weiterführung eines Aspekts früherer Überlegungen angestrebt, die sich mit der Grundlage der afrikanischen Ethik beschäftigten. Wenn hier nun ein Vergleich mit westlichen Systemen erfolgt, heißt dies keineswegs, daß die afrikanische Ethik von ihnen her konstruiert wird. Vielmehr bezweckt dieser

---

[6] Vgl. AG 22 und GS 44.

[7] S. *Brechter*, Kommentar, in: LThK-E III 83.

[8] Vgl. zur afrikanischen Synode: *Generalsekretariat der Bischofssynode* (Hrsg.), L'Église en Afrique et sa mission évangélisatrice vers l'an 2000. „Vous serez mes témoins" (Actes 1,8), Vatikanstadt 1990/1993, *Lineamenta* Nr. 61–72 und *Instrumentum Laboris* Nr. 101–107. Vgl. auch *Johannes Paul II.*, Ecclesia in Africa vom 14. September 1995, Nr. 67.

[9] Vgl. *B. Bujo*, Die ethische Dimension der Gemeinschaft. Das afrikanische Modell im Nord-Süd-Dialog, Freiburg i.Ue./Freiburg i.Br. 1993.

[10] *F. Furger*, Zur theologischen Ethik, in: SKZ 163 (1995) 447–454, hier 451.

[11] Vgl. *B. Bujo*, Die ethische Dimension 8.

Vergleich, deutlich zu zeigen, daß die afrikanische Gedankenwelt selbständig ist; sie läßt sich nicht einfach unter andere Denkweisen subsumieren, sondern sie will als Dialogpartnerin ernst genommen werden. Mit anderen Worten: Die afrikanische Ethik sucht keine Selbstlegitimierung, sondern sie geht auf die Auseinandersetzung mit anderen ethischen Systemen ein, weil sie sich ein gegenseitiges Geben und Nehmen erhofft, wodurch beide Seiten sich gegenseitig bereichern können. Die christliche Orthodoxie und Orthopraxie brauchen auch nicht irgendeinen Verlust zu befürchten; denn wenn sie sich in aller Redlichkeit auf die Debatte um das Gute, Wahre und Richtige in anderen, nicht-westlichen Kulturen einlassen, dann werden sie einen beträchtlichen Gewinn ernten und über eine größere, stärkere Reflexion des Glaubensschatzes verfügen. Es geht nämlich, wie das Konzil bemerkt, um etwas, „was beitragen kann, die Ehre des Schöpfers zu preisen, die Gnade des Erlösers zu verherrlichen, das Christenleben recht zu gestalten."[12] Seit dem Konzil nun wurde das Thema dahingehend vertieft, daß es sich nicht mehr um eine bloße Anpassung handelt.[13] Vielmehr hat die afrikanische Theologie den Begriff „Inkulturation" in ihr Vokabular aufgenommen, womit sie die Inkarnation der Botschaft Christi in allen Bereichen anstrebt.

Auch der vorliegende Deutungsversuch afrikanischer Ethik, selbst wenn er sich ausführlich mit westlichen Denksystemen beschäftigt, verliert niemals aus den Augen, daß all dies letztes Endes dahin führen muß, die mit dem christlichen Glauben zusammenhängenden Wirklichkeiten im genuin schwarzafrikanischen Kontext besser zu verstehen und zu leben.

Unsere Untersuchung gliedert sich in zwei Teile. Der erste Teil stellt die Frage nach der Grundlage afrikanischer Ethik, wobei vor allem in ihr Menschenbild eingeführt werden soll. Hier zeigt sich, wie die Gemeinschaft und das anamnetische Denken eine derart wichtige Rolle spielen, daß die sittlichen Normen weder nach dem Naturrechtsverfahren zustande kommen, noch sich nach der Methode des Communitarianism oder der Diskursethik finden und begründen lassen. Der Vergleich mit diesen drei philosophischen Systemen wird dies verdeutlichen. Der zweite Teil behandelt die Frage, ob eine gemeinschaftsbetonende Ethik, wie die afrikanische, das Individuum nicht um seine Identität bringt. Zur Debatte steht hier vor allem das Problem der Autonomie und Freiheit nicht zuletzt im Hinblick auf das individuelle Gewissen und Sündenverständnis. Im Anschluß daran werden das Negative und Positive der afrikanischen Weltanschauung dargestellt; beide treten mit einer Herausforderung an

---

[12] AG 22.
[13] Vgl. ebd., wo von „viae ad profundiorem aptationem" gesprochen wird.

die christliche Botschaft und die Kirche heran. In den anschließenden Überlegungen wird sodann auf die Notwendigkeit der afrikanischen Ethik hingewiesen, die sich so artikulieren soll, daß die Menschen in Afrika ihrer Identität nicht verlustig gehen, sondern daß sie durch ihre kulturelle Spezifizität zur Bereicherung der gesamten Menschheit und zur Vertiefung des christlichen Glaubens beitragen.

Viele Menschen – manchmal ohne es zu wissen – haben sich am Zustandekommen dieser Untersuchung beteiligt. Für die Vorarbeit dieses Buches fand ich eine freundliche und geschwisterliche Aufnahme in *Bunyuka* (Kongo-Kinshasa), dem Konvent der einheimischen Schwestern „Les Petites Sœurs de la Présentation" der Diözese Butembo-Beni (Ostkongo). Trotz ihrer großen Armut haben sie selber auf vieles verzichtet, um mich in meiner Arbeit zu unterstützen. Allen Mitgliedern dieses großzügigen Konvents möchte ich meinen tiefsten Dank aussprechen. Dankbar zu erwähnen sind ferner Pfarrgemeinden, Priester und Ordensgemeinschaften – besonders die „Wamama Watumishi wa Yezu" – meiner Heimatdiözese Bunia, die mir immer wieder die Gelegenheit boten, mich durch Exerzitien, Predigten und Mitarbeit in den Pfarreien mit afrikanischen Realitäten auseinanderzusetzen. Unter zahlreichen Gemeinden seien Mudzi-Maria und Nyakasanza eigens genannt. Mein ganz besonderer Dank gilt aber meinen beiden engsten Mitarbeiterinnen: Frau Anita Zocchi Fischer und Frau Marie-Thérèse Solèr. Erstere hat als meine Assistentin in selbstloser Weise die Mühe der sachlichen und stilistischen Korrekturvorschläge auf sich genommen und darüber hinaus die reprofertigen Vorlagen erstellt; die zweite hat sich als Sekretärin ohne Wenn und Aber dazu verpflichtet, das ganze Manuskript – auch mit nicht leichten Ausdrücken afrikanischer Sprache – pausenlos abzutippen. Beiden sage ich von Herzen ein Vergelt's Gott. Mein Dank gilt schließlich dem Kollegen Herrn Peter Hünermann als Herausgeber für die Aufnahme in die Reihe „Quaestiones disputatae", sowie dem Lektor Herrn Dr. Peter Suchla für die Betreuung. Mit allen, die mir ihre Unterstützung in irgendeiner Weise entgegengebracht haben, bleibe ich tief verbunden. Gewidmet sei dieses Buch zwei teuren Freunden, Narcisse Pilo Kamaragi und Jean-Benoît Kiza Katanga, deren stete Hilfsbereitschaft und Treue für mich ein Zeichen der fortwährenden afrikanischen Solidarität darstellen, welche zu den kostbarsten Stücken der Ahnenüberlieferung des schwarzen Kontinents gehört.

Fribourg, im Dezember 1999   Bénézet Bujo

Teil I
Grundfragen afrikanischer Ethik

Gleich zu Beginn dieser Untersuchung soll auf eine der Grundlagen afrikanischer Ethik hingewiesen werden, auf die Frage nach ihrer Anthropologie. In der Tat lassen sich viele Normen und sittliche Verhaltensweisen erst richtig verstehen, wenn man sich des afrikanischen Menschenbildes bewußt ist. Von Bedeutung ist dabei vor allem die Tatsache, daß der Gemeinschaft die entscheidende Rolle zukommt. Viele, ganz besonders westliche Denker, haben lange behauptet, die afrikanische Ethik sei ausschließlich anthropozentrisch und hätte mit Gott als *Person* – wie sie dies auch immer verstehen mögen – nichts zu tun.[1] – Es ist hier nicht der Ort, sich mit dieser Gottesfrage auseinanderzusetzen. Es sei dennoch angemerkt, daß sich einerseits die Definition von Person in Afrika durchweg nicht mit der des Westens deckt. Andererseits dürften aber diejenigen, die immer noch behaupten, die afrikanische Moral beschäftige sich ausschließlich mit Menschen und habe keinen Blick für einen monotheistisch verstandenen Gott, die afrikanische Gedankenwelt nicht begriffen haben. So muß mit Nachdruck betont werden – darauf wird vor allem in Teil II zurückzukommen sein –, daß der Afrikaner nicht in der Entweder-Oder-Kategorie denkt; es geht ihm eher um ein Sowohl-als-auch. Zwar bildet die Gemeinschaftsidee eindeutig den Ausgangspunkt afrikanischer Ethik, wobei aber nicht allein an die sichtbare Gemeinschaft gedacht wird; die unsichtbare ist für Afrikaner genauso wichtig. Letztere aber schließt nicht nur die verstorbenen Vorfahren, sondern auch die Noch-nicht-Geborenen und selbst Gott mit ein. Wenn der Afrikaner dennoch *in concreto* meistens mehr von Menschen als von Gott redet, hängt dies auf ethischer Ebene damit zusammen, daß er der Ansicht ist, daß wer die Würde des Menschen beachtet, auch Gefallen bei Gott findet. Umgekehrt beleidigt er genau diesen Gott, wenn er gegen den Menschen handelt.[2] Überdies muß auch hervorgehoben werden, daß die afrikani-

---

[1] Vgl. z.B. *R. Friedli*, Le Christ dans les cultures. Carnets de routes et de déroutes. Un essai de théologie des religions, Freiburg i.Ue./Paris 1989, 114–116; *K.-H. Ohlig*, Ein Gott in drei Personen? Vom Vater Jesu zum „Mysterium" der Trinität, Mainz/Luzern 1999, 16–18.

[2] Vgl. *E.N. Mujynya*, Le mal et le fondement dernier de la morale chez les bantu interlacustres, in: Cahiers des Religions Africaines 3 (1969) 55–78, bes. 68f.; *B. Bujo*, African Christian Morality at the Age of Inculturation, Nairobi 1998 (Neudruck), 77.

sche Ethik über die Menschenwürde hinaus auch die Würde der gesamten Schöpfung umfaßt, so daß die kosmische Dimension einen ihrer wesentlichen Bestandteile ausmacht. Das ethische Handeln basiert folglich – nimmt man das Ganze in den Blick – nicht nur auf individuellem Denken, sondern es vollzieht sich vor allem durch ein Beziehungsnetz, das gleichermaßen anthropozentrisch, als auch kosmisch wie auch theozentrisch ist. Die Normen entstehen also durch gegenseitige Beziehung, die sich in einem symmetrischen oder asymmetrischen Palaver ausdrückt. Bei diesem ganzen Verfahren darf die entscheidende Stellung der *Anamnesis* nicht aus den Augen verloren werden, denn allein schon das Wort, das im Palaver eine eminent wichtige Rolle spielt, hat eine unübersehbar erinnernde Dimension. Daraus geht aber zugleich hervor, daß die afrikanische Ethik über andere Voraussetzungen verfügt, als beispielsweise naturrechtliche Ansätze. Ihr Hauptziel ist grundsätzlich das Leben, dessen Förderung und Schutz muß durch die Gemeinschaft garantiert werden, indem sie die Sitten und die Moral präzisiert bzw. bestimmt. Dieser Gemeinschaftscharakter afrikanischer Ethik läßt sich denn auch sowohl mit der Diskursethik als auch mit dem Kommunitarismus vergleichen. Alle diese Fragen stehen in den folgenden zwei Kapiteln zur Debatte.

Kapitel I: Ausgangspunkt und Menschenbild

Wenn, wie soeben angedeutet, die Gemeinschaft eine zentrale Stellung in der afrikanischen Ethik einnimmt, dann ist zu betonen, daß diese Ethik auch nicht von der uns geläufigen westlichen Rationalität – wie bei Descartes oder Kant – ausgeht, die vor allem die menschliche Vernunft in den Mittelpunkt stellt. Die Ausführungen dieses Kapitels versuchen aufzuzeigen, daß die afrikanische Ethik, anders als die westlichen Denkmodelle, Verwandtschaft als das Entscheidende ansieht, aber daß sie sich andererseits nicht im Biologischen kontingentieren läßt. Verwandtschaft bedeutet lediglich eine Aufgeschlossenheit, die über das Vorgegebene und Sichtbare hinaus geht. Im ethischen Bereich richtet sich dabei das Augenmerk auf das Gute und Richtige, welches sich – davon war schon vorher die Rede – anamnetisch-futurisch finden und vollziehen läßt.

Art. 1: Das Problem des ‚cognatus sum'

Zahlreiche Untersuchungen haben auf die Unterschiede zwischen afrikanischer und euro-amerikanischer Denkweise hingewiesen, wobei es sich nicht nur um ethische Fragen handelte.[1] Hat etwa Placide Tempels vor allem das Prinzip der Lebenskraft als das Zentrale im afrikanischen Denken hervorgehoben, so ist es für die Ethik besonders wichtig, die Bedeutung der Gemeinschaft zu betonen. Zwar wird auch im ethischen Handeln die Idee der Lebenskraft nicht heruntergespielt, aber es wird erstrangig vom Eingebundensein in die Gemeinschaft her verstanden. So stellt die Lebenskraft eher die Folge und das Ziel ethischen Tuns dar, als daß sie selbst die Grundlage wäre. Die Individuen leben nämlich nur aufgrund ihrer Eingebundenheit in die Gemeinschaft. Gleichwohl ist es richtig, das Leben als das oberste Prinzip des ethischen Handelns zu sehen. Das Verfahren in der Grundkonzeption der afrikanischen Ethik ist ähnlich dem des Kommunitarismus nordamerikanischer Prägung. Aller-

---

[1] Vgl. u.a. *P. Tempels*, Bantu-Philosophie. Ontologie und Ethik, Heidelberg 1956; *ders.*, Notre rencontre, Léopoldville 1962; *V. Mulago u.a.*, Schwarze Priester melden sich, Frankfurt a.M. 1960 (Orig. franz.: Des prêtres noirs s'interrogent, Brüssel 1956); *A. Kagame*, La philosophie bantu-rwandaise, Brüssel 1956; *V. Mulago*, Un visage africain du Christianisme. L'union vitale bantu face à l'unité vitale ecclésiale, Paris 1965; *J.S. Mbiti*, Afrikanische Religion und Weltanschauung, Berlin 1974; *J.S. Pobee*, Grundlinien einer afrikanischen Theologie, Göttingen 1981; *B. Bujo*, African Christian Morality.

dings bestehen wichtige Unterschiede hinsichtlich des Normfindungsprozesses; dies wird später zu diskutieren sein. Das Anliegen des *Communitarianism* in seiner Kritik des ‚Ungebundenen Selbst' oder des ‚Atomismus' gegen den Liberalismus[2] steht ganz in der Linie der afrikanischen Ethik. Danach kann man nicht Mensch sein und verantwortlich handeln, nur weil man abstrakten Prinzipien wegen ihrer überzeugenden Einsehbarkeit zugestimmt hat oder weil man rational argumentiert und denkt: Nicht ein cartesianisches ‚cogito ergo sum', sondern ein existentielles ‚cognatus sum, ergo sumus' ist in Schwarzafrika entscheidend.[3] Es ist interessant zu beobachten, wie Joseph Ratzinger durch seine christologischen Überlegungen zu einem ähnlichen Ergebnis gelangt. Er schreibt: „Christlicher Glaube geht nicht vom atomisierten einzelnen aus, sondern kommt von dem Wissen, daß es den bloß einzelnen nicht gibt, daß der Mensch vielmehr er selbst ist allein in der Verspannung ins Ganze: in die Menschheit, in die Geschichte, in den Kosmos, wie es ihm als ‚Geist in Leib' geziemt und wesentlich ist."[4]

Der Verfasser zeigt m.E. sehr gut auf, daß es kein vereinsamtes Individuum geben kann, das als Mensch-Monade zu bezeichnen wäre. Denn kein Mensch kann sich vom Nullpunkt aus neu entwerfen.[5] Mensch-Sein ist also immer Mit-Sein derart, daß, wie Ratzinger ausführt, „in jedem Menschen auch Vergangenheit und Zukunft der Menschheit mit anwesend sind."[6] Dies läßt sich allein schon von der Sprache her beobachten, denn die Sprache verbindet mit der Vergangenheit, sie bestimmt unsere Gegenwart und läßt uns die Zukunft entwerfen.[7] Die in bezug auf die Sprache konstatierte Abhängigkeit der Menschen voneinander gilt selbstverständlich auch und vielmehr für die Leibhaftigkeit: Die Menschen stammen voneinander ab. Ähnliches muß dann auch vom Geist gesagt werden. Ratzinger beteuert: „Denn wenn das Voneinander zu-

---

[2] Vgl. *W. Reese-Schäfer*, Was ist Kommunitarismus?, Frankfurt a.M./New York 1994.

[3] Vgl. die Zusammenfassung von Ben Barbers Argumenten gegen den Liberalismus bei *W. Reese-Schäfer*, Was ist Kommunitarismus? 90: „Der erkenntnistheoretische Rahmen des Liberalismus ist cartesianisch, das heißt, er beruht auf der Annahme, daß es einen unabhängigen Ausgangspunkt gibt, von dem die Begriffe, Werte, Ziele und Standards des politischen Lebens deduktiv abgeleitet werden können. Nach der liberalen Vertragstheorie ist man deshalb Bürger, weil man irgendwann einmal einigen abstrakten Wahrheiten zugestimmt hat. Nach Barbers kommunitarischer Gegenposition ist man Bürger einer bestimmten Geschichte und teilt deshalb mit anderen einige gemeinsame Wertvorstellungen."

[4] *J. Ratzinger*, Einführung in das Christentum. Vorlesungen über das Apostolische Glaubensbekenntnis, München 1968, 176.

[5] A.a.O. 178.

[6] A.a.O. 177.

[7] Vgl. a.a.O. 178.

nächst physisch gemeint ist [...], so bedeutet es für den, der Geist nur im Leib und als Leib ist, daß auch der Geist – einfach der eine, ganze Mensch – zutiefst von seinem Zugehören zum Ganzen der Menschheit – des einen ‚Adam' – gezeichnet ist."[8] Dieser Ansatz ermöglicht es Ratzinger, sich vom cartesischen ‚Cogito, ergo sum' zu distanzieren. Der wirkliche Mensch kann nämlich nicht aus der Einsamkeit des Ich als Selbsterkenntnis bestehen. Auch im Erkennen existiert man nur im *Erkanntwerden*.[9] Zustimmend zitiert Ratzinger die Kritik von Franz von Baader an Descartes, wenn ersterer das ‚Cogito ergo sum' in ein ‚Cogit*or* ergo sum' umwandelt; das heißt für von Baader also: ‚Ich wurde gedacht, also bin ich.' Der Kommentar Ratzingers lautet: „[...] nur vom Erkanntwerden des Menschen her kann sein Erkennen und er selbst begriffen werden."[10]

Dieser Ansatz, in dem die „Beziehentlichkeit"[11] nachdrücklich betont wird, steht dem schwarzafrikanischen Menschenbild sehr nah. Es ist dennoch hervorzuheben, daß letzteres sich nicht auf die ‚Beziehentlichkeit' von Individuum zu Individuum – ähnlich wie in der personalistischen Philosophie – beschränkt, sondern es geht ihm vielmehr um das Verhältnis des Individuums zur *Gemeinschaft*, und umgekehrt. Deshalb ist m.E. auch die Umwandlung der cartesianischen Formulierung in ein cogit*or* zu wenig, solange es bei der Anspielung auf das ‚Erkennen' bleibt. Denn letzten Endes könnte sogar eine ganze Gemeinschaft einem Individuum das Erkanntwerden verweigern, wie dies ganz besonders in der sogenannten Leistungsgesellschaft im Westen nur allzu oft geschieht.[12] Das Prinzip ‚cognatus sum' hingegen hängt nicht von der Zustimmung der Gemeinschaft ab. Es ist nicht nur vorgegeben, sondern derart existentiell, daß das Sich-nicht-daran-Halten zum Tod sowohl des Individuums als auch der Gemeinschaft selbst führen muß. In dieser Beziehentlichkeit geht es auch nicht nur und vielleicht nicht hauptsächlich um eine geschichtliche Abhängigkeit von Leibhaftigkeit und Geist, wie Ratzinger es betont, sondern aus schwarzafrikanischer Perspektive viel entscheidender scheint die aktuelle ununterbrochene Interaktion zwi-

---

[8] A.a.O. 176f.
[9] Vgl. a.a.O. 177.
[10] Ebd.
[11] Vgl. a.a.O. 126ff.
[12] Hierzu vgl. z.B. die Position von *P. Singer*, Praktische Ethik, Stuttgart ²1994. Vgl. die Diskussion u.a. bei *K. Arntz*, Der umstrittene Personbegriff in der Bioethik. Anmerkungen zu den Thesen Peter Singers, in: ThG 41 (1998) 196–206; *H. Hoping*, Göttliche und menschliche Personen. Die Diskussion um den Menschen als Herausforderung für die Dogmatik, in: ThG 41 (1998) 126–174.

schen allen Mitgliedern der Gemeinschaft zu sein.[13] Sieht man diesen Ansatz nun im Zusammenhang mit dem Kommunitarismus, dann geht es auch in der afrikanischen Ethik um die Bedeutung der Gemeinschaft sowohl für die Findung und Setzung der Normen als auch für das sittliche Handeln überhaupt. Der Unterschied zum Kommunitarismus besteht allerdings darin, daß die schwarzafrikanische Ethik über die konkrete, sichtbare Gemeinschaft hinausgeht. Sie bezieht vielmehr auch die Verstorbenen mit ein; ja, auch die Noch-nicht-Geborenen machen eine wichtige Dimension aus. Man kennt dieses unverzichtbare Grundprinzip der afrikanischen Ethik, das einen beinahe sprichwörtlichen Klang hat, schon fast auswendig: „Ich bin, weil wir sind und seit wir sind, bin ich auch."[14] In diesem Prinzip ist der Mensch der Überzeugung, daß jeder Mensch nur in einer Lebensgemeinschaft mit anderen Menschen zum Menschen wird. Gemeint ist dabei nicht ausschließlich eine bestimmte ethnische Gruppe, selbst wenn letztere doch die Ausgangsbasis für alle weiteren ‚relationes' konstituiert. Die dahinterstehende Einstellung lautet, daß der Mensch um so wirksamer handelt, je mehr er an der Solidarität mit Seinesgleichen festhält. Dadurch erhöht er die Qualität der Lebenskraft nicht nur für sich selbst, sondern vielmehr für die gesamte Gemeinschaft und sogar für die gesamte Menschheit. Darin kommt durchaus eine universalistische Perspektive zum Vorschein; denn die Gastfreundschaft, die alltägliche Freundschaft und der Dialog mit den Mitgliedern anderer ethnischer Gruppen sind Lebensgesetze, an denen niemand vorbeigehen darf. Das nicht zu meiner Gruppe gehörende Mitglied ist letztlich auch das ‚Eigentum des Anderen' – wie ich es selbst bin –; so schulde ich ihm Achtung und Wertschätzung. Letztlich ist man also mit allen Menschen verwandt.[15]

Dieses Solidaritätsprinzip bedeutet keineswegs, daß der einzelne seine Identität in und wegen der Gruppe verliert. Es wird noch ausführlicher darauf einzugehen sein, daß der einzelne unentbehrlich ist und daß er seine ethische Überzeugung so ausdrücken soll, daß er die gesamte Gemeinschaft mit in den Blick nimmt. In Afrika wird beispielsweise die

---

[13] Darauf komme ich noch ausführlicher in der Frage des ‚Personseins' zurück: Teil II.

[14] Es handelt sich hier um die Übersetzung des Grundprinzips der Sotho von Südafrika: „Motho ke motho ka batho ka bang." Frappierend ist die Parallele zur unvergeßlichen Rede „I have a dream" von Martin Luther King 1961, wenn er sagt: „Strangely enough, I can never be what I ought to be until you are what you ought to be. You can never be what you ought to be until I am what I ought to be." Zit. bei *J.H. Cone*, Martin – Malcolm – America, Maryknoll/NY 1993, 80. Vgl. den Hinweis und Kommentar bei *E.E. Uzukwu*, A Listening Church. Autonomy and Communion in African Churches, Maryknoll/NY 1996, 37.

[15] Ausführlicher hierzu weiter unten Teil I, Kap. II, Art. 2.

Individualität gerade damit besonders betont, daß jeder seinen eigenen, von seinen Eltern verschiedenen Namen besitzt.[16] Außerdem legt die afrikanische Ethik ein großes Gewicht auf die *Intentionalität* im individuellen sittlichen Handeln. Haben in der Vergangenheit einige Autoren behauptet, der Mensch in Afrika sei sittlich dermaßen unter die ethnische Gruppe subsumiert, daß er kaum als autonomes sittliches Subjekt betrachtet werden kann,[17] so haben die neueren Forschungen unwiderlegbar aufgezeigt, daß die Gruppe die sittliche Identität des Individuums keineswegs auflöst. Verschiedene Sprichwörter geben hierfür ein deutliches Zeugnis. Auch ist das Herz jedes einzelnen ein wichtiger Sitz für das ethische Handeln und die Integrierung der ethischen Normen.[18] – Zu Recht hat Alexis Kagame noch auf ein anderes entscheidendes Organ für die individuelle Verantwortung im sittlichen Bereich hingewiesen. Er erwähnt die Leber, die etwa bei den Baluba als Sitz verschiedener Empfindungen wie Liebe, Wünsche, Leid betrachtet wird. Sie ist aber auch maßgebend für den Willen, und aus ihr gehen ebenso intentionale Handlungen hervor.[19] Dennoch geht es in der sittlichen Einsicht nicht nur um das Individuum allein. Dieses ist für eine richtige Einsehbarkeit der Normen und die Findung letzterer auf andere Menschen angewiesen, insbesondere auf jene Gemeinschaft, in die es eingebettet ist. Daß die Gemeinschaft entscheidend für das moralisch richtige Handeln ist, wird in mehrfacher Hinsicht belegt. Offenkundig erscheint dies etwa in den Sexualfragen. Man hat nicht zu Unrecht festgestellt, daß die Homosexualität eine Seltenheit im traditionellen Schwarzafrika sei. Der Grund hierfür kann gerade in der Gemeinschaftlichkeit der Menschen gesucht werden. Die anthropologische Grundkonzeption des Menschen in Afrika südlich der Sahara ist nämlich bipolar und tripolar zugleich. Mensch ist man nur in der Zweiheit von Mann und Frau, und dieser notwendigen und konstituierenden Bipolarität entspringt eine Dreiheit Mann-Frau-Kind, die zur vollen Gemeinschaft führt. Eine Beziehung Mann-Mann oder Frau-Frau wird auf diesem Hintergrund nicht nur als egoistischer Isolationismus gesehen, der den Schritt zum vollen Menschsein nicht wagt, sondern sie führt auch zu einer sexistischen Diskriminierung, die die Ganzheitlichkeit der Menschen außer acht läßt und nicht zu einer heterogenen Bereicherung bereit ist. Diese nicht naturrechtliche Argumen-

---

[16] Vgl. *B. Bujo*, African Christian Morality 96f.

[17] Vgl. vor allem *D. Nothomb*, Un humanisme africain. Valeurs et pierres d'attente. Préface de M. l'Abbé A. Kagame, Brüssel 1969, 240ff.

[18] Mehr dazu bei *B. Bujo*, African Christian Morality 100f.; *D. Nothomb*, Un humanisme 21–39. – In Teil II wird diese Frage noch eingehender zur Sprache kommen.

[19] Vgl. *A. Kagame*, Préface, in: *D. Nothomb*, Un humanisme 9.

tation läßt sich selbst dort aufrechterhalten, wo die Nachkommenschaft, also die Dreiheit Mann-Frau-Kind fehlt. Denn wo die Bipolarität vorhanden ist, kann die Tripolarität auch anders, etwa durch die Polygamie ergänzt werden, wodurch eine kinderlose Bipolarität in die Dreiheit integriert wird. Dies bedeutet freilich nicht, daß dieses Modell sich nicht in Frage stellen ließe. Wie später zum Ausdruck kommen soll, kann die Gemeinschaft durchaus zu einem anderen ethischen Modell gelangen. Gleichwohl muß sich auch dies gemeinschaftlich und nicht metaphysisch-naturrechtlich vollziehen. Ähnliches ist zur Frage des Inzests zu sagen. Das Inzestverbot gründet tief im Gemeinschaftskonzept. Das Inzestverbot ist also nicht mit der Naturwidrigkeit wie in der uns aus dem Westen bekannten Argumentation zu legitimieren. Vielmehr geht es auch hier um einen ‚homo incurvatus in se', der nicht bereit ist, mit anderen Menschen zu teilen. Ein Verwandter, der mit seinen Verwandten sexuell verkehrt, verstößt nicht nur gegen ein ‚natürliches' Gefühl, sondern die Schwere dieser Tat besteht darin, daß beide Täter(innen) nicht bereit sind, auf andere Menschen außerhalb ihrer eigenen familiären oder ethnischen Gruppe zuzugehen, um ihr *Blut* mit ihnen auszutauschen bzw. zu teilen.[20] Genau auf dieser Linie stehend argumentiert der Mensch in Afrika zuungunsten eines lebenslänglichen Zölibats. Ein eheloser Mensch auf Lebenszeit ist einer, der sich der Solidarität mit anderen Menschen entzieht. Er verstößt gegen das Lebensgesetz und ähnelt einem Zauberer, der das Leben rücksichtslos vernichtet. Ein zölibatärer Mensch will sich ja nicht am Lebenswachstum auf biologischer Ebene beteiligen, noch ist er gewillt, sich in die Zweiheit Mann-Frau einzubinden, die allein das volle Menschsein ausmacht.[21] Gerade weil die Gemeinschaft für die Sexualität eine unentbehrliche Dimension darstellt, war beispielsweise auch die Prostitution im modernen Sinn im traditionellen Afrika kaum möglich. Sexualität ist nicht käuflich und findet ihren Ausdruck nur in der Gemeinschaft der Lebenden und der Toten. – Noch ein anderes Beispiel sei hinzugefügt, nämlich das des Privateigentums. Im westlichen Sinn existiert es in Afrika nicht. Das Individuum hat zwar ein Verwaltungsrecht, das allerdings den Gemeinschaftssinn nicht entbehrt, denn dieses Recht muß immer die Mitglieder der gesamten Familiengemeinschaft mit berücksichtigen. Die Soziallehre der katholischen Kirche etwa, die das Recht auf das Privateigentum naturrechtlich aristotelisch-scholastisch begründet, geht an der schwarzafrika-

---

[20] Dies ist gut herausgearbeitet bei *B.K. Vahwere*, Le problème moral de l'éducation sexuelle en Afrique noire. L'éthique sexuelle Nande à la lumière de la morale chrétienne selon Xavier Thévenot (unveröff. Lizentiatsarbeit), Kinshasa 1994, 31 und 33.
[21] Vgl. a.a.O. 28–30.

nischen Einstellung zu Individuum und Gemeinschaft vorbei. Aber auch manche patristische Begründung – etwa im Sinn: „von Natur aus kommen alle nackt auf die Welt"[22] – im Hinblick auf ein universelles Recht auf die Nutzung materieller Güter trifft auf die Grundkonzeption der Menschen in Afrika südlich der Sahara nicht zu.

An dieser Stelle sei noch einmal betont, daß alle hier aufgeführten Argumente in ihrem substantiellen Gehalt keine Absolutheit beanspruchen. Sie sind für einen weiteren Dialog mit anders argumentierenden Modellen durchaus offen. Ihnen kommt es jedoch entscheidend darauf an, nicht von abstrakten Prinzipien, sondern von konkreten Gemeinschaften, sei es innerhalb eigener Gruppen, sei es außerhalb dieser, auszugehen. In diesem Sinn ist die afrikanische Ethik – um mit dem Kommunitarier Michael Walzer zu sprechen – *radikal antiplatonisch*; denn sie bleibt in der „Höhle", „in der Stadt, auf dem Boden."[23] Dennoch läßt sich auch hier die Gedankenlinie dessen verfolgen, was Michael Walzer ‚rights of reiteration' nennt. Man kann auch vom ‚reiterativen Universalismus' sprechen. Der Grundsatz eines reiterativen Universalismus besteht „in der gegenseitigen Anerkennung des anderen als ‚Moralbildner', als sich in und mit einer Gemeinschaft selbst bestimmendes Wesen."[24]

Anders gewendet, wo von ‚reiterativem Universalismus' gesprochen wird, lassen sich universale Prinzipien partikularistisch zur Geltung bringen. Diese Form von Universalismus steht dem ‚covering-law'-Universalismus gegenüber, in dem die Gerechtigkeitsprinzipien und die Maßstäbe des guten individuellen und politischen Lebens allgemein festgelegt werden. Hier gibt es eigentlich keine Möglichkeit zur Selbstartikulierung. Deshalb kann man dort nur von Abbildern bzw. Vorformen der wahren Gerechtigkeit sprechen.[25] Auf afrikanische Gemeinschaftsethik übertragen heißt dies, daß sie mit einem ‚kontextualistischen' bzw. ‚kontextsensiblen' Universalismus zu tun hat, der nicht auf einen ‚covering-law'-Universalismus eingeengt wird. Die Möglichkeit der Selbstartikulierung besteht sowohl für eine Kulturgruppe als auch für einzelne Individuen innerhalb der Gemeinschaft. Andererseits aber bleibt diese kontextsensible Selbstartikulierung dialogoffen und aufnah-

---

[22] Vgl. z.B. *Ambrosius von Mailand*, De Nabute Jezraelita I, 1, 2, in: PL 14, 767: „Neque enim cum vestimentis nascimur, nec cum auro argentoque generamur. Nudos fudit in lucem, egentes cibo, amictu, poculo [...]."
[23] *M. Walzer*, Sphären der Gerechtigkeit. Ein Plädoyer für Pluralität und Gleichheit, Frankfurt a.M./New York 1992, XIV, zit. bei *W. Reese-Schäfer*, Was ist Kommunitarismus? 132.
[24] *R. Forst*, Kontexte der Gerechtigkeit. Politische Philosophie jenseits von Liberalismus und Kommunitarismus, Frankfurt a.M. 1994, 259.
[25] Vgl. a.a.O. 258f.

mebereit gegenüber anderen Kontexten. Mit anderen Worten: Sowohl die partikularistischen Kulturgemeinschaften als auch die Individuen innerhalb derselben müssen zwar immer ortsgebunden, aus der ‚Kulturhöhle' heraus sprechen, aber gleichzeitig wollen sie etwas Verbindendes auch für Mitglieder außerhalb ihrer eigenen Kontexte zum Ausdruck bringen. Zugleich anerkennen sie das Recht anderer partikularistischer Gemeinschaften zur Formulierung von Verbindendem derart, daß sie selber zum Dialog mit letzteren angetrieben werden. Dies ist zweifellos das, was sich auf dem schwarzen Kontinent südlich der Sahara in Konfrontation mit der westlichen Kultur abgespielt hat. Als Beispiel kann man etwa die vorgeburtlichen und postnatalen Sexualtabus anführen, die in den Sexualakten ein Attentat auf das Leben des Kindes sahen. Durch eine bessere Information im Bereich der modernen Medizin haben viele Afrikanerinnen und Afrikaner diese traditionellen Verbote zumindest teilweise in Frage gestellt. Das bedeutet konkret, daß der Mann beispielsweise die Polygamie oder seine Seitensprünge nicht mehr mit diesen Tabus legitimieren kann. Der Kerngedanke der Tradition jedoch, der aufrechterhalten bleibt, ist der Respekt gegenüber der Frau aufgrund des werdenden oder des neugeborenen Lebens, das die Mutter mehr als sonst in Anspruch nimmt. Der Mann soll darauf Rücksicht nehmen. Ein anderes Beispiel, das ebenso im Bereich des ehelichen Lebens zu beobachten ist, betrifft das Problem der individuellen Freiheit zur Heirat. In vielen Gegenden, vor allem in den Großstädten, kommt die individuelle Freiheit der Heiratenden deutlicher zum Ausdruck als in der Vergangenheit, wo manchmal die Familie durch einen starken Druck die jungen Leute überstimmen konnte. Eine bessere Ausbildung – religiöse und andere – sowie die Koexistenz mit der westlichen Lebensweise haben die Grenzen einiger traditioneller Praktiken gezeigt. Die jungen Leute werden nicht mehr kritiklos hinnehmen, daß sie etwa von klein auf zur Ehe mit bestimmten, feststehenden Personen ‚prädestiniert' werden. Was hier dennoch unbedingt Geltung hat, ist die Bedeutung der Gemeinschaft für einen richtigen Vollzug der individuellen Freiheit in der beginnenden Ehe. Diese Gemeinschaft muß sich allerdings anders artikulieren als in der Ahnentradition. Ihr Rückgrat muß darin bestehen, die erworbene Tradition effektiv weiterzugeben, indem Vergangenheit und Moderne mit einbezogen werden. – Ferner sei das Problem von Gesundheit und Leid erwähnt, das fast immer auf die Zauberei zurückgeführt wurde. Die schulische Ausbildung und ein besserer Kontakt mit dem westlichen Denken durch Rundfunk, Fernsehen und dergleichen sowie westliche Medizin haben den Menschen in Schwarzafrika eine bessere Kenntnis der Krankheitsursachen vermittelt. Eine übertriebene gegenseitige Verdächtigung im Fall von Krankheit und Unglück ist deshalb zurückgegangen. Überlebensfähig in dieser Ahnentradition von Zauberei ist jedoch die Gemeinschaftsidee, die auch von der modernen Medizin oder durch den Dialog mit der okzidentalen Kultur nicht entkräftet, sondern im Gegenteil bestätigt wird. Eine gute Nachbarschaft bzw. eine gute, gesunde, friedliche Gemeinschaft kann für den Gesundheitszustand der einzelnen Mitglieder entscheidend sein. Darin liegt auch der eigentliche Beitrag des afrikanischen Denkens in puncto Zauberei; denn eine lieblose Gemeinschaft ‚frißt' die Lebenskräfte ihrer Mitglieder und führt sie zum Tode. Das afrikanische Zauberdenken in diesem breiteren Sinn kann der individuellen Sicht des Westens bedenkenswerte Aspekte beisteuern.

In Anbetracht des bisher Gesagten ist es nicht zutreffend, die afrikanische Gemeinschaftsethik mit einem ethnozentrischen Fehlschluß gleichzusetzen, der sich fundamentalistisch und partikularistisch abschotte. Auch die afrikanische Ethik weiß um einen *minimalen Moralkode*, der sich zwar verschieden je nach Kultur und Gemeinschaft ausdrückt, der jedoch ‚formal' in jeder Menschengruppe Anerkennung verdient. Richtig interpretiert Rainer Forst: „Es sind die *menschlichen* Erfahrungen in allen Kulturen, die fordern, eine *Menschenmoral* zu konzipieren, die jedoch niemals in Reinform angetroffen wird. Wir fühlen mit (und wie) andere(n), die unter Unterdrückung leiden und Schmerzen empfinden, und aus diesem Mit-Gefühl heraus unterstreichen wir die gleichen, aus negativen Erfahrungen resultierenden moralischen Ansprüche."[26] Gleichwohl gibt es kein „moralisches Esperanto", sondern nur eine „Vielzahl von Sprachen", die durch gemeinsame Erfahrungen verschiedener Menschen inspiriert werden.[27] Das Minimum ist in allen Fällen unbedingt zu bewahren. Dennoch gehört zum minimalen Moralkode ebenso das Recht jeder partikulären Gemeinschaft, ihre Gesetze substantiell anders in die Tat umzusetzen, solange diese Praxis das Minimum selbst nicht ‚moralisch' verletzt. Das Beispiel von Monogamie und Polygamie in der afrikanischen Tradition mag dies explizieren. Die traditionelle Gesellschaft hat die Polygamie nie als eine institutionalisierte Prostitution betrachtet. Im allgemeinen verlangte man die gleiche Achtung für die Frauen in der Polygamie wie in der Monogamie, zumindest dem Ideal nach. In diesem Stadium der Tradition glaubte man, die Würde der Frau nur durch einen ehelichen *monogamen* oder/und *polygamen* Bund retten zu können. Der Kern letzterer Praxis war also kei-

---

[26] A.a.O. 261.
[27] Vgl. ebd.

neswegs unmoralisch, sondern kam durchaus einem hohen ethischen Ideal gleich. In dem Augenblick aber, wo die Gesellschaft zur Einsicht gelangt, die Würde der Frau könne sich auch anders und besser als durch die Polygamie verteidigen oder sie lasse sich heute nicht mehr durch dieselbe bewahren, muß man eben eine andere Sprache lernen oder entwickeln, um dem immer schon auch in der Tradition angestrebten Wert gerecht zu werden. So gesehen ist eine Kulturgemeinschaft keine Abschottungs-, sondern eher eine Rechtfertigungsgemeinschaft in Walzers Sinn.[28] Darauf ist noch im Kapitel zum Palavermodell zurückzukommen.

Abschließend ist aber noch auf eine wichtige Frage hinzuweisen, nämlich die Rationalität. Das hier erörterte Problem des ‚cognatus sum' weicht sicher von der westlichen Denkweise ab. Das bedeutet allerdings nicht unbedingt Irrationalität. Es handelt sich nur um eine andere Rationalität als die okzidentale. Manche Forscher haben die afrikanische Denkweise als ‚prälogisch' eingestuft[29] und darin die Hauptursache der Unterentwicklung des Schwarzen Kontinents gesehen. Die Frage ist, ob in dieser Behauptung die Rationalität nicht hauptsächlich als Zweckrationalität bzw. formal-logische und mathematische Rationalität definiert wurde. Aber selbst dort, wo die Rationalität nicht mehr teleologisch ist, sondern eher mit einem kommunikativen Handeln zu tun hat, kommt diese Rationalität zwar der afrikanischen sehr nah, unterscheidet sich davon jedoch, insofern sie das Gewicht auf die rational-argumentative Kraft der Vernunft legt.[30] Die schwarzafrikanische Rationalität ist viel umfassender und läßt auch das rational Nicht-Begründbare im Normfindungsprozeß für das ethisch-moralische Handeln zu. Es gilt nämlich, den Menschen ganzheitlich zu betrachten, und das Mysterium, das ihn umgibt, läßt sich nicht nur rational erfassen. Das Nicht-Erfaßt-Werden-Können weist nicht unbedingt und nicht zuvorderst auf die Sinnlosigkeit

---

[28] Vgl. *M. Walzer*, Kritik und Gemeinsinn. Drei Wege der Gesellschaftskritik, Berlin 1990; das engl. Orig. wird zusammengefaßt bei *R. Forst*, Kontexte 236f.; vgl. auch *W. Reese-Schäfer*, Was ist Kommunitarismus? 119–145.

[29] Vgl. *L. Lévy-Bruhl*, Les fonctions mentales dans les sociétés inférieures, Paris 1910; *ders.*, La mentalité primitive, Paris 1922; *ders.*, L'âme primitive, Paris 1927; *ders.*, Le surnaturel et la nature dans la mentalité primitive, Paris 1931; *ders.*, La mythologie primitive, Paris 1935; *ders.*, L'expérience mystique et les symboles chez les primitifs, Paris 1938; *R. Allien*, La psychologie de la conversion chez les peuples non-civilisés, Paris 1925. Erinnert sei auch an die Äußerungen von *G.W.F. Hegel*, Vorlesungen über die Philosophie der Geschichte (Theorie Werkausgabe, Bd. 12), Frankfurt a.M. 1970, 120ff.

[30] Vgl. die Zusammenfassung der Rationalitätsdebatte in knapper Darstellung bei *S. Streiff/H. Ruh*, Zum Interesse theologischer Ethik an der Rationalität, Zürich 1995, 7–29. Wichtig ist aber vor allem *K.-O. Apel/M. Kettner* (Hrsg.), Die eine Vernunft und die vielen Rationalitäten, Frankfurt a.M. 1996.

oder Irrationalität hin. Manche Dinge lassen sich aufgrund von Erfahrung und Feststellung als wertvoll erkennen und erweisen ihre volle Sinnhaftigkeit gegenüber anders Denkenden und Handelnden erst Jahre oder Jahrhunderte später. Am offenkundigsten beobachtet man dies in der traditionell-afrikanischen Medizin. Die Einbettung dieser Medizin in die Gemeinschaft der Lebenden und der Toten schien vielen absurd. Denn wieso sollte man dadurch gesund werden, daß man einem verstorbenen Familienmitglied Essen bringt? Die dahinterstehende Grundeinstellung, nämlich die Versöhnung mit der Gemeinschaft, wodurch die Gesundung erleichtert wird, wurde von kulturell anders Denkenden und Handelnden nicht erkannt. Heute merkt man, daß die moderne Gesellschaft des Westens vor allem in der Psychotherapie versucht, die damals pauschal verurteilten Praktiken der afrikanischen Medizin als für alle Menschen relevant zu rehabilitieren. Wir haben hiermit ein gutes Beispiel für den Fehler einer einzelnen Rationalität, die glaubt, sich verabsolutieren zu dürfen, als ob sie allein jegliche Aspekte der Wahrheit erfassen könnte. In unserem pluralistischen Denken gibt es auch vergessene Wahrheiten. Michael Walzer ist zuzustimmen, wenn er sagt, eine rechtfertigende Interpretation, die alles restlos abklärt, habe den Charakter einer Ideologie. „Sie ist deshalb falsch, weil weder wir selbst in unserem alltäglichen Verhalten noch eine Gesellschaft je wirklich auf der Höhe der Maßstäbe leben, die für uns oder für sie in Kraft sind. Kritik ist immer notwendig, um uns zu erinnern."[31]

In seinem Buch „Zweifel und Einmischung. Gesellschaftsethik im 20. Jahrhundert" (Frankfurt a.M. 1991), in dem Walzer elf der wichtigsten Gesellschaftskritiker dieses Jahrhunderts Fehler und Irrtümer nachweist, kommt er zu der Schlußfolgerung, daß die Diskussion im moralischen Urteil nicht definitiv sein könne, im Gegenteil finde sie immer nur einen „zeitweiligen und vorläufigen Endpunkt." Daraus wird erklärlich, daß man manchmal Menschen als schuldig verurteilt, und daß dieses Urteil sich nach vielen Jahren als falsch erweist.[32] Setzt man diese Gedankenlinie fort und bedenkt man, daß diese gerade von den Menschen in Schwarzafrika bevorzugt wird, dann wird man leichter begreifen, warum sie sich mit einem naturrechtlichen Gedanken äußerst schwer tun. Wer den Stand der Diskussion im moralischen Urteil als gemeinschaftsbezogen und -bedingt und deswegen immer auch als vorläufig betrachtet, wird eine kritische Distanz gegenüber einer ‚intrinsece-malum-Ethik' bewahren müssen. Der Katechismus der Katholischen Kirche und die

---

[31] Zit. nach W. *Reese-Schäfer*, Was ist Kommunitarismus? 129–130. Vgl. *M. Walzer*, Kritik und Gemeinsinn. Drei Wege der Gesellschaftskritik, Berlin 1990, 59.
[32] Vgl. den Kommentar bei W. *Reese-Schäfer*, Was ist Kommunitarismus? 130.

päpstlichen Dokumente, wie etwa *Humanae vitae* und *Veritatis splendor*, stoßen insofern auf taube Ohren, als sie nicht auf das Anliegen der schwarzafrikanischen Ethik eingehen. Es ist deshalb an dieser Stelle angebracht, die Naturrechtsmoral in Vergleich zur afrikanischen Ethik zu stellen.

Art. 2: Die Infragestellung des Naturrechtsdenkens

Angesichts der Relativismus-Diskussion innerhalb der ethischen Theorien[33] ist es nicht unwichtig, mit Nachdruck darauf hinzuweisen, daß die afrikanische Ethik in der hier angepeilten Perspektive keineswegs die Möglichkeit einer universalen Geltung im ethischen Bereich in Frage stellt. Es geht allein um das Begründungsproblem. Gibt es denn nicht einen legitimen Pluralismus in der Argumentation und der Art der Normbegründung, der schließlich zu verschiedenen, sich nicht widersprechenden Praxisformen führen kann? Diese Frage ist womöglich nicht so naiv, wie es auf den ersten Eindruck scheint. So ist es beispielsweise gegenüber der Katholischen Kirche keine Unterstellung zu behaupten, daß sie durch die Verabsolutierung der Naturrechtsmethode einem interkulturellen Dialog in ‚rebus moralibus' wenig Gehör schenkt. Es geht hierbei noch nicht um die Frage, ob diese naturrechtliche Tradition richtig oder falsch argumentiert, sondern einfach um die Frage, ob die Wahrheit sich nur durch eine Art – eine ‚Einbahnstraßen-Methode' – erfassen läßt. Daß die Naturrechtsethiker inzwischen eine ausgeklügelte Methode entwickelt haben, die besticht und überzeugen kann, steht nicht zur Debatte.[34] Wohl aber werden jene dieser Methode wenig abgewinnen, die nicht darin geschult sind, insbesondere wenn sie anderen Kulturkreisen entstammen. Deshalb sei hier der Versuch unternommen, für die afrikanische Denkweise andere Vorschläge zu sichten, als die der Naturrechtslehre, die jedoch eine wichtige Gesprächspartnerin bleiben soll. Dies bedeutet aber zugleich, daß das Naturrechtsmodell als eine unter vielen Methoden der ethischen Reflexion gesehen werden muß, dem zudem eine bestimmte Philosophie zugrunde gelegt ist. Man weiß, daß etwa das Ethos des Alten Testaments einen anderen Weg geht, und daß die Naturrechtsmethode erst *ex consequenti* versucht, diese biblische Vorstellung

---

[33] Vgl. E. *Schockenhoff*, Naturrecht und Menschenwürde. Universale Ethik in einer geschichtlichen Welt, Mainz 1996, 52–142.

[34] Vgl. die Studien von K. *Demmer*, Christliche Existenz unter dem Anspruch des Rechts. Ethische Bausteine der Rechtstheologie, Freiburg i.Ue./Freiburg i.Br. 1995; E. *Schockenhoff*, Naturrecht und Menschenwürde.

zu verstehen und zu systematisieren. Dies war schon die Vorgehensweise eines Thomas von Aquin.[35] Im Kampf um die Verteidigung des Naturrechts wird allerdings nicht selten zu wenig beachtet, daß Thomas nicht immer streng naturrechtlich argumentiert. Man vergleiche beispielsweise sein Argument hinsichtlich der Masturbation. Die Unrichtigkeit der ‚emissio seminis', die durch die Masturbation zustande kommt, wird zunächst nicht mit der Naturwidrigkeit, sondern von der Funktion der männlichen Samen innerhalb der Gemeinschaft her begründet. Wörtlich heißt es beim Aquinaten: „Semen etsi sit superfluum quantum ad individui conservationem, est tamen necessarium quantum ad propagationem speciei."[36] Und Thomas fährt fort: „Ex quo patet quod contra bonum hominis est omnis emissio seminis tali modo quod generatio sequi non possit. Et si ex proposito hoc agatur, oportet esse peccatum."[37] Interessant ist aber die Erklärung des Thomas, der die Natur nicht im strickt stoischen Sinne verstehen will. Es geht ihm also nicht darum, die Naturzwecke servil zu respektieren. Thomas kann demzufolge schreiben: „Nec tamen oportet reputari leve peccatum esse si quis seminis emissionem procuret praeter debitum generationis et educationis finem, propter hoc quod aut leve aut nullum peccatum est si quis aliqua sui corporis parte utatur ad alium usum quam ad eum ad quem est ordinata secundum naturam, ut si quis, verbi gratia, manibus ambulet, aut pedibus aliquid operetur manibus operandum: quia per huiusmodi inordinatos usus bonum hominis non multum impeditur; inordinata vero seminis emissio repugnat bono naturae, quod est conservatio speciei."[38]

Richtig urteilt L. Oeing-Hanhoff, daß es in diesem Text nicht von Bedeutung ist, „daß dieses Argument des Aquinaten überholt ist, sondern darauf kommt es an, daß Thomas fordert, eine sittliche Norm nicht von Naturzwecken, sondern vom bonum humanum her zu beurteilen."[39] Auch hinsichtlich der Polygamie läßt sich neben der lex naturalis etwa

---

[35] Vgl. *O.H. Pesch*, Kommentar, in: DThA Bd. 13, 633–739; *E. Schockenhoff*, Naturrecht und Menschenwürde 200–209, obwohl der Verf. nicht auf die hervorragende Auslegung von *O.H. Pesch*, a.a.O., hinweist.

[36] SCG III c. 122 n. 2950 (Marietti-Ausgabe).

[37] Ebd.

[38] A.a.O. n. 2955.

[39] *L. Oeing-Hanhoff*, Der Mensch: Natur oder Geschichte? Die Grundlagen und Kriterien sittlicher Normen im Licht der philosophischen Tradition, in: *F. Henrich* (Hrsg.), Naturgesetz und christliche Ethik. Zur wissenschaftlichen Diskussion nach Humanae vitae, München 1970, 13–47, hier 34. Zwar wird die „conservation speciei" letzten Endes auch im Zusammenhang mit der Natur gesehen, aber es handelt sich hierbei um eine Natur, die von der Gemeinschaft her verstanden wird, und nicht um eine Natur, die im engen Sinne ausgelegt wird.

in 4 Sent. d. 33 q. 1 a. 2c; q. 2a a. 2 sol. 2, wo die Ehe mit mehreren Frauen unter Umständen erlaubt werden kann, eine andere Argumentationsweise heraushören. Ähnlich wie beim Kirchenvater Augustinus,[40] wird die alttestamentliche Praxis – unter der durchaus gemeinschaftlichen Perspektive – mit dem notwendigen Zuwachs des Gottesvolks als Vorbereitung auf die Vollendung im Neuen Bund legitimiert.[41] Der Aquinate argumentiert nicht nur teilweise nicht naturrechtlich, sondern er erkennt außerdem deutlich die Grenzen der Vernunft. Einerseits braucht die Vernunft für manche Wahrheiten eine lange Zeit, bis sie dieselben klar erkennt, andererseits ist sie selbst dort, wo die Wahrheit erkannt werden kann, unter Fachleuten manchmal umstritten. Weiter ist die Wahrheitserkenntnis in manchen Fällen nur für eine Minderzahl möglich. Dies führt Thomas dazu, die Notwendigkeit der göttlichen Offenbarung zu postulieren, durch die der Mensch wirklich irrtumsfrei erkennen kann. Wörtlich heißt es bei Thomas: „Aber auch jene Wahrheiten über Gott, die an sich der menschlichen Vernunft erreichbar sind, mußten dem Menschen geoffenbart werden. Denn die Erforschung dieser Wahrheiten wäre nur wenigen möglich, würde viel Zeit in Anspruch nehmen und auch dann noch mit viel Irrtum verbunden sein. Und dabei hängt von der Erkenntnis dieser Wahrheiten das Heil des Menschen ab, das in Gott gelegen ist."[42] Wohlgemerkt: Was Thomas hier sagt, beschränkt sich nicht nur auf die mit der Offenbarung unmittelbarst verbundenen Wahrheiten, sondern unterstrichen wird auch die Begrenztheit der Vernunft in bezug auf die Wahrheitserkenntnis schlechthin.

Die Probe aufs Exempel kann anhand der Stellung der Frau in der thomanischen Lehre geführt werden. Aufgrund der für ihn rational einsehbaren Argumente konnte Thomas keineswegs die Gleichwertigkeit von Mann und Frau begründen. Gemäß der auf der Vernunft basierenden Argumente kann die Frau nur eine minderwertige Stellung gegenüber dem Mann einnehmen. Diese Vernunftgrenze wird aber durch die

---

[40] Vgl. *Augustinus*, De bono conjugali c. 17–18, Nr. 19–22, in: PL 40, 386ff. Dazu auch *J. Ratzinger*, Zur Theologie der Ehe, in: *G. Krems/R. Mumm* (Hrsg.), Theologie der Ehe, Regensburg/Göttingen ²1972, 88–90.

[41] Vgl. *B. Bujo*, Moralautonomie und Normenfindung bei Thomas von Aquin unter Einbeziehung der neutestamentlichen Kommentare, Paderborn/München u.a. 1979, 291.

[42] STh I q. 1 a. 1c: „Ad etiam quae de Deo ratione humana investigari possunt, necessarium fuit hominem instrui revelatione divina: quia veritas de Deo per rationem investigata, a paucis, et per longum tempus, et cum admixtione multorum errorum homini proveniret: a cujus tamen veritatis cognitione dependet tota hominis salus, quae in Deo est." Vgl. auch STh II-II q. 2 a. 4; SCG I c. 4; 3 Sent. d. 24 q. 1 a. 3. Einen guten Kommentar zu diesen Texten findet man bei *P. Synave*, La révélation des vérités divines naturelles d'après saint Thomas d'Aquin, in: Mélanges Mandonnet. Études d'histoire littéraire et doctrinale du Moyen-Age, Bd. 1, Paris 1930, 227–370.

Glaubensaussage, nach der Mann und Frau in gleichem Maß als Eben-
bilder Gottes erschaffen wurden, überwunden.[43] Es ist keine Frage, daß
wir heute die Würde von Mann und Frau auch rational einsehbar begründen. Thomas von Aquin aber konnte aufgrund des zu seiner Zeit
vorherrschenden Menschenbildes und selbst aufgrund des damaligen
wissenschaftlichen und philosophischen Forschungsstandes nicht rein
rational zu dieser Erkenntnis gelangen, die heute beispielsweise bei den
Menschenrechten selbstverständlich vorausgesetzt ist. Was bei Thomas
beobachtet werden kann, erinnert an das, was weiter oben ,vergessene
Wahrheiten' genannt wurde, die erst später entdeckt werden und dann
als selbstverständlich gelten. Wissenschaftler und Philosophen, die mit
dem jüdisch-christlichen Glauben nicht konfrontiert wurden und sich auf
die ihnen damals einzig erreichbaren wissenschaftlichen Ergebnisse
einließen, übersahen die unveräußerliche Würde der Frau. Die biblische
Botschaft könnte in dieser Hinsicht als eine vergessene Wahrheit gelten.
Diese schon lange geoffenbarte Wahrheit wurde aber durch unser ,ratio-
nales' bzw. ,naturrechtliches' Denken erst reichlich spät entdeckt und
begründet. Solche Beobachtungen können freilich nicht nur für das
durch den Glauben Eruierbare gemacht werden, sondern ähnliches kann
– was auch geschieht – ebenso bei kulturelle Überzeugungen geschehen,
wo diese möglicherweise für ein rational(istisch) argumentierendes Denken zunächst unwesentlich erscheinen. Was mit der afrikanischen Kunst
geschah, die von den Menschen im Westen als nicht wertvoll aufgrund
ihrer Nichtentsprechung mit den okzidentalen Kunstmaßstäben angesehen und die erst durch einen der bedeutendsten europäischen Künstler,
Pablo Picasso, rehabilitiert wurde, könnte sich auch im ethischen Bereich ereignen. Denn die Schwierigkeit auf die ein Thomas von Aquin
im Hinblick auf die endgültige Erkennbarkeit und Erreichbarkeit der
Wahrheit hinweist, betrifft sicher nicht nur die theoretische, wohl aber
auch die praktische Vernunft.

In Anbetracht des Vorangegangenen erscheint es manchmal zu billig
und zu voreilig, auf die Stufentheorie von Lawrence Kohlberg hinzuweisen, die darauf aufmerksam zu machen versucht, daß es auch in den
Kulturen Moralentwicklung gibt, und hierzu bemerkt, daß viele von ihnen noch auf den unteren Stufen stehen.[44] Diese Theorie muß m.E. im

---

[43] Dazu vgl. B. Bujo, Moralautonomie und Normenfindung 163–172. Dort auch die ein-
schlägigen Texte bei Thomas. Mit Gewinn liest man diesbezüglich auch O.H. Pesch,
Thomas von Aquin. Grenze und Größe mittelalterlicher Theologie, Mainz ³1995, 208–
227.
[44] Von den zahlreichen Studien von L. Kohlberg seien besonders zitiert: L. Kohlberg,
Essays on Moral Development. Vol. I: The Philosophy of Moral Development. Moral

Anschluß an die Untersuchung etwa von Gertrud Nunner-Winkler erheblich relativiert und in Frage gestellt werden. Nunner-Winkler legt dar, daß schon kleine Kinder in der Lage sind, moralische Werte zu begreifen und zu verinnerlichen. Sie wissen beispielsweise, daß man jemanden nicht foltern kann, ohne daß man ihm Unrecht tut.[45] Rational könnte das Kind den dahinterstehenden moralischen Wert noch nicht begründen, dennoch steht es – um mit Kohlberg zu sprechen – auf einer sehr hohen Entwicklungsstufe. Gleiches kann aber auch den sogenannten ‚primitiven‘ Kulturen durchaus zugestanden werden.

Nach diesen allgemeinen Überlegungen zur naturrechtlich-rationalen Argumentation können wir nun die genuin afrikanischen Probleme zur Sprache bringen. Einige Beispiele können hier mithelfen, das Anliegen zu verdeutlichen. Wenn man wie schon weiter oben die Frage danach stellt, wann von Inzestverbot gesprochen werden kann, wird man einen deutlichen Unterschied zwischen manchen afrikanischen Kulturen und den westlichen feststellen. Bei einigen Völkern Afrikas ist die Inzestgrenze viel schneller erreicht als zum Beispiel im mitteleuropäischen Raum. In der westlichen Kultur, zumindest im mitteleuropäischen Raum, gilt eine sexuelle Begegnung zwischen Cousin und Cousine nicht als Inzest. Für manche afrikanischen Völker gilt hier jedoch bereits ein striktes Inzestverbot. Inzest betrifft dort zuweilen alle Verwandtschaftsgrade bis hinein in die kleinsten Verästelungen. Als Beispiel kann man die Bahema aus dem Osten der Demokratischen Republik Kongo erwähnen, die eine äußerst strenge Sexualmoral auf dem Gebiet des Inzests praktizieren.

Stages and the Idea of Justice, San Francisco 1981; Vol. II: The Psychology of Moral Development. The Nature and Validity of Moral Stages, San Francisco 1984; *ders.*, Die Psychologie der Moralentwicklung, Frankfurt a.M. 1995. Für die weitere Literatur von Kohlberg verweise ich auf *F. Oser/W. Althof*, Moralische Selbstbestimmung. Modelle der Entwicklung und Erziehung im Wertebereich. Ein Lehrbuch – mit einem Beitrag von Detlef Garz, Stuttgart 1992. In diesem Buch findet man eine weiterführende Reflexion zu dieser Thematik überhaupt. Die Konzeption von L. Kohlberg ist auch wichtig für *J. Habermas*, Moralbewußtsein und kommunikatives Handeln, Frankfurt a.M. 1983; vgl. auch *E. Schockenhoff*, Naturrecht und Menschenwürde 90–92.

[45] Vgl. *G. Nunner-Winkler*, Moralischer Universalismus – kultureller Relativismus. Zum Problem der Menschenrechte, in: *J. Hoffmann* (Hrsg.), Universale Menschenrechte im Widerspruch der Kulturen, Symposium, Bd. 2, Frankfurt a.M. 1994, 79–103, hier 82f.; *dies.*, Gibt es eine weibliche Moral?, in: *dies.* (Hrsg.), Weibliche Moral. Die Kontroverse um eine geschlechtsspezifische Ethik, Frankfurt a.M./New York 1991, 145–161, bes. 153ff.; *dies.*, Der Mythos von den Zwei Moralen, in: *H. Kuhlmann* (Hrsg.), Und drinnen waltet die züchtige Hausfrau. Zur Ethik der Geschlechterdifferenz, Gütersloh 1995, 49–68, bes. 61: „Universell haben Kinder schon relativ früh ein angemessenes kognitives Moralverständnis: Sie kennen einfache moralische Regeln und wissen um deren intrinsische Geltung."

Der Unterschied zwischen der westlichen Wirklichkeit und dem Inzestverbot in afrikanischen Kulturen geht nicht zuletzt auf verschiedene Lebensanschauungen zurück, die allein schon durch die Sprachen vermittelt werden. Was im Deutschen, Französischen oder Englischen als „Cousin" beziehungsweise „Cousine" bezeichnet wird, ist in vielen afrikanischen Sprachen unbekannt. Cousin und Cousine in europäischen Sprachen sind in diesen afrikanischen Sprachen „Bruder" und „Schwester", wenn es sich um die Kinder des Bruders des Vaters oder die der Schwester der Mutter handelt. Selbst die Kinder zweier Cousins – europäisch gesehen – können Bruder und Schwester sein. Andererseits ist der Bruder des Vaters desgleichen Vater wie die Schwester der Mutter gleichermaßen Mutter ist. Sie sind also keineswegs Onkel und Tante; denn Tante ist nur die Schwester des Vaters, während die Bezeichnung Onkel nur dem Bruder der Mutter gilt. Die Kinder dieses Onkels sind dann ebenso Onkel wie ihr Vater oder aber Mütter, wenn es sich um Töchter handelt.

Diese lange, etwas komplizierte Erklärung hat zum Ziel aufzuzeigen, daß die sprachlichen Bezeichnungen hier einen entscheidenden Einfluß auf das ethische Verhalten im Sexualbereich ausüben. Einen Bruder oder eine Schwester heiratet man selbstverständlich nicht, genauso wenig wie einen Onkel oder eine Tante aus der eigenen Familie. Noch weniger kann man sich eine Ehe zwischen einer Mutter und ihrem Sohn oder einem Vater und seiner Tochter vorstellen. Damit wird aber auch augenfällig, daß die kirchliche Praxis, die die Verwandtschaftsgrade nach dem westlichen Muster festlegt, die afrikanischen Wirklichkeiten nicht voll einschließt. So ist es möglich, daß die Kirche Menschen anderer Sprachgemeinschaften und Kulturen vor den Kopf stößt, weil das Christentum augenscheinlich ethisch Verabscheuenswürdiges erlaubt und fördert. Es erübrigt sich zu betonen, daß die Differenz sicher nicht in der Verurteilung des Inzests als solchem besteht, sondern vielmehr in der Frage, wer festlegt, was als Inzest gelten soll. Erst dann kann man sich über das sogenannte *intrinsece malum* einigen.

In ähnliche Richtung geht das schon weiter oben angesprochene Problem der Polygamie. E. Schockenhoff hat recht, wenn er darauf hinweist, daß selbst wenn „der Tatbestand einzelner Handlungsfelder wie Diebstahl, Ehebruch oder Mord" von der Definition her unterschiedlich – je nach Kultur oder Epoche – ausfallen kann, das Werturteil, das dem ‚Handlungstyp' zugrunde liegt, dennoch konstant bleibt. „So mögen die jeweiligen Verhaltensweisen erheblich divergieren, die in einer polygamen oder einer monogamen Gesellschaftsordnung als Ehebruch gelten; an der ethischen Mißbilligung des Ehebruchs ändert dies jedoch nichts.“[46] Diese Schlußfolgerung stimmt zwar, aber sie scheint im Hinblick auf die offizielle kirchliche und auch westlich-gesellschaftliche Moralvorstellung wenig hilfreich für die Betroffenen zu sein. Vor allem christlich-kirchlich gilt ja die Polygamie als Ehebruch, selbst dort, wo Menschen diese Institution als legitim betrachten und einen Ehebruch genauso verurteilen wie in einer monogamen Ehe. Entscheidend und existentiell für Menschen an dieser Stelle ist dann nicht mehr, wie sie selbst die Moral begründen und verstehen, sondern wie die Normen von der Kirche festgelegt und begründet werden. Dazu kommt noch, wie im Fall des Inzests, daß manche afrikanischen Traditionen sogar über die kirchlichen Forderungen hinausgehen können. Denn für sie gilt die Ehe nicht nur bis der Tod die beiden Partner scheidet, sondern sie geht über den Tod hinaus. Es wird dann wenig helfen, sich auf das Jesuswort in Mt 22,30 zu berufen, wonach es bei der Auferstehung keine Ehe mehr gibt. Für die hier angesprochenen ethnischen Gruppen währt die Ehe bis in die Ewigkeit und man kann gegenüber dem verstorbenen Partner schuldhaft werden.[47] Die Schwagerehe wiederum verstößt nicht gegen diese Vorstellung, denn dadurch bleibt die Frau ihrem Gatten insofern treu, als sie der Familie bzw. der Gemeinschaft desselben die Treue hält. Sie wird denn auch zum lebendigen ‚Sakrament‘, das an den Verstorbenen erinnert. Die Witwenehe hat also letztlich auch eine gemeinschaftliche Dimension, die ebenso eine soziale Funktion ausübt. Eine Frau, die verwitwet ist, gehört der Familie ihres Gatten bleibend an. Diese Familie darf sie nicht fallen lassen, sondern hat die Aufgabe, sie durch eine neue, sichtbare Bindung in die Gemeinschaft zu integrieren und für sie auch rein sozial aufzukommen. Daher, selbst wenn sie die Dispensmöglichkeit einräumt, redet die Kirche in can. 1092 des CIC an der afrikanischen Realität vorbei, die das ethische Verhalten ‚kommunitaristisch‘, d.h. von der Gemeinschaft her begründet.[48] Eine solche Begründung betrifft beinahe alle Bereiche der afrikanischen Ethik. Nimmt man zum Beispiel das Problem der Insemination bzw. der In-Vitro-Fertilisation mit anonymen Samenspendern, wird das entscheidende und überzeu-

---

[46] *E. Schockenhoff*, Naturrecht und Menschenwürde 84.

[47] Vgl. *L.-V. Thomas/R. Luneau*, La terre africaine et ses religions. Traditions et changements, Paris 1975, 94f. Was Thomas und Luneau sagen, hat zwar fast eine mystische Dimension der Ehe, da es sich nicht um eine real existierende Frau (bzw. einen real existierenden Mann) handelt. Dennoch wird darauf hingewiesen, daß die eigentliche Ehe den sichtbaren, diesseitigen Raum übersteigt. Ihre Bindekraft bekommt sie erst von der unsichtbaren, jenseitigen Partnerschaft her, die nicht vertraglich sein kann. Auf diese nicht vertragliche, jenseitige Dimension verweisen ja auch andere Formen der Ehe in Afrika, wie z.B. die Schwagerehe.

[48] Vgl. *B. Bujo*, Die ethische Dimension 102f.

gende Argument nicht abstrakter und naturrechtlicher Art sein. Allein die gemeinschaftliche Dimension begründet das Verbot in bleibender Weise. Die afrikanische Gemeinschaft, für die das ‚cognatus sum, ergo sumus' von Bedeutung ist, läßt keine Anonymität zu. Dies hängt nicht zuletzt – darauf ist zu einem späteren Zeitpunkt ausführlicher einzugehen – mit dem anamnetischen Denken der afrikanischen Anthropologie zusammen. Dazu gehört unabdingbar, daß jedes Kind seinen Vater und seine Mutter namentlich kennt und mit ihnen über den Tod hinaus in lebendiger Verbindung bleibt. Ebenso wesentlich ist es, daß die Eltern ihre Kinder namentlich kennen und mit ihnen in wärmstem Kontakt verbleiben. Erst diese gegenseitige Bindung und Verbindung konstituieren denn auch die Personen als Personen auf beiden Seiten. Darauf zu bestehen ist gerade in Afrika außerordentlich wichtig, wo der Kinderwunsch und das Verlangen nach der Gemeinschaft den Menschen zum Verhängnis werden können. Die moderne Technik und die Medizin könnten nämlich die gute Tradition dermaßen beeinflussen, daß sie ins Gegenteil verkehrt wird, beispielsweise dann, wenn der Kinderwunsch nur zum Vorteil der Mutter oder des Ehepaares, um deren egoistisch konzipierter Gemeinschaft willen, aber eben zum Nachteil des Kindes, ohne Rücksicht auf seine wahre gemeinschaftliche Identität, gestillt wird.

Ein abstraktes Argument, das ausgesprochen rational oder naturrechtlich vorgeht, vermag die Menschen in Afrika nicht befriedigend zu überzeugen, so daß sie wirklich auf die neuen technisch-medizinischen Errungenschaften verzichten. Auf diese Perspektive deutet zwar die Instruktion der römischen Glaubenskongregation *Donum vitae* (1987) hin;[49] dennoch, auch trotz der Bemühungen um den neuen wissenschaftlichen Stand, bewegt sie sich immer noch im Rahmen der herkömmlichen Naturrechtslehre. Aus einem nicht okzidentalen Blickwinkel gelesen erweckt die Instruktion unweigerlich den Anschein, für Menschen im Westen geschrieben worden zu sein, obwohl sie für sich letztlich doch eine universale Beachtung beansprucht. Dieser Eindruck entsteht beispielsweise dort, wo die Rechte der Person von der Natur her begründet werden oder von „den natürlichen Erfordernissen der menschlichen Person" gesprochen wird.[50] Schon die Enzyklika *Humanae vitae* (1968) hätte die Menschen in Schwarzafrika leichter angesprochen, wäre sie auf

---

[49] Was sie etwa zur heterologen künstlichen Befruchtung sagt, weist durchaus auf die Gemeinschaftsdimension hin, die vertieft werden sollte: vgl. *Kongregation für die Glaubenslehre*, Instr. „Donum vitae" vom 22 Feb. 1987 (DnV), II/2.
[50] Vgl. DnV III.

ihre gemeinschaftsorientierte ethische Einstellung eingegangen, statt die *natura* in den Mittelpunkt zu stellen.[51] Neuerdings müssen wir ähnliches beim *Katechismus der Katholischen Kirche* bedauern. Um das Beispiel der Homosexualität wieder aufzugreifen: Im Namen einer u.a. naturrechtlich vorgehenden Argumentation lehnt der Katechismus der Katholischen Kirche zunächst die homosexuellen Praktiken ab. Die Begründung dieser Ablehnung ist nichts anderes als die naturgegebene Heterosexualität, der die Homosexualität widerspreche. Andererseits aber erkennt derselbe Katechismus die Ergebnisse der modernen Wissenschaften an, nach denen manche Menschen eine vorwiegend gleichgeschlechtliche Veranlagung haben. Der Katechismus empfiehlt, diese Ergebnisse mitzuberücksichtigen, jedoch kann diesen Menschen keine gleichgeschlechtliche sexuelle Begegnung gestattet werden.[52] Mit dieser Argumentationsweise verwickelt sich der Katechismus m.E. in einen Widerspruch. Denn mit Recht können die homosexuell veranlagten Menschen den Spieß umdrehen und darauf hinweisen, daß sie nicht begreifen, warum die sexuelle Gemeinschaft den Heterosexuellen u.a. aufgrund der natürlichen Veranlagung zugestanden werde, während der Vollzug der gleichgeschlechtlichen Zuneigung als Ausdruck ihrer Veranlagung mit strengem Verbot belegt werden soll.

Aus der Sicht der afrikanischen Ethik ist es möglich, homosexuellen Menschen im afrikanischen kommunitarisch-anamnetischen Rahmen zu begegnen. Auch jenen Menschen, die eine gleichgeschlechtliche Zuneigung haben, könnte die Idee der Gemeinschaft von Lebenden und Toten über diese naturgegebene Veranlagung hinweghelfen, ohne daß sie ihre eigene Identität preisgeben müßten. Das Überleben der Gemeinschaft ist abhängig von ihrem Einsatz für die Noch-nicht-Geborenen, die eine wesentliche Dimension der Gemeinschaft ausmachen. Außerdem ist hier an die weiter oben erwähnte Bipolarität Mann-Frau zu erinnern, die nach dem afrikanischen Menschenbild die gesamte Person im umfassenden Sinn konstituiert, selbst dort, wo die Nachkommenschaft versagt bleibt. Das Argument des Katechismus erinnert an das Problem der *inclinationes naturales* bei Thomas von Aquin. Im Gegensatz zu Thomas scheint der Katechismus jedoch die Funktion der Vernunft in der Gestaltung der

---

[51] Zur sehr vorsichtigen Diskussion über *Humanae vitae* und *Familiaris consortio* im afrikanischen Kontext vgl. *J. Andavo*, La responsabilité négro-africaine dans l'accueil et le don de la vie. Perspective d'inculturation pour les époux chrétiens, Fribourg/Paris 1996, 116–129.

[52] *Ecclesia Catholica* (Hrsg.), Katechismus der Katholischen Kirche, München u.a. 1993 (KKK), Nr. 2357f.

natürlichen Neigungen nicht gebührend zu berücksichtigen. Sicherlich nimmt Thomas das natürliche Streben und die Anlage des Menschen so ernst, daß er sogar vom „vitium contra naturam" spricht.[53] Allerdings muß man genauer analysieren, was im thomanischen Text mit ‚contra naturam', ‚secundum naturam' und ‚praeter naturam' gemeint ist.[54] Der Aquinate spricht hier sehr differenziert, selbst wenn die *inclinationes naturales* ihm den Rahmen gestalten, damit er seine Definition der *lex naturalis* ausformulieren kann. Es ist jedenfalls nach dem thomanischen Geist unbestreitbar – Thomas hat sich mit dem Problem nicht auseinandergesetzt –, daß die Vernunft eine entscheidende Rolle spielt. Sie ist nicht ein einfaches Ableseorgan, das sich den natürlichen Neigungen anpaßt. Sie muß die ihr vorgegebene Natur so integrieren, daß der Mensch verantwortlich handeln kann. Daher ist alles Sünde, was gegen die Vernunft ist, und was vernunftwidrig ist, widerspricht ebenso der Natur selbst.[55] Diese Frage sollte im Zusammenhang mit dem sogenannten ‚desiderium naturale videndi Deum' gesehen werden. Zu wiederholten Malen sagt Thomas: „Desiderium naturale non potest esse vanum", „natura nihil facit frustra" usw.[56] Dieses natürliche Streben als Instinkt wird ebenso von einem höheren Instinkt, nämlich der Vernunft, aufgegriffen und zielgerecht gestaltet.[57] Dies zeigt sich auch auf der Ebene des *amor* als quasi erotisches Moment, der aber in die *caritas* bzw. *amor amicitiae* übergeht, wo die Vernunft eine leitende Rolle übernimmt.[58] Andererseits aber muß die *ratio* die natürlichen Veranlagungen ernst nehmen, da sie ihr Orientierungslinien geben, damit sie auf der richtigen Start- und Landebahn bleibt, damit sie ihre Investigationsarbeit effizient in Angriff nehmen kann.[59]

Allem Anschein nach ist es auch das Naturrechtsdenken, das manchen afrikanischen Eheformen, insbesondere der sogenannten Etappenehe, Mißtrauen entgegenbringt. Zunächst einmal ist die kirchliche Ehe, aber auch die Zivilehe westlicher Prägung, punktueller Art, während die

---

[53] Vgl. beispielsweise STh I-II q. 94 a. 3 ad 2.

[54] Hierzu vgl. *B. Bujo*, Moralautonomie und Normenfindung 233–242. Dort auch die Belege.

[55] Vgl. u.a. STh I-II q. 94 a. 3 ad 2.

[56] Vgl. u.a. SCG II c. 55 n. 1209; SCG III c. 44 n. 2213; c. 48 n. 2257; c. 51 n. 2284; c. 57 n. 2334; In Eth. Nic. I c. 11 lect. 16 n. 202; CTh I c. 104 n. 208.

[57] Vgl. *B. Bujo*, Die Begründung des Sittlichen. Zur Frage des Eudämonismus bei Thomas von Aquin, Paderborn/München u.a. 1984, bes. 94ff.

[58] Vgl. a.a.O. 137–182.

[59] Vgl. *B. Bujo*, Moralautonomie und Normenfindung 265–273; *W. Korff*, Der Rückgriff auf die Natur. Eine Rekonstruktion der thomanischen Lehre vom natürlichen Gesetz, in: PhJ 94 (1987) 285–296.

afrikanische prozeßhaft vorgeht, selbst dort, wo das zukünftige Ehepaar vor der Ehe noch nicht zusammenleben darf. Es geht darum, sich gründlich, nicht zuletzt mit Hilfe der Gemeinschaft, kennenzulernen. Damit wird gerade der gemeinschaftliche Charakter der afrikanischen Ehe angesprochen. Während die westliche Ehe vornehmlich kontraktuell zwischen zwei Personen geschlossen wird, versteht sich die afrikanische Ehe als Bund zwischen zwei Familien, und sogar zwei Sippengemeinschaften. Eine vertragliche Ehe trägt eindeutig naturrechtliche Züge und kann auch genauso punktuell aufhören, wie sie angefangen hat. Das Gemeinschaftsdenken untersagt dies der afrikanischen Ehe, die, wie angemerkt, bei manchen ethnischen Gruppen über den Tod hinaus unauflöslich bleibt. Auch in diesem Punkt ist der Katechismus der Katholischen Kirche außerhalb der afrikanischen Realität geblieben. Seine Argumentation steht andererseits selbst zwischen zwei Stühlen, da er beides, Bund und Vertrag, als Grundlage nimmt.[60]

Die bisher angeführten Beispiele zeigen m.E. deutlich, daß der Dialog zwischen kirchlich-naturrechtlicher Moral einerseits und afrikanisch-gemeinschaftlicher Moral andererseits erleichtert würde, wenn die Kirche sich um die thomanische Unterscheidung von *ius naturale* und *ius gentium* bemühte. Selbst wenn diese Unterscheidung das Anliegen der afrikanischen Ethik noch nicht trifft, kann sie dennoch beim Dialog weiterhelfen, weil das Konzept von *ius gentium* ein geschichtlich-gemeinschaftliches Moment einschließt. Während das *ius naturale* das Vorgegebene als das Statisch-Festgefahrene bezeichnet, will das *ius gentium* auf die zielbewußte Gestaltung des *ius naturale* je nach Kontext und Gesellschaft hinweisen.[61] Es ist wohl die *ius gentium*-Lehre, die dem Aquinaten den Rahmen geschaffen hat, in seiner Beurteilung von Polygamie und Polyandrie[62] sowie des Eigentumsrechts und der Sklaverei differenziert vorzugehen.[63] Neben dem *ius gentium* schafft auch die Lehre vom *desiderium naturale* genügend Anhaltspunkte für den Dialog mit der afrikanischen Ethik, und zwar speziell dort, wo Thomas von ‚natura nihil facit frustra' spricht. Etwa in der ökologischen Frage könnte beispielsweise – gemäß dieser These – die Vernunft dazu motiviert und gezwungen werden, die Funktion dieser und jener Elemente in der gesamten Weltordnung und im Kosmos im allgemeinen zu entdecken und

---

[60] Vgl. KKK 2381. Dort spricht der Katechismus von der Ehe sowohl als Bund wie auch als Vertrag. Zur Kritik vgl. *B. Bujo*, Ehe als Bund und Prozeß in Afrika, in: StdZ 213 (1995) 507–520.

[61] Vgl. *B. Bujo*, Moralautonomie und Normenfindung 289–297.

[62] Vgl. a.a.O. 290f. mit Hinweis auf 4Sent d. 33 q. 1 a. 1 ad 8 und q. 1 a. 2 sol. 2.

[63] Vgl. a.a.O. 293–296.

nachträglich zu begründen bzw. neuzugestalten. Diese Vorgehensweise entspricht genau der afrikanisch anthropologischen Vorstellung, die nicht einfach in naiver Weise, wie manche meinen, die Kausalitäten im Kosmos zu etablieren versucht. Eine Behauptung wie „in der Natur gibt es Interaktion und gegenseitige Beeinflussung" weist auf eine tiefere Wirklichkeit hin, womit deutlich wird, daß der Mensch seine unumgängliche Einbettung in den gesamten Kosmos erkennt, und erst damit auch fähig wird, die Pflege und den Schutz seiner Umwelt umfassend wahrzunehmen.[64]

In Anbetracht des bisher Gesagten darf man die afrikanische Ethik nicht der Abschottung oder des ethnozentrischen Fehlschlusses verdächtigen. Denn sie will ihre Stimme mitten im Universalen, aber im Plural erheben. Es mag stimmen, daß der Anspruch des Naturrechts sich „nur auf die Mindestvoraussetzungen" bezieht, die wegen ihres Enthalten-Seins im Phänomen des Ethischen[65] alle Menschen, gleich welcher Kultur sie angehören, anerkennen sollen. Es fragt sich jedoch, ob es damit getan ist, das ‚Universale' anzuerkennen, um das Unhintergehbare festlegen zu können. Solange man eine moralische Instanz hat, die kirchlich oder international verpflichtende Normen – auch nur das ethische Minimum – und Verhaltensweisen ohne Rücksprache mit den Betroffenen definiert, ist die Anerkennung eines rein formalen Universalen wenig hilfreich. Das Beispiel des Inzestverbotes hat dies schon zumindest angedeutet. Erwähnenswert ist auch die Gastfreundschaft bei den ethnischen Gruppen in Rwanda, nach der ein Ehemann dem Freund, der ihn besucht, seine Frau für die Nächte anvertraut, die dieser bei ihm verbringt. Dies wird jedoch nicht als Ehebruch betrachtet, denn dieser ist auch hier verpönt. Ähnlich, aber nicht ganz im selben Sinn, verfährt die Frau bei den Gikuyu von Kenya, die ihren Ehemann nicht in allem zufriedenstellen kann. Sie sucht sich eine Frau aus, die sie dem Mann als sich selbst – ein anderes Ich – bringt, ohne daß dies als Ehebruch gilt.[66] Niemand wird bestreiten, daß die hier erwähnten Völker und die christlichen Kirchen dasselbe formale Prinzip, nämlich das Ehebruchverbot, anerkennen. Die eigentliche Frage beginnt dort, wo nachgehakt wird, was denn den Ehebruch ausmacht und wann man davon sprechen kann. Es ist klar, daß die Kirchen und wohl auch die Zivilgesellschaft zumin-

---

[64] Dazu B. *Bujo*, Die Bedeutung des Spirituellen im Leben des Afrikaners als Ansatzpunkt für eine gesunde Ökologie, in: *H. Kessler* (Hrsg.), Ökologisches Weltethos im Dialog der Kulturen und Religionen, Darmstadt 1996, 88–101.

[65] Vgl. *E. Schockenhoff*, Naturrecht und Menschenwürde 233.

[66] Vgl. auch manche sexuellen Praktiken bei den Massai in Ostafrika. Vgl. aber die kritischen Anmerkungen zur Polygamie in Teil II, Kap. III.

dest im Westen nicht nur *formal*, sondern auch *material* festlegen, was den Ehebruch konkret ausmacht. Die vorhin erwähnten Praktiken in Afrika werden deswegen etwa von der katholischen Kirche aufs schärfste verurteilt. Für Moraltheoretiker stimmt sicher die Schlußfolgerung von Schockenhoff, wenn er sagt: „Die Rede von den natürlichen Rechten jedes Menschen setzt eine bescheidene Anthropologie voraus, die über die umfassenden Lebensziele, die unser Menschsein im ganzen gelingen lassen und zu seinem äußersten Seinkönnen führen, noch keine letztgültige Auskunft gibt. Naturrechtliche Aussagen bewegen sich so in einem ‚Vorfeld‘, das über sich hinaus auf die ‚Fülle des Lebensgrundes‘ verweist, von dem die biblische Offenbarung Zeugnis ablegt."[67] Offenbar meint der Verfasser damit die sogenannten Weltreligionen – Buddhismus, Hinduismus, Islam usw. – und „hochethischen Traditionen der Menschheit."[68] Im Hinblick auf die Beispiele aus dem schwarzafrikanischen Raum erscheint diese These nicht ganz zutreffend. Gerade das, wovor Schockenhoff warnt, man solle „den Geltungsraum des Naturrechts" nicht so ausweiten, als handelte es sich um ein integrales Ethos, „das alle Lebensbereiche erfaßt"[69], wird in der Praxis nicht eingehalten. Wie die oben erwähnten Beispiele zeigen, wird nicht selten die Rechtfertigung der formalistischen Prinzipien gleich auch inhaltlich gefüllt, so daß damit auch das Materiale einen universalen Geltungsanspruch erhebt. Es ist dann sehr fraglich, ob in diesem Fall die gemeinsame Basis des Naturrechts eine „kulturneutrale Untergrenze des Menschseins festhält", obwohl sie keine erschöpfende Antwort auf „die Frage nach den positiven Inhalten eines menschenwürdigen Daseins geben" möchte[70] und zwar im Sinn von Troeltsch, der auf die Undurchführbarkeit einer einheitlichen materialen Kulturethik hinweist.[71] Gerade aufgrund solcher Bedenken läßt sich das Problem des *intrinsece malum* nicht so klar beantworten.[72] Wie schon mehrmals hervorgehoben wurde, sind sich der Mensch in Schwarzafrika und die Naturrechtslehre einig, daß Ehebruch ausnahmslos zu verurteilen ist. Die Frage ist jedoch, auf welche Eheform sich dies bezieht. Schockenhoff beantwortet diese Frage dahingehend: „Hat man einmal erkannt, daß die eheliche Liebe beide Partner in ihrem personalen Selbst und in ihrem gegenseitigen Subjekt-Sein beansprucht, dann hat man in dieser Erkenntnis zugleich die monogame

---

[67] *E. Schockenhoff*, Naturrecht und Menschenwürde 299.
[68] Ebd.
[69] Ebd.
[70] A.a.O. 233.
[71] Vgl. die Ausführungen a.a.O. 118.
[72] Vgl. a.a.O. 197–232.

Struktur der Ehe und den Anspruch ehelicher Treue miterfaßt. Die Treue zum Partner kann dann nicht als ein äußerer, vor-sittlicher Wert angesehen werden, so daß sich das Verbot ihrer Verletzung erst aus der Erwägung mit anderen, außerhalb der Ehe liegenden Gütern ergeben würde."[73] Nach dem westlichen Menschenbild und Eheverständnis ist diese These sicher richtig und unwiderlegbar.

Aus traditionell-afrikanischer Sicht aber ist die Definition der Ehe partiell, wenn sie nur auf die Monogamie beschränkt bleibt, als ob es sich in einer polygamen Ehe um die ‚Nicht-Ehefrauen' hinsichtlich der zweiten, dritten ... Frau handelte. Ebenso wäre dann der Mann diesen gegenüber nicht Ehemann. Aus afrikanischer Sicht ist die Untreue des Mannes gegenüber seiner zweiten, dritten ... Frau – und umgekehrt – genauso ausnahmslos Ehebruch wie die Untreue gegenüber der ersten Frau. Wer aber die *intrinsece malum*-Lehre aufrechterhalten will, muß sie logischerweise auch im Blick auf die Untreue in einer polygamen Ehe geltend machen. Genauso muß dann das *intrinsece malum* nicht nur für das Inzestverbot im westlichen, sehr eingeschränkten Sinn gelten, sondern es soll auch ausnahmslos afrikanische Inzestfälle mit umfassen. Man weiß aber, daß hier naturrechtlich-kontextuell vorgegangen wird.[74] Wenn beispielsweise die Enzyklika *Veritatis splendor* von ‚semper et pro semper' für ‚praecepta negativa' spricht,[75] wirft diese Lehre in Anbetracht der vorher besprochenen Fälle doch einige Fragen auf, die man versuchen sollte, kontextuell zu lösen. Noch einmal, die Frage ist nicht, ob man *theoretisch* den absoluten Geltungsanspruch des *intrinsece malum* anerkennt, sondern wie, von wem und nach welcher Rationalität dies festgelegt bzw. behauptet wird. Man kann dann weiterfragen, ob die These einiger Vertreter der Naturrechtslehre nicht bessere Achtung und Anerkennung verdiente, die zwischen *bonum* und *bona* unterscheidet.[76] Franz Böckle etwa meint, daß wir uns in einer kontingenten Welt mit kontingenten Gütern befinden. Diese Güter konkurrieren so miteinander, daß wir das absolute *bonum* nur in der relativen *bona* zu erkennen in der Lage sind. Diese Differenzierung wäre vielleicht besser geeignet, einen weiteren Dialog zwischen afrika-

---

[73] A.a.O. 228f.
[74] Vgl. z.B. die Verurteilung der Polygamie in *Johannes Paul II.*, Ap. Mahnschreiben „Familiaris consortio" vom 22. Nov. 1981 (FC), Nr. 19. Selbst wenn dort personalistisch argumetiert wird, weiß man, daß das Naturrecht im lehramtlichen Denken mit dem Hintergrund steht. Dazu vgl. die Analyse von *F. Böckle*, Was bedeutet „Natur" in der Moraltheologie?, in: *ders*. (Hrsg.), Der umstrittene Naturbegriff. Person – Natur – Sexualität in der kirchlichen Morallehre, Düsseldorf 1987, 45–68.
[75] Vgl. z.B. *Johannes Paul II.*, Enzyklika „Veritatis splendor" vom 6. Aug. 1993 (VS), Nr. 82.
[76] Vgl. z.B. *F. Böckle*, Fundamentalmoral, München [5]1985, 307–319.

nischer Ethik und Naturrechtslehre zu führen. Obwohl die Beispiele von Folter, Vergewaltigung, Tötung Unschuldiger, Ehebruch und andere als *intrinsece mala* eindrucksvoller und überzeugender sind, wird man sich materialethisch schwertun, das *semper et pro semper*-Verbotene so klar abzustecken, wie dies die theoretische Rechtfertigung zu definieren versucht. So hat es den Anschein einer nachträglichen Entschuldigung für die alttestamentliche Ethik, wenn man sich bemüht, die Tötung Isaaks, die Lüge Abrahams, die Unzucht bzw. den Ehebruch Hoseas usw. naturrechtlich, etwa mit der von Gott gesetzten Ordnung, zu rechtfertigen. Hier ist auch Thomas ein Kind seiner Zeit.[77] P. Grelot bemerkt zu STh I-II q. 100 a. 8 ad 3, daß Menschen des 13. Jahrhunderts Schwierigkeiten hinsichtlich eines Literalverständnisses der Schrift hatten. In manchen Fällen mußte man Entschuldigungen für Menschen des Alten Testamentes und sogar für Gott selbst (er)finden.[78] Von Belang und existentiell sind aber vor allem inhaltlich gefüllte ethische Normen. Sie sind der Ort, wo die Theorie sich bewähren soll.

An dieser Stelle sei eine Bemerkung gestattet. Zur Debatte steht nicht die Richtigkeit oder Unrichtigkeit der Naturrechtslehre oder der afrikanischen Ethik. Es geht vielmehr um zwei verschiedene Vorgehensweisen in der Normbegründung und Normsetzung. Während die naturrechtliche Argumentation rational-abstrakt vorgeht, gehört zur afrikanischen Argumentationsweise auch die Narrativität, wodurch sich eine zu idealistische Theorie hinterfragen läßt und eine Probe aufs Exempel gestattet wird. Andererseits erweckt die naturrechtliche Argumentation den Eindruck, auf die absolute ‚Letztbegründung' aus zu sein, während die afrikanische Ethik sich mit einem bescheideneren Ziel begnügt. Sie trachtet also nicht nach einer absoluten ‚Letztbegründung', sondern sie beansprucht lediglich die ‚Letztbegründung' bis zum nächsten, besseren Argument. So gelangt sie zwar auch zu Unhintergehbarem, aber es handelt sich um ein Unhintergehbares mit Vorbehalt, dennoch ohne Beliebig-

---

[77] Vgl. STh I-II q. 94 a. 5 ad 2; II-II q. 64 a. 6 ad 1; *O.H. Pesch*, Kommentar, in: DThA Bd. 13, 583f. u. 639; *E. Schockenhoff*, Naturrecht und Menschenwürde 202, Anm. 94 u. 203, Anm. 96f. (erwähnt den interessanten Kommentar von Pesch nicht).

[78] Vgl. *P. Grelot*, Notes, in: *Thomas d'Aquin*, Somme Théologique, t. 2, Paris 1984, 645, Anm. 38. Man kann allerdings nicht sagen – und P. Grelot täuscht sich m.E., – daß Thomas gerade an dieser Stelle der Summa Theologiae den Literalsinn der Schrift nicht ernst nimmt. Gerade weil er nicht in die geistige Schriftinterpretation flüchten möchte, nimmt er die Bibel beim Wort, um die ethisch anstößigen Stellen von Gott her als Gesetzgeber zu interpretieren, der etwa Mord, Diebstahl, Ehebruch befehlen kann. Hierin geht Thomas gegen das augustinische Prinzip vor, wonach, was im göttlichen Wort weder auf die Ehrbarkeit der Sitten noch auf die Wahrheit des Glaubens bezogen werden könne, als bildlich gesagt zu verstehen sei (vgl. *Augustinus*, De doctr. christiana III 10, 14, in: PL 34, 71).

keit. Der Absolutheitsanspruch ihrer Argumentation ist ein Anspruch im Kontext. So wird Jürgen Habermas, obwohl er anders argumentiert, zum interessanten Dialogpartner für afrikanische Ethik. Im Gegensatz zu Karl-Otto Apel verzichtet auch er auf die ‚Letztbegründung‘, wiewohl seine Diskursethik die Unhintergehbarkeit im Argument und die transzendentalpragmatischen Voraussetzungen der Argumentation betont, die der Sprechende „immer schon anerkannt haben muß, wenn die Argumentation einen *Sinn* behalten soll.“[79] Es geht Habermas eigentlich um eine „rekursiv-reflexive und formal-pragmatische Rekonstruktion des Prinzips der rechtfertigenden Vernunft“, wobei die praktische Vernunft gar nicht auf letzte Gründe, bzw. substantiell ‚externe‘ Werte rekurriert, um Normen abzuleiten. Die Normen müssen ihre Ansprüche auf reziproke und allgemeine Sollgeltung eben „reziprok und allgemein“ rechtfertigen können.[80] Rainer Forst kommentiert: „Diese Rekonstruktion kann allerdings selbst nicht mehr als eine Selbstrekonstruktion der Vernunft (mit bestimmten Mitteln) sein und als solche keine absolute oder in Apels Sinn ‚letztbegründete‘ Autorität beanspruchen, wohl aber eine ‚rekursiv‘ bestmöglich begründete Autorität in bezug auf ihren Gegenstand: die ‚vernünftige‘ Geltung von Normen.“[81] Indem hier der Geltungsanspruch von Normen und die reziproke und allgemeine Rechtfertigung letzterer betont werden, wird keineswegs auf Konkretion verzichtet. Wohl aber hat die praktische Vernunft einen kontexttranszendierenden und kontextimmanenten Charakter zugleich. Das will besagen, daß moralische Probleme auf kontingente Weise entstehen, ohne sich mit kontingenten Antworten begnügen zu dürfen. Im Gegensatz zu ethischen Werten oder Rechtsnormen ist Moralnormen der Charakter von ‚vernünftig‘ abzusprechen, wenn sie ‚partikularistisch‘ sind, bzw. nur für ‚mich‘ oder für ‚uns‘ Geltung haben, so daß man sie von den anderen nicht vernünftig fordern oder ihnen gegenüber vertreten kann.[82] Daß aber die praktische Vernunft beides, nämlich kontexttranszendierend und kontextimmanent ist, weist darauf hin, daß verschiedene Kontexte sich wechselseitig korrigieren und ergänzen. „Personen sind stets Mitglieder verschiedener Kontexte, die vielfältige Konflikt- und Kritikmöglichkeiten bieten.“[83] Mit anderen Worten: Ethik und Moral (im Habermasschen Sinn) bedingen sich gegenseitig. Im Hinblick auf die Diskussion zwischen naturrechtlicher Rechtfertigungstheorie von Normen und

---

[79] *J. Habermas*, Moralbewußtsein 92; vgl. *B. Bujo*, Die ethische Dimension 43ff.
[80] Vgl. *R. Forst*, Kontexte der Gerechtigkeit 304.
[81] Ebd.
[82] Vgl. a.a.O. 302f.
[83] A.a.O. 302.

afrikanischer Ethik heißt all dies, daß die Theorien mit universalen Ansprüchen sich von den partikularen Praktiken herunterholen lassen müssen, die das Universale konkretisieren, ja sie müssen sich einer Hinterfragung unterziehen und sich bewähren. Andererseits muß das Partikulare Rückfragen durch das formal universal gerechtfertigte Prinzip gestatten können. Die afrikanische Ethik tut dies auf ihre Weise, indem die Gemeinschaft eine aktive Rolle in der Gestaltung eines sinnvollen moralischen Lebens spielt. Es geht um eine effektive und aktive Beteiligung nicht nur an der Normbegründung, sondern ebenso an der Normsetzung und *Normanwendung*. Diese hochbedeutsame Beteiligung an der ethischen Gemeinschaft vollzieht sich durch das Palaver, das der Ähnlichkeit mit der Diskursethik Habermasscher oder Apelscher Prägung nicht entbehrt, jedoch seine eigenen Charakteristika hat, die interessante Hinweise auf einen fruchtbaren Dialog nicht nur mit der prozeduralen Ethik, sondern auch mit dem Naturrechtsmodell und dem Communitarianism geben. Dies wird später ausführlicher zur Sprache kommen, wobei auf Details und eingehende Differenzierungen verzichtet werden muß. Doch bevor auf diese Thematik eingegangen werden kann, soll das Problem der Tugend angesprochen werden, da sie eine material gefüllte Moral am besten veranschaulicht.

Art. 3: Tugend und Moral

In den Rahmen der Überlegungen zum Menschenbild in Afrika gehört unbedingt auch die Betrachtung der Tugend. Man kann sich unschwer vorstellen, daß eine Tugendmoral hier anders ausfallen wird als im aristotelisch-thomanischen Kontext.

1. Märchen, Sprichwörter, Rätsel und Initiation

Es muß zunächst festgestellt werden, daß die afrikanischen Gemeinschaften der Meinung sind, daß ihre Zukunft vom sittlichen Verhalten ihrer Mitglieder abhängt. Hierbei spielt die Erziehung zu gemeinschaftsförderndem sittlichem Verhalten eine entscheidende Rolle. Die Methoden, die den Kindern und Jugendlichen die Tugenden einprägen sollen, sind je nach Altersstufen verschieden. Zu nennen sind u.a. die Märchen und Legenden, die den Kindern immer wieder erzählt werden. Dabei werden jene Laster und Tugenden der Hauptfiguren ganz besonders hervorgehoben, die die Kinder für ihren alltäglichen Umgang mit den Mitmenschen verinnerlichen sollen. Ebenso wichtig sind die Sprichwörter, die eine entscheidende Rolle in der Vermittlung des sittlich Guten und des richtigen Verhaltens spielen. Hierbei ergänzen und korrigieren sich die Sprichwörter oft durch gegensätzliche Äußerungen. So sagen die Bahema von Ostkongo: „Ein Baum, der nicht schon sehr früh gerade gestellt wird, bleibt krumm für immer."[84] Das heißt, ein Kind das nicht korrigiert wird, wird auch als Erwachsener nicht mehr das richtige Verhalten lernen. Etwas anders heißt es auch: „Ein Baum läßt sich nur in jungen Jahren biegen."[85] Die Bedeutung ist ähnlich: Man soll sich um das Kind in den jüngeren Jahren kümmern, sonst ist es zu spät. Diese beiden Redensarten stellen keine Gegensätze dar, sondern sie ergänzen sich. Jedoch findet man durchaus andere Sprichwörter, die sich nahezu widersprechen. Durch diesen Widerspruch tritt aber die Ganzheitlichkeit des Lebens in Erscheinung. Nur einige Beispiele seien erwähnt. Ein Swahili-Sprichwort sagt: „Die Schildkröte beißt den Leoparden nicht in den Fuß."[86] Das bedeutet: Die Untergebenen sollen nichts gegen den Oberen tun. Diese Aussage ist aber durch eine andere zu korrigieren und richtig zu stellen: „Das Boot zeigt dem Wasser gegenüber Ehrfurcht, wie das Wasser dem Boot Ehrfurcht erweist."[87] Damit möchte man einen gegenseitigen Respekt von Oberen und Untergebenen fordern. Weitere Sprichwörter unterstreichen und relativieren die Autorität des Chefs (Häuptlings), wenn es heißt: „Die Ohren sind nicht höher als der Kopf",[88] d.h. jeder soll seinen festen Platz haben. Das könnte heißen, daß etwa der Chef unantastbar sei. Aber dann sagt das zweite Sprichwort: „Wenn der Fluß braust, dann sind in ihm Felsen und Steine verborgen."[89] Das bedeutet, daß ein Chef nur deswegen zornig sein kann, weil er Untergebene hat; ohne diese kommen ihm keinerlei Rang und Würde zu. Wiederum also soll er einen respektvollen Umgang mit den ihm anvertrauten Untertanen pflegen. In der Tat könnte er von diesen sogar abgesetzt werden.

Wenn im Vorangegangenen auch nur einige Beispiele angeführt sind, ist allerdings mit Nachdruck zu betonen, daß Märchen und Sprichwörter alle Lebensbereiche umfassen. Die so vermittelte Moral hat vor allem

---

[84] In der Kilendu-Sprache heißt es: „Nza nga dani rero tsu nanga dani vi nzî."
[85] Original Kilendu: „Nza nga bini rero tsu nanga bini vi nzî."
[86] *Taabu Sabiti*, Proverbes et dictons en Swahili et en Kingwana, Éditions Saint Paul-Afrique, o.O. 1976. Das Sprichwort lautet im Original, S. 31, Nr. 4: „Kobe haumi mguu wa chui."
[87] Ebd. Nr. 2: „Mtumbwi uheshimu maji na maji yaheshimu mtumbwi."
[88] A.a.O. 33, Nr. 12: „Sikio halipitii kichwa."
[89] A.a.O. 34, Nr. 22: „Mtoni ukavuma; chini mna mawe." Oder: „Mto ukavuma, chini mna mawe."

einen weisheitlichen Charakter. Sie ist, genauer gesagt, das Wort, das gegessen, verdaut und zur Weisheit für alle Lebenssituationen wird.[90] Damit sie leicht erlernbar sind, werden die Sprichwörter gezielt kurz und bisweilen sogar poetisch formuliert.[91] Der eigentliche Ort, wo die Jugendlichen sie erlernen, ist die Gemeinschaft mit älteren, weisen Menschen. In einer Gesellschaft, in der das Wort und nicht in erster Linie die Schrift von großer Bedeutung ist, gehört die Gemeinschaft mit den alten, erfahrenen Menschen zur unerläßlichen Lebensaufgabe. Denn der heranwachsende junge Mensch muß nicht nur erlernen, wie er das Leben meistern soll, sondern er muß sich ebenso die Redekunst erwerben, wobei die Sprichwörter als Ausdruck der Synthese vergangener Erfahrungen eine große Rolle für die Zukunft und die kommenden Generationen spielen. Wenn aber diese Moral sapiential ist, sind die durch Märchen und Sprichwörter vermittelten und erreichten Tugenden nicht statisch auf die verschiedenen Lebenssituationen anzuwenden, sie müssen vielmehr je neu ausgelegt und aktualisiert werden. Dabei wird das gegenwärtige Leben durch neue, aus der jüngsten Geschichte und Erfahrung gewonnenen Sprichwörtern bereichert.

In diesem Zusammenhang ist noch das ‚Rätselspiel‘ zu erwähnen. Bei diesem Spiel geht es nicht nur um die Kinder, sondern selbst die Erwachsenen nehmen daran teil. Jemand aus der Gruppe – auch ein Kind – stellt eine Rätselfrage, auf die jeder versucht, eine Antwort zu geben. Die Antwort setzt voraus, daß man den im alltäglichen Leben oder in der Natur beobachteten Wirklichkeiten eine richtige Interpretation gibt. Dieses Spiel fördert sowohl das schnelle als auch das kreative Denken. Es fördert zugleich das Erfinden von neuen Fragen und Antworten. Durch die Rätselfragen und -antworten wird vor allem das Kind darauf vorbereitet, sich in allen Lebensfragen, auch im sittlichen Bereich, reflexiv und kreativ zu verhalten. Es muß immer darauf bedacht sein, Ereignisse und Kontexte richtig und treffend zu interpretieren und zu charakterisieren.

Eine noch entscheidendere Funktion in der Erziehung zur Tugend übt die Initiation aus. Sie umfaßt jenen Lebensabschnitt, in dem junge Menschen in die Gemeinschaft ihrer ethnischen Gruppen integriert werden. Es ist die Zeit, in der sie die ganze Geschichte ihrer Vorfahren und ihrer ethnischen Gruppe insgesamt in besonderer Weise kennenlernen müssen. Mit anderen Worten geht es darum, die großen Taten und die spezi-

---

[90] Vgl. *B. Bujo*, Die ethische Dimension 63–66; 185–196.
[91] Vgl. *J.C. Katongole*, Ethos Transmission through African-Bantu Proverbs. Proverbs as a Means for Transmitting Values and Beliefs among Africans with the Example of Bantu-Baganda (unveröff. Diss.), Würzburg 1997, 27–38.

fischen Tugenden der Vorfahren ins Gedächtnis zu rufen und zu verinnerlichen. Ziel der Initiationszeit ist es, eine neue Geburt zu erlangen, ein neuer Mensch zu werden, um dadurch der Gemeinschaft einen neuen Dynamismus zu verleihen, und die durch die neue Geburt erworbenen Tugenden zugleich der kommenden Generation weiterzugeben. Was Anselme Titianma Sanon für die *Bobo* von Burkina Faso feststellt, kann man als Grundprinzipien der Initiationsmoral generell betrachten: „Der Hase spricht: Die Klugheit ist kein Erstgeburtsrecht; denn wäre sie damit verbunden, dann wäre ich, der Hase, am Tage meiner Geburt mit großer Klugheit zur Welt gekommen. Da sie jedoch nicht wie ein Erstgeburtsrecht ist, soll ein jeder, der heute das Licht der Welt erblickt, auf diejenigen hören, die vor ihm geboren wurden."[92] Nach diesem Text – wie Sanon ihn deutet – ist Klugheit nicht automatisch mit dem Alter gegeben. Vielmehr muß man auf die Überlieferung bzw. die Vorfahren hören.[93] Verstand oder Vernunft allein genügen nicht, um lebensfähig und lebensspendend zu sein. Vielmehr braucht jeder eine *aktive* Einbettung in die Gemeinschaft; er muß den Kontakt mit anderen Mitgliedern der Gemeinschaft suchen, und ganz besonders muß er die Erfahrung der vergangenen Generationen mit in Betracht ziehen. Nur so kann der junge Mensch weise und klug werden. Wenn von einer *aktiven* Einbettung in die Gemeinschaft gesprochen wird, ist nicht nur eine bewußte Eingliederung gemeint, sondern der Akzent liegt vielmehr auf einer holistischen Erwerbung der Tugenden und Erfahrungen. Um dies zu erfassen, muß man sich vergegenwärtigen, daß der Mensch in Schwarzafrika keine Dichotomie zwischen Leib und Seele oder zwischen Theorie und Praxis – in unserem Fall zwischen Körper und Wissen – macht. Die Initiation setzt voraus, daß man Tugend und Erfahrung nicht nur durch Verstand erwirbt, sondern daß man sie mit dem ganzen Körper ‚erobert'. Für die Bobo stellt Sanon den Unterschied zwischen Initiierten und Nicht-Initiierten daran fest, daß man erst durch Initiation über ein Wissen verfügt. Diese Initiation bezieht sich aber in erster Linie auf den Körper, der das Wissen registrieren soll; ja, der Körper verbindet mit der Gemeinschaft und mit den Geistwesen.[94] Pointiert führt Sanon aus: „Der gemeinschaftliche ‚Leib' der Lernenden ist es auch, der das Überlieferte empfängt, und jeder einzelne nimmt es in seinen eigenen Leib auf; dieser ist das Feld, in das die Saat des Initiationswortes, unterstützt von Gebärden, Haltungen, Rhythmen und, wenn nötig, auch Züchtigungen, tief

[92] *A.T. Sanon*, Das Evangelium verwurzeln. Glaubenserschließung im Raum afrikanischer Stammesinitiationen, Freiburg i.br./Basel/Wien 1985, 33.
[93] Vgl. a.a.O. 34.
[94] Vgl. a.a.O. 37.

eingesenkt wird."[95] Ein ganz besonderes Merkmal der Initiation ist auch das Aushalten und Beharren. Wer alle strapaziösen Initiationsübungen auf sich genommen und ausgehalten hat, hat auch die Tugenden am besten verinnerlicht und ist auf alle Lebenssituationen vorbereitet. Er wird nicht nur in seinem Privatleben, etwa dem Eheleben, den Schwierigkeiten die Stirn bieten, sondern mehr noch wird er der Gemeinschaft insgesamt in allem beistehen können. Er wird zu einer Art fester Burg für die Gemeinschaft. All dies ist aber deswegen möglich, weil man auf die Vergangenheit zurückgreift, um sie, freilich kritisch, weiterzugeben und zu erzählen, damit Gegenwart und Zukunft lebensfähig werden.

2. Die narrative Dimension der Tugend

In seinem vieldiskutierten Buch „After Virtue" bzw. „Der Verlust der Tugend"[96] betont Alasdair MacIntyre nachdrücklich das Erzählen von Geschichten, Fabeln, Parabeln als charakteristische Dimension der Tugend vor allem in den sogenannten heroischen Gesellschaften.[97] Dabei aber wird die Narrativität weder auf Geschichten qua Geschichten oder auf Fabeln und Parabeln beschränkt, noch wird sie ausschließlich für heroische Gesellschaften geltend gemacht. MacIntyre ist der Auffassung, daß auch heute diese Dimension für die richtige Interpretation unseres Lebens von unerläßlicher Bedeutung sei. Geschichte meint hier einfach unsere Vergangenheit, die weitererzählt wird. „Wir sind das, ob wir das anerkennen oder nicht, was die Vergangenheit aus uns gemacht hat, und wir können in uns nicht jene Teile auslöschen, die durch unsere Beziehung zu jeder gestaltenden Phase unserer Geschichte gebildet wurden."[98]

In der narrativen Dimension ist auf zwei sich ergänzende Aspekte hinzuweisen. Zunächst geht es um die wortwörtliche Erzählung von Geschichten, Ereignissen der Vergangenheit, Märchen usw. Daneben gibt es Kontexte, die dem Erzählten Konturen und Konsistenz verleihen. In diesem Sinn sind sie jene Matrizen, ohne die das Erzählte an Bedeutung verliert. Was den ersten Aspekt anbelangt, ist er unerläßlich für den ersten Schritt und die Verlebendigung des Ethischen, wie sich dies etwa

---

[95] A.a.o. 38.

[96] Vgl. A. *MacIntyre*, After Virtue. A Study in Moral Theory, Notre Dame/Indiana 1981, ²1984; dt.: *ders.*, Der Verlust der Tugend. Zur moralischen Krise der Gegenwart, Frankfurt a.M. 1995.

[97] Vgl. A. *MacIntyre*, Der Verlust der Tugend 162ff.

[98] A.a.O. 174.

bei der Initiation in Afrika beobachten läßt. Wiewohl die Initiationsphase in der Pubertät noch wichtiger ist, setzt sie die Erzählungsphase voraus, und auch später wird letztere immer wieder aktiviert und in Erinnerung gerufen. Überhaupt: Bei manchen ethnischen Gruppen in Schwarzafrika könnte man von einer ‚kantativ-narrativen‘ Ethik sprechen, die nicht nur die Tugendvermittlung betrifft, sondern sich ebenso auf die zu bekämpfenden Laster bezieht. So gab es bei den Bahema vom Kongo-Kinshasa in den Jahren 1950 bis 1960 ein berühmtes Lied, das auch noch danach zu hören war, das den Kindesmord durch eine junge Frau erzählte. Der Text kritisierte die Tat und die Art zugleich: „Germana, kann man denn einen Säugling töten? Germana, Du hast den Säugling mit einer Rasierklinge umgebracht!“ Dieses Lied, das nicht zuletzt wegen seiner schönen Melodie in der ganzen Gegend volkstümlich gesungen wurde, übte eine wichtige Funktion in der Gewissensbildung aus. Es rief alle Menschen dazu auf, sich für den Schutz der Kinder – auch der ungeborenen – einzusetzen.

Ein anderes Lied aus demselben Zeitraum betraf eine junge Frau, deren Füße durch Sandflöhe angegriffen und total mißgebildet wurden. Die ‚Komponisten‘ machten daraus ein schönes Lied, das ebenso berühmt wurde: „Irena, du mit deinen (Tausenden von) Sandflöhen an deinem Fuß! Vor allem nachts machen sich diese Sandflöhe bemerkbar (durch Juckreiz)!“ Durch das Bloßstellen von „Irena“ wollten die Komponisten auf die Verantwortung der jungen Frau aufmerksam machen. Sie ist selber schuld an ihrem gegenwärtigen Zustand, der sie dem Lächerlichen preisgibt. Zugleich wollte dieses Lied eine erzieherische Aufgabe für alle, besonders für Jugendliche, übernehmen. Es ist doch eine Schande, daß ein erwachsener Mensch unbekümmert und unverantwortlich handelt. Er könnte hier niemand anderen für seine Tat verantwortlich machen. Was die noch kleinen Kinder anbelangt, macht das Lied auf die Verantwortung der Eltern aufmerksam. Daß ein Kind einen solchen körperlichen Schaden erleidet, bringt die Eltern in Verruf; sie haben ihre erzieherische und pflegerische Aufgabe nicht wahrgenommen.

Selbstverständlich ist es ein reiner Zufall, daß sich die Beispiele hier auf Frauen beziehen. Auch Jungen und allgemein Männer werden in der Öffentlichkeit genauso kantativ-narrativ kritisiert, und das Ganze soll zum Wohl der gesamten Gemeinschaft gereichen. Andererseits aber, wie die aufgeführten Beispiele zeigen, ist die Erziehung zur Tugend und die Förderung des ethischen Lebens eine Aufgabe, der sich die ganze Gemeinschaft zu stellen hat. Dies impliziert zugleich, daß durch jedes individuelle Handeln die Gemeinschaft selbst sich artikuliert. Das Handeln des Individuums erzählt die Geschichte der Gemeinschaft und zugleich erzählt das Individuum sich selbst.[99] Diese Dimension läßt sich schon durch die Namengebung zum Ausdruck bringen. Insbesondere der Name, der bei zahlreichen ethnischen Gruppen nicht von den Eltern zu den Kindern übergeht, macht deutlich, daß das Selbst narrativ ist. Erzählt werden oft die Umstände vor bzw. während der Geburt, aber der Name kann auch die Geschichte der Familie und der Vorfahren erzählen. Damit wird überdeutlich, daß das Individuum keineswegs ein ungebundenes Selbst sein kann. Dies soll es dann auch in allem seinen Handlungen zu erkennen geben.

Mit der bisherigen Darstellung der afrikanischen Auffassung werden zugleich Ähnlichkeiten und Berührungspunkte mit dem Kommunitarismus unübersehbar. Dennoch gibt es einen wichtigen Unterschied in der Weise, wie die afrikanische Ethik und der Kommunitarismus sich den Vollzug des ethischen Handelns konkret vorstellen. Soweit ich sehe, betont der Kommunitarismus zwar die Gemeinschaft, den Kontext, die Geschichte und die Narrativität. Es geht aber im konkreten sittlichen Handeln darum, daß das Individuum all das mitbedenkt und letzten Endes doch individuell handelt im Wissen, daß sein Verhalten sich durch die Vergangenheit erklärt, die hier weitererzählt wird. In der afrikanischen Ethik hingegen kommt es nicht auf den Kontext allein an. Mit anderen Worten, man könnte nicht von einem vorgegebenen Rahmen sprechen, in dem der sittlich Handelnde sich bewegt. Zwar wird die Geschichte und die Erfahrung der Vorfahren und der Ältesten ernst genommen. Sie werden aber nicht einfach repristiniert oder nachgemacht. Das Charakteristikum des ethischen Handelns ist vielmehr, daß das Individuum sich nicht als der allein Handelnde betrachtet. Wie dies später noch ausführlicher zur Sprache kommen soll, existiert ein ‚perichoresisches‘ Verhältnis zwischen Individuum und Gemeinschaft in ihren drei Dimensionen von Noch-nicht-Geborenen, Lebenden und Toten derart, daß eine sittliche Entscheidung oder ein Tugendakt ohne sie nicht richtig zustande kommen kann. Was dies etwa für Gewissensentscheidungen bedeutet, soll später diskutiert werden. Es ist jedenfalls festzuhalten, daß aus afrikanischer Sicht der Kommunitarismus, so wie er durch wichtige Repräsentanten der modernen Philosophie vertreten wird, nur *bedingt* diesen Namen verdient, zumal er nicht von den Toten als Handelnden ausgeht und schon gar nicht tritt die Bedeutung der Noch-nicht-Geborenen in Erscheinung. Trotz aller Kritik am Liberalismus bleibt der Kommunitarismus letzten Endes doch in der westlichen Welt verhaftet; denn selbst wo von einem Handelnden als einem, der in der ‚Höhle‘ des Alltags bleibt,

---

[99] Vgl. a.a.O. 275.

gesprochen wird, tritt er zwar im Namen des ‚Kontextes' auf, aber er tritt doch als einzelner auf, dessen Tun erst durch Kontext und Geschichte voll enträtselt werden kann. Spätestens an dieser Stelle ist auch die Gemeinsamkeit von Diskursethik und Kommunitarismus deutlich zu sehen. Beide unterstreichen nämlich die Stellung der Gemeinschaft für das Zustandekommen bzw. die Begründung der Normen. Während aber die Diskursethik die Beteiligung aller Betroffenen in einer unbegrenzten Kommunikationsgemeinschaft fordert, hebt der Kommunitarismus die Bedeutung von Tradition und Gemeinschaft für das Normverständnis selbst hervor. Die afrikanische Ethik stellt weitgehend eine Brücke zwischen den beiden her. Trotzdem besteht der Grundunterschied weiter, der nicht mehr mit philosophischen Systemen zusammenhängt, sondern eher kulturell bedingt ist.

3. Verschiedene Tugendauffassungen

MacIntyre macht darauf aufmerksam, daß unterschiedliche Gesellschaften unterschiedliche Auffassungen und Regeln über Tugenden haben können. Als Beispiel zitiert er die lutherischen Pietisten, die ihre Kinder so erziehen, daß diese angehalten werden, immer die Wahrheit zu sagen, ohne Rücksicht auf Umstände und Folgen. Dazu zählt der Verfasser auch Immanuel Kant.[100] Ein weiteres Beispiel betrifft die *Bantueltern*. MacIntyre sagt wörtlich: „Traditionelle Bantueltern erzogen ihre Kinder dazu, unbekannten Fremden nicht die Wahrheit zu erzählen, weil sie meinten, das könnte die Familie anfällig für die Zauberei machen."[101] Der vom Verfasser angegebene Grund trifft so nicht zu, denn es geht nicht unbedingt um Zauberei, sondern die Grundregel ist hier die Erziehung zur Vorsicht und Klugheit. Letzten Endes wollen die Eltern ihren Kindern die Weisheit und den rechten Umgang mit dem *Wort* vermitteln. Gleichwohl ist der Grundthese MacIntyres zuzustimmen, daß es sich überall um die Anerkennung der Tugend der Wahrheitsliebe handelt,[102] die nicht preisgegeben werden darf. Mit dieser Feststellung aber werden wir auf den Kontext verwiesen, ohne den Tugend und ethische Handlungen nicht zu verstehen sind.[103] Darum ist es wichtig zu betonen,

---

[100] Vgl. a.a.O. 258.
[101] Ebd.
[102] Vgl. ebd.
[103] Vgl. a.a.O. 279. Hier wird dies sehr gut mit einem Beispiel von einem Rezept aus einem Kochbuch verdeutlicht. Das Buch schreibt beispielsweise vor: „ ‚Man nehme sechs Eier. Dann schlage man sie in eine Schüssel. Man gebe Mehl, Salz und Zucker usw. hin-

daß die Sensibilität für bestimmte Tugenden je nach Kultur und Zeit verschieden sein kann. Zur Verdeutlichung sei auf das soeben erwähnte Beispiel von Wahrheit bzw. Lüge zurückgegriffen. Schaut man sich die Einstellung des Menschen im Westen zur Wahrheit aus afrikanischer Sicht an, dann gewinnt man den Eindruck, daß der Mensch in Europa oder Nordamerika viel empfindlicher auf Lüge reagiert, als dies in Schwarzafrika der Fall wäre. Hingegen scheint der Bereich des Diebstahls viel größeres Gewicht in Schwarzafrika zu erlangen als im Westen. Wird jemandem im Westen Lüge unterstellt, dann muß man damit rechnen, daß er sich sehr beleidigt fühlt. Denn auf die Wahrheit und Wahrhaftigkeit wird irgendwie alles, vielleicht sogar der Diebstahl zurückgeführt. Vergleicht man es mit der afrikanischen Sensibilität, dann scheint der Diebstahl eine der schlimmsten Beleidigungen zu sein. Jemandem, dem nachgesagt wird, er oder sie sei des Diebstahles – wenn auch in Kleinigkeiten – verdächtig, ist sogar unfähig, eine Ehe einzugehen. Zumindest wird es schwierig sein, eine Ehepartnerin oder einen Ehepartner zu finden.[104] Es ist interessant zu beobachten, daß die Ethik im Westen etwa den Ehebruch im Zusammenhang mit Lüge sieht: Wer nicht treu ist, betrügt den Partner oder die Partnerin. Ehebruch in Afrika rückt mehr in die Nähe des Diebstahls. Dabei geht es nicht um eine Herabwürdigung des Menschen zu Eigentum im westlichen Sinn. Auch sollte man nicht voreilig auf Ex 20,17 rekurrieren, wo die Frau in einem Eigentumsverhältnis zum Mann steht. Ehebruch im hier genannten Sinn betrifft in Afrika beide, Mann und Frau.[105] Um dies zu begreifen, ist an das weiter oben Gesagte zu erinnern: Frau und Mann bilden eine Einheit, da erst beide Geschlechter *zusammen* einen ganzen Menschen ausmachen. Der Ehebruch entzweit den Menschen in seiner Ganzheitlichkeit und macht ihn eines seiner Wesensteile verlustig. Darum wird dieser Akt dem Diebstahl zugeteilt. Wichtig an dieser Stelle ist zu betonen,

---

zu.' Aber das entscheidende solcher Abfolgen ist, daß jedes ihrer Elemente als Handlung nur verständlich ist als ein-mögliches-Element-in-einer-Abfolge. Darüber hinaus verlangt selbst eine solche Abfolge einen Kontext, um verständlich zu sein. Wenn ich mitten in meiner Vorlesung über Kants Ethik plötzlich sechs Eier in eine Schüssel schlage und Mehl und Zucker hinzufüge, dabei aber mit meiner Exegese Kants fortfahre, habe ich allein aufgrund der Tatsache, daß ich einer Abfolge gefolgt bin, die mir mein Kochbuch vorgeschrieben hat, keine verständliche Handlung ausgeführt.'

[104] Ähnliches gilt auch im Fall eines Mörders bzw. einer Mörderin. Bei Frauen geht es dabei meistens um jene, die durch Gift töten.

[105] Daß der Ehebruch sich ebenso auf eine polygame Ehe beziehen kann, ist – wie schon oben besprochen – selbstverständlich. Alle Frauen werden ja als legitime Ehefrauen betrachtet. Zu betonen ist ferner, daß die Mitgift kein Kaufpreis ist. Die Frau wird keineswegs gekauft oder verkauft. Mitgift hat allein eine symbolische Bedeutung. Hierzu vgl. B. *Bu*jo, Die ethische Dimension 85–111.

daß mit diesen Beispielen keineswegs behauptet werden soll, daß der Mensch in Afrika die Lüge gutheißt, während der Westen den Diebstahl bagatellisieren würde. Hervorgehoben wird vielmehr die Bedeutung von Kontextualität und Sensibilität in der Tugend. Die Wahrheit etwa, so wie sie im westlichen Kontext ausgelegt wird, wird jemandem vielleicht zu intellektualistisch erscheinen, der in der schwarzafrikanischen Kultur und Weltanschauung beheimatet ist. Worte, Ausdrücke und dergleichen werden begrifflich exakt zerlegt; sie haben von vornherein eine genau festgelegte und definierte Bedeutung, die auch juristisch eine sehr wichtige Rolle spielt. In Schwarzafrika aber sieht man die Wahrheit eher dynamisch. Es wird noch später darauf einzugehen sein, daß das Wort nicht nur in seiner gemeinschaftlichen, sondern verstärkt immer auch in seiner gemeinschaftsstiftenden Dimension zu bedenken ist. Es zielt nämlich darauf ab, der Gemeinschaft das Leben in Fülle zu geben. Ob nun ein Wort als Lüge bezeichnet werden kann, hängt nicht von einer festgefahrenen, begrifflich exakt festgelegten Bedeutung ab. Das Wort muß in Zusammenhang mit Gestik, Blick, Sprichwörtern, eben kontextuell interpretiert werden. Darüber hinaus aber – soll das Wort gemeinschaftsstiftend sein – ist auf die Ausrichtung der Kommunikation zu achten. Das Wort, das zur Folge hat, die Gemeinschaft zu zerstören, verliert seine kommunikative Bedeutung. Wahrheit muß nach diesem Verständnis nicht um der Wahrheit willen ausgesagt werden, sondern um des Menschen willen, der ein Gemeinschaftswesen ist. Die Wahrheit *in sich*, kontextlos, existiert nicht; sie muß etwas für das Zusammenleben bedeuten.

Was im Hinblick auf Wahrheit und Lüge gesagt worden ist, soll nur zur Verdeutlichung des Ganzen dienen. Man könnte ähnliche Überlegungen für alle Tugenden anstellen und durchführen. Dabei käme dasselbe heraus: Tugenden lassen sich nicht von außen vorschreiben, sie hängen in ihrer Konkretisierung vom Kontext ab. Und genau an dieser Stelle muß beispielsweise auch die christliche Moralverkündigung sich der Inkulturation unterziehen. Gerade in bezug auf ethische Probleme, die je kulturell anders gelöst werden müssen, ist das Christentum am empfindlichsten. Diese Frage stellt sich nicht nur für die außereuropäische Welt, sondern auch im Westen selbst wird auf ein neues Tugendverständnis gedrängt. Otto Friedrich Bollnow beobachtet richtig: „Alte Tugenden, die einer früheren Zeit das Gesicht gegeben hatten, geraten in Vergessenheit, so daß man heute kaum noch das Wort versteht. So war es beispielsweise bei der Demut. Andere Tugendbezeichnungen werden als solche zwar festgehalten, aber es ändert sich das Verständnis und mit ihm die Bewertung. Beim Worte Tugend selber war es etwa so. Jedesmal ist es so, daß die einzelne Tugend erst im Rahmen einer bestimmten Auffassung vom Menschen ihr Gesicht erhält, und daß sich dieses ändert, wenn sie in einen anderen Rahmen hineingenommen wird."[106] Dieser Sichtwandel in der Tugend ist bestimmt nicht mit Sittenverfall gleichzusetzen; er könnte nämlich auch eine Chance zu neuem Dynamismus bedeuten, der seinerseits vielleicht sogar vergessene Werte wieder ins Bewußtsein hebt.[107] Unsere Welt scheint heute sensibler als früher auf Fragen der Sozialgerechtigkeit zu reagieren. Demonstrationen, Flugblätter, Solidarität mit der Dritten Welt und anderes mehr häufen sich. Die Option für die Armen, so wie sie von der Befreiungstheologie verbreitet wurde, scheint heute die Grundhaltung von vielen Gläubigen zu bestimmen. Auch die ökologischen Fragen machen sich bis in die Politik hinein bemerkbar und erwecken eine neue Sensibilität für den Kosmos. Es ist keine Frage, daß der Mensch dadurch sein Verhalten zu ändern beginnt und dazu aufgefordert wird, einen neuen Umgang mit der Natur zu pflegen. Man geht nicht fehl in der Behauptung, daß die Ökologie zu einer der neuen Tugenden der modernen Welt geworden ist. Offensichtlich hat der moderne Mensch im Westen eine Sensibilität für neue Werte entwickelt, der man unbedingt Beachtung schenken muß. Der Moralteil des Deutschen Katechismus stellt fest, daß für den modernen Menschen zusätzlich zu den klassischen Kardinaltugenden noch andere Grundhaltungen „wie Aufgeschlossenheit, Zuverlässigkeit, Ehrfurcht, Toleranz, Friedensliebe und Solidarität"[108] wichtig sind; denn viele glauben, daß diese Tugenden zu denen gehören, die dem heutigen Menschen ‚wahres Menschsein‘ ermöglichen. In diesem Zusammenhang ist zu bedauern, daß der sogenannte Weltkatechismus – offiziell: der Katechismus der Katholischen Kirche – sich nicht der Frage der neuen Sensibilität gegenüber der Tugend und erst recht nicht jener der Multikulturalität stellt. Im Gegenteil nivelliert der Katechismus die Differenzen, die entscheidend für die Identität verschiedener Ortskirchen sein können. Allem Anschein nach verkündet der Weltkatechismus ein Ethos, das als Weltethos betrachtet werden soll! Es wurde aber schon darauf hingewiesen, daß es in der Moral kein ‚Esperanto‘ geben kann. Josef Fuchs ist m.E. im Recht, wenn er entschieden die Meinung vertritt, es gebe kein Weltethos, das inhaltlich so gefüllt wäre, daß es der gesamten Menschheit den Weg ins Konkrete zeigte. Es könne, so Josef Fuchs,

---

[106] *O.F. Bollnow*, Wesen und Wandel der Tugenden, Neudruck, Frankfurt a.M./Berlin/ Wien 1975, 13f.
[107] Vgl. a.a.O. 14.
[108] Katholischer Erwachsenen-Katechismus. Zweiter Band: Leben aus dem Glauben, hrsg. von der *Deutschen Bischofskonferenz*, Freiburg i.Br. 1995, 75.

eine solche Moral nicht geben.[109] Selbst wenn man sich auf den Glauben beruft, existiert keine Moral, die dem Menschen so ‚von oben' zugereicht wäre.[110] Auch naturrechtlich gesehen, haben wir es immer mit einer pluralen Moral zu tun. Fuchs nennt das Beispiel der menschlichen Sexualität, die mehr als eine Interpretation zuläßt. In der katholischen Moraltheologie etwa findet man Interpretationen, die den Zweck der menschlichen Sexualität entweder in der biologischen Fortpflanzung oder in der menschlichen „Ehe- und Familienbegründung" oder aber in „der leibgeistigen Entspannung" sehen.[111] Und Josef Fuchs fragt weiter, warum die Idee eines einzigen Weltethos oder „einer von christlichen Ethikern und Theologen" – aber auch von Päpsten – „ersonnenen und verkündeten" Weltethik als einzig Geltende im Hinblick auf gut und böse eine Utopie ist. Seine klare Antwort lautet: „Weil in den verschiedenen Gruppen, Gesellschaften, Völkerschaften, Nationen, usw. mit ihren so verschiedenartigen ererbten Geisteshaltungen, Traditionen, Lebenserfahrungen und Umwelten weder eine genügend gleichartige Interpretation und noch weniger eine gleiche Wertung innerhalb der verschiedenen Lebensbereiche denkbar ist; darum werden viele sittliche Einsichten über gutes und böses, über menschenwürdiges und sündiges Verhalten, hier und dort nicht übereinstimmen können."[112] Diese Aussage von Fuchs ist gerade auch für die Inkulturation der Moral im Rahmen des christlichen Glaubens von eminenter Bedeutung. In der Moralverkündigung darf nicht mehr wie bisher ein bestimmtes Tugendideal anderen Völkern von oben aufgezwungen werden, sofern es sich um ein kontext- und kulturbedingtes Ideal handelt. Man kann deshalb bedauern, daß der Weltkatechismus, der eine so multikulturelle Welt zur Adressatin hat, sich auf ein bestimmtes sittliches Modell beschränkt, ohne neue Perspektiven zu eröffnen. Mancher Kritiker wirft ihm vor, in der allgemeinen Moral, einschließlich der Tugenden, im Thomismus verhaftet geblieben zu sein.[113] Es steht außer Frage, daß eine solche Moral im außereuropäischen Kontext noch befremdender klingen muß. Dies heißt freilich nicht, daß man nicht auch andere ethische Modelle zur Kenntnis

---

[109] Vgl. *J. Fuchs*, Weltethos oder säkularer Humanismus?, in: *ders.*, Für eine menschliche Moral. Grundfragen der theologischen Ethik, Bd. 4: Auf der Suche nach der sittlichen Wahrheit, Freiburg i.Ue./Freiburg i.Br. 1997, 44.

[110] Vgl. a.a.O. 45.

[111] A.a.O. 47.

[112] *J. Fuchs*, Sünde – Bemerkungen zu einem unzeitgemäßen Begriff, in: a.a.O. 102f.

[113] *M. Vidal*, Die Enzyklika „Veritatis splendor" und der Weltkatechismus. Die Restauration des Neuthomismus in der katholischen Morallehre, in: *D. Mieth* (Hrsg.), Moraltheologie im Abseits? Antwort auf die Enzyklika „Veritatis splendor", Freiburg i.Br. ²1994, 244–270, hier 248–257; zur Tugend a.a.O. 255.

nehmen soll. Denn die Narrativität in der Ethik, so wie sie für die afrikanische Moral dargestellt wurde, darf keineswegs zum ethnozentrischen Fehlschluß führen. Sie ist offen für die Rezeption anderer Erfahrungen außerhalb der eigenen Tradition, um eine tragfähige Zukunft zu gestalten. Erfahrungen und Zeugnisse der Vorfahren und der Ältesten der Gemeinschaft sind zwar Orientierungspunkte, sie verlangen jedoch nach einer kritischen Auseinandersetzung mit der Nachwelt.[114] Erst diese Auseinandersetzung vermag ja aufzuzeigen, was für die heutige Generation inhaltlich richtig ist. Mit Philipp Schmitz darf man sagen: „Die Tugend bereitet die Entscheidung zum Richtigen und die Einsicht in sittlich Gebotenes dadurch vor, daß sie des Menschen Erfahrung, seine Bereitschaft, auf den Anderen zu achten, seine Wachheit und sein Erleben aktuiert."[115] Ob aber eine tradierte Tugend richtig und dem heutigen Kontext dienlich ist, kann nicht vom einzelnen aufgrund seiner *ratio* festgelegt werden. Zudem genügt es nicht, über eine bestimmte Tugend oder Norm gemeinsam zu diskutieren und dann am Ende doch individuell Entscheidungen zu treffen.[116] Vielmehr, und dies ist der Unterschied der afrikanischen Ethik zum kommunitaristischen Modell, muß die Gemeinschaft qua Gemeinschaft zu einem Konsens gelangen. Hierin stünde die Diskursethik von Jürgen Habermas und Karl-Otto Apel der afrikanischen Ethik sehr nah, obwohl letztere andererseits mit vielen Gesichtspunkten des Kommunitarismus übereinstimmt.

---

[114] Vgl. *E. Arens*, Glaube und Handeln aus handlungstheoretischer Sicht, in: *W. Lesch/ A. Bondolfi* (Hrsg.), Theologische Ethik im Diskurs. Eine Einführung, Tübingen/Basel 1995, 37. Zur ganzen Problematik von Erzählen, Bezeugen und Bekennen vgl. a.a.O. 25–41; *ders.*, Christopraxis. Grundzüge theologischer Handlungstheorie, Freiburg i.br. 1992.

[115] *Ph. Schmitz*, Tugend – der alte und neue Weg zur inhaltlichen Bestimmung des sittlich richtigen Verhaltens, in: ThPh 54 (1979) 161–182, hier 181. Zur klassischen Tugendlehre vgl. pars pro toto *D. Mieth*, Die neuen Tugenden. Ein ethischer Entwurf, Düsseldorf 1984; *O.H. Pesch*, Die Theologie der Tugend und die theologischen Tugenden, in: Concilium 23 (1987) 233–245. Zu Thomas von Aquin vgl. *E. Schockenhoff*, Bonum hominis. Die anthropologischen und theologischen Grundlagen der Tugendethik des Thomas von Aquin, Mainz 1987.

[116] Vgl. den Kommentar von *W. Reese-Schäfer*, Was ist Kommunitarismus? 128.

Kapitel II: Ethik und Anamnesis

Das Problem der afrikanischen Ethik, so wie es im ersten Kapitel zum Ausdruck kam, läßt sich erst im Kontext einer ‚Memoria-Moral‘ voll begreifen. Es wurde angedeutet, daß diese *memoria* sich innerhalb einer umfassenden Gemeinschaft mit einer zweifachen Dimension vollzieht, um die dritte, nämlich die der Noch-nicht-Geborenen, wirksam werden zu lassen. Um aber diese ‚Memoria-Moral‘ mit ihrer narrativen Tradition besser zu verstehen, bedarf es einer weiteren Erklärung hinsichtlich des in dieser Gemeinschaft sittlich handelnden Subjekts. Dies soll im folgenden zur Sprache kommen, indem dargestellt wird, wie ein sittlich handelndes Subjekt seine Handlungen immer als Vergegenwärtigung der sittlichen Erfahrung der Vorfahren versteht und zu gestalten versucht. Sie sind *praxis* und *poiesis* zugleich. Dennoch geht es nicht um die Einhaltung oder Befolgung einer starren Tradition, die *ne varietur* zu wiederholen ist. Was von der Überlieferung her kommt, muß Gegenstand eines Verfahrens innerhalb der Gemeinschaft sein, damit zwar im Geist der Tradition, aber im Einklang mit dem gegenwärtigen Kontext gehandelt wird. Diese Aufgabe kommt dem Palaververfahren zu.

Art. 1: Die Bedeutung von praxis und poiesis
für das sittliche Handeln

Die Frage nach *praxis* und *poiesis* ist andernorts schon ausführlich diskutiert worden,[1] so daß an dieser Stelle nur noch die Hauptgedanken dieser Studie aufgegriffen werden sollen.

Die afrikanische Ethik artikuliert sich im Rahmen der Anamnesis, die sich mit dem Eingedenken der Vorfahren befaßt. Als Erzählgemeinschaft stellt die irdische Gemeinschaft die Ahnengemeinschaft wieder her. Diese Wiederherstellung (*poiesis*) ihrerseits impliziert die *praxis*, die das Gedächtnis der Vorfahren effizient weiterführt und der irdischen Gemeinschaft eine neue Dynamik gibt. Daraus folgt, daß das ethische Handeln im schwarzafrikanischen Kontext immer mit der Wiederherstellung der Ahnengegenwart zu tun hat. Wer nämlich die Anamnesis ernst nimmt, sieht sich herausgefordert, die von den Vorfahren zustande

---

[1] Vgl. dazu B. *Bujo*, Anamnetische Solidarität und afrikanisches Ahnendenken, in: *E. Arens* (Hrsg.), Anerkennung der Anderen. Eine theologische Grunddimension interkultureller Kommunikation, Freiburg i.Br. 1995, 31–63.

gebrachten ethischen Regeln zu befolgen, um den ‚protologischen Gründungsakt' neu zu aktualisieren, durch den die Sippengemeinschaft ins Leben gerufen wurde. Dabei ist diese Ethik keineswegs mit einer unkritischen Übernahme des Althergebrachten gleichzusetzen. Einige Beispiele mögen dies belegen.

1. Ehe und Sexualität

Wenn das Eingedenken des ‚protologischen Gründungsaktes' im Rahmen von *poiesis* und *praxis* unerläßlich ist, sind Ehe und Sexualität an erster Stelle zu erwähnen. Sie sind entscheidend für die weitere Entwicklung des Lebens einschließlich des Sittlichen.

a) Eheverständnis im afrikanischen Kontext

Treffend hat John S. Mbiti beobachtet, daß die Ehe in Schwarzafrika einer Dramaturgie ähnelt, an der jede Person sich aktiv mitbeteiligt, ohne sich damit zu begnügen, eine bloße Zuschauerin zu sein. Im Klartext: Die Ehe ist eine Lebensaufgabe, zu der alle aufgerufen sind. Wer sich weigert, daran teilzunehmen, wird von der Gemeinschaft blamiert, weil sie diese negative Haltung als Verachtung versteht, die sich dem guten Gesetz der Vorfahren widersetzt.[2] Genau mit dieser Einstellung wird auf die anamnetische *poiesis* zurückgegriffen. Wie viele Wirklichkeiten im afrikanischen Kontext ist auch die Ehe im Licht der Spannung ‚Leben-Tod' zu betrachten. In dieser Spannung besiegt schließlich das Leben den Tod.[3] Dies setzt aber voraus, daß jeder sich durch ein unermüdliches Engagement als ‚Geschichtsmacher' durch das *poiein* betrachtet. Gerade aber die Ehe gehört zu jenen Grundelementen, die die Gemeinschaft stärken und wiederherstellen.[4] Sie bedeutet eben eine anamnetische Solidarität mit den Vorfahren. Mehr noch: Sie ist eine *communio* mit den Ahnen und erlangt schließlich die Dimension einer kommunikativen Gemeinschaft über den Tod hinaus. Hierin ist die ganze Idee der Fruchtbarkeit und Weitergabe des Lebens mit impliziert. Diese Idee ihrerseits be-

---

[2] Vgl. *J.S. Mbiti*, African Religions and Philosophy, London/Ibadan/Nairobi 1983 (Neudruck), 133 und 26.

[3] Vgl. *E. Mveng*, L'Afrique dans l'Église: Paroles d'un croyant, Paris 1985, 35ff.

[4] Zu diesem und dem folgenden Gedankengang vgl. *B. Bujo*, Universalité des normes et agir particulier des cultures. L'éthique négro-africaine face au christianisme, in: *W. von Holzen/S. Fagan* (Hrsg.), Africa. The Kairos of a Synod. Sedos Symposium on Africa, Rom 1994, 86–104; *ders.*, Sexualverhalten in Afrika, in: ThG 36 (1993) 209–219.

trifft nicht nur das Überleben des betroffenen Individuums allein, sondern sie umfaßt die gesamte Gemeinschaft in ihrer Tridimensionalität der Lebenden, Toten und Noch-nicht-Geborenen. In diesem Sinn stellen deshalb Zeugen und Gebären das Vermächtnis der Ahnen wieder her: „Tut dies zu meinem Gedächtnis." Jeder Mensch, der durch die Ehe als Bund die Weitergabe des Lebens fortsetzt, erzählt die Biographie der Vorfahren und schreibt seine Autobiographie.[5] Wer so seine Autobiographie schreibt und die Biographie der Vorfahren durch Zeugen und Gebären erzählt, führt den Sieg über den Tod sowohl auf individueller als auch gemeinschaftlicher Ebene herbei. Jedes Kind, das zur Welt kommt, hält das Gedächtnis der Vorfahren wach, d.h. es macht sie gegenwärtig. Zugleich wird durch die Geburt eines Kindes der kommenden Generation die Überlebenschance zeichenhaft gewährt: Das Neugeborene ist ein Zeichen, daß die Noch-nicht-Geborenen zu einer sichtbaren Existenz berufen sind, in der sie sich tatkräftig an *poiesis* und *praxis* innerhalb der Sippengemeinschaft beteiligen werden. So repräsentieren Kinder die Noch-nicht-Geborenen und die Ahnen zugleich: Gegenüber letzteren sind sie eine echte *memoria*, während sie gegenüber ersteren *nuntii* sind, deren Ankunft sie vorankündigen.

Wird der Geburt eines Kindes ein so großes Gewicht beigemessen, dann ist der schlimmste Tod für einen Mann oder eine Frau, kinderlos sterben zu müssen. Vor diesem Hintergrund müßte man das Problem der Ehelosigkeit für katholische Geistliche – Männer und Frauen – neu diskutieren und begründen. Diskutieren und begründen meint nicht ‚abschaffen‘, aber man muß klären, wie die von der afrikanischen Ethik überlieferte und legitimierte Begründung im Hinblick auf die Gemeinschaft mit ihrer *poiesis* und *praxis* in den vom Christentum gebrachten neuen Kontext integriert werden kann. Bei dieser neuen Begründung darf es nicht nur um Nachkommenschaft gehen, sondern auch um die Ehe als Bund und als Ort, an dem sich die Ganzheitlichkeit des Menschen verwirklicht; denn, wie weiter oben gezeigt, erst die Bindung beider Geschlechter macht einen ganzen Menschen aus. Auch diese Bindung in der Ehe gehört zur Wiederherstellung der anamnetischen Solidarität mit den Ahnen und der kommenden Generation. Damit stellt das Eheleben ein hohes und anspruchsvolles Ideal dar. Wer versucht, dieses Ideal zu erreichen, muß durch viele, manchmal dornige Erfahrungen hindurchgehen, die ihn schließlich zur Reife führen. Vor diesem Hintergrund ist die afrikanische Einstellung zur Ehelosigkeit zu verstehen: Ein eheloser Mensch sei unerfahren und entbehre der notwendigen Maturität

---

[5] Zur Unterscheidung Biographie – Autobiographie vgl. *B. Bujo*, Afrikanische Theologie in ihrem gesellschaftlichen Kontext, Düsseldorf 1986, 83, Anm. 7.

im Leben. Außerdem ist er einer – darauf wurde schon hingewiesen –, der sich der anamnetischen Solidarität mit den Vorfahren derart entzieht, daß er statt die Gemeinschaft herzustellen, sie eher zugrunderichtet. – Es ist keine Frage, daß manches an dieser Einstellung im Dialog mit dem modernen Kontext, aber auch mit dem Christentum nuanciert, bereichert oder mitunter korrigiert werden muß. Gleichwohl stellt auch sie manche Herausforderungen an die moderne Welt, so wie diese vom Westen pauschal und ohne Rücksprache mit den lokalen Kulturen propagiert wird. Das afrikanische Eheverständnis stellt das westliche dort in Frage, wo die Ehe nur noch individuell und kontraktuell zu zweit gelebt wird, ohne daß man auch auf die Gemeinschaft im umfassenden Sinn Bezug nimmt. Die Ehe ist so nicht mehr eine *poiesis*, die die Gemeinschaft durch die *praxis* herstellt. Daher wird auch die Sexualität anders verstanden als in Schwarzafrika, wo die Ehe die Gemeinschaftsdimension der Sexualität sichtbar werden läßt.

b) Das Sexualleben im Kontext der Gemeinschaft

Die afrikanischen Gemeinschaften interessieren sich für das Sexualleben aller ihrer Mitglieder, da die Sexualität für sie keinen individuellen Bereich betrifft. Ziel der Sexualität ist es, die uns von den Vorfahren anvertraute Gemeinschaft zusammenzuhalten und immer wieder zu verlebendigen. Darum ist es denn auch die Aufgabe der Gemeinschaft, die jungen Menschen auf eine verantwortete Sexualität (und Sexuallust) vorzubereiten. Diese Vorbereitung bezieht sich sowohl auf den psychischen als auch auf den physischen Aspekt. Psychisch sollen die jungen Menschen eine derart hohe Reife erlangen, daß sie jeglichen Mißbrauch der Sexualität ausschließen lernen. Physisch wird ihnen durch weise Frauen und Männer der richtige Umgang mit ihrem Körper beigebracht. All dies geschieht vor allem während der Initiationszeit, die die beste Schule zur Selbstbeherrschung darstellt und auf die Zukunft der Gemeinschaft ausgerichtet ist. In diesem Zusammenhang interessiert sich bei vielen ethnischen Gruppen die gesamte Sippengemeinschaft für die Hochzeitsnacht. Durch diskrete Fragen möchte man herausfinden, ob die neu Verheirateten mit ihrem Sexualleben zufrieden und glücklich sind. Denn davon und nicht nur von der Zeugungs- oder Gebärkapazität kann die Zukunft der Ehe und damit das Schicksal der ganzen Gemeinschaft abhängen.[6] Daß die Sexualität sich nicht nur auf die Nachkommenschaft

---

[6] Dazu und zum folgenden vgl. *B. Bujo*, Sexualverhalten 212ff.

bezieht, läßt sich außerdem dadurch belegen, daß in manchen Gegenden Afrikas manche Ereignisse durch den Vollzug des Sexualaktes in der Ehe besiegelt bzw. gefeiert werden sollen. Zu nennen sind beispielsweise die Hochzeitsfeier der Kinder, das Feststellen der ersten Zähne eines Kindes und auch die Trauerfeier. Der Sexualakt ist hier dazu bestimmt, das Band zwischen Familien- und Sippengemeinschaft in allen, weiter oben genannten, drei Dimensionen zu verstärken. So gesehen ist die Sexualität in der afrikanischen Tradition weder der Libertinage noch der Konsummentalität verfallen. Es geht ihr um die Auferbauung der Gemeinschaft. In einer für das westliche oder auch christliche Verständnis fremden und schockierenden Praxis, welche die Sexualität als Gastfreundschaft betrachtet, darf dieser positive Hintergrund nicht aus den Augen verloren werden. Im vorangegangenen Kapitel wurde ja darauf hingewiesen, daß es Kulturen in Schwarzafrika gibt, in denen die Tradition wollte, daß ein Ehemann, der einen Freund zu Gast hat, diesem seine Frau als Zeichen der Freundschaft für die Nacht schenkt. Ebenso spielt bei den Massai die Initiationszeit eine wichtige Rolle für die sexuelle Gemeinschaft: Initiationsgenossen, d.h. Männer, die in der gleichen Initiationsgruppe waren, dürfen sexuellen Verkehr mit den Ehefrauen der Mitglieder dieser Gruppe haben. Der Kerngedanke ist auch hier der des Zusammenhalts und der Erneuerung der Gemeinschaft. Es steht außer Zweifel, daß alle diese Praktiken heute viele Fragen aufwerfen müssen. Gleichwohl muß man immer das eigentliche Anliegen herausschälen, das als Ziel verfolgt wird. In diesem Rahmen ist etwa die Masturbation – um noch ein weiteres Beispiel zu nennen – anders als im christlichen Kontext zu beurteilen. Sie kann je nach Kulturkreis zur normalen Vorbereitung auf Ehe und Gemeinschaftsleben gehören. Bei manchen afrikanischen Traditionen ist das Feststellen der sexuellen Reife ein Teil der Initiation, und hier kann es durchaus zur Masturbation kommen, ohne daß hierin eine abzulehnende Praxis zu sehen ist. Entscheidend zur Beurteilung dieses Aktes ist vor allem das spätere Eheleben, das sich in Harmonie und Eintracht vollziehen soll. Das Ganze wiederum ist dazu da, die anamnetische Dimension der im holistischen Sinn konzipierten Gemeinschaft sichtbar zu machen. Die Sexualität wird demnach weder nach der Fortpflanzung noch nach dem individualistisch-personalistischen Lustprinzip gewürdigt, sondern erst das Gemeinschaftsdenken verleiht ihr ihre volle Legitimation. Daß auch bei der Beurteilung der Homosexualität ähnlich zu verfahren ist, darauf wurde in dieser Studie schon hingewiesen. Eigens zu erwähnen ist aber das Problem der modernen Prostitution. Das bisher Gesagte macht überdeutlich, daß die Sexualität, zumal sie keine Privatsache ist, keineswegs mit Geld und ähnlichem austauschbar ist. Die afrikanische Tradition hatte mit Erfolg dafür gesorgt, der Sexualität eine humane Dimension zu geben, die einem Dirnenleben Widerstand leistete. Zunächst, wie oben gesagt, wurden alle Jugendlichen durch Tabus und Selbstdisziplin auf das spätere Sexualleben vorbereitet. Darüber hinaus aber erhielten beinahe alle Frauen die Möglichkeit, eine Ehe einzugehen und so ein legitimes Sexualleben zu führen, indem sie auch materiell gut versorgt waren. Ja, in der Polygamie hatte die Frau sogar die Möglichkeit, wirtschaftlich selbständig zu sein und sich somit materiell unabhängig vom Mann zu entfalten.[7] Es wird demnach zu wenig differenziert, wenn man in der Polygamie nur noch das Negative sucht, ohne zugleich das Positive hervorzuheben. Jedenfalls ist es nicht richtig zu behaupten, die traditionelle Polygamie in Afrika habe die Frau in die Misere hineinmanövriert, zumal die traditionelle afrikanische Gesellschaft keine Klassen im Sinn von ‚Arme‘ und ‚Reiche‘; ‚Bettler‘ und ‚Nicht-Bettler‘ kannte. Hingegen ist festgestellt worden, daß gerade das Polygamieverbot in der neueren Zeit viele Frauen zur Prostitution veranlaßt hat. Sie konnten nämlich nicht mehr eine legitime Ehe mit einem nach westlichem Modell schon verheirateten Mann eingehen. Nachdem aber heute die westliche Industrialisierung die afrikanischen Lebensstrukturen empfindlich zerstört hat, ist es einer analphabetischen, berufslosen und alleinstehenden Frau nicht möglich, ohne eine finanzielle Existenzgrundlage zu überleben.[8] Gerade hier wird die ‚Symbolsprache‘ der Sexualität, ihre Dynamik und Humanität, durch das Geld als anonyme Macht ersetzt. Die Sexualität dient nicht mehr der Kommunikation mit den Mitmenschen und ist nicht mehr die *poiesis*, durch die die Gemeinschaft in ihrer Tridimensionalität wiederhergestellt wird; sie ist keine *anamnesis* der Ahnenwelt mehr. Sie wird käuflich und banalisiert. Noch einmal: Selbst wenn angesichts der Begegnung mit der Moderne die afrikanischen Praktiken nicht kritiklos anzunehmen sind, stellt das afrikanische Begründungsmuster doch einige Fragen an die westliche Ethik, denen diese sich nicht ohne weiteres entziehen sollte. Die Einstellung, daß die Sexualität kein individuelles Gut ist und ihre volle Würde erst in der Gemeinschaft erlangt, kann eine Herausforderung an die westliche Ethik sein, ihre bisherige Argumentation in Konfrontation mit der afrikanischen Sichtweise zu revidieren oder sich sogar bereichern zu lassen. Dies betrifft in besonderer Weise wiederum die auch von der katholischen Kirche übernommene und schon angesprochene Naturrechtsethik. Selbst der Katechismus der Katholischen Kir-

---

[7] Vgl. die Studie von *B. Kisembo/L. Magesa/A. Shorter*, African Christian Marriage, Nairobi ²1998, 93–95.

[8] Vgl. a.a.O. 93f. Ausführlicher dazu vgl. weiter unten Teil II, Kap. III, Art. 1.

che, der doch die heutige Welt in ihrer Multikulturalität ansprechen will, argumentiert im Sexualbereich immer noch mit dem Naturrechtsprinzip. So wird beispielsweise der Gabe der Fruchtbarkeit in der Ehe die naturrechtliche Hinneigung (*inclinatio naturalis*) zugrunde gelegt. Der Katechismus betont nämlich: „Die Fruchtbarkeit ist eine Gabe, ein *Zweck der Ehe*, denn die eheliche Liebe neigt von Natur aus dazu, fruchtbar zu sein."[9] Auch auf das Problem der Ehescheidung ist hinzuweisen, wo der genannte Katechismus am Vertragsbegriff festhält, selbst wenn er auch vom ‚Bund' spricht. Beide Begriffe aber, nämlich Vertrag und Bund, werden in einem Atemzug genannt. Vom afrikanischen Ehe- und Sexualitätsverständnis her – auch davon war schon die Rede – hat eine Ehegemeinschaft keinen Bestand, es sei denn sie ruht auf dem Bund. Es ist ja dieser Bund, der alle drei Dimensionen der afrikanischen Gemeinschaft mit umfaßt. Noch einmal: Eine auf der starren Naturrechtsbasis argumentierende Moral verliert ihre Relevanz, da sie den dynamischen und anamnetischen Charakter der afrikanischen Ethik, die sich durch das gemeinschaftlich-kommunikative Handeln vollzieht, verkennt.

Was im Bereich von Ehe und Sexualität so nachdrücklich zur Sprache kam, läßt sich auch sehr gut bei der Frage um die Kunst in Schwarzafrika aufzeigen.

2. Die anamnetische Dimension von Choreographie und Kunst im allgemeinen

Tanz und Kunst drücken meistens die Transzendenzerfahrung des schwarzafrikanischen Menschen aus. Diese Erfahrung aber will nicht nur abstrakt-theoretisch bleiben, sondern sie mündet in konkrete Konsequenzen auf der Ebene des sittlichen Handelns ein.

a) Tanz ist mehr als Talent und Folklore

Im Rahmen des Memoria-Gedankens ist der Tanz keine bloße Choreographie, in der der Mensch sein Können und Talent offenbart. Nein, es ist vielmehr eine Sprache, die die tiefere Dimension der gesamten Lebenswirklichkeit mitteilen möchte. Wer im afrikanischen Tanz eine Art folkloristischer Schönheit sieht, erfaßt noch nicht die Tiefe der transzendentalen Erfahrung, die durch die tanzende Person ausgedrückt wird. In

---

[9] KKK 2366.

Afrika nämlich tanzt der Mensch sein Leben,[10] denn eigentlich werden alle existentiellen Ereignisse getanzt: Man tanzt die Geburt, die Hochzeit, den Tod, aber auch den Neumond, politische Begebenheiten usf. Die verschiedenen Tanzgattungen bringen auch verschiedene verborgene religiöse Dimensionen zum Ausdruck. So kann der Tanz von Schmerz und Leid, von Freude und Traurigkeit, von Liebe und Dankbarkeit erzählen. Er ist immer eine kantativ-narrative *poiesis*, die die jenseitige Botschaft in Solidarität mit der gesamten Gemeinschaft vergegenwärtigt. Indem man beispielsweise den Tod tanzt, wird die tote Person ‚durchgetanzt' bzw. sie wird zum Leben getanzt; d.h. sie wird neugestaltet und in die Gemeinschaft zurückgeholt. So sagt man bei den Bahema von Ostkongo: „Wir haben ihn oder sie aus der Erde hinausgetanzt", bzw. „wir werden ihn oder sie aus der Erde hinaustanzen." Noch deutlicher kann man eine *poiesis* nicht mehr ausdrücken. Aus dieser *poiesis* aber folgt immer eine neue *praxis*; im Fall des Totentanzes bedeutet dies einen neuen Umgang mit den Verstorbenen, die wieder mitten unter uns sind. Es ist überhaupt von Bedeutung, diese auf Praxis ausgerichteten Folgen des Tanzes in Erinnerung zu rufen, gerade im Hinblick auf heutige Mißbräuche. Wie auch die Volkslieder, die ereignisbedingt im oben beschriebenen Sinn komponiert werden, kann der Tanz Mißstände in der Gemeinschaft oder Gesellschaft kritisieren oder korrigieren. Es geht auch in dieser Kritik um eine Sprache, die eine bessere, lebensträchtige Kommunikation dadurch vermittelt, daß der Mensch an die *poiesis* erinnert wird, durch die er, angesichts der jenseitigen Erfahrung nicht zuletzt mit den Vorfahren, Hoffnung auf die Zukunft erhält, so daß die tridimensionale Gemeinschaft nicht zugrunde gerichtet wird.

Vergleicht man den traditionellen Tanz in Afrika mit dem modernen, dann steht man heute vor einer gewissen Leere. Der Tanz verkörpert nicht mehr diesen Reichtum, den er in der Tradition hatte. Er artet immer mehr in folkloristische Darbietungen aus und wird manchmal sogar zu touristischen Zwecken zur Schau gestellt. Er entbehrt oft seiner poietischen Funktion auch dadurch, daß er zur Unterstützung und Glorifizierung der Politiker veranstaltet wird, die somit ihre diktatorische Macht als Dienst am Volk anpreisen lassen.[11] Wird der Tanz auf diese Weise mißbraucht, dann kann es nicht mehr jene Anamnesis der Vorfahren sein, die die Nachfahren immer wieder zur Verlebendigung der Gemeinschaft aufruft. Ähnliche Überlegungen gelten auch für Kunstgegenstände.

---

[10] Vgl. *Yoka Lye Mudaba*, Bobongo. La danse sacrée et la libération, in: Cahiers des Religions Africaines 16 (1982) 277–291.
[11] Vgl. dazu *B. Bujo*, Anamnetische Solidarität 57f.

b) Kunstgegenstände und ihre sittliche Botschaft

Die Kunstgegenstände gehören in den Bereich der non-verbalen Kommunikation, durch die sich die Transzendenzerfahrung in der afrikanischen Welt vermitteln läßt. Sehr lehrreich in dieser Hinsicht ist die Studie von Mulamba-Mutayi über die Bakuba,[12] eine Studie, die einen exemplarischen Charakter für das Kunstverständnis in Schwarzafrika im allgemeinen hat. Der Verfasser untersucht die Schnitzereien und die Masken bei den Bakuba der Demokratischen Republik Kongo. Da die Schnitzereien bei diesem Volk – und nicht nur bei ihm – den bekannten (westlichen) Kunstregeln nicht entsprechen, tendieren westlich-klassisch geschulte ‚Bewunderinnen und Bewunderer' zu einem negativen Urteil. Die Statue eines Königs beispielsweise weist eine auffallende Disproportionalität auf. So kann der Kopf ein Drittel der gesamten Statue ausmachen. Diese non-verbale Sprache wird nur dann verständlich, wenn man sich die Bedeutung eines Königs für das Gemeinschaftsleben vergegenwärtigt. Der König ist eine derart wichtige Persönlichkeit, daß er mit höheren Wesen verglichen wird. Dabei kommt dem Kopf eine überaus tragende Rolle in bezug auf sapientiale Intelligenz und spirituelle Kräfte zu. Daher muß dieser Körperteil ganz besonders überragen. – Ein weiteres Merkmal der Königsstatue bei den Bakuba ist, daß die Augen nur halb offen sind. Dies ist ein Zeichen dafür, daß die dargestellte Persönlichkeit sich nun im Jenseits, in der Ahnengemeinschaft befindet, aber daß sie zugleich mitten in der Gemeinschaft der Hinterbliebenen präsent ist. Der verstorbene König sorgt also nach wie vor für die Fruchtbarkeit der Gemeinschaft, er gewährt ihr Schutz und setzt sich für ihr Wohlbefinden ein. Eine ähnliche Botschaft vermittelt die Breite der Schultern und die Muskulatur. Dies alles soll veranschaulichen, daß der Mensch mehr ist als das materielle Universum und daß er dieses zu transformieren beauftragt ist. Ebenso unterstreichen der akzentuiert runde Bauch und die herausragenden Busen die tiefe Bedeutung von Zeugung und Fruchtbarkeit, für die der Mensch eine unersetzliche Verantwortung trägt.[13] An dieser Stelle ist mit Nachdruck darauf hinzuweisen, daß der König zwar der Gemeinschaft Schutz gewährt und für ihr Wohlbefinden einsteht, aber damit wird zugleich jedes Mitglied der Gemeinschaft dazu aufgerufen, das Werk des Königs weiterzuführen und so die Gemeinschaft unermüdlich neuzugestalten, eben herzustellen.

---

[12] Vgl. *Mulamba-Mutayi*, Regard sur la statuaire Kuba, in: Cahiers des Religions Africaines 16 (1982) 113–133. Auf diese Studie beziehen sich die folgenden Ausführungen zu den Masken.

[13] Vgl. a.a.O. 118f.

Ganz ausdrücklich aber zeigt sich die Herausforderung zum Ethischen bei den negro-afrikanischen Masken. Exemplarisch sei auch hier die Bedeutung der Bakuba-Masken vor Augen geführt. Es ist zunächst festzuhalten, daß die Masken die Inkarnation des Unsichtbaren sind. Sie verweisen also über den Tod hinaus und wollen das Unbeschreibbare veranschaulichen, was kein Menschenwort adäquat auszudrücken vermag. Diese Veranschaulichung bezieht sich auch auf das Ethische; denn es gibt Masken, die auf die Moralordnung aufmerksam machen, damit das individuelle und gemeinschaftliche Leben für die Transzendenz empfänglich wird.

Vor allem beim Initiationsritus spielen die Masken eine wichtige moralpädagogische Rolle. Sie erinnern an die Ahnen und ihren Gründungsakt, durch den das Gemeinschaftsleben möglich wurde. Dabei wird auf manche Praktiken, Riten aber ganz besonders auch auf ethische Forderungen aufmerksam gemacht. Die dahinter stehende Grundeinstellung läßt sich wie folgt zusammenfassen: Nur in Bewahrung und (kritischer) Weiterführung der protologischen Handlung der Ahnen wird der irdischen Gemeinschaft das Leben im umfassenden Sinn gesichert; sie bleibt konsistent und dynamisch zugleich.

Um die verschiedenen Herausforderungen, die durch die Masken heraufbeschworen werden, aufzuzeigen, ist es notwendig, auf die einzelne Maskenkategorie zu achten. Wiederum können wir auf die Bakuba-Masken rekurrieren, die dies sehr anschaulich machen, und die für die schwarzafrikanische Weltanschauung ein typisches Beispiel darstellen,[14] zumal die hier am prägnantesten veranschaulichten Züge auch bei anderen ethnischen Gruppen zu finden sind.[15] Mulamba-Mutayi unterscheidet drei Maskengattungen, nämlich *Mwoshambooy mu Shall*, *Ngaadi Mwaash* und *Bwoom*.[16]

1° Mwoshambooy mu Shall

Es handelt sich um eine königliche Maske, die *Woot*, den ersten Ahnen darstellt. Sie übt mehrere Funktionen besonders bei den Initiationsriten aus. Sie erinnert an die vom ersten Ahnen etablierte Ordnung und an seine Verheißungen. Die Gesten, der Tanz und andere Riten, die auf die Maske bezogen sind, dienen dazu, dem vom ersten Ahnen verwirklich-

---

[14] Vgl. a.a.O. 125ff.
[15] Vgl. u.a. die Studien von *M.K. Mikanza Mobyem*, Mort éternelle pour une profusion de vie: La force dramatique du masque, in: Cahiers des Religions Africaines 16 (1982) 258f.; *Lema Gwete*, Essai sur la dimension religieuse de l'art négro-africain. Référence à la sculpture traditionnelle au Zaïre, in: Cahiers des Religions Africaines 16 (1982) 71–111.
[16] Vgl. *Mulamba-Mutayi*, Regard 125–128.

ten Ideal zuzustreben. Insgesamt will diese Maske das vollkommene Ideal auf ethischer, politischer und spiritueller Ebene darstellen und zur Unterweisung der Nachfahren darbieten.

2° Ngaadi Mwaash

Diese Maske ist weiblich und soll *Mweel*, die Schwester und Frau von *Woot* darstellen. Sie erinnert an die erste Frau der Kuba-Ethnie und symbolisiert die *Gebärerin* der gesamten Menschheit. Damit wird die Idee einer sowohl biologischen als auch spirituellen Fruchtbarkeit zum Ausdruck gebracht. Die Maske will aber nicht einfach das Althergebrachte zur Nachahmung darbieten, sondern sie ist zugleich eine harte Kritik am protologischen Akt des ersten Königs als Ahn, der die Gemeinschaft des Kuba-Volkes durch eine sittlich verwerfliche Tat, nämlich den Inzest, gegründet hat. Aufgrund dieses ungeheuren Aktes dürfen die beiden Masken *Mwoshambooy* (König) und *Ngaadi Mwaash* (Frau des Königs) niemals zusammen auftreten. Damit wird klar, daß die beiden Masken eine ethische Forderung und Botschaft verkünden sollen, nämlich das Inzestverbot. Der Gründungsakt des Königs, der seine eigene Schwester heiratete, darf von den Nachfahren nicht nachgeahmt werden, auch wenn dies nicht von der Pflicht entbindet, sich gegenüber den Ureltern für das von ihnen empfangene Leben immer dankbar zu zeigen. Gerade auch in diesem Zusammenhang unterstreicht die Maske *Ngaadi Mwaash* die Würde der Mutterkönigin und ihre Stellung innerhalb des Königreiches. Sie ist einfach das Symbol des Weiblichen, ohne das der Mann nicht vollkommen sein kann. Sie erinnert so letztlich an die Idee der Fruchtbarkeit für beide Geschlechter sowohl im biologischen wie im geistlichen Sinn. Damit werden wir abermals auf die Idee der *poiesis* zurückverwiesen: Die Maske erinnert an den Gründungsakt, der immer mitbedacht werden muß, damit die Gemeinschaft gedeihen kann. Es ist ganz besonders wichtig anzumerken, daß diese *poiesis* keine blanke Wiederholung der Tradition ist; sie ist vielmehr eine kritische Auseinandersetzung mit dieser, damit der Fehler der Vergangenheit korrigiert wird und die Nachfahren einer besseren Zukunft entgegengehen als ihre Vorfahren. In diese Richtung weist auch die folgende Maske.

3° Bwoom

Hier steht man vor einer gewaltigen Maske aus Holz, die oft im Initiationsritus und in der Tanzzeremonie auftritt. Als Statthalterin des Volkes ist sie ein Gegenstück zum König. Die Grundeinstellung bei diesem Auftritt ist eigentlich, daß der König ohne das Volk weder seinen Namen noch sein Königreich verdient. Wenn aber das Volk so unentbehrlich ist, hat der König die Verpflichtung, im Dialog mit ihm zu regieren. Die Maske *Bwoom* möchte also offenkundig machen, daß der Beitrag bzw. die Mitbeteiligung des Volkes zum Gleichgewicht in der Politik und im Sozialen notwendig ist. Dies heißt zugleich, daß ein König oder Häuptling nur dann legitim ist, wenn das Volk ihn voll anerkennt. Darum muß jeder Diktatur Absage erteilt werden; nur der Dialog zwischen Macht und Volk ist gemeinschaftsfördernd. Nur so wird auch dem protologischen Akt der Ahnen Rechnung getragen, deren Vermächtnis es ist, die Gemeinschaft je neu und je kreativ zu aktivieren.

Alles in allem: Die bisherigen Ausführungen haben versucht, deutlich zu machen, daß der Mensch in Schwarzafrika die Transzendenzerfahrung auch heute durch non-verbale Kommunikation sucht und macht. Offenkundig wurde dies vor allem durch die Beschreibung der Masken, die dem Menschen den Sinn des Lebens vermitteln, indem sie auf das Unaussprechliche und Unsichtbare verweisen, das meistens die Vorfahren und ihren protologischen Gründungsakt verkörpert. Die Masken erzählen anamnetisch die großen Taten und die Verheißungen der Vorfahren. Diese Anamnesis impliziert zugleich die moralische Ordnung, die zwar zur Kenntnis genommen wird, aber nicht unbedingt in derselben Form und schon gar nicht unkritisch übernommen werden muß. Die Masken können auch dazu aufrufen, die Moralordnung neu zu gestalten und die Fehler der Vorfahren durch eine neue Auslegung der Vergangenheit zu korrigieren. Erst durch diese kritische Auslegung des Althergebrachten ist der Mensch in der Lage, eine echte Transzendenzerfahrung zu machen, die zu einer Kommunikationsgemeinschaft befähigt. Erst dann kann auch die Erfahrung der Transzendenz und des Vergangenen sinnvoll weitergegeben werden.

Damit dürfte der Unterschied zwischen afrikanischer Ethik und der kommunitaristischen Ethik abermals deutlich geworden sein, vor allem wenn man sich an die Tugendethik im Sinn von MacIntyre erinnert. Es wurde schon weiter oben festgestellt, daß der Kommunitarismus trotz seiner gemeinschaftlichen Dimension individualistische Züge im Blick auf ethische Entscheidungen trägt. Hinzu kommt noch ein weiterer Unterschied zum afrikanischen anamnetischen Denken. Die Traditionszugewandtheit hindert die afrikanische Ethik nicht, innovativ zu sein. In der non-verbalen Kommunikation führt die Gemeinschaft ein non-verbales Palaver, das sie zum Nachdenken aufruft und zu einer kritischen Stellungnahme gegenüber der Überlieferung der Ahnen bringen kann.

Würde man auf die innovativen Elemente in der afrikanischen Tradition achten, dann wäre die Diktatur, die sich auf dem schwarzen Kontinent breit macht, nicht ohne weiteres möglich. Denn die Unterdrückung in ihren verschiedenen Formen ist mit der anamnetischen Solidarität unvereinbar, die gerade daran erinnert, die Gemeinschaft in ihrer Tridimensionalität immer neu und dynamisch zu gestalten und niemals dem Tod zuzuführen. In einer so verstandenen Tradition haben Menschenrechtsverletzungen überhaupt kein Heimatrecht. Die anamnetische Solidarität kümmert sich hier nicht nur um die Menschenrechtsverletzungen in der Gegenwart, sie bezieht ebenso das in der Vergangenheit an den früher Lebenden geschehene Unrecht mit ein. Dabei geht es natürlich auch um die Schuld der Vorfahren, die durch die Nachfahren solidarisch wiedergutgemacht werden soll. Mit anderen Worten: In der afrikanischen Gemeinschaft sieht sich jedes Mitglied dazu aufgefordert, die Verantwortung für die Taten seiner Vorfahren zu übernehmen. Gleichzeitig verlangt es von den anderen, sich zum Unrecht gegenüber seinen Vorfahren zu bekennen.

Wie aktuell dieses anamnetische Denken sein kann, hat uns die jüdische Geschichte in der Nazizeit deutlich vor Augen geführt. Indes ist es bedauerlich, daß sich dieses Denken meistens allein auf die Tragik des jüdischen Volkes beschränkt, ohne auch die Leidensgeschichten anderer Gruppen und Völker miteinzubeziehen. Die Ausbeutung und Vernichtung mancher Völker, der Sklavenhandel und die Zerstörung der Kultur in der Kolonialzeit etwa werden nur selten als wiedergutzumachendes Unrecht ins Gedächtnis gerufen. Meistens denkt die westliche Welt individualistisch und weigert sich, zu ihrer Vergangenheit zu stehen. Trotz aller Differenzen zur afrikanischen Ethik ist MacIntyre in diesem Punkt zuzustimmen, wenn er feststellt: „Aus der Sicht des Individualismus bin ich das, was ich zu sein gewählt habe. [...] Ich kann rechtlich Bürger eines bestimmten Landes sein; aber ich kann nicht verantwortlich gemacht werden für das, was mein Land tut oder getan hat, wenn ich mich nicht implizit oder explizit entschließe, eine solche Verantwortung zu übernehmen. Dieser Individualismus kommt bei jenen modernen Amerikanern zum Ausdruck, die jede Verantwortung für die Auswirkungen der Sklaverei auf die schwarzen Amerikaner ablehnen, indem sie erklären: ‚Ich habe nie Sklaven besessen‘.“[17] Und MacIntyre fügt hinzu, daß man einer ähnlichen Haltung bei Engländern gegenüber Irland sowie bei jungen Deutschen gegenüber der Nazigeschichte begegnen könne.[18] Es ist eine Ironie der Menschheit, daß manchmal gerade diejenigen, die sich für die Würde und die Rechte des Menschen einsetzten, selber erst durch die Unterdrückungsgeschichte, an der sie beteiligt waren, in den Genuß des Privilegs kamen, sich gegen Unterdrückung wehren zu können.

---

[17] A. *MacIntyre*, Der Verlust der Tugend 294.
[18] Vgl. a.a.O. 294f.

Treffend weist O. Höffe darauf hin, daß die ersten Menschenrechtserklärungen gerade von jenen ‚White-Anglosaxon Protestants' verfaßt wurden, die durch die Arbeit ihrer Sklaven frei waren, sich mit der Rechts- und Verfassungsgebung intensiv zu befassen.[19] In der Geschichte wurden aber Unterdrückung und Menschenrechtsverletzungen bei den Sklaven von den Menschenrechtserklärungen fast völlig vergessen, obwohl die Nachfahren dieser Sklaven uns jene allein schon durch ihre Präsenz ununterbrochen in Erinnerung rufen.

Um alles wiedergutzumachen und in Zukunft Verletzungen der Menschenwürde zu vermeiden, ist der einzelne qua einzelner der Aufgabe nicht gewachsen, vielmehr ist es notwendig, daß die ganze Gemeinschaft sich am sozio-politischen, ökonomischen und sogar sittlichen Leben beteiligt. Dies geschieht und vollzieht sich durch das afrikanische Palaver.

Art. 2: Das Palaver als mittlere Position zwischen Kommunitarismus und Diskursethik

Im Laufe der bisherigen Ausführungen wurde mehrfach auf Gemeinsamkeiten und Unterschiede zwischen Palavermodell, Kommunitarismus und Diskursethik aufmerksam gemacht. Im folgenden soll auf diese Fragen etwas näher eingegangen werden, wobei nicht beabsichtigt ist, die verschiedenen Modelle ausführlich zu besprechen.[20]

Unser Augenmerk gilt hier also vor allem dem afrikanischen Palaververfahren, das interessanterweise zu den beiden westlichen Modellen

---

[19] Vgl. *O. Höffe*, Vernunft und Recht. Bausteine zu einem interkulturellen Rechtsdiskurs, Frankfurt a.M. 1996, 59–60; 64.

[20] Die Literatur zu Diskursethik und Kommunitarismus ist uferlos geworden. Aus der Fülle vgl. u.a. *E. Arens* (Hrsg.), Habermas und die Theologie. Beiträge zur theologischen Rezeption, Diskussion und Kritik der Theorie kommunikativen Handelns, Düsseldorf 1989; *ders.* (Hrsg.), Kommunikatives Handeln und christlicher Glaube. Ein theologischer Diskurs mit Jürgen Habermas, Paderborn u.a. 1997; *H.-J. Höhn*, Vernunft – Glaube – Politik. Reflexionsstufen einer christlichen Sozialethik, Paderborn u.a. 1990; *C. Kissling*, Gemeinwohl und Gerechtigkeit. Ein Vergleich von traditioneller Naturrechtsethik und kritischer Gesellschaftstheorie, Freiburg i.Ue./Freiburg i.Br. 1993; *R. Forst*, Kontexte der Gerechtigkeit; *A. Honneth* (Hrsg.), Kommunitarismus. Eine Debatte über die moralischen Grundlagen moderner Gesellschaften, Frankfurt a.M. ²1994. Außerdem findet man eine gute Einführung zum Kommunitarismus bei: *W. Reese-Schäfer*, Was ist Kommunitarismus?; *C. Zahlmann* (Hrsg.), Kommunitarismus in der Diskussion. Eine streitbare Einführung, Berlin ²1994. Siehe aber vor allem die Vertreter der jeweiligen Theorien, die durchgehend in dieser Untersuchung erwähnt werden: K.-O. Apel, J. Habermas, C. Taylor, M. Walzer u.a.

zwar eine kritische Distanz bewahrt, sich aber andererseits mit den beiden ebenso verwandt fühlt. Doch zunächst muß nach den Grundstrukturen des Palavers im afrikanischen Kontext gefragt werden. Erst danach können sowohl Gemeinsamkeiten als auch unterscheidende Merkmale im Hinblick auf Diskursethik und Kommunitarismus deutlich werden.

1. Palaver als Normfindungs- und Normbegründungsprozeß

Selbstverständlich kann es sich hier nicht um eine detaillierte Analyse als vielmehr um eine summarische Darstellung der Palaverstrukturen handeln, mit der uns das Problem der Findung und Begründung von Normen in der afrikanischen Ethik vor Augen geführt werden soll. Wichtig ist dabei die Beobachtung, daß es verschiedene Palavergattungen gibt, die ebenso verschiedene Lebensbereiche umfassen und die nicht unbedingt uniform in ihren Verfahrensweisen sind.[21] Zur Verdeutlichung sollen modellhaft einige der Gattungen dargestellt werden, die für unsere Abhandlung von Bedeutung sind.

a) Das Palaver in der Heilungspraxis

Wenn vom Palaver im Vergleich etwa zur Diskursethik die Rede ist, denkt man meistens an eine Art Diskussion mit Argumenten und Gegenargumenten. Im Palaver nach dem Heilungsmodell aber geht es nicht um ein argumentatives Verfahren, sondern um einen Dialog. Man muß hier zwar und unbedingt von einer Kommunikationsgemeinschaft reden; sie ist aber keineswegs argumentativ, sondern muß als dialogal-heilende Gemeinschaft bezeichnet werden.

Um den tiefsten Sinn des Palavers verstehen zu können, ist es unerläßlich, sich die Funktion des Wortes in Schwarzafrika zu vergegenwärtigen. Das Wort verfügt über eine solch ungeheure Kraft, daß es die Gemeinschaft entweder stiften oder zerstören kann. Das heißt zugleich, daß das Wort Leben oder Tod bedeutet; es ist Medikament oder Gift. Es hängt aber vom Sprechenden ab, ob das Wort das Leben oder den Tod bringt. Der Mensch in Afrika vertritt ja die Auffassung – darauf kommen wir noch ausführlicher in Teil II, Kap. III zurück –, daß wer dem Wort lauscht, es ißt und trinkt. Es wird darauf ankommen, wie er es verdaut, um es wieder in die Gemeinschaft zu investieren. Damit aber das

---

[21] Dazu vgl. *J.-G. Bidima*, La palabre. Une juridiction de la parole, Paris 1997.

Wort auf seine lebensspendende Kraft hin geprüft werden kann, muß es im Palaver öffentlich seine Unschuld beweisen.[22] Gerade diese lebensspendende Dimension ist auch entscheidend für das Heilungspalaver. Letzteres gründet sich darin, daß Krankheit in Schwarzafrika immer eine gemeinschaftliche Dimension besitzt. Dabei handelt es sich nicht nur um die lebenden Menschen, sondern die Gemeinschaft ist immer sichtbar und unsichtbar zugleich. Die unsichtbare Gemeinschaft ihrerseits besteht nicht nur aus den Verstorbenen; vielmehr umfaßt sie die gesamte ‚überirdische' Welt, die nicht nur die Geistwesen, sondern auch Gott selbst einschließt. Meistens jedoch betrifft die Krankheit die irdische Gemeinschaft und ihre Toten. Konkret gesagt: Eine Krankheit hat ihre Ursache hauptsächlich in der zwischenmenschlichen Beziehung. Sie ist immer ein Zeichen dafür, daß etwas in der Gemeinschaft, in ihren beiden Dimensionen von Lebenden und Toten, nicht stimmt. Die Wiederherstellung der zerbrochenen zwischenmenschlichen Beziehung kann also nicht Sache von Arzt und Patient allein sein. Sie verlangt die Beteiligung der gesamten Gemeinschaft. Daher kann man nicht um ein Palaver herumkommen. Dieses fängt zugegebenermaßen mit dem Dialog zwischen Arzt und Patient an, soweit letzterer noch ansprechbar ist. Durch Fragen bzw. Gegenfragen fordert der Arzt den Kranken heraus, nicht nur Informationen über seine Krankheit zu geben, sondern auch gegebenenfalls dazu Stellung zu nehmen. Er wird beispielsweise sein Leid auf sein eigenes Fehlverhalten gegenüber seinem verstorbenen Familienmitglied zurückführen. In diesem Fall bekennt der Kranke seine Schuld; er steht zur Eigenverantwortung und ist bereit, sich mit dem beleidigten Mitglied zu versöhnen. – Der Ursprung der Krankheit kann auch bei anderen Gemeinschaftsmitgliedern liegen. Dann aber ist auch deren Bekenntnis vonnöten, damit es wieder zu einer heilen Beziehung kommt.

Hervorzuheben ist also, daß ein Palaver in jedem Fall stattfinden muß. Selbst wo es sich um Spannungen mit toten Familienmitgliedern handelt – wie im ersten Fall –, erfordert die Bereinigung des Konfliktes ein Palaver zwischen allen Betroffenen. Vom Standpunkt einer westlichen, etwa diskursethischen Rationalität her, die von einer Symmetrie ausgeht, wird hier ein gegenseitiger Austausch unmöglich erscheinen. Es ist aus Sicht der afrikanischen Denkvorstellung zu betonen, daß das Palaver sich nicht nur rein verbal vollziehen muß, sondern die Kommunikationsgemeinschaft impliziert auch non-verbale Dialogformen. Der Patient, der seine Anliegen z.B. am Grab seiner verstorbenen Mutter vorträgt und diese um Vergebung bittet, führt keineswegs einen Mono-

---

[22] Mehr dazu bei *B. Bujo*, Die ethische Dimension; *ders.*, Dieu devient homme en Afrique noire. Meditation sur l'Incarnation, Kinshasa 1996, bes. S. 23–36.

log. Das Grab als Symbol repräsentiert die Verstorbene selbst und fordert durch diese non-verbale Anwesenheit den Betroffenen heraus, alle seine Probleme ‚auszupacken' und so aus sich herauszugehen. Mit anderen Worten: Das Grab wird durch die verborgene Anwesenheit der verstorbenen Person so verlebendigt, daß sein Dasein zur Sprache wird. Ähnliches läßt sich vom Ahnenbaum sagen, der als Kommunikationsort zwischen irdischer und jenseitiger Gemeinschaft gilt.[23]

Betrifft nun die Krankheit eines Patienten nicht unmittelbar die Toten, sondern eher die Angehörigen seiner irdischen Gemeinschaft, dann müssen diese sich auch verbal am Palaver beteiligen.[24] In diesem Fall bilden der behandelnde Arzt, der Patient und andere am Gespräch Beteiligte eine Kommunikationsgemeinschaft, die sich darum bemüht, die physische und psychische Gesundung aller durch Schuldbekenntnisse und Versöhnungsriten zu erreichen. Der Dialog aller mit dem Arzt soll also zum Neuanfang in der Gemeinschaft, das heißt im Umgang miteinander führen. Man kann mit Recht behaupten, daß die afrikanischen Gemeinschaften sich im Heilungsprozeß so verhalten, daß sie versuchen, die Krankheit gemeinsam und geschwisterlich zu tragen und zu ‚erleiden'. Der Patient wird also auch im Leid nicht allein gelassen.[25] Das Versöhnungswort und die Versöhnungsriten sind die eigentliche Therapie und Medizin. Es geschah deshalb in diesem Rahmen, daß bei manchen ethnischen Gruppen der Heiler oder die Heilerin jährlich eine vorbeugende Maßnahme traf, beispielsweise für eine ganze Dorfgemeinschaft, die sich zusammen mit ihren Patienten einer gründlichen Gewissenserforschung stellen mußte. Durch Fragen zu verschiedenen Lebensbereichen der Dorfgemeinschaft bewirkte der Arzt, daß die Anwesenden sich ihrer Verantwortung für manche Spannungen in ihren Beziehungen

---

[23] Hierzu vgl. *B. Bujo*, Dieu devient homme 75–82; *ders.*, Auf der Suche nach einer afrikanischen Christologie, in: *H. Dembowski/W. Greive* (Hrsg.), Der andere Christus. Christologie in Zeugnissen aus aller Welt, Erlangen 1991, 87–99; bes. 94–97. Dieselbe Studie ist aufgenommen in: *J. Tille* (Hrsg.), Jesus. Auf der Suche nach einem neuen Gottesbild, Düsseldorf/Wien 1993, 333–350 [Jesus afrikanisch gesehen]. Vgl. auch *R. Dzaringa-Jisa*, Towards the Theology of the Cross in the Light of the Ficus-tree among the Bahema of Zaire (unveröff. Lizentiatsarbeit), Nairobi 1997.

[24] Übrigens: Falls ein Patient bzw. eine Patientin nicht mehr ansprechbar ist, werden die Angehörigen zum verbalen Palaver eingeladen. Dies ist aber nicht mit einer ‚advokatorischen' Argumentation gleichzusetzen. Die Angehörigen müssen nämlich nicht stellvertretend fungieren, sondern die Krankheitsgenese erzählen und gegebenenfalls die ganze familiäre Atmosphäre schildern, in der der Patient bzw. die Patientin gelebt hat oder noch lebt.

[25] Vgl. *E.J. Lartey*, Two Healing Communities in Africa, in: *ders./D. Nwachuku/Kasonga wa Kasonga* (Hrsg.), The Church and Healing. Echoes from Africa, Frankfurt a.M. 1994, 33–48, hier 43.

untereinander bewußt wurden. Damit wurde die Harmonie im Dorf wieder hergestellt. Auch wurde bewußt gemacht, daß die Kranken selbst für ihren Zustand verantwortlich sind, soweit sie sich gegenüber ihren Nachbarn und Nachbarinnen schuldig gemacht hatten.[26] Es sei noch einmal betont, daß dieses Heilungsverfahren eine wichtige Palavergattung darstellt, selbst wenn die Verhaltensnorm asymmetrisch, durch verbale und non-verbale Kommunikation zugleich, zustande kommt. Schon hier ist ein erster Unterschied zwischen Palavermodell und diskursethischem Verfahren festzustellen. Die Diskursethik, die die argumentative Kraft der Vernunft zum Grundsatz erhebt, hat offenbar keinen Raum für Versöhnung, die sich zum einen nicht unbedingt argumentativ artikuliert, und die zum anderen nicht unbedingt aufgrund einer expliziten, verbalen rationalen Zustimmung zustande kommt.

Das Heilungsverfahren, so wie es dargestellt worden ist, kann für eine christliche Praxis seine Verlängerung nicht zuletzt im Bußsakrament finden. Aus schwarzafrikanischer Perspektive handelt es sich in der Beichte um ein sakramentales Palaver. Dabei umfaßt der Dialog zwischen dem Priester und dem Beichtenden durchaus eine heilende Dimension. Soweit sich ein jedes Sakrament nicht vom Wort entkoppeln läßt, bedeutet es in Afrika Palaver und Heilung. So wie das Medikament nie stillschweigend verabreicht werden soll, so ist es ,unafrikanisch' das Sakrament ohne begleitendes Wort zu spenden; der Empfänger andererseits wird dazu aufgefordert, sich aktiv am Wirksam-Werden des Empfangenen zu beteiligen. Um ein Beispiel zu nennen: Die Eucharistie stellt das höchste Moment von Palaver und Heilung dar. Die ganze Liturgie geht dialogisch vor, und auch zum entscheidenden Zeitpunkt, wo die Hostie ,verabreicht' wird, wird ein begleitendes Wort gesprochen, das der Empfänger mit einem ,Amen' beantwortet. Selbst dieser kurze Dialog zwischen Spender und Empfänger ist ein eminent wichtiges, heilungswirkendes Palavermoment. Es bewirkt, daß der Empfänger sich mit sich selbst, mit Gott und mit der Gemeinschaft aller Menschen, ja sogar mit der gesamten Schöpfung versöhnt. Letztere Dimension kommt dadurch zum Vorschein, daß die eucharistische Materie Frucht der menschlichen Arbeit, also Frucht der Schöpfung ist. Nicht umsonst machen afrikanische Theologen darauf aufmerksam, daß diese Materie, damit sie zu dem die Menschen in ihrer Kultur ansprechenden Symbol

---

[26] Vgl. *Okot p'Bitek*, Africas Cultural Revolution, Macmillan/Nairobi 1973, 88; vgl. Zit. bei *J.G. Donders*, Afrikanische Befreiungstheologie. Eine alte Kultur erwacht, Olten/ Freiburg i.br. 1986, 141–142; vgl. ferner *B. Bujo*, Krankheit und Gemeinschaft aus negro-afrikanischer Sicht, in: *G. Koch/J. Pretscher* (Hrsg.), Heilende Gemeinschaft? Von der sozialen Dimension der Gesundheit, Würzburg 1996, 9–25.

wird, afrikanischen Ursprungs sein müßte. Spätestens an dieser Stelle wird überdeutlich, daß das Palavermodell den Menschen in seiner Ganzheitlichkeit ernst nimmt, ohne ihn bloß auf seine Vernunftbegabtheit oder das rational-logische Verstehen einzuengen.

b) Das familiäre Palaver

Eine weitere Palavergattung betrifft das Familienleben, wobei das Wort ‚Familie' viel mehr umfaßt als dies im Westen der Fall ist. Es geht also nicht nur um die Kernfamilie, die sich auf Eltern und Kinder reduziert. Ein Palaver kann freilich auch innerhalb eines engeren Familienkreises im Sinn der Kernfamilie stattfinden. Das ist etwa der Fall, wenn die Eltern bei der Wahrnehmung ihrer erzieherischen Aufgabe die schuldig gewordenen Kinder zur Rechenschaft ziehen, indem sie mit letzteren in ein abklärendes Gespräch treten, das einen genauen Einblick in die zur Debatte stehende Frage ermöglicht. Familiäres Palaver im eigentlichen Sinn aber betrifft gewöhnlich einen größeren Kreis, denn in der Tat geht es meistens um Fragen, welche die Existenz der Kernfamilie insgesamt oder eines Mitglieds der Großfamilie betreffen. Der als Familienchef anerkannte lädt die Repräsentanten der Großfamilie zur Palaversitzung ein, wobei andere Familienmitglieder, die nicht offiziell eingeladen sind, keineswegs ausgeschlossen werden dürfen. In diesem Palaver geht es also – um es anders zu sagen – nicht nur um die Schlichtung von Konflikten, sondern man befaßt sich mit allen Fragen, deren Lösung zur Verlebendigung und zum Wachstum der Lebenskraft der Großfamilie von Lebenden und Toten beiträgt. Der Gegenstand eines Palavers ist deswegen mannigfaltig: Es kann sich etwa um eine gerechte Teilung eines vermachten Vermögens handeln; auch das Finden gemeinsamer Strategien für ein gemeinsames Handeln zugunsten einer besseren Zukunft für die Familie gehört hierher. Weitere Beispiele, die das Palaver erfordern, sind Eheschließung, Absetzung bzw. Einsetzung eines Familienchefs, familiäre Konflikte, Kriegführung und andere mehr. In allen diesen Fällen versucht man, sich der Probleme soweit zu bemächtigen, daß ein Rekurs auf eine außerfamiliäre judikative Instanz überflüssig wird. Die Großfamilie verfügt nämlich auch über ihre eigene juridische Instanz im kleinen, die die Palavergemeinschaft richtig zu beraten versucht und die aus demselben Familienkreis stammt.

Wenn, wie schon angedeutet, das Hauptziel des Palavers darin besteht, die Familie zusammenzuhalten und ihr eine neue Lebensdynamik zu verleihen, dann ist die anamnetische Dimension von großer Bedeutung für das Gelingen des ganzen Verfahrens. Dies setzt u.a. die Teilnahme der Ältesten und Weisen voraus, die über genügend Lebenserfahrung verfügen und die ganze Geschichte der Familie gut kennen. Die Ältesten sind es, die immer wieder die Ereignisse der Familienvergangenheit ins Gedächtnis rufen, um von dorther eine ähnliche oder aber auch eine differenzierte und teilweise auch ganz neue Lösung für die anstehende Frage zu finden. Damit ist klar gesagt, daß das anamnetische Denken in gar keiner Weise eine Bremse für die Zukunft der Gemeinschaft darstellt. Die Vergangenheit ist nur dann von Bedeutung, wenn sie sich als lebensträchtig für Gegenwart und Zukunft erweist.[27]

Mit diesem Hinweis auf das anamnetische Denken wird noch einmal eines der wichtigsten Merkmale des Palavers betont, nämlich die unsichtbare Gemeinschaft, die unbedingt ins Gespräch miteinbezogen werden muß. Für Menschen in Schwarzafrika handelt es sich dabei nicht nur um etwas Advokatorisches wie in der Diskursethik, sondern sie sind der Auffassung, daß die Verstorbenen durch die von ihnen festgelegten Riten und Satzungen sowie ihren Vermächtnisworten wirklich gegenwärtig sind. Die Erinnerung an die Vorfahren ist nicht nur etwas, was ,ist‘, sondern eher etwas, was zu den Nachfahren ,spricht‘. Das ,Sprechen‘ gibt die Stimmen der Vorfahren wieder und trägt ihre Anliegen vor, die sich dahingehend zusammenfassen lassen: das Leben in Fülle. Die wiedergegebenen Stimmen, Anliegen und Erfahrungen der Ahnen in einem Palaver sind aber nicht als unveränderliche Gebote bzw. Verbote zu verstehen. Sie sind nur eine Anfrage und Herausforderung an die Palaverteilnehmer, sich ernsthaft zu fragen, welche Lösung für das Lebenswachstum in Zukunft anzustreben ist. Das heißt aber, daß die Teilnehmer sich der Aufgabe nicht entziehen können, die Tradition der Vorfahren zu hinterfragen und sich mit den neu entstandenen Fragen in einem neuen Kontext zu konfrontieren. Damit wird abermals klar, daß der Leitfaden eines Palavers nicht die Treue zur Tradition, sondern die Rettung der Familiengemeinschaft ist. So wird man beispielsweise im Palaver um einen Ehestreit nicht versuchen, die ,Institution Ehe‘ nach dem buchstäblichen Willen der Ahnen zu retten, sondern eher unter den veränderten Umständen *im Geist* der Ahnen zu handeln. Auch rettet man dabei nicht nur allein das Ehepaar, sondern es geht um das Wohlbefinden aller Mitglieder des Ehebundes, der die beiden Großfamilien von Mann und Frau umfaßt.

Das Palaver, das manchmal einige Tage dauern kann, endet meistens mit einer Feier oder zumindest einem gemütlichen Beisammensein. Die

---

[27] Dazu vgl. Einzelheiten bei B. *Bujo*, Afrikanische Theologie 34f.; *ders.*, Anamnetische Solidarität 31–63.

Gestaltung dieser Abschlußfeier hängt von der Art der diskutierten Frage ab. Im Fall der Beendigung eines Konfliktes bzw. eines Streites wird die Feier mit dem Versöhnungsritus verbunden. Dies läßt sich gut am Beispiel der Bahema der Demokratischen Republik Kongo aufzeigen. Ist es der Palavergemeinschaft gelungen, zwei verwandte Verliebte der Unerlaubtheit ihrer angestrebten, inzesthaften Ehe zu überzeugen, dann wird ein Wiedergutmachungsritus für das Vergehen – das Zusammenwohnen zweier Verwandter – vorgeschrieben. Dieser Ritus besteht darin, das ganze Dorf der Großfamilie von der Seite des Mannes – gewöhnlich trägt er eine größere Schuld – mit dem Blut eines Bockes zu besprengen, um es wieder rein zu machen. Zugleich dient dieses Blut, zusammen mit anderen, von der Palavergemeinschaft den Schuldigen auferlegten Verpflichtungen, zur Versöhnung mit der gesamten Familie von Lebenden und Toten. Handelte es sich beim Palaver nun um eine konfliktfreie Situation, dann feiert man den Abschluß beispielsweise mit einem gemeinsamen Trinken oder einer gemeinsamen Mahlzeit, wobei die Vorfahren nicht vergessen werden.[28] In allen diesen Fällen aber, auch dort, wo es sich nicht um Konflikte oder Spannungen handelt, sorgt das Palaver für die Pflege einer gesunden, harmonischen Beziehung innerhalb der Gemeinschaft: Wo Spannungen herrschen, wird der Friede wiederhergestellt und gefördert; wo aber keine Konflikte vorhanden sind, ist das Palaver ein sehr wirksames Mittel, Menschen zusammenzubringen, und dabei lernen sie, wie sie aufeinander hören sollen; sie lernen ferner Toleranz und einen neuen Umgangsstil miteinander. So hat das Palaver, neben der ethisch-instanzlichen Funktion, auch immer einen medizinischen, therapeutischen Charakter.

Alles in allem ist das familiäre Palaver ein eminent wichtiger Ort, wo Familienethik begründet, gefestigt, aber auch weiterentwickelt wird. Das Althergebrachte wird auf seine Stichhaltigkeit hin geprüft. So können alte ethische Normen entweder bestätigt oder geändert werden. Die im Palaver bestätigten oder neu gefundenen und begründeten Normen gelten für alle als ethisch verbindlich. Für ihre Einhaltung ist also jedes Mitglied, das heißt aber zugleich die ganze Familie im umfassendsten Sinn, verantwortlich. Es ist aber auch möglich, falls die Familiengemeinschaft sich bei einer Frage nicht einigen konnte, an eine höhere Instanz zu apellieren und das Palaver auf der außerfamiliären Ebene weiterzuführen.

---

[28] Vgl. *Kasonga wa Kasonga*, African Christian Palaver. A Contemporary Way of Healing Communal Conflicts and Crises, in: *E.J. Lartey/D. Nwachuku/Kasonga wa Kasonga* (Hrsg.), The Church and Healing 48–65, hier 56.

c) Das ‚überfamiliäre' und administrative Palaver

Das bekannteste Palaververfahren betrifft eigentlich das Leben einer über einzelne Familien oder gar Sippengemeinschaften hinausgehenden, größeren Gruppe. Dieses Palaver hat einen offiziellen, politischen Charakter und ist oft – nicht immer[29] – mit einer Gerichtsverhandlung verbunden. Dabei kann es sich – wie schon angeklungen ist – um einen Fall handeln, für den im familiären Palaver keine befriedigende Lösung gefunden wurde. Dann wäre dies eine Art zweitinstanzlichen Gerichts. Es kann sich aber auch um einen ganz neuen Fall handeln, mit dem sich das öffentliche, überfamiliäre Palaver direkt und erstmalig beschäftigt. Außer den Betroffenen selbst sind die Teilnehmer dieser Palaversitzung die Mitglieder des Ältestenrates des Dorfes bzw. des Bezirks usw., die von verschiedenen Gemeinschaften als Berater des Chefs oder des Königs delegiert sind. Es ist aber auch hier so wie bei den schon vorgestellten Palavergattungen, daß alle, die zur Lösung des anstehenden Problems beitragen können, zur Sitzung zugelassen werden. Das heißt aber zugleich, daß sie Mitspracherecht haben. Methodisch ändert sich in diesen Verfahren gegenüber den schon analysierten Palavergattungen nichts. Nur wenig läßt sich ergänzend hinzufügen, obwohl es auch dann um Züge geht, die genauso bei allen Gattungen vorkommen. Ein Unterschied zeigt sich im Vorsitz. Während das auf Heilung und den Familienkreis angelegte Palaver vom Heiler bzw. Familienältesten geleitet wird, kommt der Vorsitz des öffentlichen Palavers dem König oder Häuptling oder auch einem aus dem Ältestenrat zu. Auch hier darf der Sitzungsleiter in keiner Weise arrogant auftreten oder sich autoritär verhalten. Er muß über die Fähigkeit verfügen, bei jedem Redner und jeder Rednerin das Sapientiale zu entdecken, ohne sich mit einer rein logisch-rationalen Argumentation zu begnügen. Daher sind auch poetische Reden wichtige Beiträge zur im Palaver angestrebten Lösung. Wichtig ist aber nicht nur die schöne Sprache, sondern vielmehr achtet man auf die

---

[29] Es gibt nämlich selbst auf dieser Ebene Palaververfahren, die nicht gerichtlich sind, sondern sich z.B. mit anderen, das Gemeinwohl betreffenden Problemen befassen. Es kann sich um die Beratung des Königs oder des Häuptlings handeln, damit dieser eine richtige Entscheidung trifft. Es kann aber auch um die Vorbereitung einer großen Veranstaltung für das gesamte Volk gehen. Manchmal dreht es sich um die ‚Preisfestsetzung' auf dem Markt oder um die Verpflichtungen des Volkes bzw. des Königs oder Häuptlings usw. Die Mitglieder dieser Art von Palaver sind vor allem die Weisen der Gemeinschaft bzw. der König oder Häuptling mit dem Ältestenrat, den das Volk delegiert. Es ist also nachdrücklich zu betonen, daß auch das überfamiliäre bzw. administrative Palaver gar nicht agonal sein muß, es ist nicht selten auch irenisch. Dazu vgl. *J.-G. Bidima*, La palabre 10.

vermittelte Botschaft. Ganz besonders ist in diesem Zusammenhang auf Sprichwörter, Märchen, Parabeln und die Anwendung von Symbolsprache hinzuweisen. Die Symbolsprache läßt sich selbstverständlich in allen drei Formen, nämlich Sprichwörtern, Märchen und Parabeln, finden.[30] Die Botschaft, die in diesen drei Formen vermittelt wird, ist ethischer Natur. Eine besondere Aufmerksamkeit verdienen dabei vor allem die Sprichwörter, da sie am meisten und intensivsten benutzt werden, und zwar nicht nur im Palaver, sondern im alltäglichen Leben überhaupt.[31] Sie können dennoch auch im Palaver eine eminent wichtige Rolle spielen, indem sie existentielle Fragen und Lösungen auf präzise, konzentrierte und prägnante Weise zum Ausdruck bringen. Im Palaververfahren sind die Sprichwörter jene Instrumente, die für die Kommunikation unter den Teilnehmern am geeignetsten zu sein scheinen. Es geht hier nicht um eine kartesianisch verstandene Erkenntnis, die zwingende Beweise liefert, es ist vielmehr „eine Art commercium von Existenz mit Existenz."[32] O. Ndjimbi kommentiert hierzu richtig, wenn er bemerkt, daß es den Sprichwörtern in Afrika um den Schutz des Lebens geht. Ihre Argumentationskraft verliert jede Bedeutung, wenn die Sprichwörter nicht der Existenzgrundlage und Entfaltung des Lebens dienen.[33] In diesem Sinn muß man deshalb ihren *sapientalen* Charakter betonen. Man kann sie weder abstrakt noch juridisch betrachten. Zuzustimmen ist Scholler, wenn er von den Rechtssprichwörtern in Afrika sagt, daß sie eher „Standards, also Prinzipien oder Erfahrungsregeln im Sinne von Weisheitssprüchen aufstellen, als konkrete Rechtsregeln zu geben."[34] Die Sprüche sind aber auch deshalb von großer Bedeutung, weil sie auch eine harte Wahrheit in der Weise formulieren können, daß sie akzeptiert wird. Sie kommen damit einer rein rationalen Argumentation zu Hilfe.[35] Anzumerken ist aber auch, daß ein Sprichwort nicht eo ipso von der Palavergemeinschaft angenommen wird. Trotz seines weisheitlichen

---

[30] Zum Ganzen vgl. *O. Ndjimbi-Tshiende*, Réciprocité – coopération et le système palabrique africain. Tradition et herméneutique dans les théories du développement de la conscience morale chez Piaget, Kohlberg et Habermas, St. Ottilien 1992, 222ff.

[31] Vgl. *J.C. Katongole*, Ethos Transmission.

[32] *H. Scholler*, Das afrikanische Rechtssprichwort als hermeneutisches Problem, in: *W. Hassemer* (Hrsg.), Dimensionen der Hermeneutik. Arthur Kaufmann zum 60. Geburtstag (Sonderdruck), o.O. o.J., 135–155, hier 134, zit. bei *O. Ndjimbi-Tshiende*, Réciprocité – coopération 224, Anm. 368.

[33] Vgl. *O. Ndjimbi-Tshiende*, a.a.O. 224.

[34] *H. Scholler*, Anknüpfungspunkte für eine Rezeption der abendländischen Menschenrechte in der afrikanischen Tradition, in: *W. Kerber* (Hrsg.), Menschenrechte und kulturelle Identität, München 1991, 117–142, hier 141.

[35] Ähnlich denkt auch *H. Scholler*, ebd.

Charakters kann es auf Widerspruch stoßen, falls es im gegebenen Kontext die Wahrheit nicht im vollen Umfang erfaßt. Es wurde weiter oben darauf hingewiesen, wie ein Sprichwort durch ein anderes entweder ergänzt, widerlegt bzw. wie ihm widersprochen werden kann. Dies setzt jedoch voraus, daß die Mitglieder der Palavergemeinschaft die Welt der Sprichwörter gut beherrschen. Sonst könnte das Urteil in die falsche Richtung gehen und eine irreführende Lösung anbieten. Die Teilnahme der erfahrenen Menschen – meistens eben der Mitglieder des Ältestenrates – ist also mehr als notwendig, da diese am besten die sprichwörtliche Weisheit sofort bestätigen, ergänzen oder durch weitere Sprichwörter korrigieren können. Ergänzungen oder Korrekturen finden auch durch Erinnerung an die Ereignisse der Vergangenheit statt. In einer schriftlosen Gesellschaft aber sind die ältesten, erfahrenen Menschen die besten Kenner der Geschichte.

Nicht nur die Sprichwörter, sondern wie angedeutet auch die Märchen und Parabeln werden häufig im Palaververfahren verwendet, zumal sie nicht selten manchen Sprichwörtern als Vehikel dienen. Nicht zuletzt hat eine humoristische Sprache im Palaver eine wichtige Funktion. Sie dient zwischendurch zur Entspannung von Proponenten und Opponenten und sorgt für die Vermeidung von Konflikten, die ein sachliches, richtiges Urteil beeinträchtigen könnten. In diesem Zusammenhang ist es in manchen Gegenden Sitte, das Palaver ab und zu durch Gesänge, Tänze, Pantomimen, Allegorien, Erzählungen usw. zu unterbrechen.[36] Dadurch werden aufgebrachte Teilnehmer beruhigt, und es wird eine friedliche Atmosphäre geschaffen, um die Diskussion zu Ende führen zu können. Dies zeigt abermals klar, daß das afrikanische Palaver den Menschen in seiner Ganzheitlichkeit ernst nimmt, einschließlich der religiösen Dimension. Daher wird nicht nur das familiäre, sondern auch das überfamiliäre, ja jedes Palaververfahren mit einer Versöhnungsfeier abgeschlossen, in der den verstorbenen Mitgliedern der Gemeinschaft ein privilegierter Platz zukommt. Auch hier wird das therapeutische Moment für die gesamte Gesellschaft deutlich, selbst wenn es sich nicht um Therapie im strengen Sinn handelt. Therapie heißt dann Vermeidung oder Beendigung der Spannungen, die die Mitglieder der Gemeinschaft nur krank machen können.

Was die Argumentation anbelangt, sei noch folgendes hinzugefügt. Weiter oben, in Zusammenhang mit dem „Palaver in der Heilungspraxis", wurde auf non-verbale Dialogformen hingewiesen. Diese Formen sind im Grunde allen Palavermodellen eigentümlich und kommen des-

---

[36] Vgl. *O. Ndjimbi-Tshiende*, Réciprocité – coopération 212–214.

halb auch in der uns hier beschäftigenden Gattung vor. Selbst ein Schweigen oder ein Blick gehören aus afrikanischer Sicht zu den wichtigen Bestandteilen der Palaverargumentation. Besondere Erwähnung verdient das ‚Nichtausgesprochene', – jedoch nicht das ‚Unaussprechliche' – im Palaver. Es geht um manche Wirklichkeiten, die in Worten so gut verpackt werden, daß sie letzten Endes doch verschleiert oder nur angedeutet sind. Auf den ersten Blick könnten solche Aussagen sogar einer Lüge nahe kommen. Die Kunst des Palavers besteht gerade darin, sich auf die Entdeckungsreise zu begeben. Eine Frau, die sich durch ihren Mann vernachlässigt fühlt, könnte beispielsweise klagen: „Er weigert sich, mir Kleider zu kaufen, mein Haus mit Möbeln auszustatten [...] Ich habe gar nichts zu Hause." Erst durch das Gegenargument des Mannes, der beweisen will, daß das Haus seiner Frau gar nicht leer steht, wird letztere in ihren Aussagen noch einen Schritt weiter gehen und etwa wie folgt präzisieren: „Ich rede ja nicht von Gegenständen im Hause, aber ich verfüge über keine schönen Kleider." Es folgt wiederum eine Gegenfrage, die die Frau in die Enge treiben will – z.B.: „Aber du bist doch so schön gekleidet." – und durch die die ganze Wahrheit ans Tageslicht kommt, indem die Betroffene etwa antwortet: „Diese schönen Kleider habe ich mir selbst gekauft." Erst hier weiß man konkret, worum es geht und was genau dem Mann vorgeworfen wird. In dieser Argumentation hat man es nicht mit dem westlich-rationalen Diskurs zu tun. Das Ganze artikuliert sich nach einer ‚Kettenlogik', die erst nach und nach zustande kommt und viele Fragen und Gegenfragen erfordert.[37] Der so entstehende Diskurs kann man auch mit einem Kabel vergleichen, das aus mehreren Drähten besteht; jeder Draht für sich genommen ist schwach, ohne Tragkraft. Nimmt man sie aber alle zusammen, dann bilden sie ein Kabel von großer Stärke.[38] An dieser Stelle ist die Beobachtung richtig, daß das Wesen einer Diskussion nicht nur aus logischen Argumenten besteht, sondern hier spielt auch die Hermeneutik des Diskurses eine nicht zu unterschätzende Rolle. Dies ist grundlegend für das afrikanische Palaver,[39] denn hier wird die Argumentation nicht um der Logik willen geführt, sondern um der Kommunikation willen im Hinblick auf das sich in einer Interaktion innerhalb der Gemeinschaft vollziehende Leben.

---

[37] Vgl. das Beispiel bei *O. Ndjimbi-Tshiende*, a.a.O. 189–192; mit weiterem Kommentar 240–243.
[38] Ähnlich erklärt J. Gründel die sogenannte Konvergenzargumentation. Vgl. *J. Gründel*, Die Bedeutung einer Konvergenzargumentation für die Gewißheitsbildung und für die Zustimmung zur absoluten Geltung einzelner sittlicher Normen, in: *L. Scheffczyk/ W. Dettloff/R. Heinzmann* (Hrsg.), Wahrheit und Verkündigung. Festschrift zum 70. Geburtstag von Michael Schmaus, Bd. 2, München u.a. 1967, 1607–1630.
[39] Vgl. *O. Ndjimbi-Tshiende*, Réciprocité – coopération 242.

Abschließend sei noch hervorgehoben, daß dieses – soeben angesprochene – sich in einer Interaktion vollziehende Leben im Palaver besonders zu betonen ist. Die Aufgabe, das Leben gemeinsam zu fördern, betrifft wirklich alle, auch und in erster Linie die Könige oder Häuptlinge als Bindeglieder zwischen den Ahnen und den Lebenden. Das heißt aber zugleich, daß die Könige bzw. Häuptlinge durch das Volk zur Rechenschaft gezogen werden können, falls sie sich in irgendeiner Weise etwas zuschulden kommen lassen. Mit anderen Worten: Wo das Palaver geführt wird, gilt kein Ansehen der Person; Unparteilichkeit ist dabei der Leitgedanke. Hier spätestens wird bestätigt, daß das afrikanische politische Leben dafür sorgte, die Diktatur vom Volk fernzuhalten; der schuldig gewordene Chef wurde durch das Volk im Palaver abgesetzt.[40] In der gegenwärtigen politischen Diskussion in Afrika wäre eine gründliche Besinnung auf diese wertvolle Tradition dringend notwendig. Inwiefern es sich auch um ein wertvolles Modell vor allem für den Normfindungs- und Normbegründungsprozeß handelt, soll noch ausführlicher zur Sprache kommen.

2. Das Wesen des Palavers im Verhältnis zu Diskursethik und Kommunitarismus

In den vorangegangenen Ausführungen klangen schon mehrmals Unterschiede und Berührungspunkte sowohl in bezug auf die Diskursethik als auch auf den Kommunitarismus an. Im folgenden soll dies etwas genauer untersucht werden. Dennoch verzichten wir bewußt auf eine systematische Darstellung der beiden Theorien und verweisen auf bereits existierende Studien.[41]

a) Unterschiede und Berührungspunkte hinsichtlich der Diskursethik

Wie die Diskursethik setzt auch das Palaver einige Grundprinzipien voraus, die dem öffentlichen Diskursverfahren als Fundament dienen. Für erstere ist vor allem Jürgen Habermas zu erwähnen, der sich die von Robert Alexy aufgestellten Normen[42] zu eigen gemacht hat, in denen er

---

[40] Vgl. die von O. Ndjimbi-Tshiende dokumentierten Palaver, a.a.O. 195–202; 389–403.
[41] Vgl. die in Fußnote 20 in diesem Kapitel angegebene Literatur.
[42] Vgl. *R. Alexy*, Eine Theorie des praktischen Diskurses, in: *W. Oelmüller* (Hrsg.), Normbegründung, Normdurchsetzung, Paderborn 1978. Hinweis bei *J. Habermas*, Moralbewußtsein 123, Anm. 66.

eine Chance bzw. Bedingung für das Gelingen eines ‚Diskurses' sieht.[43] So systematisch und pointiert logisch wie bei Habermas werden die Palavergrundregeln zwar nicht formuliert, aber einige Aspekte der diskursethischen Regeln lassen sich, zumindest implizit und stillschweigend, auch im Palaververfahren finden. Eigentlich formuliert man überhaupt keine Regeln für das Palaver, eher praktiziert man sie. Bei Habermas stehen beispielsweise folgende Diskursregeln: „Jeder darf jede Behauptung problematisieren"; „Jeder darf jede Behauptung in den Diskurs einführen"; „Jeder darf seine Einstellungen, Wünsche und Bedürfnisse äußern."[44] Es ist keine Frage, daß sich auch das Palaver – allerdings ‚athematisch' – nach diesen Regeln vollzieht.[45] Ebenso herrscht Klarheit über die Regel, die besagt: „Jedes Sprach- und handlungsfähige Subjekt darf an Diskursen teilnehmen."[46] Bei den Ashanti von Ghana wird sogar explizit gesagt, daß jeder Mensch das Recht hat, sich direkt oder indirekt an der Erarbeitung der Gesetze zu beteiligen.[47] Von ‚Gesetzen' wird deshalb im Zusammenhang mit dem Palaver gesprochen, da dieses selbstverständlich unerläßlich für das Zustandekommen aller die Gemeinschaft regierenden Gesetze ist. Die Ashanti-Regel macht aber zugleich deutlich, daß das Palaver – im Unterschied zum Diskursverfahren – den Kreis der Teilnehmenden etwas ausweitet. Es wird nicht nur von *sprach- und handlungsfähigen Subjekten* gesprochen; es wird einfach von *jedem Menschen* gesprochen. Ferner wird im Palaver auch eine indirekte Teilnahme zugelassen, die aber nach der Diskursethik keine Partizipation wäre, da es sich für sie um eine sogenannte ‚advokatorische Argumentation' handeln müßte, wie schon weiter oben angemerkt wurde. Der Ausdruck ‚alle Menschen' in der Palaverregel bezieht sich nicht nur auf die unsichtbare Gemeinschaft der Vorfahren, sondern er meint wirklich *alle Menschen*, etwa auch die Behinderten, die sich vielleicht sprachlich nicht artikulieren können, die aber dennoch in der Lage sind, durch symbolische Handlungen zu kommunizieren. Für eine diskursethische Argumentation sind diese Handlungen ja eigentlich ohne Bedeutung, während sie für das Palaver, beispielsweise in der Therapie, entscheidend sein können.

Auf einen weiteren Unterschied zwischen Palaver und Diskursethik wurde schon in den Paragraphen zu den verschiedenen Palavergattungen

---

[43] Vgl. J. *Habermas*, Moralbewußtsein 97–100.

[44] A.a.O. 99.

[45] Vgl. B. *Bujo*, Die ethische Dimension 21–82; O. *Ndjimbi-Tshiende*, Réciprocité – coopération 195ff.

[46] J. *Habermas*, Moralbewußtsein 99.

[47] Vgl. O. *Ndjimbi-Tshiende*, Réciprocité – coopération 247.

hingewiesen. Gemeint ist die religiöse Dimension: Gott und die Ahnenwelt sind nicht vom Palaververfahren wegzudenken. So formulieren die Ashanti als erste Palaverregel, daß die Götter und die Ahnen über die Welt wachen und alle Kräfte des Universums zusammenlenken.[48] Diese Regel möchte darauf aufmerksam machen, daß der Mensch sich nicht selbst den Sinn seines Lebens geben kann; dieser geht über ihn hinaus und kann nur von einer transzendentalen Welt her kommen. Gerade hierin gründet die ganze Bemühung um die Findung richtiger Moralgebote. Daß eine solche Einstellung zur Moral selbst im modernen westlichen Staat nicht als obsolet und naiv abgetan wird, zeigt beispielsweise der Abstimmungstext zur Reform der Schweizer Bundesverfassung (1999), in dem die Präambel wie folgt lautet: „Im Namen Gottes des Allmächtigen! Das Schweizer Volk und die Kantone [...] geben sich folgende Verfassung:"[49] Die *invocatio Dei* zu Beginn einer Verfassung, selbst in einem säkularen Staat, ist sinnvoll, um zu zeigen, daß eine auch noch so ausgeklügelte Verfassung letzten Endes auf Grenzen stößt; denn unsere menschliche Existenz ist notwendigerweise limitiert. Die *invocatio Dei*, die sich nicht verrechtlichen läßt, erinnert daran, daß durch das Festlegen des Richtigen noch lange nicht alles über die Existenz der Menschen gesagt wird, sondern daß diese Existenz sich immer nach etwas Größerem und Unendlichem sehnen muß, damit sie ihre volle Erfüllung findet. Gerade unter diesem Blickwinkel ist auch der Grundsatz des afrikanischen Palavers zu betrachten, wonach Gott und die Welt der Ahnen als oberste Norm gesehen werden, und woran jeder Diskurs sich durchaus kritisch aber unvermeidlich orientieren muß. Und überhaupt: Im Mittelpunkt des Gesamtduktus des afrikanischen Palavers steht nicht die instrumentelle Vernunft, die leicht zum Herrschaftsinstrument werden kann. Der Mensch, der im Spannungsfeld von Leben und Tod steht, muß vielmehr die Wahrheit existentiell-weisheitlich, das heißt mit einem totalen Einsatz seiner ganzen Person, *aufgraben*. Das Wort ‚aufgraben' möchte hier hervorheben, daß das Palaver sich methodisch nicht auf das diskursive Moment (*ratiocinatio*) beschränkt, sondern es bedient sich der gesamten Wirklichkeiten der menschlichen Existenz, weil es die menschliche Person *holistisch* in den Blick nimmt.

Weiter ist hervorzuheben, daß in der vorher genannten Palaverregel bei den Ashanti nicht nur von Gott bzw. Göttern und den Ahnen die Re-

---

[48] Vgl. *E.A. Hoebel*, The Law of Primitive Man. A Study in Comparativ Legal Dynamics, Cambridge 1967, 252–254, Zit. bei *O. Ndjimbi-Tshiende*, Réciprocité – coopération 246f.

[49] *Bundesversammlung der Schweizerischen Eidgenossenschaft*, Bundesbeschluss über eine nachgeführte Bundesverfassung, Bern 1998, Präambel.

de ist, sondern wichtig ist auch die Einbeziehung des gesamten Kosmos in den Palaverprozeß. Es heißt nämlich, daß die Verantwortlichen der Regierung bzw. der Gemeinschaft dazu angehalten werden, daß alle Regelungen und Verhaltensweisen unter den Ashanti im Einklang mit den Gesetzen der Natur und den Ahnen bleiben.[50] Was für die Ashanti-Gesellschaft gilt, kann man ohne weiteres auf die meisten ethnischen Gruppen in Schwarzafrika ausweiten. Der Mensch ist ein Teil des Kosmos und kann nicht er selbst werden und bleiben, wenn er sein Leben nicht in diesem Zusammenhang zu gestalten versucht. Zwischen Kosmos und Mensch gibt es nämlich eine Interaktion, auf die schon Placide Tempels eindringlich hingewiesen hat. Er vergleicht die Kräftewelt bei den Bantu mit einem Spinngewebe; berührt man ein einziges Fädchen davon, dann zittert das ganze Gewebe mit.[51] Daher betont E. Mveng, daß der Mensch innerhalb der Weltordnung als Synthese des ganzen Universums auftritt; er ist, wenn man so will, ein ‚Mikrokosmos' innerhalb des ‚Makrokosmos'.[52] Und Mveng wird noch deutlicher: Der Mensch vereinigt in sich die himmlische Welt, die Geisterwelt, die Sonne, den Mond und die Sterne, kurzum, er ist zugleich Geist, Tierwesen, Pflanze, Gestein, Feuer, Wasser und Wind. Schließlich ist er Himmel und Erde, also das ganze Universum.[53] Von hierher läßt sich auch begreifen, warum die Heilungspraxis nicht auf kosmische Elemente verzichten kann. Nicht nur Pflanzen, sondern ebenso Mineralien, Holzstücke, Tierknochen, tierische Haare und dergleichen dienen zur Durchführung des Heilungspalavers.[54] Erst wenn der Mensch seine Zusammengehörigkeit mit der Natur und dem gesamten Kosmos nicht aus den Augen verliert, und nur wenn er im ständigen Kontakt mit den kosmischen Elementen in einem partnerschaftlichen Umgangsstil steht, wird ihm auch Harmonie und Frieden im Alltag beschieden.

Das bisher Gesagte hat die Unterschiede zwischen Diskursethik und Palaver unmißverständlich deutlich gemacht. Es bleibt aber noch ein weiteres wichtiges Merkmal des Palavers hervorzuheben. Die Schuld bzw. die Sünde ist eine nicht zu übersehende Dimension im Palaververfahren. Dies ist um so selbstverständlicher, als das Palaver sich oft mit der Frage der Versöhnung konfrontiert sieht. Das Problem von Sünde

---

[50] Vgl. *O. Ndjimbi-Tshiende*, Réciprocité – coopération 246f.

[51] Vgl. *P. Tempels*, Bantu-Philosophie 33.

[52] Vgl. *E. Mveng*, „Essai d'anthropologie négro-africaine", in: Bulletin de Théologie Africaine 1 (1979) 229–239, hier 234. Zum Ganzen vgl. *B. Bujo*, Die ethische Dimension 197ff.

[53] Vgl. *E. Mveng*, L'Afrique dans l'Église 11.

[54] Mehr dazu bei *B. Bujo*, Die ethische Dimension 200.

wird bei den Ashanti denn auch explizit als Grundlage des Palavers erwähnt, wenn es heißt, die schwerwiegenden Verstöße gegen den Willen der Ahnen oder Götter seien Sünden. Für solche Verstöße sind Strafe und Sühne vorgesehen und sie sind unumgänglich.[55] Hier haben wir es mit einem wichtigen ethischen Aspekt zu tun, der in der Diskursethik praktisch kaum von Bedeutung ist. Selbst wo die Diskursethik das Problem streift, tut sie es in der Absicht, es aus dem Bereich ihrer Kompetenz zurückzuweisen. Typisch ist hier die Äußerung von Jürgen Habermas, wenn er konstatiert: „[...] die moralische Verzweiflung verlangt eine Antwort auf die ethische Grundfrage nach dem Sinn des Lebens im ganzen, nach meiner oder unserer Identität. Aber die ethisch-existentielle Selbstverständigung des einzelnen und die ethisch-politische Klärung eines kollektiven Selbstverständnisses fallen in die Zuständigkeit der Betroffenen, nicht der Philosophen."[56] Im Angesicht des Pluralismus von Lebensentwürfen und Lebensformen, seien die Philosophen, nach Habermas, nicht in der Lage, „in eigener Regie *allgemeinverbindliche* Instruktionen über den Sinn des Lebens zu geben."[57] Sie müssen sich auf das reflexive Moment „einer Analyse des Verfahrens" zurückziehen. Im Klartext bedeutet dies, daß der Philosoph sich mit *formalistischen* Prinzipien begnügen muß, die dann auf konkrete Lebensformen angewandt werden können.[58] Um moralisches und unmoralisches Verhalten zu erfahren oder zu lernen, braucht man keine Philosophie, weil diese Verhalten ‚aller Philosophie' vorausgehen. Und Habermas bringt das Ganze auf den Punkt: „Die Moraltheorie taugt also zur Klärung des moralischen Gesichtspunktes und zur Begründung seiner Universalität; sie trägt aber nichts bei zur Beantwortung der Frage: ‚Warum überhaupt moralisch sein?', ob diese nun in einem trivialen, in einem existentiellen oder im pädagogischen Sinn verstanden wird."[59] Gerade aber die Sünde, so wie sie durch das Palaver zum Ausdruck gebracht wird, betrifft den ethischen (nicht moralischen) Bereich und die Frage nach den Lebensentwürfen und Lebensformen. Daher gehört sie nicht in die Kompetenz der Diskursethik. Das Palaver hingegen, wie noch im Zusammenhang mit dem Kommunitarismus deutlich werden soll, kümmert sich nicht nur um allgemeine, formalistische Prinzipien, sondern auch um die konkrete Gestaltung und das konkrete Gelingen der menschlichen Existenz. Im diskursethischen Vokabular Habermasscher Prägung heißt das, daß

---

[55] Vgl. *O. Ndjimbi-Tshiende*, Réciprocité – coopération 247.

[56] *J. Habermas*, Erläuterungen zur Diskursethik, Frankfurt a.M. 1991, 184.

[57] Ebd.

[58] Vgl. a.a.O. 184–185.

[59] A.a.O. 185.

das Palaver sich sowohl mit Moral als auch mit Ethik befaßt. Nur so kann vermieden werden, von Menschen *atomistisch* zu reden. Damit aber jegliches Mißverständnis beseitigt wird, muß hier folgendes angemerkt werden: Wenn von Schuld bzw. Sünde im Palaververfahren die Rede ist, darf darunter nicht das gleiche verstanden werden, was Habermas bei Ernst Tugendhat kritisiert.[60] Seine Beobachtungen faßt er so zusammen: „Moralische Scham und Schuld versteht Tugendhat als Reaktionen auf den Verlust des eigenen Wertes – letztlich ist es dann die Selbstachtung, die gefährdet wird, wenn ich mich unmoralisch verhalte. Wer gegen moralische Normen verstößt, setzt sich nicht nur der Verachtung anderer aus, sondern verachtet, da er diese Sanktion verinnerlicht hat, auch sich selbst."[61] Damit basiert die Moral auf dem gegenseitigen Respekt, der freilich universalisierbar sein kann. Habermas kritisiert indes die Tatsache, daß das von Tugendhat geforderte Selbstachtungsprinzip etwas ‚Instrumentelles' an sich hat: „[...] die Achtung des anderen wird durch Selbstachtungszwecke mediatisiert."[62] Mit anderen Worten: Die von Tugendhat vertretene These geht dahin, daß „jeder nur dann *sich selbst* achten kann, wenn er von Personen geachtet wird, die er selbst nicht verachtet."[63] Später wird Tugendhat seine These stark von der Gemeinschaft her begründen: Moralische Scham und Schuld empfindet man, indem man Angehöriger einer Gemeinschaft ist. Das bedeutet, daß das Selbstverständnis der eigenen Person mit der sozialen Identität dermaßen ‚verwoben' ist, daß man: sich selbst nur schätzen kann, wenn man durch eine „maßgebliche Autorität der Gemeinschaft" den Status eines Angehörigen dieser Gemeinschaft bestätigt bekommt, sofern man sich als Mitglied derselben betrachtet. Die Sanktion hier ist also „die Furcht vor der Exkommunikation aus einer Gemeinschaft", mit der man sich identifiziert.[64] Habermas hebt noch hervor, daß bei Tugendhat die soziale Zugehörigkeit nun jene Stellung einnimmt, die bisher der Selbstachtung zukam. Die Idee der Gemeinschaft geht der der Selbstachtung voraus, denn erst jene ermöglicht ja jedem Glied sein eigenes Wertgefühl. Nur auf diese Weise ist auch die Wechselseitigkeit unter den einzelnen Gliedern möglich. Die Rückfrage von Habermas lautet jedoch, ob dann „der Sinn jedes ‚moralischen Sollens' noch in der ‚inneren Sanktion' liegen kann", wenn dasselbe Sollen eine wechselseitige bzw. gegenseitige Anerkennung fordert. Die Frage ist also, ob die

---

60 Vgl. a.a.O. 146ff.
61 A.a.O. 147.
62 A.a.O. 148.
63 Ebd.
64 A.a.O. 148f.

Gefühle von Scham und Schuld nicht etwas Sekundäres sind, denn sie sind letztlich ja auf die „Reziprozität der Anerkennungsstruktur von Gemeinschaften" zurückzuführen.[65] Habermas wirft Tugendhat vor, „Genesis und Geltung zu verwechseln. Die Tatsache nämlich, daß sich im Sozialisationsprozeß eine Gewissensinstanz auf dem Wege der Internalisierung äußerer Sanktionen ausbildet", darf nicht im Hinblick auf das moralische Sollen auf eine innere Sanktion „des Selbstwertverlustes" schließen lassen, „anstelle des zwanglosen Zwangs guter Gründe, mit dem sich moralische Einsichten als Überzeugungen einprägen."[66] Eine eingehende Analyse der Theorie von Tugendhat durch Habermas kommt schließlich zu der Schlußfolgerung, daß diese Theorie letzten Endes doch einen kognitiven Sinn „der Sollgeltung moralischer Normen" verrate, der sich aber nicht auf innere Sanktionen zurückführen lasse. Es stimmt zwar, so Habermas weiter, daß moralische Regeln in traditionalen Gesellschaften mit „religiösen Weltbildern und kollektiven Lebensformen" verbunden sind. Die einzelnen müssen sich mit den Inhalten dieser Lebensformen als konkreter, ‚eingewohnter' Sittlichkeit identifizieren, so daß sie dadurch ihren Status als Angehörige einer ‚fundierten Gemeinschaft' zu erfüllen lernen. In modernen Gesellschaften wird all das ganz anders; denn hier lösen sich die moralischen Normen von konkreten Inhalten, die nur im Plural sein können. In den modernen Gesellschaften geht es nach Habermas nur noch um moralische Normen, die ihre Grundlage „in einer abstrakt gewordenen sozialen Identität" finden. Die Zugehörigkeit betrifft dann nicht mehr *partikulare* Gemeinschaften, sondern *eine* Gemeinschaft. Die sich daraus ergebende Moral kann also, was Geltung und Anwendungsbereich von Normen angeht, nur „universalistisch und egalitär sein". In bezug auf den Inhalt ihrer Normen ist sie rein *formal*. So gesehen handelt es sich nicht mehr um ein nonkognitivistisches Verständnis von Moral. In der Fortführung seiner Auseinandersetzung mit Tugendhat zeigt Habermas auf, daß ersterer, wenn er von der ‚aufgeklärten Perspektive' spreche, die er als bestimmend für eine gültige Zustimmung ansieht; wenn er ferner vom haltbaren ‚Kern aller Moralen' spreche, der sich auf ‚den natürlichen oder rationalen Grundbestand von Normen' reduzieren müsse und ohne den es keine Gemeinschaft gäbe, damit zum kantischen Intersubjektivismus zurückkehre, so daß seine empiristischen Prämissen außer Gefecht gesetzt würden.[67] Das Fazit dieser Auseinandersetzung, die wegen ihrer Bedeutung für die afrikanische Ethik lange referiert wurde, lautet: Habermas sieht die Begrün-

[65] A.a.O. 150–151.
[66] A.a.O. 151.
[67] Vgl. a.a.O. 151–152.

dung moralischer Normen nur in den von der Diskursethik verteidigten Thesen garantiert. Dabei ist der Kognitivismus das Hauptmerkmal. Wie Habermas deutlich gezeigt hat, kann sich auch Tugendhat von dieser ausgeprägt okzidentalen Tradition nicht ohne weiteres lösen. Gerade an dieser Stelle aber – so wurde schon betont – liegt einer der Hauptunterschiede zur Palaverethik. Wenn wir etwa auf das Problem von Schuld und Sanktion zurückkommen, dann geht es bei Tugendhat um die Selbstachtung, um derer willen man entweder die anderen achtet oder sich vor einer Sanktion fürchtet, die einer Exkommunikation durch die Gemeinschaft gleichkäme. Eine derartige Ethik, wiewohl sie sich auf die Gemeinschaft beruft, bleibt doch dem Individualismus verpflichtet. Die auf das Individuum fixierte Moral kann denn auch nur schwerlich Schuld und Sanktion als konstituierendes Moment einer Gemeinschaftsethik sehen. Schuld und Sanktion sind nicht – und dies gilt auch für Habermas – jene Momente, die zur Normfindung und Normbegründung beitragen. Für Tugendhat sind sie wegen der Gefährdung des eigenen ‚Ichs‘ und für Habermas wegen ihres Ausschlusses aus dem Bereich der formalistischen Prinzipien nicht konstitutiv für die Moral. Im Palaververfahren hingegen sind Schuld und Sanktion nicht etwas Sekundäres, sondern sie gehören wesentlich zum Prozeß der Normkonstituierung. Da die afrikanische Ethik den Menschen nicht dualistisch in ‚kognitivistisch‘ und ‚nonkognitivistisch‘ oder ‚Vernunft‘ und ‚Gefühle‘ spaltet, kann das handelnde Subjekt nur dann eine gesunde Moral entwerfen und leben, wenn es sich in seiner ganzen Personhaftigkeit und Gemeinschaftsbezogenheit bemüht, handlungsfähig zu sein. Dazu gehören Schuld und gegebenenfalls Sanktion, aber nicht nur als Voraussetzung, sondern als wesentliche Bestandteile, die zur Versöhnung führen. Erst ein in allem gesunder Mensch wird in die Lage versetzt, Moral zu begreifen, zu begründen und zu leben. Es ist also zu wenig zu sagen: „Die allgemeine Struktur jener Anerkennungsverhältnisse, die das Selbstverständnis als Person und als Angehöriger einer Gemeinschaft überhaupt gleichursprünglich ermöglichen, wird im kommunikativen Handeln vorausgesetzt und bleibt in den Kommunikationsvoraussetzungen moralischer Argumentation erhalten."[68] Nein, in der afrikanischen Ethik geht es hier nicht nur um Voraussetzung oder Hilfsmittel – *ancilla rationis et intellectus* –, sondern alle Etappen in der Moralbegründung und Normenfindung, sind gleich wichtig und implizieren sich gegenseitig. Zum von Habermas kritisierten Selbstachtungsprinzip, nach dem die Achtung des anderen durch Selbstachtungszwecke gerechtfertigt wird, ist zu sa-

---

[68] A.a.O. 152.

gen, daß es der afrikanischen Ethik nicht um die Selbstachtung geht, sondern die Gemeinschaft steht im Mittelpunkt in der Weise, daß die einzelnen Mitglieder immer das Lebenswachstum aller vor Augen haben und anstreben müssen. Deshalb betrifft die Schuld der einzelnen alle und die Sanktion, die auch gemeinschaftlich übernommen werden kann, ist dazu angetan, die gesamte Gemeinschaft wieder mit neuer Lebenskraft zu versorgen. Es ist daher nicht verwunderlich, wenn der Philosoph Tshiamalenga-Ntumba unermüdlich versucht, die afrikanische Ethik von der Gemeinschaftsidee her zu begründen. Als Ausgangspunkt dienen ihm die Baluba von Kasai in Kongo-Kinshasa. Jeder Mensch wird hier als „*Muntu-wa-Bende-wa-Mulopo*", das heißt „Mensch-von-Bende-von-Gott", bezeichnet. Damit ist gemeint, daß jeder Mensch von Bende stammt und daß Bende selbst von Gott stammt. Was aber heißt Bende? Wie Tshiamalenga erklärt, hat Bende zweierlei Bedeutung, nämlich ‚die Seinen (Gottes), die er nach seinem Bilde erschuf' und ‚der absolute Andere'. Dieser absolute Andere gehört allein Gott und seine Nachkommen sind unantastbar. Bende wird letzten Endes als Ursprung aller Menschen und sogar aller Dinge dargestellt. Damit aber wird unbestreitbar die Einheit des Menschen mit dem Gesamtkosmos deutlich unterstrichen, worauf im Laufe dieser Ausführungen schon mehrmals hingewiesen wurde.[69] Wichtig hervorzuheben ist aber vor allem, daß mit dem Ausdruck ‚Bende' die Einheit der gesamten Menschheit – und zwar ausnahmslos – betont wird. Dies besagt andererseits, daß in Schwarzafrika die ganze Menschheit als Großfamilie gilt: Alle Menschen sind Geschwister.[70] In dieser Großfamilie von Brüdern und Schwestern hat das ‚Wir' den Vorrang und deshalb kann man dort von Jamaa-Sprache bzw. ‚Großfamilien-Sprache' sprechen, in der alles nicht ‚ich-', sondern vielmehr ‚wir-bezogen' ist. Typisch hierfür ist das von Tshiamalenga angeführte Beispiel. Im Luba-Kontext beobachtet er nämlich, daß man von jemandem, dessen Familienmitglied im Koma liegt, hören kann: „Wir liegen im Koma!" Gemeint ist, daß einer ‚von und mit uns' bzw. ein Teil von unserer Familie, d.h. von uns selbst im Koma liegt. Die dahinter stehende Konzeption lautet: „Mit jedem Grab wird etwas von uns allen, von der Menschheits-Großfamilie, begraben [...]. Keiner lebt für sich allein. Keiner stirbt allein. Keiner fühlt sich allein und verlassen. Sondern jeder ist unser aller Bruder/Schwester."[71] Damit aber diese Wir-Bezogenheit

---

[69] Zum Ganzen vgl. *Tshiamalenga-Ntumba*, Afrikanische Philosophie. Zum originären Vertrauen des afrikanischen Menschen, in: A. *Mutombo-Mwana/E.-R. Mbaya* (Hrsg.), Église et droits de la société africaine, Mbujimayi 1995, 109–120, hier 112.
[70] Vgl. a.a.O. 113.
[71] A.a.O. 116f.

nicht zerbröckelt und sich in eine Vielzahl von ‚Ich' atomisiert, impliziert sie Urharmonie in der Gemeinschaft und Ur-Vertrauen zueinander. Nun sieht Tshiamalenga die ‚Wir-Bezogenheit' als Grundlage jeglichen Vertrauens. Zudem wird der ‚Wir-Primat' mit der diskursethischen Transzendentalpragmatik in Verbindung gebracht, und der Verfasser spricht von einer ‚Wir-bezogenen Argumentationsgemeinschaft'.[72] Dabei stellt für ihn das Grundvertrauen „die primäre und originäre Grundhaltung des Menschen dar"[73], denn das Fehlen des Vertrauens in den zwischenmenschlichen Beziehungen wäre eigentlich die Zerstörung der Menschheitsfamilie. Der Verfasser stellt dann die Frage, wie denn dieses Grundvertrauen philosophisch zu begründen wäre. Es scheint ihm, daß nur die Transzendentalpragmatik „eine selbstreflexiv unwiderlegbare Antwort geben" kann. Diese Antwort formuliert er wie folgt: „Der Mensch unterscheidet sich vom Tier dadurch, daß er sprach-, argumentations-, dialogfähig ist. Ein echter Dialog aber kann nur stattfinden, wenn die Dialogpartner sich *darauf verlassen können*, daß beiderseits die prinzipielle Bereitschaft besteht, einen wahren und *von der unbegrenzten real-idealen Argumentationsgemeinschaft verantwortbaren Konsensus anzustreben*."[74] Es ist Tshiamalengas These, daß diese real-ideale Argumentationsgemeinschaft nur ‚Wir-bezogen' sein kann. Daraus folgt aber, „daß jedes zwischen-menschliche Vertrauen den Wir-Primat innerhalb der real-idealen Argumentations-Menschheits-Großfamilie *immer* schon und notwendigerweise voraussetzen muß."[75] In dem so verstandenen Vertrauen sieht der Verfasser das eigentliche Menschsein des Menschen: „[...] der Mensch ist nur dann Mensch, wenn er auch vertrauensvoll sein und Vertrauen ‚schenken' kann, und zwar grundsätzlich."[76]

Mit der hier aufgestellten These will Tshiamalenga über die von ihm so genannte „traditionell afrikanische transzendentalanthropologisch-theologisch aufgefaßte Wir-bezogene Menschheits-Großfamilie" hinausgehen. Das traditionelle Vertrauen ist zwar in einer transzendental postulierten Universal-Verwandtschaft aller Menschen grundgelegt, die anthropologisch und theologisch konzipiert ist. Das ‚transzendentalpragmatisch postulierte und in jedem echten Dialog antizipierte Vertrauen' aber sieht Tshiamalenga als eine der Voraussetzungen an, das

---

[72] Vgl. a.a.O. 117ff.
[73] A.a.O. 118.
[74] A.a.O. 118f.
[75] A.a.O. 119.
[76] Ebd.

für jeden Dialogpartner notwendig ist, um wirklich Dialogpartner sein zu können.[77]

Dieser philosophische Entwurf erscheint mir sehr bestechend. Fragt sich nur, ob der Autor seine These hier nicht sehr der okzidentalen, diskursethischen Theorie angleicht. Er scheint auch sehr darauf aus zu sein, für die afrikanische Ethik eine Letztbegründung im Sinn von Karl-Otto Apel zu finden.[78] Die afrikanische Ethik muß nicht um jeden Preis auf die Transzendentalpragmatik zurückgeführt werden. Sie ist eher existentieller Natur, selbst wenn ihr die Transzendenz keineswegs fehlt. Das ganze Palaververfahren macht dies deutlich. Zu hinterfragen wäre bei Tshiamalenga m.E. vor allem das Problem des auf dem ,Wir-Primat' basierenden Vertrauens. Grundlegend in der afrikanischen Ethik scheint eher das Leben als das Vertrauen zu sein. Nicht die auf dem Vertrauen basierende Gemeinschaft wird vorausgesetzt, sondern die auf dem Leben beruhende, wobei das Leben dem Vertrauen selbst vorausgehen muß. Es ist m.E. unbestreitbar, daß die afrikanische Ethik eine Gemeinschaftsethik ist; aber sie erlangt ihre Geltung nur dort, wo sie sich nicht in der Theorie verflüchtigt, sondern wo sie dem Individuum und der Gemeinschaft den Sinn des Lebens gibt, das heißt, das Leben gedeihen läßt.[79] In der Tat: Wo es kein Leben gibt, kann auch weder von der Gemeinschaft noch vom Vertrauen gesprochen werden. Übrigens ist es vielleicht nicht so einleuchtend, daß das in die Gemeinschaft bzw. „wirbezogene Menschheits-Großfamilie" eingebettete Vertrauen als Grundlage der Ethik in Afrika dient. Auch ist diese Ethik nicht immer etwas, was sich nur innerhalb einer Argumentationsgemeinschaft im diskursethischen Sinn artikuliert. Wie weiter oben ausgeführt wurde, kommen Normen auch ,asymmetrisch' zustande. Die von Tshiamalenga vertretene These, die sich sehr stark an Apel und Habermas anlehnt, versteht sich in einem Diskurs, in dem man etwa Schuld und Vergebung keine Aufmerksamkeit schenkt. Vergebung beruht nicht notwendigerweise auf gegenseitiger Verständigung etwa im Sinn von ,um Verzeihung bitten' (Täter) und ,Verzeihung gewähren' (Opfer). Vergebung kann auch

---

[77] Vgl. ebd.

[78] Zur Diskursethik vgl. *K.-O. Apel*, Diskurs und Verantwortung. Das Problem des Übergangs zur postkonventionellen Moral, Frankfurt a.M. 1988, bes. 103–178; *ders.*, Normative Begründung der „Kritischen Theorie" durch Rekurs auf lebensweltliche Sittlichkeit? Ein transzendentalpragmatisch orientierter Versuch, mit Habermas gegen Habermas zu denken, in: *A. Honneth/Th. McCarthy/C. Offe/A. Wellmer* (Hrsg.), Zwischenbetrachtungen. Im Prozeß der Aufklärung. Jürgen Habermas zum 60. Geburtstag, Frankfurt a.M. 1989, 15–65; *J. Habermas*, Moralbewußtsein; *ders.*, Erläuterungen.

[79] Vgl. *D.K. Musonda*, The Meaning and Value of Life Among the Bisa and Christian Morality, Rom 1996.

‚asymmetrisch' geschehen, indem das Opfer verzeiht, ohne daß der Täter um Entschuldigung gebeten hat. Diese Dimension ist äußerst wichtig in der afrikanischen Ethik. Ein Mensch wird beispielsweise bei den Bahema (Kongo-Kinshasa) ,adlig' genannt wenn er u.a. nicht ,nachtragend' ist, bzw. wenn er auf Rache verzichtet und Vergebung selbst dort gewährt, wo der Feind ihn nicht darum bittet. Das ist zudem auch die generelle Funktion des Initiationsritus in Afrika. Die Initiation bereitet die jungen Leute auf das Leben in seiner Vielfältigkeit vor. Durch sie lernen die ,Initianden', die schweren, dunklen Stunden des Lebens zu überstehen. Dazu gehört durchaus auch, daß man zum Beispiel im Streit nachgibt, selbst dort, wo man an sich Recht hat, damit der Friede nicht gefährdet wird. Das heißt letzten Endes auch Verzeihung trotz Unverständnis und Ablehnung von seiten des Gegners. Erst ein Mensch, der treu gegen alle Untreue ist, ist ein wirklich ,edler Mensch', der auf das Wachstum der Lebenskraft der gesamten Gemeinschaft bedacht ist. Ein Märchen bei den Bahema illustriert sehr gut die Bedeutung einer nicht erbetenen Vergebung für das Zusammenleben. Es handelt sich um einen gewissen *Lokpariba*, der sein Maisfeld gegen Elefanten hütete und durch diese getötet wurde. Nun wollte *Lokpari*, der Sohn, seinen Vater rächen, hatte aber keine Lanze, um auf die Jagd zu gehen. Er lieh sich die Lanze von seinem Onkel (dem Bruder des Vaters) aus und ging das Maisfeld hüten. Siehe da, es gelang ihm, einen Riesenelefanten zu töten, wobei aber die Lanze im Elefanten steckenblieb. Als der siegreiche Maisfeldhüter nach Hause zurückkam und seinem Onkel stolz erzählte, wie er nun seinen Vater und den Bruder des Onkels gerächt hätte, verlangte letzterer seine Lanze, die nicht durch andere, auch noch bessere Lanzen ersetzen lassen wollte. Er lehnte also alle Angebote von seinem Neffen ab, der in seiner Verzweiflung nun sein Leben aufs Spiel setzte, indem er es wagte, ins Elefantendorf zu gehen. Getarnt gab er sich als Familienmitglied der Elefanten aus. Er wurde mit Perlen reich beschenkt und bekam auch die steckengebliebene Lanze zurück, die er seinem Onkel zurückgab. Die kleine Tochter desselben Onkels verschluckte nun ein Stück von den vielen Perlen, die Lokpari unter großer Lebensgefahr von den Elefanten bekommen hatte. Er verlangte von seinem Onkel dieses eine Stück und kein anderes, sei es auch noch so kostbar. Diese unmenschliche Forderung zwang den Onkel, den Bauch seiner kleinen Tochter aufzuschneiden und das Kind so zu opfern. Dadurch wurde die Gemeinschaft von Onkel und Neffe total zerstört. Beide wurden für immer Feinde.

Dieses Märchen, das Kindern und Jugendlichen, aber auch Erwachsenen aller Altersstufen immer wieder erzählt wird, möchte darauf aufmerksam machen, daß *Lokpari* seinem Onkel trotz dessen Unmensch-lichkeit hätte bedingungslos verzeihen und sich mit ihm versöhnen müs-sen. Die Hartherzigkeit beider und das Rachegefühl des Neffen haben nicht nur zum Tod der kleinen Tochter geführt, sondern auch die ganze Lebensgemeinschaft total zerstört.

An diesem Märchen spätestens wird deutlich, daß die Ethik in Afrika nicht unbedingt auf gegenseitigem Vertrauen beruht. Auch handelt es sich nicht um die diskursethische ‚Nichthintergehbarkeit' des argumen-tativen Diskurses, so daß das Nicht-Verstehen des Arguments der „Gei-steskrankheit" gleichkäme.[80]

Zusammenfassend soll noch einmal betont werden, daß in der Pala-verethik der Mensch holistisch in Erscheinung tritt und eine dualistische Betrachtung, die zudem Menschen nur aufgrund ihrer argumentativen Fähigkeit zur Diskussion zuließe, ausgeschlossen ist. Soweit die Dis-kursethik die Vernunft zum Kriterium der gegenseitigen Verständigung macht, kann sie nicht ohne Widerspruch von einer unbegrenzten Kom-munikationsgemeinschaft sprechen. Indem das Palavermodell nicht in allem auf Reziprozität und verbale Kommunikation festgelegt ist, weist es hingegen Merkmale auf, die im Kommunitarismus anzutreffen sind.

b) Unterschiede und Berührungspunkte hinsichtlich des Kommunitarismus

Schon mehrmals wurde in dieser Untersuchung auf Unterschiede und Gemeinsamkeiten von afrikanischer Ethik und Kommunitarismus hin-gewiesen. Im folgenden soll deswegen eine kurze Zusammenfassung ge-nügen, wobei einige Punkte konkreter und etwas ausführlicher zur Spra-che kommen werden. Was der afrikanischen Ethik und dem Kommuni-tarismus in erster Linie gemeinsam zu sein scheint, ist die starke Beto-nung der Gemeinschaft. Dabei ist aber nicht davon auszugehen, daß beide genau dieselbe Einstellung zur Gemeinschaft haben. Der Hinweis von O. Höffe auf das berühmte Werk von Ferdinand Tönnies, *Gemein-schaft und Gesellschaft*[81], könnte für eine weitere Diskussion fruchtbar sein. Höffe kritisiert die Tatsache, daß die nordamerikanischen Kommu-nitaristen kaum Tönnies erwähnen, obwohl sie ständig mit dem Wort ‚Gemeinschaft' operieren, das sie allerdings nicht klar definieren. Tön-nies macht einen klaren Unterschied zwischen Gemeinschaft und Ge-

---

[80] Vgl. *K.-O. Apel*, Diskurs und Verantwortung 116f. und Anm. 17/2.

[81] Vgl. *F. Tönnies*, Gemeinschaft und Gesellschaft. Grundbegriffe der reinen Soziologie, Berlin 1887, zit. nach [8]1935; Hinweis bei *O. Höffe*, Vernunft und Recht 168.

sellschaft. Gemeinschaft besagt, daß die Mitglieder wesentlich miteinander verbunden sind, obwohl jedes seine eigene Identität bewahrt. Es handelt sich um eine Verbundenheit, die auf einem einheitlichen und auf Dauer angelegten „Wesenwillen"[82] basiert. In einer Gesellschaft hingegen sind die Mitglieder zwar als Vertragspartner verbunden, jedoch bleiben sie „im Grundsätzlichen" getrennt. Tönnies spricht hier von einem „Kürwillen", der aber nur punktuell einheitlich und momentan sein kann.[83] Tönnies beschreibt Gemeinschaft und Gesellschaft wie folgt: „Alles vertraute, heimliche, ausschließliche Zusammenleben [...] wird als Leben in Gemeinschaft verstanden. Gesellschaft ist die Öffentlichkeit, ist die Welt. In Gemeinschaft mit den Seinen befindet man sich von der Geburt an, mit allem Wohl und Wehe daran gebunden. Man geht in die Gesellschaft wie in die Fremde. Gemeinschaft der Sprache, der Sitte, des Glaubens; aber Gesellschaft des Erwerbes, der Reise, der Wissenschaften."[84] Wenn diese Tönniessche Beschreibung im Licht des afrikanischen Kontextes betrachtet wird, dann kommt das dargelegte Gemeinschaftsverständnis dem afrikanischen nahe, obwohl die Menschen in Afrika manchen, der Gesellschaft zugeschriebenen Merkmalen so nicht zustimmen können. Von Bedeutung ist aber, daß die Gemeinschaft auch von Tönnies als etwas Organisches gesehen wird, und das weist auf jene fundamentale Einheit hin, die jegliche ‚atomisierende Autonomie' des Individuums ausschließt. Nach Tönnies ist ja die Gemeinschaft durch Eintracht, Religion, Sitte ausgezeichnet, während die Gesellschaft durch Konvention, Politik und öffentliche Meinung zum Vorschein kommt.[85] Natürlich wird die afrikanische Ethik diese radikale Trennung nicht so machen, da sie auf die Ganzheitlichkeit des Lebens aus ist. Selbst in der liberalistischen Theorie, so beobachtet O. Höffe, kommt die Gesellschaft in dieser reinen Form nicht vor. Ferner sei die moderne Welt nicht mehr so trennbar, da alle Formen ineinandergreifen.[86] Dennoch geht es der afrikanischen Ethik eher um Gemeinschaft – aber über Tönnies hinausgehend – als um Gesellschaft im westlichen Sinn, selbst wenn O. Höffe von einer „schillernden Vieldeutigkeit" des Begriffes ‚Gemeinschaft' bzw. ‚Communities' spricht.[87] Genannt werden ‚Ge-

---

[82] F. Tönnies, Gemeinschaft und Gesellschaft 178; vgl. O. Höffe, Vernunft und Recht 169.

[83] Vgl. F. Tönnies, Gemeinschaft und Gesellschaft 176–178; vgl. den Kommentar bei O. Höffe, ebd.

[84] F. Tönnies, Gemeinschaft und Gesellschaft 3f.; zit. bei O. Höffe, ebd.

[85] Vgl. F. Tönnies, Gemeinschaft und Gesellschaft 251.

[86] Vgl. O. Höffe, Vernunft und Recht 169f. und 180.

[87] Vgl. a.a.O. 179.

meinden', Staaten, Kirchen, Familien, Nachbarschaften, Freundschaften, Klubs und Vereine. Und Höffe fährt fort: „Man kann sich sogar überlegen, ob man nicht die derzeit lebende Menschheit im Verhältnis zu ihren Vorfahren und Nachgeborenen als eine Community ansprechen könnte, nicht zuletzt die Gesamtheit aller je lebenden Menschen als eine Community im Verhältnis zur nichthumanen Welt, der Natur."[88] Mit diesem Hinweis zeigt O. Höffe sicher eine Schwäche der Kommunitaristen auf, die das Gemeinschaftskonzept im Rahmen des westlichen Kontextes, in dem ihre Theorie beheimatet ist, nicht zu differenzieren scheinen. Aus westlich-soziologischer Perspektive erwecken sie den Eindruck – und dies ist auch der Vorwurf Höffes –, Gemeinschaft und Gesellschaft in eins zu werfen. Der hier erhobene Einwand trifft aber nicht auf die afrikanische Ethik zu. Die Gemeinschaft aus schwarzafrikanischer Sicht bezieht sich zwar auf die Sippengemeinschaft in ihrer Doppeldimension von Lebenden und Toten, darüber hinaus aber umfaßt sie auch die ,Noch-nicht-Geborenen', ja sie ist sogar kosmisch: Daß die ,nicht humane Welt' außerhalb der afrikanischen Gemeinschaft liegen könnte, ist also undenkbar. Doch darauf wurde schon weiter oben hingewiesen. Es sei aber noch ein wichtiger Aspekt der Gemeinschaft nachdrücklich betont. Wenn Höffe die verschiedenen Gemeinschaftsgattungen mehr oder weniger als nicht kompatibel mit der kommunitaristischen Auffassung betrachtet, hat der Mensch in Afrika keine Schwierigkeiten damit, sich jeweils mit allen diesen Kategorien voll zu identifizieren. Zieht man nämlich seinen Grundsatz von „Muntu-wa-Bende-wa-Mulopo" (Mensch-von-Bende-von-Gott) mit in Betracht, dann ist es klar, daß er die Gemeinschaft als universal versteht, derart daß jeder Mensch als Mensch, welcher Gruppierung und welchem Verein er auch angehört, immer als zur ,Wir-Gemeinschaft' gehörig angesehen wird. O. Höffe meint nun, daß die von ihm aufgezählten Einheiten und Gruppen sich jedoch nicht „problemlos in eine Ordnung, in die zwanglose Einheit eines organisch aufgebauten Sozialkörpers" fügen lassen.[89] Der Verfasser weist auf Konflikte, Konkurrenz, Intoleranz und Gewaltbereitschaft hin, die dort auftauchen. Jedenfalls fehlt es an Eintracht, die das erste Merkmal einer Gemeinschaft sein sollte.[90] Selbst dort, wo ein weiteres Merkmal, nämlich eine einheitliche Religion (oder Konfession) vorfindlich ist, gibt es längst keine wirkliche Homogenität mehr. Ähnliches gilt für die Sitte, die ebenso zu den Merkmalen einer Gemeinschaft gehört. Damit wird die von Tönnies gegebene Definition erheblich in Frage ge-

---

[88] Ebd.
[89] Ebd.
[90] Vgl. a.a.O. 180.

stellt. Hier spätestens aber wird deutlich, daß diese Definition aus westlicher Perspektive aufgestellt wurde. Die aufgezählten Merkmale stimmen beispielsweise nur teilweise mit dem afrikanischen Gemeinschaftsverständnis überein. Außerdem ist nicht ausgemacht, daß niemals gegen diese Merkmale verstoßen werden kann, oder daß eine Gemeinschaft ihr Wesen verliert, sobald ein Verstoß gegen eines der erforderlichen Charakteristika vorliegt. Die Funktion des afrikanischen Palavers besteht gerade darin, für Eintracht zu sorgen, wo Konflikte, Intoleranz, Gewalt und dergleichen herrschen.[91] Das Palaver schließt keine Gruppe und keinen Verein aus, zumal alles, nicht nur Menschen, sondern sogar die gesamte Natur, ,von-Bende-von-Gott' her zu verstehen sind. Insofern ist es kein Einwand gegen das afrikanische Gemeinschaftsverständnis, wenn O. Höffe bemerkt: „Weder innerhalb der ,Communities' noch zwischen ihnen, noch zwischen der Menschheit und der nicht humanen Natur herrschen eitel Liebe und Freundschaft."[92] Geht man von der Theorie des ,Bende-von-Gott' aus, dann ist die Gemeinschaft nicht ein für alle Male, also statisch gegeben, sondern sie ist immer im Werden. Immer wieder und sogar unentwegt gewinnt man andere ,Wir' hinzu, da die ganze Menschheit und der ganze Kosmos zu einer Gemeinschaft gehören, oder aber noch besser gesagt: Sie alle bewegen sich auf eine vollkommenere Gemeinschaft zu. Hierzu ist das Palaver ein wichtiges Instrument, das zu Versöhnung und Frieden führen soll. Mit dieser Aussage wird abermals klar, daß der von Höffe zu Recht kritisierte *Communitarianism* eine etwas andere Auffassung von Gemeinschaft hat. Für ihn – grob gesagt – scheint das Individuum in einer statischen Gemeinschaft ,verfangen' zu sein, zu man keine weiteren und anders denkenden Mitglieder mehr gewinnen kann.[93] Sowohl das handelnde Subjekt als

---

[91] Die Gemeinschatsdefinition von Tönnies im Hinblick auf das moderne Rechts- und Staatswesen kritisierend meint *O. Höffe*, ebd.: „Selbst dort, wo eine Religion vorherrscht, etwa das Christentum oder der Islam oder das Judentum, zerfällt sie in verschiedene Richtungen (Konfessionen oder dergleichen); außerdem gibt es praktizierende und längst nicht mehr praktizierende Mitglieder, ferner Personen, die ausgetreten sind, so daß größere Homogeneität nur durch (offenen oder versteckten) Zwang zustande kommt, weshalb es zumindest am ersten Merkmal, der Eintracht, fehlt." Hier ist aber zu bedenken, daß die Ökumene sich wesentlich gerade durch den Dialog vollzieht. Dies entspricht ganz und gar dem afrikanischen Gemeinschaftsverständnis, wo Streit und Konflikte nicht ausgeschloßen werden, aber man immer wieder bemüht ist, Einheit und Eintracht wiederherzustellen.
[92] Ebd.
[93] Die afrikanische Ethik muß dann auch die Gemeinschaftsdefinition von Tönnies kritisieren, die die Merkmale der Gemeinschaft u.a. in ,Geburt', Sprache, Sitte und Glauben sieht: vgl. *F. Tönnies*, Gemeinschaft und Gesellschaft 3f.

auch die das Subjekt bestimmende Gemeinschaft zeichnen sich letzten Endes durch Individualismus aus.

Ein weiterer Punkt betrifft das Problem des guten Lebens (εὖ ζῆν), das auf Aristoteles zurückgeht und bei dem sich Kommunitarismus und afrikanische Ethik sowohl näherkommen als auch unterscheiden. Dazu gehört auch die Frage nach der Tugendethik. Bekanntlich wirft Charles Taylor der Verfahrensethik vor, die Ethik des guten Lebens abzulehnen, obwohl sie selbst ohne die Idee dieses ‚εὖ ζῆν' nicht bestehen kann. Taylor fährt fort: „Ein Zuwachs an praktischer Vernunft vollzieht sich im Rahmen eines Vorgriffs auf das Gute und beinhaltet die Überwindung früherer Verzerrungen und fragmentarischer Erkenntnisse."[94] Die Idee des Guten erweist sich somit als „eine prinzipielle Grundvoraussetzung", und erst wenn man den Begriff des Guten näher kennenlernt, den die Diskursethik voraussetzt, versteht man diese besser, und sie zeigt erst dann richtig ihre überzeugende Kraft.[95] Kritisiert wird bei der Diskursethik letzten Endes die Tatsache, daß sie die Theorie des Richtigen und den ‚Kanon von Regeln' gegenüber einer inhaltlich gefüllten und konkreten Ethik bevorzugt. Diese letztere Ethik wird dann auch zwangsläufig eine Tugendethik sein.[96] Hier gibt es Gemeinsamkeiten mit der afrikanischen Ethik, die das Leben als das anzustrebende höchste Gut ansieht. Gleichzeitig gilt es aber, dieses Gut, wie gezeigt wurde, im Palaververfahren immer noch besser zu artikulieren und zu präzisieren. Es läßt sich nicht ‚partikularistisch' leben und erreichen, sondern das zu ständigem Wachstum bestimmte Leben ist ein universales Gut. Hier kümmert man sich also sowohl um die Begründung des ethischen Prinzips als auch um dessen Anwendung in konkreter Gestalt. Die von Jürgen Habermas entworfene Diskursethik beispielsweise – darauf wurde schon weiter oben hingewiesen – kennt zwar dieses Problem des guten Lebens, meint aber, daß es nicht in ihre Kompetenz fällt.[97] Im Gegensatz zu seinen früheren Veröffentlichungen[98] hat Habermas aber immerhin nachträglich die Notwendigkeit einer Anwendungstheorie neben dem Universalisierungsprinzip erkannt. Er sagt nämlich: „Begründungsdiskurse können [...] die Idee der Unparteilichkeit nicht vollständig, sondern nur in Hinsicht auf die universell-reziproke Anerkennungswürdigkeit ausschöpfen. Die prima facie gültigen Normen bleiben ‚ungesättigt'

---

[94] C. Taylor, Die Motive einer Verfahrensethik, in: W. Kuhlmann (Hrsg.), Das Problem Hegels und die Diskursethik, Frankfurt a.M. 1986, 101–135, hier 130.

[95] Vgl. a.a.O. 133 und 119.

[96] Vgl. A. MacIntyre, Der Verlust der Tugend, passim.

[97] Zur Erinnerung vgl. J. Habermas, Erläuterungen 184f.

[98] Pars pro toto vgl. J. Habermas, Moralbewußtsein.

in Hinsicht auf den zusätzlichen Interpretationsbedarf, der aus den besonderen Konstellationen nicht vorhersehbarer Anwendungssituationen entsteht."[99] In den Begründungsdiskursen bleiben die Fragen offen, inwiefern und „ob die – im Hinblick auf die exemplarisch herangezogenen und als typisch vorausgesehenen Situationen – gültigen Normen auch für ähnliche, im futurum exactum auftretenden Situationen im Hinblick auf *deren* relevante Merkmale *angemessen* sind."[100] Zur Beantwortung dieser Frage schlägt Habermas einen von ihm so benannten ‚Anwendungsdiskurs' vor, der durch das Prinzip der ‚Angemessenheit' geleitet wird.[101] Es geht dabei darum zu zeigen, welche Norm unter den schon als gültig vorausgesetzten „einem gegebenen Fall" angemessen ist. Dazu ist es erforderlich, alle relevanten und „möglichst vollständig erfaßten Situationsmerkmale" zu studieren.[102] Aus den Habermasschen Ausführungen geht klar hervor, daß das Prinzip der Angemessenheit dieselbe Funktion in den Anwendungsdiskursen ausübt, die sich beim Universalisierungsgrundsatz im Hinblick auf die Begründungsdiskurse beobachten läßt. Erst wenn man beide Prinzipien zusammennimmt, ist die Idee der Unparteilichkeit vollständig.[103] Dennoch bleiben die Anwendungsdiskurse, obwohl sie mit konkreten Situationen zu tun haben, „wie Begründungsdiskurse ein rein kognitives Geschäft und bieten darum keine Kompensation für die Entkoppelung des moralischen Urteils von den Motiven des Handelns."[104] Selbst dort, wo die Anwendungsdiskurse stattfinden, ist es unmöglich, jemanden dazu zu zwingen, „das Für-Richtig-Gehaltene" auch wirklich in die Tat umzusetzen.[105] Damit steht fest, daß Habermas die Anwendungsdiskurse und das Prinzip der Angemessenheit in die Sphäre des „Moralischen" legt.[106] Mit anderen Worten: Auch die Anwendungsdiskurse mit dem Prinzip der Angemessenheit bleiben immer noch auf der Ebene der Theorie, selbst wenn sie im Gegensatz zur Begründungstheorie sach- und situationsbezogen sind.

Auch Karl-Otto Apel hat sich sehr bemüht, das ‚Defizit' in den Begründungsdiskursen zu decken. Er hat gemerkt, daß die Anwendung des formalen Prinzips (U) der Diskursethik nach einer verantwortungs-

[99] *J. Habermas*, Erläuterungen 139.
[100] A.a.O. 139f.
[101] Vgl. a.a.O. 114–140.
[102] A.a.O. 114.
[103] Vgl. a.a.O. 140.
[104] A.a.O. 114; vgl. a.a.O. 141f.
[105] Vgl. a.a.O. 114.
[106] Vgl. ebd.; vgl. auch a.a.O. 196 (gegen K.-O. Apel).

ethischen Ergänzung verlangt.[107] Die Diskursethik, die sich bisher mit der transzendentalpragmatischen Letztbegründung befaßt hatte – Apel spricht von Teil A – wird nun um Teil B erweitert. Hier geht es unter anderem darum, mit der realen geschichtlichen Situation verantwortungsethisch umzugehen. Analog zum formalen Universalisierungsprinzip (U) des Teils A bietet sich im Teil B das Ergänzungsprinzip (E) an, das den realen Situationen gerecht werden soll. Das besagt zugleich, daß das Ergänzungsprinzip (E) einen teleologischen Charakter hat im Gegensatz zum Universalisierungsprinzip (U), das deontologisch ausgerichtet ist; denn das Ergänzungsprinzip in einer Verantwortungsethik impliziert eine strategische Zweckrationalität.[108] Apel beteuert nämlich, daß es in bezug auf die Verantwortungsethik nicht mehr möglich sei, „*strategische Zweckrationalität* und *konsensualkommunikative Rationalität* bzw. *teleologische* und *deontologische* Ethik getrennt zu halten, vielmehr ist eine Vermittlung beider idealtypischer Orientierungen erforderlich."[109] Dabei versteht der Verfasser die von ihm vorgeschlagene ‚Teleologie' nicht im Sinn der Realisierung des guten Lebens, etwa im Sinn der individuellen Eudaimonia oder der Einheit von dieser und der Gerechtigkeit, wie dies in der platonischen Staatsutopie der Fall ist. Das Ergänzungsprinzip sei zwar „*teleologisch* orientiert", aber es sei keineswegs eine Orientierung „am substantiellen *Telos* des *guten Lebens*, sondern am Telos der Beseitigung der Hindernisse, die der Anwendung des reinen Diskursprinzips im Wege stehen."[110] Im Hinblick auf die individuelle oder kollektive Totalität „*einer Lebensform*" bliebe die Realisierung des guten Lebens „den einzelnen oder den konkreten menschlichen Gemeinschaften" anheimgestellt, da sie nicht durch ein universal gültiges Prinzip direkt erreichbar oder antizipierbar sei. Dagegen sei das Ergänzungsprinzip (E) „auf die Realisierung solcher Kommunikationsbedingungen" angelegt, „die es möglich machen, in *postkonventioneller* Form – nämlich durch *praktische Diskurse* – diejenigen Normen zu begründen, welche die für alle verbindlichen einschränkenden Bedingungen [...] für die Realisierung des guten als des glücklichen Lebens" festlegen.[111] Nach Apel schließt sich das Ergänzungsprinzip (E) mit dem Prinzip (U) zu einem einzigen Prinzip „der diskursbezogenen Diskursethik zusammen". Das so zustande gekommene Prinzip ist wirklich diskursethisch: Es ist a priori auf das Ideal bezogen, alle normativen Pro-

---

[107] Vgl. *K.-O. Apel*, Diskurs und Verantwortung 145f.
[108] Vgl. ebd.
[109] A.a.O. 146f.
[110] A.a.O. 147.
[111] Ebd.

bleme in praktischen Diskursen zu regeln; darüber hinaus ist es, „einschließlich des Ergänzungsprinzips (E)", a priori konsensfähig „für den argumentationsreflexiven Letztbegründungsdiskurs der Philosophen."[112] Selbst im Sinne einer Verantwortungsethik ergänzt, sieht Apel seine Diskursethik als eine *postkantische Prinzipienethik*, die sich deutlich von einer Ethik der substantiellen Sittlichkeit unterscheidet. Er distanziert sich vom Neoaristotelismus, der nach seiner Meinung hinter das kantische Universalisierungsprinzip der Moralität zurückgehen und zu „*Üblichkeiten plus phronesis*" zurückkehren will.[113]

Trotz der hier vorgetragenen, ausgeklügelten Theorie berührt Apel letzten Endes doch noch nicht das *concretum* des ethischen Handelns. Auf einen Nenner gebracht, könnte man sagen, daß das Ergänzungsprinzip (E) eine Theorie der Anwendung ist, aber diese selbst noch nicht betrifft. In seiner Kritik meint Habermas, daß durch das Ergänzungsprinzip etwas *in abstracto* vorentschieden werde, was man auf der politischen Willensbildungsebene erst situationsbezogen und nach konkreten Möglichkeiten beurteilen kann. Durch „den hierarchischen Aufbau seiner Theorie" sei Apel dazu verleitet, „mit einem Superprinzip ‚steil von oben' auf Fragen der politischen Ethik durchzugreifen." Diese Fragen aber, so Habermas, stellen sich nicht in gleicher Weise wie bei der Begründung des Moralprinzips.[114] Auch diese Kritik zeigt m.E., daß Apel immer noch dabei ist, eine Theorie der Theorie zu entwickeln. Er sagt ja explizit, daß es ihm nicht um das Telos des guten Lebens gehe. So geht es immer noch um ‚Diskurs im Diskurs' und nicht die Umsetzung selbst des im durch das Ergänzungsprinzip (E) geleiteten Diskurs Begründeten. Apel erteilt auch den von ihm als „neoaristotelisch" bezeichneten „Üblichkeiten" und „phronesis" eine deutliche Absage.

Die Rede von ‚Eudaimonia', ‚gutem Leben' und ‚phronesis' und ihre Ablehnung durch Apel und die Diskursethik im allgemeinen bedürften einer Präzisierung. Wenn die Diskursethik von Apel und Habermas diese Begriffe mit dem Neoaristotelismus in Zusammenhang bringt und sie dann zurückweist, müßte man sie zunächst bei Aristoteles selbst untersuchen. Diese Arbeit ist beispielsweise durch den Philosophen Otfried Höffe geleistet worden.[115] Vom guten Leben kann man bei Aristoteles nur in Zusammenhang mit ‚Glück' sprechen. Dieses Glück besteht u.a.

---

[112] A.a.O. 150.

[113] Vgl. ebd.

[114] Vgl. *J. Habermas*, Erläuterungen 197; vgl. auch die Kritik von *C. Kissling*, Gemeinwohl und Gerechtigkeit 436–451. Kissling setzt sich zugleich mit Habermas auseinander.

[115] Vgl. *O. Höffe* (Hrsg.), Aristoteles. Nikomachische Ethik, Berlin 1995; *ders.*, Aristoteles, München 1996; *ders.*, Vernunft und Recht 172–185.

in vornehmer Abstammung, Reichtum, wohlgeratenen und zahlreichen Kindern, einem glücklichen Alter, Gesundheit, Schönheit, Kraft usw.[116] Auch die Tugenden zählen dazu: Klugheit, Tapferkeit, Gerechtigkeit und Besonnenheit werden hier eigens erwähnt.[117] Aristoteles sieht aber den ganzen Menschen als Subjekt des sittlichen Handelns. So betont er, daß es nicht genügt, richtig zu handeln, sondern der Mensch muß auch Freude daran haben, daß er das Richtige tut.[118] Dabei ist wichtig zu betonen, daß Aristoteles in seiner Glücks- und Tugendlehre, ja in seiner ganzen Ethik – dies hat O. Höffe überzeugend dargelegt – nicht eine partikularistische, sondern vielmehr eine universalistische Perspektive vertritt. Zum einen geht es um einen ‚transhumanen Universalismus‘, nach dem die Moral ihren Wahrheitsanspruch nicht nur in der Welt der Menschen, sondern auch darüber hinaus erhebt. Zum andern handelt es sich um einen ‚gattungsspezifischen Universalismus‘, der uneingeschränkt für die Gattung der Menschheit gültig ist.[119] Dieser Universalismus vergißt aber die kontextuelle Seite nicht, wie aus den Ausführungen zur Gerechtigkeit klar hervorgeht. In Nik. Eth. V 14 behandelt Aristoteles ja die Billigkeit, die als „gelegentliches Korrektiv" zur Gerechtigkeit gedacht ist: „Weil dort, wo Menschen über Menschen herrschen, Willkür droht, verlangt die Gerechtigkeit nach Gesetzen, die als allgemeine Regeln jedoch nicht jedem Einzelfall gerecht werden."[120] O. Höffe möchte hier die universalistische Dimension der aristotelischen Ethik aufzeigen, entgegen den Kommunitaristen, die sie in einen ‚partikularistischen Kontext‘ einschließen wollen. Seine Kritik müßte aber auch den Diskursethikern gelten, die meinen, die von Aristoteles übernommenen Kategorien seien auf einen Status quo angelegt und könnten keinen universalistischen Anspruch in ethischen Fragen erheben.

Ein weiteres Problem, das Erwähnung verdient, betrifft das gute Leben (εὖ ζῆν). Für die Diskursethik gilt die Priorität des Gerechten vor dem Guten.[121] Die ‚Güterethik‘ beträfe Existenzprobleme, Sinnbedürfnisse und individuelle Glückserwartungen,[122] die aber die Philosophie überfordern würden.[123] Ähnlich argumentiert auch Karl-Otto Apel, wie schon angemerkt wurde. Es mag sein, daß manche Kommunitaristen das

---

[116] Vgl. *Aristoteles*, Rhetorik I 5, 1360b 19–24; zit. bei *O. Höffe*, Aristoteles 213.
[117] Vgl. ebd.
[118] Vgl. *Aristoteles*, Nik. Eth. II 2, 1104b 3ff.; III 12, 1117a 17; Hinweis bei *O. Höffe*, Vernunft und Recht 175.
[119] Vgl. Kommentar und Belege bei *O. Höffe*, ebd.
[120] *O. Höffe*, a.a.O. 183; *ders.*, Aristoteles 230f.
[121] Vgl. *J. Habermas*, Erläuterungen 199–208.
[122] Vgl. a.a.O. 178.
[123] Vgl. a.a.O. 184.

Problem der *Eudaimonia*, des guten Lebens und der *phronesis* zu eng gesehen und allein auf festgefahrene, partikularistische Gemeinschaften reduziert haben.[124] Wären Kommunitaristen und Diskursethiker auf Aristoteles selbst zurückgegangen, dann wären vielleicht manche Mißverständnisse vermieden worden. Von der universalistischen Perspektive bei Aristoteles war schon die Rede. Zieht man nun das Konzept vom guten Leben mit in Betracht, dann ist nicht daran zu zweifeln, daß für den Stagyriten das gute Leben das Problem von Recht und Unrecht nicht ausschließt.[125] Mit O. Höffe kann man feststellen, daß Aristoteles „statt einer Priorität des Guten vor dem Gerechten ihre Identität" vertritt, selbst wenn es sich nicht um eine vollständige Identität handelt. „Das Gute einer Gemeinschaft-Gesellschaft liegt in der Anerkennung gemeinsamer Prinzipien von Recht und Unrecht."[126] Das heißt letzten Endes aber, daß das gute Leben erst dort gegeben ist, wo das Recht zur Geltung kommt. Damit aber wird sowohl den von Liberalisten bzw. Diskursethikern kritisierten Kommunitaristen als auch den Diskursethikern selbst eine deutliche Absage erteilt. Es ist gerade die Aufgabe der *phronesis*, sich mit den existentiellen Fragen des guten Lebens zu befassen, so daß das Richtige in die Tat umgesetzt wird. Diese *phronesis* läßt sich nicht so einfach mit dem kontextgebundenen Denken gleichsetzen, das unfähig ist, über den Partikularismus hinauszugehen. Indem die *phronesis* sich um singuläre Fälle kümmert, ist sie durchaus in der Lage zu bestimmen, daß beispielsweise das Leid, das in dem und dem Fall einem konkreten Menschen nicht zuzufügen ist, überhaupt nicht, und zwar keinem Menschen, zugefügt werden darf. Man geht also nicht vom Universalen zum Partikulären über, sondern gerade umgekehrt: Das Partikuläre läßt sich universalisieren.[127] Der Ausgangspunkt ist also die Erfahrung, die die *phronesis* leitet und zur Weisheit führt. Die *phronesis*, von der die Rede ist, ist in der aristotelisch-thomanischen Tradition keineswegs naiv; sie ist ein situatives Moralurteil, das sich nicht von der Vernunft trennen läßt. Thomas von Aquin sieht die *phronesis* im Zusammenhang mit der *recta ratio agibilium* bzw. der praktischen Vernunft, und als Klugheit wird sie dem Bereich der Verstandestüchtigkeit zugeteilt.[128]

---

[124] Vgl. z.B. die Auseinandersetzung mit C. Taylor bei *J. Habermas*, Erläuterungen 176–185.

[125] Vgl. *Aristoteles*, Politik I 2, 1253a 17.

[126] *O. Höffe*, Vernunft und Recht 183.

[127] Dies ist gerade die Verfahrensweise, wie die Sprichwörter – zumindest in Afrika – zustande kommen. Sie drücken in einem Satz treffend aus, was durch viele Erfahrungen bestätigt wurde, so daß das Ergebnis nun universalisierbar sein kann.

[128] Vgl. STh I-II q. 56 a. 3c; q. 57 a. 4–6; II-II q. 47 a. 1–3. Mehr dazu bei *B. Bujo*, Die ethische Dimension 47f.

Wenn dem aber so ist und wenn die partikuläre Erfahrung sich durchaus ethisch universalisieren läßt, dann ist nicht einzusehen, warum die Diskursethik von der *phronesis* in negativem Ton spricht. Eigentlich ist die *phronesis* eine notwendige Ergänzung zur Diskursethik, die sich mit dem mikro-ethischen Bereich befassen kann. Die afrikanische Palaverethik unterscheidet sich an dieser Stelle von der aristotelisch-thomanischen *phronesis* und der Diskursethik dadurch, daß sie sowohl den makro- als auch mikro-ethischen Bereich umfaßt. Das Palaver versucht das Leben als höchstes Gut sowohl der gesamten Gemeinschaft als auch den einzelnen Mitgliedern zu gewähren. Im Gegensatz zum aristotelisch-thomanischen und dem kommunitaristischen Glücksverständnis, das die Selbstverwirklichung des Individuums betont, ist das afrikanische gute Leben sowohl gemeinschaftlich als auch individuell zu verwirklichen.

Alles bisher Gesagte hat – so ist zu hoffen – deutlich werden lassen, daß die afrikanische Ethik weder der Diskursethik noch dem Kommunitarismus und schon gar nicht der Naturrechtslehre zuzuordnen ist. Mit allen diesen Modellen, ganz besonders aber mit der Diskursethik und dem Kommunitarismus, weist sie zwar unübersehbare Gemeinsamkeiten auf, jedoch sind die Unterschiede ebenso unbestreitbar. Diskursethik und Kommunitarismus, beide, unterstreichen auf je eigene Weise die Bedeutung der Gemeinschaft für das moralische Handeln. Beide aber wiederum tun dies nur im Hinblick auf die Normsetzung bzw. Normbegründung. Danach wird dem Individuum allein überlassen, mit den Normen zurechtzukommen. Die afrikanische Ethik ist immer eine ‚Wir-Ethik‘, die dem Individuum nicht nur Normen vorsetzt, ohne es dann auf seinem Praxisweg weiterzubegleiten. So betrachtet, nimmt die Palaverethik eine mittlere Stellung zwischen der Diskursethik und dem Kommunitarismus ein.

Teil II
Identität und Freiheitsverständnis

Die bisherigen Ausführungen über die Grundlagen der afrikanischen Ethik haben zugleich das afrikanische Menschenbild in Erscheinung treten lassen. Allein durch die philosophischen Theorien und Systeme aus dem Westen und ohne eine eingehende Auseinandersetzung mit Sitten und Gebräuchen, mit religiösen Überzeugungen und dem gesamten Weltverständnis lassen sich die ethischen Handlungen der Menschen in Schwarzafrika nur schwerlich erschließen. Ein der afrikanischen Realität gerecht werdendes Urteil über im Westen geläufige Kategorien wie Wahrheit (Lüge), Freiheit, Gewissen, Sünde und dergleichen ist nur einem möglich, der einen intensiven Umgang mit Schwarzafrika gepflegt hat. So konnte das Christentum bis jetzt den Afrikanern nur eine Moral vermitteln, die an der Oberfläche blieb, da sie die Menschen nicht in ihrer tiefen Wurzelhaftigkeit zu treffen vermochte. Dies läßt sich bis in die offiziellen kirchlich-römischen Verlautbarungen hinein beobachten, in denen meistens Probleme debattiert werden, die mit der außereuropäischen Welt nur wenig zu tun haben, sieht man von den Sozialfragen ab.[1] Die jüngsten Beispiele sind u.a. der *Katechismus der Katholischen Kirche* (1992) und die Enzyklika *Veritatis splendor* (1993). Es ist aber schon 1983 aufgefallen, daß der neue *Codex Juris Canonici*, der die Früchte des Zweiten Vatikanums für die Praxis zugänglich und greifbar machen sollte, die Anliegen nichteuropäischer Kirchen einfach nicht berücksichtigt hat. Hier ist nicht nur das Rechtsdenken, sondern auch die ganze theologische und ethische Denkweise rein westlich geblieben. Was Wunder, daß sich die ganze Diskussion um die genannten Dokumente innerhalb der euro-amerikanischen theologischen ,Schulen' abspielte, da es sich um Probleme handelte, die am kulturellen Kontext des okzidentalen Menschen rührten. Das deutlichste Beispiel ist vielleicht die Diskussion um die Moralenzyklika *Veritatis splendor*. Im Vergleich zur damaligen Debatte über *Humanae vitae* sind zwar nur wenige Studien zu erwähnen, die sich mit *Veritatis splendor* auseinandergesetzt haben. Wo aber diese Auseinandersetzung stattgefunden hat, wird kaum etwas über die Problematik jenseits des euro-amerikanischen Horizonts

---

[1] Hierzu vgl. *B. Bujo*, The Ethical Dimension of Community. The African Model and the Dialogue between North and South, Nairobi 1998, 165.

erwähnt. Aus nichtwestlicher Perspektive hat man den Eindruck, daß die Kritiker bzw. die Befürworter der genannten Enzyklika, selbst wo das Problem der Universalität angesprochen wird, sich kaum darum kümmern, wie die vertretene Lehre bei anderen, nämlich außer-euro-amerikanischen Kulturen ankommt. Darauf deutet manchmal schon die Auswahl der Mitarbeiter und Mitarbeiterinnen mancher Sammelbände oder der in den Fußnoten zitierten Autoren hin.[2] Es ist hier doch eine Ironie der Geschichte, daß selbst diejenigen, die der lehramtlichen Position einen Absolutheitsanspruch vorwerfen zu müssen glauben, der auf eine unzulässige Universalität aus ist, gerade den gleichen Fehler begehen und in ihre eigene Falle gehen.

Die soeben gemachte Beobachtung, die generell für alle nicht euroamerikanischen Kirchen gilt, trifft auf Afrika in besonderer Weise zu, denn augenblicklich tritt der schwarze Kontinent sogar im weltökonomischen Bewußtsein völlig in den Hintergrund. Wenn es aber stimmt, daß es keine kulturlose Ökonomie geben sollte, muß Afrika sich gegen eine falsch verstandene Globalisierung wehren, die alle Kulturen und damit vielleicht auch alle ethischen Einsichten in einer Art Weltethos nivellieren möchte. Was für die Wirtschaft gilt, muß sich auch die Kirche zu Herzen nehmen, um einen falschen, den ethischen Pluralismus ausschließenden Absolutheitsanspruch zu vermeiden.

In Anbetracht des hier angesprochenen Fragenkomplexes erscheint eine in diesem Rahmen jedoch nur elementare Beschäftigung mit dem afrikanischen Menschenbild notwendig und unvermeidbar, die in diesem zweiten Teil unserer Untersuchung in die Frage nach Identität und Freiheit münden muß. Es soll nämlich etwas näher aufgezeigt werden, wie das in die Gemeinschaft eingebettete Individuum frei handeln und seine eigene Identität bewahren kann. Um dieser ethisch bedeutsamen Frage nachzugehen, bietet sich das auch im Westen so heftig diskutierte Problem der Autonomie an, ein Konzept, das gerade beim Kommunitarismus unter Beschuß gerät, wenn u.a. das sogenannte ,ungebundene Ich' kritisiert wird. Die Auseinandersetzung mit der westlichen Autonomie-Lehre, so wie sie von führenden Moraltheologen unserer Tage rezipiert worden ist, wird uns in die Lage versetzen, das Problem von Sünde, Freiheit und Gewissen im schwarzafrikanischen Kontext zu untersuchen. Es ist dieser Schritt, der uns die Notwendigkeit einer inkulturierten Moral für eine menschengerechte Verkündigung des Evangeliums in Afrika erschließen kann.

---

[2] Vgl. die gute Zusammenstellung einer international angelegten Bibliographie bei *S.Th. Pinckaers*, Pour une lecture de „Veritatis splendor", Paris 1995, 69–76.

Kapitel I: Christliche Ethik aus westlicher Sicht
im Vergleich zum afrikanischen Menschenbild

Die Autonomiedebatte hat die Diskussion innerhalb der katholischen Moraltheologie nach dem Zweiten Vatikanum und hier ganz besonders in den siebziger Jahren so sehr beherrscht, daß man den Eindruck gewann, daß alle anderen ethischen Fragen in den Hintergrund getreten waren oder aber von dieser einen her, die als fundamental galt, diskutiert wurden. Angestoßen wurde die Debatte letztlich durch die Enzyklika *Humanae vitae* von Paul VI. (1968), in der das Lehramt der Kirche glaubte, verbindliche Normen für das ethische Handeln festlegen zu müssen, obwohl es sich letzten Endes um die Interpretation des Naturrechtes handelte. Zwei Zitate aus der genannten Enzyklika mögen dies verdeutlichen. In Nr. 11 heißt es: „Gott hat [...] die natürlichen Gesetze und Zeiten der Fruchtbarkeit in seiner Weisheit so gefügt, daß diese schon von selbst Abstände in der Aufeinanderfolge der Geburten schaffen. Indem die Kirche die Menschen zur Beobachtung des von ihr in beständiger Lehre ausgelegten natürlichen Sittengesetzes anhält, lehrt sie nun, daß ‚jeder eheliche Akt‘ von sich aus auf die Erzeugung menschlichen Lebens hingeordnet bleiben muß.“ Diese Aussage wird etwas später bekräftigt, wenn der Papst ebendort in Nr. 14 beteuert, daß es niemals erlaubt sei, selbst „[...] – auch aus noch so ernsten Gründen nicht –, Böses zu tun um eines guten Zweckes willen: das heißt etwas zu wollen, was seiner Natur nach die sittliche Ordnung verletzt und deshalb als des Menschen unwürdig gelten muß [...]. Völlig irrig ist deshalb die Meinung, ein absichtlich unfruchtbar gemachter und damit in sich unsittlicher ehelicher Akt könne durch die fruchtbaren ehelichen Akte des gesamtehelichen Lebens seine Rechtfertigung erhalten.“ Diese päpstliche Aussage ist eigentlich die Weiterführung der schon im Zweiten Vatikanum vertretenen Lehre. Trotz seiner Aufgeschlossenheit gegenüber irdischen Wirklichkeiten, vor allem in der Pastoralkonstitution *Gaudium et spes*, hält das Konzil daran fest, die Katholische Kirche sei die ‚Lehrerin der Wahrheit‘. Ihre Aufgabe bestehe darin, „die Wahrheit, die Christus ist, zu verkündigen und authentisch zu lehren, zugleich auch die Prinzipien der sittlichen Ordnung, die aus dem Wesen des Menschen selbst hervorgehen, autoritativ zu erklären und zu bestätigen.“[1] Man kann sagen, daß das Konzil einen der Bereiche zur Konkretisierung dieses Prin-

---

[1] Dignitatis Humanae 14.

zips gerade auch in den Fragen der Geburtenregelung sieht.[2] Obwohl die Moraltheologen über die Kompetenz des Lehramts der Kirche in ethischen Fragen schon etwa hinsichtlich der Wirtschaft oder der atomaren Rüstungsproblematik debattierten, hat, wie eingangs angedeutet, die Enzyklika *Humanae vitae* die Reflexion am intensivsten herausgefordert und unaufschiebbar gemacht.[3]

Die folgenden Ausführungen bezwecken keineswegs, das hier umschriebene und umstrittene Thema weiter zu diskutieren. Nachdem der Entstehungskontext der Autonomiefrage in der nachkonziliaren Ära ins Gedächtnis gerufen worden ist, geht es dann um die Frage nach der Universalisierbarkeit und Anwendung des westlich geprägten Konzepts ‚Autonomie' für andere Kulturkreise, die ein anderes Menschenbild als Grundlage ihrer ethischen Reflexion haben. Konkret beschäftigen wir uns mit dem schwarzafrikanischen Menschenbild, das – wie schon weiter oben betont – das Individuum nicht in der Weise als autonom unabhängig von der Gemeinschaft sieht, wie man manchmal in der klassisch gewordenen ‚autonomen Moral' den Eindruck haben könnte. Wir werden zuerst die westliche Sicht beschreiben, die vor allem um das Individuum als das sittlich handelnde Subjekt kreist. Dies wird uns dann dazu führen, die Stellung des Individuums innerhalb der schwarzafrikanischen Gemeinschaft zu bedenken.

Art. 1: Individuum und sittliche Verantwortung in der ‚autonomen Moral'

Die Diskussion um die autonome Moral ist undenkbar ohne den Namen Alfons Auer, der mit seinem 1971 erschienenen Buch den Anstoß zu einer weltweiten Debatte innerhalb der katholischen Moraltheologie gegeben hat. Man kann heute sagen, daß die Wirkungsgeschichte der Auerschen Studie bis in die Moralenzyklika *Veritatis splendor* hineinreicht, selbst wenn diese eher eine Korrektur bringen möchte. Es lohnt sich, beide Sehensweisen summarisch darzustellen, wobei sich das Folgende nicht auf Alfons Auer und *Veritatis splendor* beschränkt.

---

[2] Vgl. GS 51.
[3] Vgl. *A. Auer*, Autonome Moral und christlicher Glaube. Zweite um einen Nachtrag erweiterte Auflage, Düsseldorf 1984, 147.

108

1. Anliegen und Vollzug der Autonomie in der ethischen Diskussion

Aus den vorausgehenden Hinweisen dürfte das Anliegen der Vertreter einer autonomen Moral klar sein, so daß es uns hier nicht zu beschäftigen braucht. Kurz gesagt: Angesichts des Lehrkompetenzanspruchs des kirchlichen Magisteriums in ethischen Fragen, welche die Menschheit betreffen, will die autonome Moral genauer wissen, was das Proprium einer christlichen Ethik ausmacht. Anders gewendet: Gibt es eine geoffenbarte Moral in der Weise, daß die Kirche es im Alleingang in Anspruch nehmen kann, über die Wahrheit zu verfügen und die aus dem Wesen des Menschen hervorgehenden Prinzipien zu erklären und zu bestätigen? Alles deutet aber darauf hin, daß das, was aus dem Wesen des Menschen hervorgeht, nicht zum ausschließlichen Erbe der katholischen Kirche gehört. Die Vertreter der autonomen Moral weisen hier denn auch auf die Tatsache hin, daß die ethische Kenntnis nicht unbedingt mit einer ‚getauften‘ Vernunft erwerbbar ist. In der Tat geht die Vernunft selbst auf die Schöpfung zurück, die alle Menschen ob Gläubige oder Nichtgläubige, ob Katholische oder Nichtkatholische unterschiedslos umfaßt. Mit dem Stichwort ‚Schöpfung‘ berühren wir die okzidentale fundamentale Naturrechtslehre der katholischen Moraltheologie. Die autonome Moral, so wie sie von ihrem Hauptinitiator Alfons Auer verstanden wird, bekennt sich klar zu dieser Tradition. Vom ersten Kapitel seiner Untersuchung an macht Alfons Auer deutlich, daß sich seine Position von der thomanischen ‚Seins-Ethik‘ herleitet, die er allerdings zu aktualisieren versucht.[4] Die für den Auerschen Ansatz entscheidende thomanische These hat Josef Pieper wie folgt auf den Punkt gebracht: „Alles Sollen gründet im Sein. Das Gute ist das Wirklichkeitsgemäße."[5] Damit ist gemeint, daß ein richtiges Urteil im Sittlichen auf eine sachgerechte Erkenntnis angewiesen ist. Mit anderen Worten: Der menschliche Geist muß mit dem Wirklichen übereinstimmen. Diese richtige Erkenntnis muß zudem „als Maß des Wollens und des Wirkens" gelten. Damit steht die Vernunft in der Weise im Mittelpunkt, daß das Sittliche als das Ja zur Wirklichkeit verstanden wird.[6] Auf den Einwand gegen die scholastische These „ens et bonum convertuntur", in der Ethik handle es sich in erster Linie um „Seinsollendes", antwortet Auer, daß das Seiende „als Seinsollendes auftritt. Die Nichtidentität des Wirklichen und des Gesollten wird vom ethisch erweckten Menschen als sittlicher Impuls er-

---

[4] Vgl. a.a.O. 15

[5] *J. Pieper*, Die Wirklichkeit und das Gute, München [5]1949, 11; vgl. *A. Auer*, Autonome Moral 16.

[6] Vgl. *A. Auer*, a.a.O. 17.

fahren"[7]. Auf einen Nenner gebracht, läßt sich dies wie folgt zusammenfassen: Das Sollen ist die vollendete Verwirklichung des Wirklichen.[8] – Es soll hier freilich nicht die ganze Theorie von Auer referiert werden.[9] Ziel des Vorangegangenen ist einzig der Hinweis darauf, daß der Verfasser im Rahmen des Naturrechts argumentiert, wobei die Vernunft die entscheidende Stellung in der Interpretation des Wirklichen einnimmt. Die Vernunft ist es also, die die ethischen Normen findet und setzt: Das Grundanliegen Auers ist zweifellos die Kommunikabilität ethischer Normen, die aufgrund des Dialogs mit der Welt[10] bzw. mit anderen Wissenschaften – der Verfasser spricht von „Humanwissenschaftlicher Grundlegung"[11] – zustande kommen soll.[12] Die Kommunikabilität gründet in der Vernunft selbst.[13] Das besagt, daß man zwischen ‚Weltethos' und ‚Heilsethos' zu unterscheiden hat,[14] wobei für Auer das Heilsethos keine material-inhaltlich neuen Weisungen zum Weltethos hinzufügt, wie der Verfasser in seiner Untersuchung zum „Weltethos in der heiligen Schrift" zeigt.[15] Wohl aber gibt es die Reziprozität von Heilsethos und Weltethos:[16] „die Vertikale ist Halt und Garantie der Horizontalen."[17] Ähnliches möchte Josef Fuchs mit den Begriffen ‚kategorial' und ‚transzendental' ausdrücken.[18] Im sittlich handelnden Christenmenschen wird auf transzendentaler Ebene die christliche Intentionalität den ‚partikulär-kategorialen' sittlichen Wert in der Weise durchdringen, daß sich die sittlich handelnde Person ganzheitlich realisiert. Wohlgemerkt, diese christliche Intentionalität bestimmt das partikulär-kategoriale Verhalten keineswegs inhaltlich.[19] Dennoch meint Fuchs, daß es ein „Ethos des

---

[7] A.a.O. 18.

[8] Vgl. ebd.

[9] Dazu vgl. *H. Hirschi*, Moralbegründung und christlicher Sinnhorizont. Eine Auseinandersetzung mit Alfons Auers moraltheologischem Konzept, Freiburg i.Ue. u.a. 1992.

[10] Vgl. *A. Auer*, Was heißt „Dialog der Kirche mit der Welt"? Überlegungen zur Enzyklika „Ecclesiam suam" Pauls VI., in: *ders.*, Zur Theologie der Ethik. Das Weltethos im theologischen Diskurs, Freiburg i.Ue./Freiburg i.Br. 1995, 11–36.

[11] *A. Auer*, Autonome Moral 39.

[12] Vgl. a.a.O. 39–43, auch *H. Hirschi*, Moralbegründung 25f.

[13] Vgl. *A. Auer*, Autonome Moral 12.

[14] Vgl. *ders.*, Interiorisierung der Transzendenz. Zum Problem Identität oder Reziprozität von Heilsethos und Weltethos, in: *ders.*, Zur Theologie 131ff.

[15] Vgl. *ders.*, Autonome Moral 55ff.

[16] Vgl. *ders.*, Interiorisierung 131–150.

[17] A.a.O. 142.

[18] Vgl. *J. Fuchs*, Gibt es eine unterscheidend christliche Moral?, in: *ders.*, Für eine menschliche Moral. Grundfragen der theologischen Ethik. Bd. 1: Normative Grundlegung, Freiburg i.Ue./Freiburg i.Br. 1988, 101–116.

[19] Vgl. a.a.O. 106f.

Humanum christianum" im Hinblick geben kann auf die Weise, wie der Christenmensch sich von seinem Glauben her verhält. Für das konkrete, d.h. kategoriale Verhalten motiviert das Christianum „nicht nur tiefer und veranlaßt humanes Verhalten, es wird auch die Weisen unseres Verhaltens *inhaltlich* bestimmen."[20] Gleichwohl betont Fuchs, daß die christliche Moral sich material-inhaltlich „nicht grundlegend" von einer „human-autonomen" unterscheiden kann. „*Der Glaubensvollzug* des Christen ist Glaubensvollzug des Menschen, ist darum immer *ineins Vollzug humaner Sittlichkeit*: Glaubensvollzug des stets sittlich sich selbst verwirklichenden *Menschen*."[21] Alfons Auer ist hier vielleicht noch deutlicher: Gegenüber dem ‚Weltethos' übt der christliche Glaube eine integrierende, stimulierende und kritisierende Funktion aus.[22] – Fragt man nun nach der lehramtlichen Kompetenz hinsichtlich der Moralverkündigung, dann ist zu sagen, daß die Kirche sich vorsichtiger verhalten muß, was das Weltethos bzw. die kategoriale Moral anbelangt. Damit wird nicht geleugnet, daß die Kirche nicht nur in den Glaubensfragen, sondern ebenso in den Fragen der Moral die Autorität besitzt, die Gläubigen zu lehren. In den Moralfragen allerdings muß man sich die Aussage des Zweiten Vatikanums in Erinnerung rufen, wenn die Pastoralkonstitution davon spricht, „das Licht der Offenbarung mit der Sachkenntnis aller Menschen in Verbindung zu bringen."[23] Die gleiche Pastoralkonstitution fordert die Laien dazu auf, sich „um gutes fachliches Wissen und Können in den einzelnen Sachgebieten" zu bemühen. Es wird sogar deutlich gesagt, daß die Seelsorger die Kompetenz nicht in allem besitzen; ja, sie haben nicht einmal die Sendung dazu. Daher sollen die Laien, freilich „im Licht christlicher Weisheit und unter Berücksichtigung des kirchlichen Amtes", ihre Aufgabe wahrnehmen.[24] Wichtig an dieser Stelle ist, daß das Konzil auf der Sachkenntnis besteht, die sich zunächst nicht aus der Offenbarung selbst eruieren läßt, selbst wenn man als Christ auch diese Kenntnis im Glaubenskontext erwirbt. Diesen Ansatz weiterführend meinen die Vertreter der autonomen Moral „im christlichen Kontext"[25], daß das kirchliche Lehramt nicht mehr die Zuständigkeit für das Naturgesetz in Anspruch nehmen kann, wie dies etwa durch Pius XII. definiert und auch noch in *Humanae vitae* bekräftigt

---

[20] A.a.O. 113.
[21] A.a.O. 121.
[22] Vgl. A. *Auer*, Autonome Moral 189–197.
[23] GS 33.
[24] GS 43.
[25] Zu diesem Begriff vgl. D. *Mieth*, Autonome Moral im christlichen Kontext. Zu einem Grundlagenstreit der theologischen Ethik, in: Orientierung 40 (1976) 31–34.

wurde.[26] Der Bereich des Naturgesetzes ist der Vernunft zugänglich und die Kirche soll dem Menschen eine auf der ‚ratio' basierende Interpretation der natürlichen Sittengesetze nicht streitig machen. Für diese These können die Moraltheologen sich gerade auch auf Thomas von Aquin berufen, dessen Lehre vom Lehramt der Kirche immer wieder[27] als Modell und zur Nachahmung empfohlen wird. Für Thomas wird der Mensch zum Subjekt des Sittlichen aufgrund der Gottebenbildlichkeit. Schon bei der Lektüre der Summa Theologiae fällt auf, daß Thomas, nachdem er im ersten Teil von Gott gesprochen hat, den zweiten Teil, der der Moraltheologie gewidmet ist, mit den Worten anfängt: „Quia [...] homo factus ad imaginem Dei dicitur [...]; postquam praedictum est de exemplari, scilicet de Deo [...]; restat ut consideremus de eius imagine, idest de homine, secundum quod et ipse est suorum operum principium, quasi liberum arbitrium habens et suorum operum potestatem."[28] Thomas erhebt diese aus Gen 1,26 entnommene Lehre der Gottebenbildlichkeit zum Grundprinzip seiner gesamten Moraltheologie. Dabei weist der Aquinate auf den dynamischen Vollzug dieses Prinzips hin. Es genügt nämlich nicht, Abbild Gottes zu sein, sondern der Mensch, als vernunftbegabtes Wesen, ist Gott um so ähnlicher, als er sich bemüht, das ‚Exemplar' nachzuahmen. Wörtlich: „Der Mensch ist, da er aufgrund seiner Geistnatur als nach dem Bilde Gottes gestaltet betrachtet wird, insofern in höchster Weise nach dem Bilde Gottes geformt, als die Geistnatur Gott in höchster Weise nachahmen kann."[29] Auf Grund der Gottebenbildlichkeit nimmt der Mensch an der *lex aeterna* in besonderer Weise teil,[30] so daß er „für sich und andere ‚vorsehen' kann"[31], wobei das lateinische Wort „providere" auch „vorsorgen" bedeutet.[32] Für den Aquinaten steht fest, daß das Gesetz Sache der Vernunft ist, und aus diesem Grund kann es das Naturgesetz nur im Menschen geben. Dieses als Teilhabe am ewigen Gesetz verlangt nämlich Einsicht und Vernunft, um Gesetz im

---

[26] Vgl. für Pius XII. die Stellenangaben bei *A. Auer*, Autonome Moral 138; *Paul VI.*, Enzyklika „Humanae vitae" vom 25. Juli 1968 (HV), Nr. 4.

[27] Vgl. zuletzt das *Zweite Vatikanum*, OT 16; GE 10. Jetzt auch *Johannes Paul II.*, Enzyklika „Fides et ratio" vom 14. September 1998 (FR), Nr. 43f.; wo die bleibende Bedeutung der Lehre von Thomas besonders hervorgehoben wird.

[28] STh I-II Prol.

[29] STh I q. 93 a. 4c; Übers. nach DThA Bd. 7, 59.

[30] Das Gesetz ist als Analogie aufzufassen, da nicht nur der Mensch, sondern auch andere geschaffene Wesen auf je ihre Weise an der *lex aeterna* teilnehmen.

[31] STh I-II q. 91 a. 2c: „Inter cetera autem rationalis creatura excellentiori quodam modo divinae providentiae subjacet, in quantum et ipsa fit providentiae particeps, sibi ipsi et aliis providens."

[32] Vgl. DThA Bd. 13, Anm. 4, 480.

eigentlichen Sinn genannt zu werden.[33] Trefflich sagt O.H. Pesch: „Für den Gesetzescharakter des Naturgesetzes kommt es nicht auf die *ratio* in Gott an, sondern auf die *ratio* des Menschen. [...] Der Mensch gibt sich kraft seiner Vernunft selbst das Gesetz, und zugleich ist dieses natürliche Vernunftgesetz das ewige Gesetz Gottes."[34] Die ganze Morallehre des Aquinaten und insbesondere der Gesetzestraktat – dies haben zahlreiche Studien hinlänglich belegt[35] – zeigen deutlich, daß der Mensch aufgrund seiner Gottebenbildlichkeit bereits in der Schöpfung in der Weise in die Selbständigkeit entlassen wurde, daß er nicht die Gedanken Gottes nachdenkt, sondern daß er sich selbst Gesetz wird und in allem seine eigene Verantwortung trägt. Es kann daher nicht wundern, daß Vertreter der autonomen Moral hin und wieder auf diesen thomanischen Ansatz zurückgreifen.[36] Freilich muß man sich davor hüten, die Lehre des Thomas mit dem modernen Autonomiegedanken gleichzusetzen. Selbst wenn das Anliegen der Autonomie im Licht der Gottebenbildlichkeit feststellbar und präsent ist, muß gerade deswegen bedacht werden, daß Thomas seine Lehre eher als Theologe denn als Philosoph entwirft, wie die Thomasforschung der sechziger Jahre m.E. überzeugend und endgültig bewiesen hat.[37] Am deutlichsten ist dies durch die Diskussion um den Plan der Summa Theologiae gezeigt worden, der gerade auch den Lex-Traktat mit seiner ‚*lex naturalis*' umfaßt. Das Ergebnis lautet nämlich, daß die drei Teile der Summa Theologiae so aufgebaut sind, daß sie sich nur heilsökonomisch, d.h. von der exitus-reditus-Lehre her verstehen lassen.[38] Wenn man also von der Autonomie bei Thomas spricht, muß man sich davor hüten, die thomanischen Texte so weit zu

---

[33] Vgl. STh I-II q. 91 a. 2 ad 3.

[34] *O.H. Pesch*, Kommentar, in: DThA Bd. 13, 554.

[35] Vgl. *O.H. Pesch*, Kommentar, in: DThA Bd. 13; *W. Kluxen*, Philosophische Ethik bei Thomas von Aquin, Hamburg ²1980; *K.-W. Merks*, Theologische Grundlegung der sittlichen Autonomie. Strukturmomente eines „autonomen" Normbegründungsverständnisses im lex-Traktat der Summa theologiae des Thomas von Aquin, Düsseldorf 1978; *B. Bujo*, Moralautonomie und Normenfindung.

[36] Vgl. vor allem z.B *A. Auer*, Autonome Moral 127–131; *ders.*, Die Autonomie des Sittlichen nach Thomas von Aquin, in: *K. Demmer/B. Schüller* (Hrsg.), Christlich glauben und handeln. Fragen einer fundamentalen Moraltheologie in der Diskussion, Düsseldorf 1977, 31–54.

[37] Siehe die Liste bei *B. Bujo*, Die Begründung des Sittlichen 75, Anm. 199.

[38] Vgl. *M.-D. Chenu*, Le plan de la Somme théologique de saint Thomas, in: RThom 47 (1939) 93–107; *M. Seckler*, Das Heil in der Geschichte. Geschichtstheologisches Denken bei Thomas von Aquin, München 1964; *O.H. Pesch*, Um den Plan der Summa Theologiae des hl. Thomas von Aquin. Zu Max Secklers neuem Deutungsversuch, in: MThZ 16 (1965) 128–137; *ders.*, Theologie der Rechtfertigung bei Martin Luther und Thomas von Aquin. Versuch eines systematisch-theologischen Dialogs, Mainz ²1985, 918–935.

pressen, daß ihre Lehre sich mit der etwa eines Kant deckt. Im Hinblick auf die ethischen Normen läßt sich die kantische Autonomie nur im Zusammenhang mit dem kategorischen Imperativ verstehen, an den Thomas nicht im geringsten denkt. Für Thomas ist Gott selbst die Letztbegründung der Moral, und wenn der Mensch sich der Vernunft für das ethische Handeln bedient, dann gründet diese selbst in demselben Gott, von dem sie ihre Legitimation erhält. Damit ist die thomanische Ethik auch nicht mit der Diskursethik gleichzustellen. Dies verbietet sich nicht nur aufgrund des ‚guten Lebens', das die Diskursethik ablehnt, sondern auch im Hinblick auf die Begründung des dem diskursethischen, formalistischen Gerechtigkeitsprinzip ähnlichen Grundsatzes von *bonum est faciendum, malum vitandum,* der sich doch erst von Gott dem Schöpfer her begreifen läßt. Was mancher Moraltheologe ‚theonome Autonomie' genannt hat, umschreibt *der Sache nach* das thomanische Anliegen treffender.[39] In diesem Sinn lautet eine der Thesen Franz Böckles: „*Der Gottesglaube hindert nicht des Menschen Autonomie, er erschließt der Vernünftigkeit der Vernunft ihren transzendenten Grund.*"[40] Ganz in diese Richtung geht auch der Ansatz von Alfons Auer. Hans Hirschi bezeichnet ihn als Schöpfungsteleologie, in der aber der Sollensanspruch nicht dezisionistisch, sondern kognitivistisch begründet wird.[41] Damit dürfte klar sein, daß die autonome Moral, so wie sie im Vorangegangenen beschrieben wurde, überhaupt nicht *gegen* den christlichen Glauben vertreten wird, sondern *mit* ihm. Dies wird nur allzu oft von den Kritikern dieses Modells übersehen.

2. Die Antwort der Enzyklika „Veritatis splendor"

Manche Kritiker haben der autonomen Moral eine Glaubensethik entgegensetzen wollen.[42] Wie die ganze Diskussion in den siebziger Jahren gezeigt hat, traf aber der Vorwurf der Glaubensethiker nicht zu; denn die Vertreter der autonomen Moral leugneten keineswegs das *proprium christianum* in der Moral. Eigentlich läuft ihr Anliegen darauf hinaus, eine fundamentalistische Sicht bzw. einen ‚Glaubensfehlschluß' in der

---

[39] Vgl. *F. Böckle,* Theonome Autonomie. Zur Aufgabenstellung einer fundamentalen Moraltheologie, in: *J. Gründel/F. Rauh/V. Eid* (Hrsg.), Humanum. Moraltheologie im Dienst des Menschen (Festschrift Egenter), Düsseldorf 1972, 17–46; vgl. *ders.,* Theonomie der Vernunft, in: *W. Oelmüller* (Hrsg.), Fortschritt wohin? Zum Problem der Normenfindung in der pluralen Gesellschaft, Düsseldorf 1972, 63–86.
[40] *F. Böckle,* Theonomie der Vernunft 76.
[41] Vgl. *H. Hirschi,* Moralbegründung 141ff.
[42] Vgl. pars pro toto *B. Stoeckle,* Grenzen der autonomen Moral, München 1974.

Moral zu vermeiden.[43] Gerade auch die Enzyklika *Veritatis splendor* erweckt den Eindruck, daß hier die Grundthese der inkriminierten autonomen Moral mißverstanden worden ist. Die genannte Enzyklika befaßt sich zwar mit vielen Aspekten der Moral, die aber alle auf die Autonomieproblematik zurückgehen. Wir werden deshalb nur das Problem der Autonomie herausgreifen.

Wenn die Enzyklika mit dem Beispiel des reichen Jünglings (Mt 19,16) in die Debatte einsteigt, operiert sie auf zwei Ebenen, die in der ethischen Argumentation unterschieden werden müssen. Einerseits verweist die Enzyklika auf den Text, der die Zehn Gebote betrifft, nämlich Mt 19,17–19; andererseits werden die Worte Jesu betont, die dem Jüngling nahelegten, über die Gebote hinauszugehen, die er bisher befolgt hat.[44] Diese zweite Ebene ordnet die Moraltheologie bekanntlich dem Bereich der *evangelischen Räte* zu, wie Auer trefflich sagt. Danach ist es unbestreitbar: „Vollkommene Liebe muß jeder Christ anstreben, die meisten in der Form verantwortlichen Umgangs mit dem Besitz irdischer Güter, einzelne aber, wie der reiche Jüngling in Mt 19, sind durch eine persönliche Berufung verpflichtet, jeglichen Besitz an die Armen wegzugeben."[45] Wenn nun die Enzyklika den Eindruck entstehen läßt, diesen Rat im Sinn der persönlichen Berufung als generell verpflichtende Norm aufzufassen, dann kann diese Interpretation nicht mehr das von der autonomen Moral Gemeinte treffen.[46] Der Rat bleibt im Rahmen des Freiwilligen und darf nicht mit den Geboten des Dekalogs verwechselt werden, die ja als Ausdruck der *lex naturalis* zu bezeichnen sind.

Was nun die Kritik der Autonomie anbelangt, entsteht der Eindruck, daß die Enzyklika manchmal doch über das Ziel hinausschießt. So werden sich die Moraltheologen nur schwer in der Aussage wiedererkennen, es gebe Tendenzen, „die in ihrer Verschiedenheit darin übereinstimmen, *die Abhängigkeit der Freiheit von der Wahrheit* abzuschwächen oder sogar zu leugnen."[47] Es ist ferner ernsthaft zu fragen, ob es wirklich katholische Moraltheologen gibt, die leugnen, „daß das natürliche Sittengesetz Gott als seinen Urheber hat und daß der Mensch durch seine Vernunft an dem ewigen Gesetz teilhat, dessen Festlegung nicht ihm zu-

---

[43] Vgl. die schon zitierten Studien von A. Auer, J. Fuchs und F. Böckle.

[44] Vgl. VS 6–27; auch 52 u.a.

[45] A. *Auer*, Ist die Kirche heute noch „ethisch bewohnbar"?, in: *D. Mieth* (Hrsg.), Moraltheologie im Abseits? 296–315, hier 296.

[46] Vgl. a.a.O. 297.

[47] VS 34; vgl. *D. Mieth*, Die Moralenzyklika, die Fundamentalmoral und die Kommunikation in der Kirche, in: *ders.* (Hrsg.), Moraltheologie im Abseits? 9–24, hier 17.

steht."[48] Die Vertreter der autonomen Moral sehen sich nicht nur mißverstanden, sondern sie empfinden es als unrecht, wenn die Enzyklika sagt: „Der Gehorsam Gott gegenüber ist [...] nicht, wie manche meinen, eine *Heteronomie*, so als wäre das moralische Leben dem Willen einer absoluten Allmacht außerhalb des Menschen unterworfen, die der Behauptung seiner Freiheit widerspricht."[49] Etwas später wird allerdings anerkannt, daß manche „mit Recht von *Theonomie* oder partizipativer Theonomie" sprechen.[50] Allein diese letztere Aussage kann m.E. *allen* Vertretern der autonomen Moral gerecht werden. Selbst dort, wo sie nicht *explizit* von der Theonomie sprechen, wird sie doch immer vorausgesetzt. Sie wissen, daß der Mensch nicht in einen Autonomismus versinken darf; ja, als Theologen sind sie sich im Geiste eines Thomas von Aquin bewußt, daß der Mensch ‚capax Dei' ist. Dieses ‚gottfähig-Sein' setzt ihn in die Lage, über sich hinauszugehen und seinen Urgrund transzendental, nämlich in Gott zu finden. Das ‚capax Dei' aber verbietet es dem Menschen, sich vor Gott als Marionette zu verhalten. Es geht um einen dynamischen Prozeß, indem der Mensch sich auf Gott hin artikuliert. Die Gottebenbildlichkeit des Menschen darf nicht nur wurzelhaft, als ein für alle Male in der Schöpfung gegeben, betrachtet werden. Dem ethisch handelnden Subjekt wird die Aufgabe auferlegt, je neu und immerzu gottebenbildlicher bzw. gottähnlicher zu werden. Sich mit der wurzelhaft, schöpfungsbedingt vorhandenen Gottebenbildlichkeit zufrieden geben hieße, das Talent des Herrn in der Erde verstecken (vgl. Mt 25,14–30). Das bedeutet aber letztlich, daß der Mensch, der darauf aus ist, immer mehr Ebenbild Gottes zu werden, dies nicht ohne ‚schöpferische' Tätigkeit tun kann. Dies geschieht am besten im sittlichen Bereich. Er kann nur dann gottähnlich werden, wenn er *frei*, *autonom* und ‚kreativ' handelt, wobei der Theonomie kein Abbruch getan wird. Es muß zudem selbstverständlich sein, daß der Ausdruck ‚kreativ' nicht ‚creatio ex nihilo sicut actus Dei ipsius' meint, sondern es geht um eine kritische Auseinandersetzung mit Erfahrungen, Gesetzen, Normen und dergleichen, damit man von einer verantworteten Handlung sprechen kann. Ganz in diesem Sinn betont Alfons Auer, daß Gott, indem er dem Menschen die Vernunft einerschaffen hat, ihm die von der Enzyklika angesprochene „ursprüngliche Gesamtermächtigung"[51] gibt, damit er „alle der Welt eingestifteten Wahrheiten", einschließlich der sittlichen „auskundschaften" kann. Und Auer fährt fort: „Es entspricht gewiß nicht der

---

[48] VS 36.
[49] VS 41.
[50] Ebd.
[51] VS 36.

Absicht Gottes, dem Menschen konkrete ethische Weisungen in ausdrücklichen Offenbarungsvorgängen mitzuteilen. Vielmehr muß der Mensch in der kritisch produktiven Auseinandersetzung mit seiner Erfahrung herausfinden, was sein Dasein glücken läßt, und was er um dieses Glückens willen unterlassen muß."[52] Die Vernunft als kritische Instanz für das sittliche Leben will in keiner Weise die ethischen Normen relativieren. Wenn die Enzyklika von der ‚Universalität' der Normen[53] spricht, dann werden ihr die Moraltheologen ihre Zustimmung nicht verweigern, soweit diese Universalität im Sinn der allgemeinen Prinzipien gemeint ist. Denn überall gilt: „Das Gute ist zu tun und das Böse zu meiden"; „Du sollst gerecht sein" und dergleichen. Der Moraltheologe wird hier aber mit Thomas von Aquin hinzufügen, daß diese allgemeinen Prinzipien ihre Geltung in der Praxis nicht in der gleichen Weise zum Ausdruck bringen. Je konkreter man sittlich handeln muß, desto schwieriger wird die Umsetzung allgemeiner Prinzipien. Dies geht aus STh I-II q. 94 a. 4 klar hervor. Thomas unterscheidet dort zwischen ‚ratio speculativa' und ‚ratio practica'. Erstere, nämlich die auf die Schau gerichtete Vernunft, befaßt sich mit dem Spekulativen, während die zweite, also die auf das Tun gerichtete Vernunft, ihr Tätigkeitsfeld im Praktischen hat. Gerade aber im Hinblick auf das Praktische kann nach Thomas nicht für alle Menschen in allen Details dieselbe tätigkeitsbezogene Wahrheit oder ‚Rechtheit' vorliegen. Selbst dort, wo dies der Fall ist, wird die Rechtheit nicht allen in gleicher Weise bekannt. Die These von Thomas geht also dahin, daß das Naturgesetz ‚allgemein' betrachtet für alle dasselbe ist. Es gibt aber gewisse Einzelheiten, „die gleichsam Folgerungen aus den Grundsätzen darstellen"[54], die nicht überall dieselben sind. Dann aber muß man im Hinblick auf das Naturgesetz feststellen, daß nur in der Mehrzahl der Fälle (*ut in pluribus*) für alle dasselbe in bezug auf Rechtheit und Kenntnis gelten kann. Was konkret *bonum, malum, gerecht, ungerecht* in einem bestimmten Kontext heißt, vermag das allgemeine Gesetz, und sei es das Naturgesetz, nicht von vornherein festzulegen.[55] Diese thomanische Betrachtung steckt m.E. den Rahmen ab, in dem man auch mit anderen Kulturen in Dialog kommen kann, selbst wenn diese sich nicht auf die Naturrechtstradition verpflichtet wissen. Die Enzyklika, die die Unveränderlichkeit des Naturgesetzes einschärft, betont immerhin: „Gewiß muß für die universal und beistän-

---

[52] A. *Auer*, Ist die Kirche 302.

[53] Vgl. VS 51ff.

[54] STh I-II q. 94 a. 4; Übers. nach DThA Bd. 13, 82.

[55] Vgl. B. *Bujo*, Erste allgemeine Eindrücke zur Enzyklika „Veritatis splendor". Wahrheit und Freiheit in der modernen Welt, in: Freiburger Nachrichten vom 6. Okt. 1993, 5.

dig geltenden sittlichen Normen die den verschiedenen kulturellen Verhältnissen *angemessenste Formulierung* gesucht und gefunden werden, die imstande ist, die geschichtliche Aktualität dieser Normen unablässig zum Ausdruck zu bringen und ihre Wahrheit verständlich zu machen und authentisch auszulegen. Diese Wahrheit des Sittengesetzes entfaltet sich – wie jene des Glaubensgutes (depositum fidei) – über die Zeiten hinweg: Die Normen, die Ausdruck dieser Wahrheit sind, bleiben im wesentlichen gültig, müssen aber vom Lehramt der Kirche den jeweiligen historischen Umständen entsprechend ,*eodem sensu eademque sententia*' genauer gefaßt und bestimmt werden [...]."[56] Freilich muß hier angemerkt werden, daß es den nichtwestlichen Kulturen nicht nur um ,angemessenste Formulierung' geht, sondern um die Inkulturation selbst, die sich nicht mit einer Art ,Fassadenkorrekturen' begnügen kann. In der Tat wird von *Veritatis splendor* eine im okzidentalen Kontext beheimatete Naturrechtslehre angesprochen. Die davon abgeleiteten *praecepta* aber basieren auf der Vernunft, die Irrtümer nicht unbedingt ausschließt. Josef Fuchs sagt denn auch: „[...] die einzelnen Verbotsnormen, aber auch die Theorie vom intrinsece malum als solche seien – wenn auch traditionell und in der Kirche gelehrt – nur naturrechtlich begründet, und das heißt: auf menschliche Reflexion gegründet; die aber könne irrtümliches Denken nicht absolut ausschließen."[57] Kein Zweifel, hier tut sich die Möglichkeit auf, gegebenenfalls zu versuchen, die sittliche Wahrheit anders als nur durch das Naturrechtssystem zu erfassen. Die Diskussion ist dann nicht mehr nur kosmetischer Art, sondern sie kreist um das Grundsätzliche. Sie ist nicht nur ein Streit um den Pluralismus innerhalb desselben Systems, sondern sie will verschiedene Denkweisen zulassen, die sich darum bemühen, denselben Grundsatz des Evangeliums zu deuten und in die Tat umzusetzen. Dem trägt die Enzyklika *Veritatis splendor* m.E. nicht Rechnung, da sie von vornherein mit einem Universalitätsanspruch ,in moralibus' auftritt. Sie will zwar den Weltepiskopat ansprechen,[58] dennoch operiert sie mit westlich-philosophisch-ethischen Kategorien, und macht auf jene Probleme aufmerksam, die die westliche Welt brennend beschäftigen. Die päpstliche Aussage hätte vielleicht an Bedeutung gewonnen, wenn sie die unterschiedlichen Tendenzen in der Moraltheologie darauf aufmerksam gemacht hätte, ihre jeweilige Sicht nicht zu verabsolutieren, sondern auch die Stimmen anderer Kulturkreise wahrzunehmen. Dann wäre damit ei-

---

[56] VS 53.

[57] *J. Fuchs*, Die sittliche Handlung: das intrinsece malum, in: *D. Mieth* (Hrsg.), Moraltheologie im Abseits? 177–193, hier 181.

[58] Vgl. VS 5.

ne Diskussion aufgegriffen worden, die beispielsweise die lateinameri-
kanische Befreiungstheologie schon im Hinblick auf die autonome Moral angeregt hatte.[59] Marciano Vidal hat die Kritik der Befreiungstheologie am bündigsten zusammengefaßt.[60] Er beobachtet, daß die Ethik der
Autonomie sich eigentlich „in den Bahnen der Aufklärung" bewege,
darum treffe der Vorwurf gegenüber letzterer auch auf erstere zu. Dieser
Vorwurf lautet u.a., daß „[...] ‚der Schoß der Vernunft Monstren hervor-
gebracht hat', zu denen außer den Kriegen, den Holokausten und den
Ungerechtigkeiten gegenüber gewissen Klassen der wirtschaftliche und
politische Kolonialismus zu rechnen ist, den die kapitalistische Bürger-
klasse gefördert hat."[61] Diese allgemeine Kritik konkretisiert M. Vidal
an den einzelnen Vorgehensweisen der autonomen Moral. Er hebt hervor, daß diese eine bürgerliche Moral „gerechtfertigt und begünstigt"
habe, die den Liberalismus wirtschaftlich, gesellschaftlich und politisch
begleitet. Sodann bevorzugt sie „eine ästimative Moral", die das Individuum als Subjekt hat; die, ferner, den Optimismus, die Selbstgenügsam-
keit und „die Arroganz der prometheischen Vernunft" zum Prinzip erhebt; die schließlich den Fortschritt zum Ziel hat. Das Erreichen dieses
Zieles geht völlig auf Kosten der Schwachen, und die Gefahr für die
Ethik der Autonomie besteht darin, daß es sich um eine unsolidarische
Vernunft handeln könnte. Wörtlich sagt Marciano Vidal: „[...] die Auf-
blähung des autonomen Subjekts führt zur geschlossenen Vernunft, die
ernste Schwierigkeiten hat, sich der Transzendenz der Solidarität unter
den Menschen und folglich auch der Transzendenz der religiösen Gra-
tuität zu öffnen."[62] Daher fordert die Befreiungstheologie eine Gratui-
tätsethik, eine Ethik der Armen und endlich eine Ethik des Volkes, in
der die Gemeinschaft das Subjekt der Befreiung ist.[63] Angesichts der
Verflochtenheit der autonomen Moral „mit der aufgeklärten Vernunft"
betont die Befreiungstheologie die Funktion der Narrativität gegenüber
der diskursiven Funktion. Erst durch die narrative Funktion der Ethik
wird auch das Volk als Subjekt der Befreiung ernst genommen.[64] Eine
weitere Funktion, die in der autonomen Moral verlustig gegangen ist,

---

[59] Vgl. die Zeitschrift Concilium 20 (1984) Heft 2.
[60] Vgl. *M. Vidal*, Läßt sich die Autonomie als Moralgrundlage mit der Befreiungsethik
vereinbaren? Der notwendige Dialog zwischen „Autonomie" und „Befreiung", in: Concilium 20 (1984) 154–159; hier 155.
[61] A.a.O. 154f.
[62] A.a.O. 155.
[63] Vgl. ebd.
[64] Vgl. ebd.

sieht Marciano Vidal im Fehlen des Messianischen.[65] Auch dies läßt sich erst von der Bevorzugung der rationalen Argumentation her begreifen.[66] Die zusammengestellte Kritik der Befreiungsethik ist eine Herausforderung an die autonome Moral, ihre Position zu präzisieren und zu ergänzen. Dadurch wird zugleich die Gelegenheit angeboten, Gegenfragen an die Befreiungsethik zu richten. Einer der Kritikpunkte von seiten der autonomen Moral wäre beispielsweise, daß die Befreiungsethik allzusehr die Glaubensfragen betont und sich zu wenig mit der genuin rational-ethischen Reflexion hinsichtlich der innerweltlichen Werte befaßt.[67] Damit besteht die Gefahr einer Sakralisierung, die einer erforderlichen rationalen Auseinandersetzung nicht dienlich sein kann. Durch Fragen und Gegenfragen zwischen autonomer Moral und Befreiungsethik kann hier ein fruchtbarer Dialog zustande kommen. Allerdings, soweit ich sehe, ist die Kritik der Befreiungstheologie an der autonomen Moral sozioökonomischer und nicht kulturanthropologischer Art. Der Dialog aus dieser Perspektive kann also gegebenenfalls zwischen zwei philosophischen Systemen stattfinden, die beide ihren Ursprung im Westen haben. Mir scheint, daß das Problem vom ethischen Pluralismus sich erst von der Interkulturalität her in aller Schärfe stellen läßt. Dann wird sich für unsere Fragestellung auch noch deutlicher zeigen lassen, daß sowohl die Enzyklika *Veritatis splendor* als auch die autonome Moral sich innerhalb ihrer eigenen Welt, d.h. innerhalb der euro-amerikanischen Kultur, bewegen und zerstreiten. An dieser Stelle wollen wir das afrikanische Verständnis der interkulturellen Verantwortung im Sittlichen zu verdeutlichen versuchen.

Art. 2: Individuum und sittliche Verantwortung in der afrikanischen Ethik

Einige Kritikpunkte, die die Befreiungstheologie aus sozioökonomischer Sicht herausgestrichen hat, lassen sich im Rahmen des schwarzafrikanischen Menschenbildes vielleicht noch entschiedener weiterführen. Von Bedeutung ist vor allem die Stellung von Individuum und Gemeinschaft im sittlichen Handeln, eine Frage, die schon im ersten Teil unserer Untersuchung angeschnitten wurde. Hier soll sie noch einmal im Hinblick

---

[65] Vgl. ebd.

[66] Neben M. Vidal vgl. auch *F.M. Rejón*, Auf der Suche nach dem Reich und seiner Gerechtigkeit. Die Entwicklung oder Ethik der Befreiung, in: Concilium 20 (1984) 115–120, bes. 118f.

[67] Vgl. *M. Vidal*, Läßt sich die Autonomie 156ff.

auf die Verantwortung im sittlichen Handeln gestellt werden. – Ein weiterer Punkt betrifft den afrikanischen Holismus, der in der Normenfrage keinen so klaren Unterschied zwischen religiös und profan macht, wie dies in der autonomen Moral der Fall ist.

1. Die Zuordnung von Gemeinschaft und Individuum

Von seiten der Befreiungstheologie – so wurde beobachtet – ist u.a. die Kritik zu hören, daß die autonome Moral Schwierigkeiten hat, sich mit der Frage der Solidarität zu befassen. Es wird bei ihr zudem auch nicht thematisiert, wie das Volk Subjekt des ethischen Handelns ist. Diese Fragen – nach Solidarität und Volk – stellen sich in Schwarzafrika im Rahmen der Zuordnung von Gemeinschaft und Individuum.

a) Wie verhält sich die Gemeinschaft zum Individuum?

Auch im modernen Schwarzafrika gilt weiterhin, was Placide Tempels vor vielen Jahren trefflich beobachtet hat: „Die Bantu können sich [...] den Menschen nicht als ein unabhängiges, für sich selbst bestehendes Wesen vorstellen. Jeder Mensch, jedes Individuum ist gleichsam Glied einer Kette von Lebenskräften, und zwar ein lebendiges, beeinflussendes und beeinflußtes Glied, das die Verbindung mit den vorhergehenden Geschlechtern und den unter ihm stehenden Kräften herstellt. Das Individuum ist notwendig ein dem Clan verhaftetes Individuum."[68] Das Spektrum von Clan impliziert zunächst die Blutsverwandtschaft. Gleichwohl, wie weiter oben gezeigt, geht die Gemeinschaft als solche über diese blutsverwandtschaftliche Beziehung hinaus. Am Ende umfaßt sie alle Menschen als ‚Menschen-von-Bende-von-Gott‘ (Bantu-wa-Bende-wa-Mulopo). In diesem Sinn weist Alexis Kagame mit Recht darauf hin, daß die vom Blut ausgehende Gemeinschaft sich auf nicht blutsverwandtschaftliche Verhältnisse ausweitet, derart daß sich selbst in den modernen afrikanischen Staaten Staatsmänner mit ‚Bruder‘ anreden, wie auch Politikerinnen von verschiedenen Staaten sich als Schwestern betrachten.[69] Dann allerdings muß die These Placide Tempels etwas nuanciert werden, die das Band zwischen Individuum und Sippengemeinschaft als ‚ontologische Seinseinwirkung‘ charakterisiert.[70] Damit näm-

---

[68] P. Tempels, Bantu-Philosophie 67; vgl. V. Mulago, Un visage africain 121.

[69] Vgl. A. Kagame, La Philosophie Bantu comparée, Paris 1976, 289, Nr. 275.

[70] Vgl. P. Tempels, Bantu-Philosophie 67.

lich entsteht der Eindruck, daß die Individualität quasi automatisch mit dem ‚In-der-Sippengemeinschaft-verankert-Sein' gegeben ist. Die Individualität bzw. die Person würde sich dann auf das westlich verstandene Sein reduzieren. Einige Äußerungen von Tempels weisen denn auch in diese Richtung. In der Tat ist bei ihm u.a. zu lesen: „Der SpRößRling wird seitens der Verstorbenen mit einem der ‚Namen' (ontologischen Individualitäten) beschenkt, die den Clan ausmachen."[71] Das erklärt Tempels so, daß es sich nicht um einen der Ahnen handelt, der zurückkommt und wiedergeboren wird. Vielmehr gehe es um die Individualität eines der Verstorbenen, die durch den Einfluß auf das Kind schon im Mutterschoß seine Neugeburt im Clan erlebt. „Dieser Einfluß dauert dann das ganze Leben an, weil er im Sein des neuen Menschen selbst verankert ist."[72] Weiter behauptet Tempels: „Nach den Schwarzen existiert als Wirkursache immer das Sein, das Lebenskraft ist."[73] Träfe diese These zu, dann ließe sich die afrikanische Ethik auf die Seinsethik reduzieren, denn der Afrikaner würde sich auch sittlich nur im Rahmen des von seinem Clan seinsmäßig Vorgegebenen bewegen. Es wurde m.E. aber zur Genüge gezeigt, daß der Mensch in Afrika sowohl den ethnozentrischen Fehlschluß als auch den Seinsfehlschluß zu vermeiden vermag. Er ist ja nicht in seiner kleinen sippengemeinschaftlichen Welt eingeschlossen, denn Gemeinschaft heißt für ihn letztlich *Weltgemeinschaft*, in der er auf jeden Menschen zugehen kann.[74] Die Ausführungen von Tempels erwecken auch den Eindruck, daß das Personverständnis in Schwarzafrika eine andere Variante der boethianischen Definition sei, die besagt: „Persona est naturae rationalis individua substantia" bzw. die Person ist „der je unteilbar-einzige Selbstand des Allgemeinsten, des geistigen Seins selbst."[75] Diese Definition wird freilich von der heutigen Moraltheologie im Westen auch nicht mehr so buchstäblich übernommen. So meint Klaus Demmer, daß sie Zeichen „einer gegenstandsgerichteten Denkform" trägt. Person wird dann eher als Selbstvollzug definiert. Sie ist also „Seinsakt (actus primus) in Transzendenzverwiesenheit. Hier ist eine subjektorientierte Denkform leitend. Sie sucht jenes normative Selbstbewußtsein zu ergründen, dessen privilegierter hermeneutischer Ort der transzendenzverwiesene Selbstvollzug ist."[76] Selbst diese viel dynami-

---

[71] A.a.O. 69.
[72] Ebd.
[73] A.a.O. 70.
[74] Vgl. die Ausführungen im Teil I dieser Studie.
[75] A. *Halder*, Art. Person, in: LThK[2] VIII 288.
[76] K. *Demmer*, Optionalismus – Entscheidung und Grundentscheidung, in: D. *Mieth* (Hrsg.), Moraltheologie im Abseits? 69–87, hier 71.

schere Definition der Person unterscheidet sich doch beträchtlich vom Personverständnis im afrikanischen Kontext, denn auch sie geht von der Seinsphilosophie aus. Es muß nämlich daran erinnert werden, daß die afrikanische Ethik die Person weder als Selbstvollzug noch als Seinsakt definiert, sondern sie umschreibt sie als Werdeprozeß im Zuge der gegenseitigen Verwiesenheit von Individuum und Gemeinschaft, wobei letztere nicht nur die Verstorbenen, sondern durchaus auch Gott mit einschließt.[77] Dies bedeutet letzten Endes, daß erst eine aktive Teilnahme am Gemeinschaftsleben das Individuum zur Person macht. Daraus folgt, daß nicht die Zugehörigkeit zu einer Gemeinschaft schon die Identität ausmacht, sondern erst das gemeinsame Handeln macht den Menschen zum Menschen und bewahrt ihn davor, zum ‚ungebundenen Ich' zu werden. Diese gemeinschaftliche Dimension wird vor allem durch afrikanische Sprichwörter betont. So heißt es beispielsweise bei den Bahema: „Selbst ein Habicht kehrt zur Erde zurück, um dort zu sterben."[78] Mit diesem Sprichwort wird das individualistische Verhalten jener Mitglieder einer Gemeinschaft kritisiert, die mit letzterer nichts zu tun haben und sich an ihr vorbei entwickeln wollen. Wer so handelt, muß wissen, daß sein Menschwerden unvollständig bleibt und schließlich mißglückt.

---

[77] Auch Charles Nyamiti versucht, die Person von einem ähnlichen Kontext her zu definieren. Vgl. seine Studie The Incarnation Viewed from the African Understanding of Person, in: African Christian Studies 6 (1990) 3–27. Nachdem er von verschiedenen Konzeptionen je nach Wissenschaften (Kulturanthropologie, Soziologie usw.) gesprochen hat (S. 3), entscheidet er sich für jene Methode, die die Person im Licht des schwarzafrikanischen Menschenbildes sieht: „[...] we shall try to find out the elements which, according to the African are indicative of an individual's true worth, honour and importance." (S. 4) Und der Verfasser fährt fort: „We have prefered to limit ourselves to the above mentioned conception not only owing to the impossibility of dealing adequately with all the aspects of the topic within the scope of our essay, but especially because we believe that, when used for theological purposes, the African conception we have chosen will led to more fruitful and original results." (ebd.) Nyamiti unterstreicht die Bedeutung der Gemeinschaft für das Individuum. Dieses scheint mehr zur Gemeinschaft zu gehören als umgekehrt: „The individual's relation to the community is so intimate that he belongs to it more than the community belongs to him. His individuality, personal responsabilities and rights are acknowledged but they are dominated by the community idea. That is why the acquisition of his personality depends upon his official acknowledgment or acceptance as an adult (person) by the community (e.g. through initiation rituals)." (S. 9) Wer nicht in eine Gemeinschaft eingebettet ist, entbehrt jeglicher Persönlichkeit, er oder sie ist praktisch ausgelöscht. Selbst die Verstorbenen erhalten ihr Person-Sein durch ihre Beziehung zur Gemeinschaft der Hinterbliebenen (vgl. ebd.). Auf die Bedeutung der einzelnen Individuen für die Gemeinschaft werde ich später zurückkommen. – D. K. Musonda setzt den Akzent etwas anders als Nyamiti und ich, wiewohl seine Definition den von Nyamiti und mir bevorzugten Standpunkt mit einschließt. Vgl. *D.K. Musonda*, The Meaning and Value of Life 122–131.

[78] Kudha radi ngü dhedho dzdjo.

Aber gerade spätestens bei diesem Mißglücken wird er feststellen, wie nötig er die Gemeinschaft bzw. andere Mitmenschen hat, um wirklich Person im eigentlichen Sinn zu werden und vollendet zu sein. Daher heißt es denn auch bei denselben Bahema: „Der Mensch ist nicht aus einem Baum bzw. einem Holzstück hervorgegangen."[79] Die Bedeutung ist die nämliche: Wer seine Mitmenschen mißachtet und völlig unabhängig von ihnen lebt und ohne Rücksicht auf die zwischenmenschliche Beziehung und Solidargemeinschaft handelt, entmenschlicht sich selbst. Daher sagt eine Redensart in Burundi: „Wenn ein Familienmitglied Hundefleisch gegessen hat, werden alle Sippenangehörigen entehrt."[80] Es ist für die Barundi absolut verabscheuungswürdig, Hundefleisch zu essen. Wenn einer dies tut, soll er nicht meinen, er könne dies allein, individuell verantworten. Alle Familien- und Sippenangehörigen werden mitbetroffen. Das böse oder falsche Verhalten eines einzigen Mitglieds verletzt die Personwürde aller. Denn: „Das Auge, das weint, führt die Nase zum Weinen."[81] Das heißt wiederum, daß die Solidarität sich im guten wie im bösen bemerkbar macht, ihre Folgen sind aber verschieden. Zur Personwerdung wird die Solidarität im guten verlangt, während die Solidarität im bösen schadet. Nicht nur die Solidarität im bösen, sondern auch der Mangel an Solidarität tötet die ganze Gemeinschaft. Die Baganda sagen denn auch: „Wer faul ist, der bringt die Gemeinschaft um."[82] Das dahinterstehende ethische Konzept betrifft den Lebensdynamismus, der sich nur in Gegenseitigkeit d.h. durch Kräfteaustausch vollzieht. Es handelt sich hier um das Interaktionsmodell, nach dem es einen ständigen Lebenskreislauf zwischen allen Gemeinschaftsmitgliedern, einschließlich der Toten, gibt. Ja, Gott und der gesamte Kosmos werden ebenso in diesen Kreislauf hineingezogen. Das von Gott ausgehende Leben wird zu einer zu vollendenden Aufgabe für alle Menschen. Sie müssen dafür sorgen, daß dieses anfanghaft gegebene Leben das volle Wachstum erlangt, und dies ist nur in einem solidarischen Handeln möglich. Jedes Mitglied muß sich hier bewußt sein, daß seine Taten entweder zum Lebenswachstum der gesamten Gemeinschaft oder zu deren Lebensverlust bzw. Lebensverminderung beitragen, je nachdem, ob es das Gute oder das Böse tut. Indem jeder sich für das solidarische Handeln zur Auferbauung der Gemeinschaft einsetzt, läßt er sich zugleich

---

[79] Nru si tsu naro nza.

[80] Umuryâmbwá aba umwé agatukisha umuryango.

[81] Vgl. das Original bei *Kagaragu Ntabaza*, Emigani Bali Bantu. Proverbes et maximes des Bashi, Bukavu 1984, S. 141, Nr. 1095: „Isu likalaka n'izulu linalake."

[82] Vgl. das Original bei *J.C. Katongole*, Ethos Transmission 248: „Ekitta obusenze buba bunaanya."

durch dieselbe Gemeinschaft vollenden, so daß er zur eigentlichen Person werden kann. Auf dieser Linie stehend sagen die Bashi von Kongo-Kinshasa: „Zwei Ameisen vermögen eine Heuschrecke zu tragen."[83] Weiter sagen sie: „Zwei Hunden vermag ein Knochen keinen Widerstand zu leisten."[84] Wer nicht etwas tiefer über dieses Sprichwort nachdenkt, wird darin nur einen Individualismus zu zweit sehen, in dem jeder Hund um ein Stück Knochen für das eigene Leben oder Überleben kämpft. Gemeint ist aber, daß die beiden Hunde sich zusammentun, um eine harte Arbeit zu verrichten, die jedem zugute kommt, gleichwohl handelt es sich nicht um einen Egoismus, sondern indem sie sich entschließen zusammenzuarbeiten, wollen sie sich gegenseitig das Leben schenken. Nur wenn sie sich gegenseitig helfen, gelingt es ihnen, sich zu ernähren. Auf Menschen übertragen heißt dies – um es noch einmal zu betonen –, daß niemand sich allein als Person verwirklichen kann; Person wird man nur in Beziehung zu den anderen. Ein weiteres Sprichwort bei den Bashi bestätigt dies vollends, wenn es heißt: „Die Pagen wären nicht schlau, wären sie nicht zahlreich."[85] Die Pagen belehren sich gegenseitig, daß die Verschiedenheit ihrer menschlichen Qualitäten schließlich zum Wohl aller gereicht. Was die eigentliche Person eines Pagen ausmacht ist letzten Endes also die gegenseitige Bereicherung, die auf Austausch eigener Eigenschaften zurückzuführen ist. Eine ähnliche Idee zeigt sich, wenn es heißt: „Eine Ameise, die sich nicht an die Marschordnung hält, entwickelt sich zur Wilden und wird zur Einzelgängerin."[86] Bei ihr kann dann nicht mehr von einer echten Ameise gesprochen werden. Anzumerken ist allerdings, daß die Personwerdung in der afrikanischen Logik nicht unbedingt mit einer konkreten Handlung im Sinn von Leistung zu deuten ist. Wenn die Person sich nicht als Seinsakt durch Selbstverwirklichung definieren läßt, sondern durch ‚relations', dann gilt in Afrika, daß der Mensch von allem Anfang an in einem Beziehungsnetz steht, das auch seine unveräußerliche Würde ausmacht. Demnach wird sich die etwa in der Bioethik so heftig diskutierte Frage nach dem Beginn des menschlichen Lebens als Person anders stel-

---

[83] Vgl. das Original bei *Kagaragu Ntabaza*, Emigani 340, Nr. 2729: „Orhunyegere rhubiri rhurhayabirwa n'ihanzi." Vgl. auch die Swahili-Sprichwörter bei *Taabu Sabiti*, Proverbes 63, Nr. 8: „Kidole kimoja hakivunji chawa." (Ein Finger kann nicht eine Laus töten.); Nr. 15: „Wa kuume haukati wa kushoto." (Die rechte Hand schneidet die linke nicht ab.); Nr. 16: „Meno ya mbwa hayaumani." (Die Zähne eines Hundes beißen sich nicht gegenseitig.).

[84] Vgl. *Kagaragu Ntabaza*, Emigani 63, Nr. 490: „Ebibwa bibiri birhayabirwa n'ivuha."

[85] Vgl. a.a.O. 1, Nr. 8: „Abaganda barhankabire benge, ci baba banga."

[86] Vgl. *J.C. Katongole*, Ethos Transmission 339: „Eyawukana ku mugendo: y'efuuka kaasa."

125

len. Nach dem schwarzafrikanischen Personverständnis ist das noch ungeborene Kind schon im frühen Stadium eine Person. Was die westliche Biologie Fötus bzw. Embryo nennt, steht aus afrikanischer Sicht in enger Beziehung mit der Gemeinschaft, sowohl der Lebenden als auch der Verstorbenen. Der Embryo, der zwar noch kein eigenständiges Leben hat, sieht sich von der Liebe sowohl der sichtbaren als auch der unsichtbaren Gemeinschaft umfangen. Im Fötus bzw. Embryo überleben die beiden Gemeinschaften; er ist Hoffnungsträger für die Zukunft nicht nur biologisch, indem etwa die Sippengemeinschaft weitergeht, sondern es geht um das Leben im umfassenden Sinn. So gesehen gibt es schon eine Interaktion zwischen der zweidimensionalen Gemeinschaft und dem Noch-nicht-Geborenen. Der Embryo nimmt also am Lebenswachstumsprozeß im umfassenden Sinn aktiv teil. Es herrscht hier schon ein Palaver durch eine non-verbale Kommunikation, die zum Personwerdungsprozeß sowohl im Hinblick auf einzelne Mitglieder der Gemeinschaft als auch hinsichtlich des Noch-nicht-Geborenen beiträgt.

Im Zusammenhang mit dem bisher Gesagten ist noch auf den Umgang mit Kranken und Sterbenden hinzuweisen. Auch hier wird deutlich, wie der Personwerdungsprozeß sich nur gemeinschaftlich vollzieht. Es ist schon hinlänglich bekannt, daß Menschen in Afrika in der Regel nie allein, vereinsamt sterben. Die Gemeinschaft von Angehörigen, Freunden und Bekannten begleiten ihre Kranken und Sterbenden, bis der Tod sie holt. Diese Begleitung besteht darin, daß man mit den Sterbenden ins Gespräch kommt und daß man ihnen durch verschiedene Verhaltensweisen das Gefühl und das Bewußtsein vermittelt, selbst in diesem Zustand, in dem ihre biologischen Kräfte nachlassen, seien sie im *Personwachstumsprozeß* begriffen. Durch das Zusammenhalten der Gemeinschaft in Leid und Sterbestunde, das sich kommunikativ bis hin zum non-verbalen ,Palaver' artikuliert, schöpfen die Kranken und Sterbenden neuen Mut und lernen, mit Leid und Tod menschlicher umzugehen. Mit der Hilfe der Gemeinschaft wachsen sie also langsam in den Tod hinein; sie werden sozusagen zu neuen Menschen und Persönlichkeiten. Gleichzeitig aber wird dieser Umgang mit Leid und Tod zur Lehre für die Gemeinschaft der Begleitenden, über ihre eigene Existenz nachzudenken und zur gegebenen Stunde Leid und Tod die Stirn zu bieten. Das bedeutet letztlich, daß auch Kranke und Sterbende in höchstem Maß dazu beitragen, die Gemeinschaft der Umstehenden zum Lebenswachstum zu bringen, so daß jedes Mitglied zur neuen Person wird.

Kurzum, in der schwarzafrikanischen Gemeinschaft ist die Personwerdung ein nie zu Ende kommender Prozeß. Selbst die Gemeinschaft der verstorbenen Vorfahren schenkt nicht ein vollendetes Personsein;

denn auch die schon Gestorbenen sind immer noch auf die Gemeinschaft der Irdischen angewiesen. Auch sie müssen jeden Tag immer noch zu Personen werden wie die Irdischen und nicht zuletzt durch sie.

b) Die Identität des Individuums in der Gemeinschaft

Daß das Individuum innerhalb der Gemeinschaft nicht untergeht, wurde schon deutlich und eingehend betont.[87] Dazu sei hier nur noch wenig hinzugefügt. Andernorts habe ich die Frage ausführlicher erörtert, wie gerade auch die afrikanischen Namen, die personengebunden sind, die Individualität der Mitglieder innerhalb der Gemeinschaft ausmachen und bestimmen.[88] Der Name – so wurde gesagt – geht nicht vom Vater zum Sohn über, sondern er bezeichnet das Individuum in seiner Einmaligkeit und Geschichtlichkeit.[89] Selbst dort, wo der Name eines der Vorfahren einem Kind gegeben wird, geschicht dies keineswegs im okzidentalen Sinn, noch handelt es sich um eine Art Neugeburt des betreffenden Vorfahren. Das Kind ist zwar in besonderer Weise eine Anamnesis im Hinblick auf die verstorbene Person, aber es soll sich zu einer distinkten Person gegenüber letzterer, aber doch in Kontinuität mit ihr, entwickeln. Mit anderen Worten: Es darf in diesem Zusammenhang keineswegs auf die Reinkarnationsidee geschlossen werden.

Die Stellung des Individuums in Schwarzafrika wird ganz klar sowohl durch Märchen als auch durch Sprichwörter zum Ausdruck gebracht. – So erzählt eines der Märchen vom Leoparden und einem ganz schlauen Tierchen namens Mbepele. Beide waren sehr befreundet und lebten in einer Gemeinschaft zusammen. Alles, was sie taten, war immer gemeinschaftsbezogen und von großer Einmütigkeit gezeichnet. Eines Tages aber überlistete Mbepele den Leoparden, indem er letzterem den Vorschlag machte, sie beide möchten ihre jeweiligen Mütter umbringen, da diese offenbar überflüssig seien. Die beiden Mütter sollten in einen Fluß hineingeworfen werden. Beide machten sich auf den Weg; jeder mußte seine Mutter auf dem Kopf bis zum Fluß tragen und sie dann ins Wasser hineinwerfen. Mbepele aber versteckte seine Mutter. Er wickelte einen Mörser aus Holz ins Kleid ein, den er zuerst mit roter Farbe beschmiert hatte. Als Mbepele den Mörser ins Wasser warf, sah die Farbe wie Blut aus, ein Beweis, daß er seine Mutter tatsächlich getötet hatte.

---

[87] Vgl. Teil I dieser Untersuchung.

[88] Vgl. z.B. B. *Bujo*, Die ethische Dimension 138f.; *ders.*, African Christian Morality 96f.

[89] Vgl. *ders.*, Die ethische Dimension, ebd.

Der Leopard glaubte daran und tötete seine Mutter, im Glauben, daß sie beide nun verwaist seien. In Wirklichkeit lebte Mbepele nach wie vor glücklich in der Gesellschaft seiner Mutter und stattete ihr heimlich Besuche ab, damit der Leopard es nicht merkte. Er konnte sich jeden Tag satt essen, während der Leopard hungerte, bis dieser dahinter kam, daß sein Freund ihn betrogen hatte. Der Leopard ging nun heimlich zu Mbepeles Mutter und tötete sie. Von dem Augenblick an wurden die beiden Freunde Feinde für immer. Die Lehre dieses Märchens betrifft zweifellos das Problem von Individuum und Gemeinschaft. Das Märchen macht nämlich deutlich, daß das Individuum der Gemeinschaft nicht blindlings folgen darf. Das Gemeinschaftsleben verlangt Wachsamkeit und Bewahrung eigener Individualität. Mit anderen Worten, es muß auch in Freundschaft und Gemeinschaft die Unterscheidung der Geister aufrechterhalten bleiben. Wäre der Leopard kritisch gewesen und hätte er die Freundschaft zu Mbepele hinterfragt, dann hätte er seine Mutter nicht umgebracht. Das Märchen lehrt auch, daß eine Gemeinschaft, in der das Individuum aufgesogen wird, sich von selbst zerstört. In der Tat, die Freundschaft zwischen Mbepele und dem Leoparden wurde gerade deswegen zerstört, weil der Leopard sich von ersterem so sehr vereinnahmen ließ, daß beide nicht mehr in der Lage waren, sich gegenseitig zu Personen zu machen und so eine alle bereichernde Gemeinschaft zu bilden. – Auch ein zweites Märchen geht in die gleiche Richtung. Es handelt von einer ‚behinderten' Henne, die nur noch ein Bein hatte. Die Familie, der die Henne gehörte, hatte viel anderes, gesundes Geflügel – Hennen, Hähne und Küken. Eines Tages entschloß sie sich, diese als wertlos betrachtete Henne wegzuwerfen und in den Busch zu schicken. Kurz darauf trat eine schlimme Hühnerkrankheit auf, die alle Hennen, Hähne und Küken ausrottete. Das ganze Dorf wurde ‚hühnerleer'. Die weggeworfene Henne aber lebte im Busch weiter. Sie vermehrte sich und hatte zahlreiche Küken und mit der Zeit auch erwachsene Nachkommen. Jedes Mal, wenn die Familie, die sie früher ausgestoßen hatte, tagsüber abwesend war, kam sie in deren Hof zurück. Zusammen mit ihren Nachkommen fraß sie Mais, Hirse und alles weg, was im Hof lag. Nachdem es keine Hühner mehr im Dorf gab, konnte sich die Familie dies nicht erklären. Eines Tages aber versteckte sich einer der Hausbewohner, um zu sehen, welche Hühner regelmäßig einen solchen Schaden anrichteten. Wie gewohnt tauchte die einbeinige Henne mit ihren Küken auf und fraß alles. Plötzlich brach der Hausbewohner aus seinem Versteck hervor und fing die Henne und ihre Nachkommen ein. Er erkannte die damals ausgestoßene Einbeinige wieder und staunte darüber, daß sie so viele gesunde Küken hatte. Er flehte die Henne an, samt ihren

Küken aus dem Busch zurückzukehren und wieder im Familienhof zu wohnen. Die Henne aber sagte: „Ihr habt mich damals wegen meiner Behinderung ausgestoßen. Wo ich nun bin, fühle ich mich wohl und glücklich. Dort möchte ich auch für immer bleiben."

Auch aus diesem Märchen geht hervor, daß das Individuum eine unveräußerliche Würde hat und daß es nicht wie ein nutzloses Ding weggeworfen werden darf. Das Individuum, selbst wenn es behindert ist, hat seine einmalige Stellung in der Gemeinschaft und wird zur Person durch andere Mitmenschen, wie auch diese durch es zu Personen werden. Die ausgestoßene und weggeworfene einbeinige Henne weist darauf hin, daß ein Mensch durch Gemeinschaft zugrunde gehen und ihm dadurch die Chance zur Personwerdung verwehrt werden kann. Erst in einer anderen Umgebung, in der sie voll akzeptiert und mit Liebe aufgenommen war, konnte sie diese neue Heimat auch bereichern. Das Märchen nämlich läßt vermuten, daß die Henne im Busch ohne Diskriminierung lebte; sie sah sich in diesem neuen Milieu als Henne voll anerkannt. So konnte sie sich trotz ihrer Behinderung voll entwickeln; ihr Henne-Sein kam nicht zuletzt dadurch voll zum Tragen, daß sie so viele Küken hatte. – Obwohl das Märchen von Menschen und Hühnern spricht, geht es letzten Endes nicht nur um das Verhalten der Menschen zur Tierwelt bzw. zum Kosmos, sondern die Bahema, die dieses Märchen erzählen, wollen vor allem die Achtung vor der Würde jedes einzelnen in der zwischenmenschlichen Beziehung unterstreichen.

Nicht nur die Märchen, sondern auch viele Sprichwörter und Redewendungen in Schwarzafrika erinnern an die Würde der einzelnen in der Gemeinschaft. Da die afrikanischen Gemeinschaften auf ihre Mitglieder zählen müssen, um überleben zu können, wird die Stellung des Individuums vielleicht am deutlichsten in den Sprichwörtern und Redewendungen, die das Arbeitsethos betreffen. Es wird oft betont, daß das Individuum zunächst auf sich selbst vertrauen müsse, bevor es sich an die Gemeinschaft oder Gruppe wendet. Ein Sprichwort bei den Bashi sagt denn auch: „Ein schlauer bzw. weitsichtiger Mensch vermehrt sein Getränk (Bier) durch Wasser."[90] Dies bedeutet, daß ein arbeitsamer Mensch, der alles versucht, immer einen Weg finden wird, um sein Vermögen aufrechtzuerhalten. Er muß diesen Weg aber zuerst selber finden und gehen. Bevor man der Familie oder der Gemeinschaft qua Gemeinschaft hilft, muß man wissen, daß dies nur durch die Bemühungen aller möglich ist. Wer arbeitet um zu besitzen, kann ja auch besser helfen. Um dieses Ziel zu erreichen, das heißt, um sich um eigenen Besitz bemühen

---

[90] Vgl. *Kagaragu Ntabaza*, Emigani 7, Nr. 55: „Aga nyandumà mishi gagayunjuliza."

zu können, muß jeder wissen, daß er nicht automatisch auch das Recht auf das Vermögen seiner Angehörigen besitzt. Eine Swahili-Redewendung sagt: „Das Vermögen eines Onkels [= der Bruder der Mutter] gehört weder dem Neffen noch der Nichte."[91] Gemeint ist, daß das Vermögen eine höchst persönliche Arbeit voraussetzt. Von der Gemeinschaft kann man nicht alles erwarten. Jedes Mitglied hat seinen Beitrag zu leisten. Daher sagt diese andere Swahili-Redewendung: „Wenn du Erdnüsse haben möchtest, bemühe dich um eine (Röst-)Pfanne."[92] Das Vertrauen aufs eigene Ich wird auch bei den Baganda nachdrücklich unterstrichen. Da heißt es beispielsweise: „Was du selber gesät hast, ist besser als ein ‚gib mir ein Stück von Deinem'."[93] Ferner sagen die Baganda: „Das Wasser, das man durch Betteln erhält, kann nicht den Durst stillen."[94] Ein Mensch, der ständig bettelt bzw. von der Hilfe anderer lebt, obwohl er in der Lage wäre, eigenständig zu arbeiten, wird als erwachsener Mensch betrachtet. Er ist dann auch unfähig, eine Familie zu gründen, egal ob es sich um einen Mann oder eine Frau handelt. Dies zeigt sich am offenkundigsten bei der Polygynie: Ein Mann kann nur dann mehrere Frauen heiraten, wenn er über das nötige Vermögen verfügt und gewillt ist, mitzuarbeiten, damit alle sich wohl fühlen. Ein Mann, der die vor allem materiellen Sorgen den Ehefrauen überließe, setzte sich dem Spott der afrikanischen Gesellschaft aus. Umgekehrt fände eine faule Frau keinen Ehemann. Um die Kinder und Jugendlichen von allem Anfang an auf diese Wirklichkeit vorzubereiten, wird an das Sprichwort erinnert: „Der Abwehrstock bei deinem Nachbarn kann nicht den Leoparden von dir abhalten."[95] Das Problem von ‚selfreliance' betrifft aber nicht nur den Bereich des Arbeitsethos, sondern wird in allen existentiellen Fragen vor Augen geführt. Ein Sprichwort bei den Bahema bringt dies klar zum Ausdruck, wenn es heißt: „Jeder muß seine Füße fragen."[96] Wörtlich bedeutet dieses Sprichwort, daß bei Gefahr niemand anderer an deiner Stelle laufen kann; du mußt dich selbst auf die Füße machen und dich selber in Sicherheit bringen. Damit wollen die Bahema unterstreichen, daß jeder im Leben versuchen muß, selbständig zu werden. Erst wenn jemand versucht, er selber zu werden, können auch andere Menschen ihm helfen, den Selbstwerdeprozeß zu Ende zu führen. Nichts anderes wollen die Baganda mit dem Sprichwort sagen:

[91] Vgl. *Taabu Sabiti*, Proverbes 138, Nr. 30: „Mali ya mjomba si ya mwipwa."

[92] Vgl. a.a.O. 134, Nr. 3: „Ukipenda karanga (‚kalanga'), upakatie gae."

[93] Vgl. *J.C. Katongole*, Ethos Transmission 303: „Ke werimidde: kakira ‚mbegeraako'."

[94] Vgl. a.a.O. 306: „Mazzi masabe: tegamala nnyonta."

[95] Vgl. a.a.O. 307: „Omuggo oguli ewa munnó: tegugoba ngo."

[96] Ndjale adhuri nikotso.

„Wenn ein Haar in der Nase kitzlig wird, reiß es selbst raus."[97] Oder:
„Ein gefangenes Tier, das sich nicht bemüht, sich aus der Falle zu befreien, wird sterben."[98] Beide Male wollen die Baganda sagen, daß niemand anderer die kritische Lage eines Menschen besser einschätzen kann, als er selber. Besser als alle anderen weiß er, wo und wie es weh tut und mit welchem Engagement man sein Problem lösen könnte. Er ist ja am stärksten betroffen und soll es als allererster wagen, die Verantwortung für seine Situation zu übernehmen. In sozialethischer Sprache muß man hier vom Subsidiaritätsprinzip sprechen, das auch im afrikanischen Kontext vor der Solidarität ansetzen muß, es sei denn, daß das Individuum wiederum im Namen der Subsidiarität Hilfe braucht, um aber dann eigenständig weiterfahren zu können. Mit all dem Gesagten ist also festzustellen, daß die afrikanische Ethik zwar keinen Individualismus fördert, aber daß sie andererseits auch entschieden gegen ein unkritisches Mitläufertum ist. Ein Sprichwort drückt dies unmißverständlich aus: „Wer sagt, laß mich dort springen, wo mein Bruder oder mein Freund gesprungen ist, begibt sich in die Gefahr, tief in den Schlamm hineinzufallen."[99] Um dem Mitläufertum vorzubeugen oder es abzuwenden, muß man sich um jedes Gemeinschaftsmitglied *individuell* kümmern. In diesem Sinn heißt es bei den Bashi: „Um einen Lügner zu korrigieren, muß man ihn mit einer bestimmten Aufgabe betrauen."[100] Hier geht es nicht um die Lüge als solche, aber gemeint ist die Erziehung des einzelnen zur höchst persönlichen Verantwortung, damit er sich alles gut überlegt, bevor er handelt.

Wenn man das bisher Gesagte gründlich bedenkt, dann ist ein oft gegen das afrikanische Gemeinschaftsdenken erhobene Vorwurf erheblich zu nuancieren. Dieser Vorwurf erweckt ja nicht selten den einseitigen Eindruck, als ob die Gemeinschaftssolidarität in Schwarzafrika zwangsläufig zur Auflösung der individuellen Identität führen würde. Zugegebenermaßen ist die Gefahr nicht zu übersehen, daß die Gemeinschaft das Individuum unter Druck setzen und zum ‚Mitläufertum' zwingen könnte und oft auch zwingt. Es muß aber immer – wie im Christentum auch – zwischen Ideal und menschlichem Versagen unterschieden werden. Das ‚Unter-Druck-Setzen' oder das ‚Zum-Mitläufertum-

---

[97] Vgl. *J.C.* Katongole, Ethos Transmission 307: „Olwoya lwo mu nnyindo, olweggya wekka."
[98] Vgl., a.a.O. 308: „Kateyanira: kafa omutego."
[99] Vgl. ebd.; „‚Kambuukire baaba (munnange) w'abuukidde': kwe kuywa mu ntubiro."
[100] Vgl. *Kagaragu Ntabaza*, Emigani 119, Nr. 924: „Erhi omuntu anywerha, omurhume."

Zwingen', das in Schwarzafrika beobachtet und zu Recht an den Pranger gestellt wird, entspricht keineswegs dem ethischen Ideal der afrikanischen Gemeinschaften. Mit anderen Worten: Das Versagen ist nicht ein dem Afrikanischen inhärentes Geschehen, das einfach widerspruchslos gutgeheißen wird. Das bedeutet letzten Endes aber, daß die afrikanische Tradition die Dynamik besitzt, auch die gerade unter Berufung auf diese Tradition auftretenden Mißbräuche zu überwinden. Dann aber gilt folgendes: Die Gemeinschaft verwickelt sich in Widerspruch und richtet sich selbst zugrunde, wenn sie die Identität des Individuums mißachtet und auflöst. Der einzelne kann die Gemeinschaft nur dann bereichern, wenn er von den einzelnen Mitgliedern zur Person gemacht wird, damit auch er sich wiederum an dem Personwerdeprozeß dieser einzelnen beteiligen kann. In dieser Prozeßhaftigkeit ist niemand ersetzbar; die Individuen sind nicht verwechselbar. So entspräche es dem afrikanischen Menschenbild sicher nicht, wollte man etwa die *Klonierung* – um ein aktuelles Beispiel zu nennen – dazu benutzen, die afrikanische, viel gepriesene Ahnenerfahrung zu vergegenwärtigen. Man könnte tatsächlich meinen, daß gerade die Klonierung den Afrikanern deswegen zugute käme, da sie dadurch ihre bedeutenden Vorfahren festhalten könnten, die nun in der Lage wären, den Nachfahren ihre Weisheit und Lebenserfahrung weiterzugeben. Eine solche Auslegung der afrikanischen Tradition käme einem Mißbrauch gleich. Sie würde nämlich bedeuten, daß die Individualität der einzelnen in der afrikanischen Ethik irrelevant sei. Ein klonierter Mensch kann einen Ahnen überhaupt nicht ersetzen. Der Ahn ist einer, der eigene Erfahrungen gemacht hat, die sich nicht rein biologisch vermitteln lassen. Er ist einer, der nicht einfach biologisch bedingte Potentialitäten weitertradiert. Nach dem afrikanischen Personenverständnis ist ein Ahn ein Mensch, der immerfort und über den Tod hinaus zur Person werden soll. Es sind die lebendigen Beziehungen, die er mit den Nachfahren aufrecht erhält, die seine Identität und Persönlichkeit weiter formen. Anamnetische Erfahrungen, die seine Nachkommen von ihm bereichernd erhalten, sind zukunftsweisend, aber eben nicht erst von der Zukunft her erwartbar. Der klonierte Mensch, der sein Erbe rein biologisch empfangen hat, besitzt auch nicht mehr die Möglichkeit, sich mit jenen Menschen auszutauschen, denen die Vorfahren ihre ganze Weisheit und Erfahrung verdanken. Er weiß nicht um das Woher und Wohin dieser Weisheit und Erfahrung. Aus afrikanischer Sicht würden eine rein biologische, nicht dialogal in der Gemeinschaft beheimatete Weisheit und Erfahrung in die Sackgasse führen. Aufgrund ihrer Wurzellosigkeit in der lebendigen Gemeinschaft bedeuteten sie auch Verarmung des Menschengeschlechts.

Mit der hier angesprochenen Frage hinsichtlich der Ahnen wird unmittelbar auf den folgenden Punkt hingewiesen, der mit der religiösen Dimension in der afrikanischen Ethik zu tun hat.

2. Gibt es in der afrikanischen Ethik Weltethos und Heilsethos?

Wie weiter oben gezeigt wurde, hat die Diskussion um die autonome Moral wesentlich mit der Unterscheidung zwischen Weltethos und Heilsethos zu tun. Alfons Auer definiert beide Begriffe wie folgt: „Unter *Weltethos* verstehen wir das Gesamt der aus der Sachordnung der einzelnen menschlichen Lebensweise sich ergebenden Verbindlichkeiten."[101] Bei der Definition des zweiten wichtigen Begriffes heißt es: „Unter *Heilsethos* fassen wir das Gesamt jener Verbindlichkeiten, durch die die Abhängigkeit des Menschen von Gott und seine Gemeinschaft mit Christus ausdrücklich verifiziert werden [...]."[102] Damit meint Auer, daß hier nicht die Hinwendung zur Welt, „sondern die Unmittelbarkeit zu Gott im Vordergrund steht."[103] Die Unterscheidung zwischen Weltethos und Heilsethos darf freilich nicht als ‚Dualismus‘ mißverstanden werden. Auer spricht von ‚Dualität‘, die darauf hinweist, daß es keinen Gegensatz zwischen den genannten Begriffen gibt.[104] Ähnliches läßt sich von der Unterscheidung zwischen ‚kategorial‘ und ‚transzendental‘ bei J. Fuchs sagen.[105] Dabei bemerkt Auer aber, daß der Begriff ‚kategorial‘ im Sinn von Fuchs sich mehr auf *Tugend-* und *Wertlehre* bezieht, während ‚Weltethos‘ eher induktiv bzw. von den durch Erfahrung erlangten Einsichten zu verstehen ist.[106] Es ist auf jeden Fall offenkundig, daß die hier genannten Autoren keinen Gegensatz zwischen Weltethos und Heilsethos sehen; wissen sie doch als Theologen, daß die Gnade die Natur voraussetzt: *Gratia supponit naturam, gratia perficit naturam.* Trotz dieser Zuordnung von Natur und Übernatur werden die beiden Realitäten doch als zwei verschiedene Entitäten angesehen. Gerade aber deswegen besteht hier ein wichtiger Unterschied zwischen der okzidentalen Sicht und der schwarzafrikanischen Anthropologie. Dies soll im folgenden kurz zur Sprache kommen, woraus einige Konsequenzen für eine christlich-afrikanische Ethik gezogen werden können.

---

[101] A. *Auer*, Autonome Moral 185.
[102] Ebd.
[103] Ebd.
[104] Vgl. a.a.O. 186.
[105] Vgl. J. *Fuchs*, Gibt es eine unterscheidend christliche Moral? 101–116.
[106] Vgl. A. *Auer*, Autonome Moral 186.

a) Die afrikanische Ethik ist weder säkular noch religiös

Nach dem afrikanischen Verständnis geht es nicht an, den Menschen entweder als nur weltlich oder als nur religiös zu definieren. Er ist nämlich beides in einem. Mit anderen Worten: Wo eine der beiden Dimensionen fehlt, kann nicht mehr vom Menschen qua Mensch die Rede sein. Das bedeutet zugleich, daß man nicht von Autonomie und Theonomie im okzidentalen Sinn sprechen kann. Einige Beispiele lassen dies deutlich werden.

Betrachtet man etwa das politische Leben, dann geht es nicht nur um den Bereich des Irdischen, sondern es umfaßt ebenso wesentlich das unsichtbare Leben im Jenseits. Eine politische Verwaltung, die das Leben der Verstorbenen vergäße, ist in Afrika südlich der Sahara undenkbar. Es wurde ja schon weiter oben darauf hingewiesen, wie etwa das Palaver, das auch das politische Leben bestimmt, Bezug auf die Ahnen nimmt. Hierbei handelt es sich nicht nur um deren vergangene Lebenserfahrungen, sondern sie werden als gegenwärtig Lebende und Teilnehmende mit einbezogen. So ist die abschließende Versöhnungsfeier ohne Erwähnung und Präsenz der Ahnen undenkbar. Es ist auch schon oft betont worden, daß der König oder Häuptling seine Funktion nur in Verbindung mit der unsichtbaren Welt ausüben kann. Er ist das Bindeglied zwischen schon Verstorbenen und noch irdisch Lebenden, zwischen den Ahnen und seinem Volk. Die Amtseinführung eines Königs oder eines Häuptlings ist nicht nur eine weltliche, sondern zugleich eine religiöse Angelegenheit. Was also einer politischen Autorität Konsistenz verleiht, ist sowohl die Unterstützung des zu regierenden Volkes als auch die der Ahnen. Vermittelt ein König oder ein Häuptling nicht mehr die Lebenskraft, so verachtet er die Ahnen oder wird ihrem Anliegen nicht mehr gerecht und schadet der gesamten Gemeinschaft in ihrer Tridimensionalität der Lebenden, der Toten und der Noch-nicht-Geborenen. Im Namen der Ahnen muß ein solcher König oder Häuptling durch das Volk abgesetzt werden.[107] Gerade auch in diesem Sinn waren die Mitglieder des Ältestenrates etwa in Burundi – die Bashingantahe – durch eine öffentliche Weihe legitimiert, damit sie ihr Amt effizient und als Teilnehmende an der Ahnenautorität neben dem König ausüben konnten.[108] – Erst wenn man sich all dies vergegenwärtigt, begreift man, warum an vielen Orten das Volk sich zumindest passiv den durch die Kolonialpolitik eingesetzten Chefs widersetzt hat. Sie haben ja nicht dieselbe Stellung und

---

[107] Vgl. *B. Bujo*, The Ethical Dimension 157–180.
[108] Vgl. ebd.

denselben Rang wie in der Tradition. Ihnen fehlt nämlich eine der wesentlichsten Dimensionen, die religiöse, die ihnen sowohl von den Ahnen als auch vom Volk her zukommt. Ein nach dem westlichen Modell eingesetzter Chef ist überhaupt nicht in der Lage, dem Volk das Leben in Fülle zu vermitteln.[109] Die Frage ist also berechtigt, ob die heutige politische und sozio-ökonomische Krise in Schwarzafrika nicht zumindest teilweise mit der Mißachtung der traditionellen Autoritätsausübung zusammenhängt. Das heute nach dem euro-amerikanischen Modell konzipierte politische Leben zerstückelt den Menschen derart, daß es das Religiöse als einen völlig abgetrennten Bereich erscheinen läßt. Die Politiker und Politikerinnen haben nur noch das Geld und eine völlig säkularisierte Macht vor Augen. Nicht zuletzt weisen auch die Bürgerkriege der jüngsten Zeit in Schwarzafrika in diese Richtung, nämlich auf den Verlust des Religiösen. Der Genozid etwa, so wie er in Rwanda geschehen ist, war in der genuin afrikanischen Tradition nicht möglich. Das Palaver und die Versöhnungsriten im Namen der Ahnen sorgten dafür, daß man das Schlimmste verhütete und wieder in Frieden lebte.

Die Einheit von ‚profan‘ und ‚sakral‘ wird auch in der Ehemoral deutlich. Es ist kaum übertrieben zu sagen, daß alle Studien über die Ehe in Afrika unermüdlich darauf aufmerksam machen, daß das Religiöse mit zur Grundlage des Zusammenlebens von Gatte und Gattin gehört. Oder anders gewendet: Ohne die Miteinbeziehug von Gott und den Ahnen kann eine Ehe nicht zustande kommen. Daher spielt ja die Anrufung der jenseitigen Welt eine wesentliche Rolle während des ganzen Eheprozesses und danach.[110] Gerade weil die Ehe so konzipiert ist, wird sie nicht als Vertrag, sondern als Bund betrachtet. Sie ist nicht nur eine simple irdische Konvention und Institution, sondern sie bindet Mann und Frau in eine Gemeinschaft ein, die über den Tod hinausgeht. Ihre bindende und bundliche Kraft überdauert also selbst den Tod. Die Mißachtung dieser Tatsache durch die westliche Eheform hat dazu geführt, daß afrikanische Nichtchristen zweimal – traditionell und standesamtlich – heiraten, während die Christen die Ehe sogar dreimal – traditionell, zivil und kirchlich – feiern. Dabei gilt für die Menschen in Afrika, daß allein die traditionelle Trauung die Ehe stiftet. Hier muß gerade auch die Kirche darauf achtgeben, daß im Zug des heutigen Globalisierungsprozesses die fremden Kulturen nicht nivelliert werden. Denn die

---

[109] Vgl. *P. Tempels*, Bantu-Philosophie 63.

[110] Vgl. *B. Bujo*, The Ethical Dimension 93–98; *J.S. Mbiti*, African Religions 133–148; *V. Mulago*, Mariage traditionnel africain et mariage chrétien, Kinshasa 1981. Vgl. auch die kurz vor dem Abschluß stehende Dissertation von *H. Mitendo Nkelenge*, Mariage contrat ou mariage alliance. Pour une éthique matrimoniale africaine.

christlich sakramentalen Ehen etwa werden erst dort ernstgenommen, wo das Christentum die afrikanische Religiosität als Bestandteil des Menschen akzeptiert. Noch ein drittes Beispiel macht das Problem der inneren Zugehörigkeit von ‚weltlich' und ‚religiös' deutlich. Es ist der Bereich der afrikanischen Medizin, wie dies schon weiter oben zur Sprache kam. Im Zusammenhang mit dem Palaververfahren wurde hervorgehoben, daß die Medizin im traditionellen Afrika den Menschen in seiner Ganzheitlichkeit in den Blick nimmt. In der Tat sprechen die Menschen dort von ‚Lebenskraft', die sich nicht nur biologisch, sondern zugleich und grundsätzlich ‚spirituell' vollzieht. Die Heilungspraxis kann deswegen das Spirituelle und Seelische nicht als ‚sekundär' behandeln. Das ‚physische' Übel ist meistens der Kristallisationspunkt des Unsichtbaren in der Gemeinschaft. Mit anderen Worten: Viele Konflikte in der Gemeinschaft, in ihren beiden Dimensionen der Lebenden und der Toten, führen zur Gesundheitsverschlechterung, die sich schließlich ‚biologisch' äußert. Deshalb gibt es im traditionellen Afrika keine echte Heilung ohne Versöhnungsriten, die sowohl die sichtbare als auch die unsichtbar-jenseitige Gemeinschaft mit einschließen, wobei zu letzterer durchaus auch Gott zählt.[111]

Die in den drei Bereichen – Politik, Ehe, Medizin – aufgeführten Beispiele wollen auf einen intrinsischen Zusammenhang zwischen ‚weltlich' und ‚religiös', ‚profan' und ‚sakral' aufmerksam machen. So betrachtet ist es in Schwarzafrika nicht möglich, von der ‚Autonomie des Sittlichen' im Sinn von ‚Eigenständigkeit', oder der vom Religiösen zu unterscheidenden Schöpfung zu sprechen. Es geht um eine einzige Welt, die nicht zuerst profan und dann religiös ist, sondern sie ist beides in einem. Es ist interessant, diese Gedankenlinie beispielsweise in der mittelalterlichen Theologie, insbesondere bei Thomas von Aquin, zu beobachten. Dies ist, worauf etwa ein Henri de Lubac eindringlich hingewiesen hat.[112] Es handelt sich um die thomanische Lehre vom *desiderium naturale videndi Deum*. In unserem Zusammenhang würde eine ausführliche Darstellung dieser Problematik zu weit führen. Es sei im folgenden lediglich auf das Wesentliche hingewiesen. Die Lehre vom *desiderium naturale videndi Deum* gründet in der einen, nicht zu zerstückelnden Heils-

---

[111] Vgl. *B. Bujo*, Krankheit und Gemeinschaft 9–25.

[112] Vgl. *H. de Lubac*, Surnaturel. Études historiques, Paris 1946. Das Buch ist 1991 neu aufgelegt worden, mit einem Vorwort von M. Sales, der auch die neue Ausgabe vorbereitet hat. Alle lateinischen und griechischen Ausdrücke der ersten Auflage werden ins Französische übersetzt. Vgl. auch zu de Lubac: *A. Vanneste*, Saint Thomas et le problème du surnaturel, in: *ders.*, Nature et grâce dans la théologie occidentale. Dialogue avec H. de Lubac, Leuven 1996, 161–183.

geschichte, die ihren Anfang mit der ‚creatio' nimmt und in Christus ihren Höhepunkt erreicht. Diese Konzeption liegt ja der *Summa Theologiae* des Thomas von Aquin zugrunde. Die lange Diskussion um dieses Werk nämlich hat gezeigt – darauf wurde schon weiter oben kurz hingewiesen –, daß der Aquinate es nach dem *Egreß-Regreß-Schema* (exitusreditus) entwirft.[113] Vereinfachend läßt sich sagen, daß Thomas im ersten Teil von der Wirkursache spricht, während der zweite Teil der Zielursache gewidmet ist. In Teil drei ist dann von Christus, dem Erlöser die Rede.[114] Otto Hermann Pesch hat das Ganze treffend wie folgt auf den Punkt gebracht: „Von Gott durch die Welt zu Gott in Christus – dem Gekreuzigten."[115] Nach Pesch markiert die Hinzufügung ‚dem Gekreuzigten' die Zäsur zur *IIIa Pars*.[116] Das Problem des *desiderium naturale* ist an sich in diesem thomanischen Egreß-Regreß-Schema schon grundgelegt. Es ist das *exitus-reditus-Schema*, nach dem die von Gott ausgehenden Geschöpfe wiederum zu ihm als ‚principium et finis' zurückkehren.[117] Speziell was den Menschen anbelangt, ist das Verhältnis zwischen ihm und Gott das einer *imago* zum *exemplar*,[118] in dem schließlich erstere ihre Vollendung findet. Für Thomas ist also die Sehnsucht nach der Gottesschau, in der der Mensch endgültig zur Vervollkommnung gelangt, eine Schöpfungsnotwendigkeit. Der Aquinate geht davon aus, daß der menschliche Intellekt auf der Suche nach dem *quid sit* (Washeit) zugleich nach der *visio beatifica* trachtet, in der das Wesen Gottes in der ewigen Kontemplation bewundert wird. Diese Gottesschau aber läßt sich nicht in diesem Erdenleben, sondern erst im Jenseits verwirklichen. Die entscheidende Frage ist jedoch, ob die Sehnsucht des Menschen nach Gottesschau sich unbedingt erfüllt. Diese Frage wird von Thomas mit der Begründung bejaht, daß es unmöglich sei, daß ein natürliches Verlangen zur Sinnlosigkeit verurteilt werde, da die Natur nichts vergeblich tue: „Impossibile est naturale desiderium esse inane: *natura enim nihil facit frustra*."[119] Zu Ende gedacht heißt dies, daß es absurd wäre und der Weisheit Gottes unangemessen, dem Menschen die Sehnsucht nach etwas einzusenken, das niemals erreicht werden kann. Das philosophische Argument hierzu lautet bei Thomas, daß jedes Ding insoweit vollkommen ist, „als es an seinen Ursprung heranreicht". Der ge-

---

[113] Vgl. *O.H. Pesch*, Theologie der Rechtfertigung 924.

[114] Vgl. *M. Seckler*, Das Heil in der Geschichte 37ff.

[115] *O.H. Pesch*, Theologie der Rechtfertigung 929, Anm. 51.

[116] Vgl. ebd.

[117] Vgl. STh I q. 1 a. 3 ad 1.

[118] Vgl. STh I-II Prol.

[119] SCG II c. 55 n. 1309.

schaffene Geist findet nach dem Aquinaten „seine höchste Vollendung in dem, was für ihn die Quelle des Seins ist."[120] Es bleibt aber nicht bei einer rein philosophischen Begründung, denn schöpfungstheologisch stammt der Mensch unmittelbar von Gott, ja er ist sogar Ebenbild Gottes. Dann aber erlangt er seine Vollkommenheit (beatitudo perfecta) erst, wenn er zu seinem Schöpfer zurückkehrt und ihn von Angesicht zu Angesicht anschaut. Indes muß man sich davor hüten, Thomas zu unterstellen, er habe die Gnade bzw. die *visio beatifica* auf das Natürliche reduziert. Im Gegenteil sagt er unmißverständlich: „Videre autem Dei substantiam transcendit limites omnis naturae creatae" – „Gottes Substanz aber zu schauen übersteigt die Grenzen jeder geschaffenen Natur."[121] Trotzdem muß mit allem Nachdruck betont werden, daß Thomas keinen Gegensatz zwischen der Ungeschuldetheit der Gnade und dem *desiderium naturale* sieht. Denn Gott verwirklicht und führt jedes Geschöpf nach seiner Fähigkeit und ‚Potentialität' zur Vollendung.[122] So gesehen ist zu sagen, daß die Gnade die Natur voraussetzt. In der Natur gibt es schon eine gewisse Empfänglichkeit für die Gnade – *aptitudo ad gratiae susceptionem*.[123] Selbst die Sünde vermag diese ‚susceptio' nicht völlig zu zerstören.[124] Im Hinblick auf die Grundkonzeption des Thomas ist es sicher falsch, die hier vertretene Lehre mit der sogenannten *potentia oboedientialis* erklären zu wollen. Dies entspricht nicht dem, was der Aquinate mit seiner Lehre vom *desiderium naturale videndi Deum* meint. Die *potentia Dei absoluta*, die zur *potentia oboedientialis* führt, heißt doch, daß Gott in einem Geschöpf eine völlig ungeahnte Potentialität wachruft, mit der es ein in seiner Natur völlig ungeahntes Ziel erreicht. Dies träfe dann zu, wenn Gott etwa einen Stein, eine Pflanze oder ein Tierwesen zur ewigen Schau in der Glückseligkeit erheben würde. Die *visio beatifica* in der thomanischen Lehre ist aber nicht eine völlig ungeahnte Potentialität im Menschen. Es ist dann nur konsequent, wenn Thomas es ablehnt, die Rechtfertigung eines Sünders als Wunder zu bezeichnen: „[...] iustificatio impii non est miraculosa."[125] Begründet wird diese Aussage damit, daß die Seele *naturaliter gratiae capax* sei, d.h. sie

---

[120] STh I q. 12 a. 1c; Übers. nach DThA Bd. 1, 207.

[121] SCG III c. 52 n. 2295. Die Übers. ist von *K. Allgaier*, Thomas von Aquin, Summe gegen die Heiden, Bd. 3, Teil 1, hrsg. und übersetzt von *Karl Allgaier*. Lateinischer Text besorgt und mit Anmerkungen versehen von Leo Gerken, Darmstadt 1990. Die hier nach dem Kapitel hinzugefügte Nummer ist von der Marietti-Ausgabe.

[122] Zum Ganzen auch im folgenden vgl. *B. Bujo*, Die Begründung des Sittlichen 108–122.

[123] Vgl. De Malo q. 2 a. 11c und ad 14.

[124] Vgl. De Malo q. 2 a. 12.

[125] STh I-II q. 113 a. 10c.

ist aufgrund ihrer Gottebenbildlichkeit gottfähig durch die Gnade.[126] Im Klartext heißt dies wiederum, daß das Trachten nach Gott schon in der Schöpfung selbst grundgelegt ist, so daß die Gnade es schließlich zur Erfüllung bringen kann.[127] Noch einmal: Von sich aus kann die Seele, trotz ihres natürlichen Verlangens, nicht zur Gnade vordringen. Sobald jedoch Gott die Gnade schenkt, entspricht sie einer natürlichen Fähigkeit, die der Seele in der Schöpfung so eingeprägt wurde. Der Mensch bleibt auch hier Mensch, wie Thomas Deman es ausdrückt, „er bleibt in seiner menschlichen Natur vervollkommnet, wenn er die Rechtfertigung erlangt."[128] – Die vom Aquinaten vertretene Grundthese ähnelt dem schwarzafrikanischen Menschenbild. Wenn man sich konsequent an sie hält, ist es möglich, eine ‚Stockwerkmoral' (Zwei-Stocktheologie) zu vermeiden, die Natur und Übernatur als zwei ‚etagenhafte' Realitäten sehen würde. Das Zweite Vatikanum deutet in diese Richtung, wenn die Pastoralkonstitution *Gaudium et spes* von der *integralen Berufung des Menschen* spricht.[129] Hier zeigt sich die Überzeugung, daß der Mensch ganzheitlich zu sehen ist; der Mensch, der zur Teilnahme am Göttlichen berufen ist, ist derselbe, der sich in diesem Erdenleben ehrlich um die irdischen Wirklichkeiten bemüht. In all dem geht es um denselben Menschen, der den einen Gott zu erreichen versucht. Dies ist eigentlich auch die Lehre des Thomas, für den die *visio beatifica* (aufgrund des *desiderium naturale*) das einzige naturbedingte Ziel des Menschen darstellt.[130] Es muß allerdings mit Alfred Vanneste darauf hingewiesen werden, daß manche Formulierungen bei Thomas einer gewissen Zweideutigkeit nicht ganz entbehren.[131] So spricht der Aquinate von einer „duplex hominis beatitudo seu felicitas"[132]. Auch betont er einen „duplex veritatis modus"[133]. Für die Glaubenswahrheit, die über die menschliche Erkenntnis hinausgeht, wird ein „novum lumen superadditum" benötigt.[134] Ein weiteres Beispiel ist der Tugendtraktat in STh IIa Pars, in dem ganz klar zwischen göttlichen Tugenden und anderen Tugenden unterschieden wird, die im Rahmen der natürlichen Fähigkeit liegen. Die Rede ist bei

---

[126] Vgl. ebd.
[127] Vgl. eine differenziertere Darstellung bei B. *Bujo*, Die Begründung; *Th. Deman*, Kommentar, in: DThA Bd. 14, 416.
[128] *Th. Deman*, ebd.
[129] Vgl. GS 11.
[130] Vgl. den Kommentar bei A. *Vanneste*, Saint Thomas 142.
[131] Vgl. a.a.O. Anm. 34.
[132] STh I-II q. 62 a. 1; vgl. a.a.O. q. 5 a. 5.
[133] SCG I c. 3 n. 14.
[134] In Boet. de Trin. q. 1 a. 1.

Thomas ferner von *virtutes aquisitae* und *virtutes infusae*.[135] Alfred Vanneste hat nachdrücklich darauf hingewiesen, daß die Rede von ‚*duplex*' bei Thomas eine derartige Ambiguität hervorruft, daß der Aquinate eigentlich schon das gesamte Material für die dualistische Unterscheidung ‚Natur' und ‚Übernatur' bereitgestellt hat, die später massiver betrieben wird.[136] Thomas habe die Birne (la poire) entzweit; denn einerseits spreche er von natürlicher Erkenntnis und natürlichem Handeln im Menschen, andererseits aber betone er den übernatürlichen Glauben und die Caritas, für die der Mensch das *lumen superadditum* und das *auxilium superadditum naturalibus* brauche. Damit mache der Aquinate das Natürliche unabhängig vom Übernatürlichen, wiewohl er nicht in den Pelagianismus zurückfalle. Außerdem mache er den Glauben zur *scientia infusa supernaturalis*, die jene Wahrheiten zum Gegenstand hat, welche nichts mit der menschlichen Erfahrung (expérience humaine) zu tun haben und die in der Logik dieses ‚Systems' als unmittelbar vom Himmel herabgefallen betrachtet werden müssen.[137] – Es mag stimmen – und Vanneste hat es aufzuzeigen versucht –, daß die spätere Entwicklung in der *thomistischen* (nicht thomanischen) Theologie durch die ‚duplex-Theorie' bei Thomas zur dualistischen Lehre von ‚Natur' und ‚Übernatur' geführt hat. Allein, die so auf die Spitze getriebene Unterscheidung trifft die Grundthese des Aquinaten nicht. Schon seine Lehre zur Heilsökonomie, die mit dem Egreß-Regreß-Schema beschrieben wurde, verbietet die Unterstellung, Thomas sei der Vater der den Menschen entzweienden Lehre von Natur und Übernatur. Wo er von *superadditum naturalibus* spricht, behauptet er nicht, daß dies wider die menschliche Natur sei. Es geht immer darum zu fragen, wie der Mensch das natürliche *capax Dei* und das *desiderium naturale videndi Deum* erreichen kann. Das *superadditum* macht ihn also nicht zum ‚Übermenschen', sondern vollendet ihn. In seiner Studie zur Tugend bei Thomas sagt Eberhard Schockenhoff richtig: „Eine Thomas in der ganzen Weite seines theologisch-ethischen Fragens gerecht werdende Interpretation wird davon ausgehen müssen, daß beide Weisen der ‚*virtus moralis*', die durch den Menschen in eigenem Einsatz erworbene und die ihm von Gott umsonst geschenkte, auch der Sache nach [...] unverzichtbar und in ihrer Ordnung unersetzbar [...] sind, um das Gelingen menschlichen Handelns in allen seinen Dimensionen angemessen zu deuten."[138] Da der Mensch nur eine einzige Berufung hat, ist die übernatürliche Dimension

---

[135] Vgl. *E. Schockenhoff*, Bonum hominis 286ff.
[136] Vgl. *A. Vanneste*, Saint Thomas 174.
[137] Vgl. a.a.O. 181. Der Verf. bezieht sich u.a. auf In Boet. de Trin. q. 67 a. 1.
[138] *E. Schockenhoff*, Bonum hominis 290f.

kein Anhängsel, sondern sie gehört wesentlich zum echten Humanum. Die beatitudo-Lehre, in der Thomas von *beatitudo perfecta* und *beatitudo imperfecta* spricht, macht dies überdeutlich: Die eigentliche Glückseligkeit des Menschen ist in der Gottschau (visio beatifica).[139] Aus schwarzafrikanischer Perspektive betrachtet, kann der Grundthese des Thomas zugestimmt werden, insofern sie den Menschen nicht dualistisch, sondern einheitlich sieht. Die Methode jedoch ist grundverschieden von der afrikanischen Ethik. Wie schon weiter oben öfters betont, geht diese Ethik nicht von Natur oder Sein aus, sondern von der Gemeinschaft, die dazu angetan ist, in ihrer sichtbaren und unsichtbaren Dimension Leben zu spenden. Auch wird diese unsichtbare Dimension anders als bei Thomas thematisiert, so daß das afrikanische Menschenbild nicht viel mit dem thomanischen *superadditum* anfangen kann, das tatsächlich, wie Alfred Vanneste betont, zu Mißverständnissen führen kann und auch geführt hat. In der Diskussion um die autonome Moral etwa ist ohne eine eingehende Thomasstudie die Gefahr gegeben, das Christusmoment als eine ganz andere Dimension zu sehen, die in gewisser Diskontinuität – *superadditum* – zum Humanum stünde. Diese Frage stellt sich in der afrikanischen Ethik nicht, für die von Menschen nur im Gesamtbild von weltlich und religiös bzw. sakral gesprochen werden kann. Trotz der hier konstatierten Grundübereinstimmung mit Thomas scheint dessen Traktat zum menschlichen Gesetz doch einen mehr säkularen Weg einzuschlagen. Auffallend ist zunächst die Formulierung in STh II-II q. 140 a. 1c: „Leges autem humanae ordinantur ad aliqua mundana bona." Daher ist, wie Otto Schilling bemerkt, das Ziel des Staates das Gemeinwohl, das um die zeitliche Lage kreist: Ruhe, Frieden und dergleichen.[140] Weil Thomas das menschliche Gesetz im Bereich der *mundana* ansiedelt, kann man mit O.H. Pesch sagen, daß er dieses Gesetz nicht „theologisiert"[141]. In diesem Sinn gibt es für ihn keine ‚civitas Dei', und er argumentiert ‚a-theokratisch'. Ein Beispiel hierfür ist die Interpretation der alttestamentlichen Rechtssatzungen, die nicht im Namen des Alten Bundes weiterbestehen müssen; denn selbst wenn diese Rechtssatzungen sich auf Gott beriefen, die politische Zielsetzung ist heute entschieden anders. Nicht also die Heilsordnung, sondern die kon-

---

[139] Vgl. *B. Bujo*, Die Begründung des Sittlichen 93–136. Zu dieser ganzen Frage der Einheit bzw. Zerissenheit des Menschen bei Thomas vgl. neuerdings *O.H. Pesch*, Sünde und Menschsein bei Thomas von Aquin. Eine theologiegeschichtliche Meditation, in: *M. Thurner* (Hrsg.), Die Einheit der Person. Beiträge zur Anthropologie des Mittelalters. Richard Heinzmann zum 65. Geburtstag, Stuttgart 1998, 85–98, bes. 93ff.
[140] Vgl. *O. Schilling*, Die Staats- und Soziallehre des hl. Thomas von Aquin, Paderborn 1923, 59. Auch *B. Bujo*, Moralautonomie und Normenfindung 298.
[141] *O.H. Pesch*, Kommentar, in: DThA Bd. 13, 740.

krete gesellschaftlich-politische Ordnung – eben das heutige Gemeinwohl – ist entscheidend.[142] Daß der Aquinate das menschliche Gesetz nicht theologisiert, kommt auch dadurch zum Ausdruck, daß das menschliche Gesetz und auch der Staat nicht die Gesinnung vorschreiben können.[143] Selbst in den äußeren Dingen kann der Staat den Menschen nicht ohne Einschränkung zum Gehorsam zwingen. Eigentlich betrifft sein Gesetz disziplinäre Maßnahmen.[144] Letzten Endes soll der Staat nicht zum Hüter der Moral werden, denn durch das Gesetz kann er ja nicht alles bestrafen, wobei besonders an das *forum internum* gedacht wird.[145] Der Staat kann also manches erlauben, nicht weil er dem zustimmt, sondern weil er dadurch seine Ohnmacht dokumentiert.[146] In der Konkretisierung dieses Prinzips führt Thomas das Beispiel der einfachen Unzucht an, die ungestraft bleiben muß, obwohl sie „secundum divinum iudicium", sündhaft ist. Die Begründung hierzu lautet: „[...] das menschliche Gesetz verlangt vom Menschen nicht letzte Tugendhaftigkeit, die nur wenigen eignet und in einer solchen Menge Volkes, wie das menschliche Gesetz sie notwendig ertragen muß, nicht gefunden wird."[147] Die vom menschlichen Gesetz verhängten Strafen haben einen heilenden Charakter (*sunt magis medicinales*). Sie sind erst dann anzuwenden, wenn es um eine Verderbnis geht, das dem Gemeinwohl einen großen Schaden zufügen kann.[148] Es ist hier nicht die Aufgabe dieser Studie, den Traktat des menschlichen Gesetzes in aller Ausführlichkeit zu besprechen. Gezeigt werden sollte nur, daß der Aquinate in diesem Teil seiner Gesetzeslehre sich nicht konsequent an seine Grundthese der Einheitlichkeit der Berufung der Menschen gehalten hat. Der Unterschied zum schwarzafrikanischen ganzheitlichen Menschenbild ist darin am deutlichsten zu beobachten. Denn in der afrikanischen Ethik wird Recht und Moral nicht so unterschieden, daß das Weltliche bzw. die Politik und das Religiöse auseinanderfallen.[149] Außerdem sind Gesinnung und äußere Handlungen so miteinander verflochten, daß das Gesetz, welches das Gemeinwohl betrifft, für beides – das Innere und Äußere –

---

[142] Zum Ganzen vgl. *B. Bujo*, Moralautonomie und Normenfindung 299ff.

[143] Vgl. STh I-II q. 96 a. 3 ad 2; q. 100 a. 9.

[144] Vgl. STh I-II q. 104 a. 5c und *O. Schilling*, Die Staats- und Soziallehre 93f.

[145] Vgl. STh I-II q. 91 a. 4c; q. 98 a. 1c.

[146] Vgl. STh I-II q. 93 a. 3 ad 3.

[147] STh II-II q. 69 a. 2 ad 1. Übers. nach DThA Bd. 18, 251f.; vgl. auch STh II-II q. 78 a. 3 ad 2.

[148] Vgl. STh II-II q. 108 a. 3 ad 2.

[149] Vgl. *B. Bujo*, Die Frage nach der Entstehung von Moral und Recht aus nichtokzidentaler Sicht, in: *U. Fink/R. Zihlmann* (Hrsg.), Kirche – Kultur – Kommunikation. Peter Henrici zum 70. Geburtstag, Zürich 1998, 67–73.

relevant ist. Beide sind schließlich gerade von dieser Verflochtenheit von ‚weltlich' und ‚religiös' her zu begreifen und dulden keine Trennung. Mit anderen Worten: Das Gemeinwohl ist auch das, was mit der jenseitigen Gemeinschaft zu tun hat, wobei die Beziehung zu Gott ebenso mit eingeschlossen wird. An dieser Stelle soll aber kurz aufgezeigt werden, aus welcher kulturellen Perspektive eine christlich-afrikanische Ethik sich entwickeln ließe.

b) Grundzüge einer christlich-afrikanischen Ethik

In vielfacher Hinsicht wurde schon an anderen Orten auf diese Problematik von Christentum und afrikanischer Ethik eingegangen. Es kann sich hier also nur um eine grobe Skizze handeln. – Wer von einer christlich-afrikanischen Ethik sprechen will, darf die Einstellung des Menschen in Schwarzafrika zu Leben und Gemeinschaft nicht aus den Augen verlieren. Dabei werden beide Male sowohl die Vorfahren bzw. die Ahnen als auch Gott selbst mit impliziert. Das Leben, das von Gott kommt, wird nämlich von den Ahnen partizipiert, welche es der Gemeinschaft weitergeben. Wie dies aber seinerzeit gezeigt wurde, verfügen die Ahnen nicht in absoluter Weise über die Lebenskraft ihrer Nachfahren, sondern sie bedürfen letzterer, um auch im Jenseits in ständiger Interaktion mit der irdischen Gemeinschaft leben zu können.[150] Gerade auch so kommt die anamnetische Dimension des afrikanischen Denkens voll zum Tragen. – Nun kann man sich vorstellen, daß dieses Denken sich ohne weiteres mit dem christlichen Glauben in Verbindung bringen läßt. Dabei wird auch klar, daß dieser Glaube das schwarzafrikanische ganzheitliche Denken, in dem das Weltliche und Religiöse nicht auseinandergerissen werden, voll bestätigt: Es gibt nur *eine* Berufung des Menschen, die Gott zum Ziel hat. Mit anderen Worten: Das einheitliche Menschenbild, das in Afrika das Weltliche (Säkulare) und das Religiöse (Sakrale) zusammen sieht, ohne einen zur Verselbständigung führenden Unterschied zwischen Weltethos und Heilsethos zu machen, erfährt keineswegs ein ‚quantitatives *Mehr*' durch den christlichen Glauben, sondern eher ein ‚*qualitativ Anderes*', das aber in die gleiche Richtung weist und führt, welche schon in der afrikanischen Anthropologie vorzufinden und zu beobachten ist. Nimmt man beispielsweise die Idee von den Ahnen, auf die sich das ganze Denken und Handeln der Menschen in Afrika beziehen, dann wird eine christliche Theologie versuchen,

---

[150] Vgl. *B. Bujo*, Afrikanische Theologie.

143

Christus von diesem Modell her zu interpretieren. Es wird sich dann zeigen, daß es für das afrikanische Menschenbild von höchster Bedeutung ist, Jesus Christus als Proto-Ahn zu sehen. Vom Paulinischen Denkmodell ausgehend, nach dem Christus der Erstling der Entschlafenen oder der zweite Adam – mehr als der erste Adam – ist, legt die afrikanische Theologie dar, daß der Proto-Ahn allen anderen Ahnen vorausgeht in der Weise, daß letztere ihre ganze lebensspendende Kraft von ersterem empfangen. Dabei wird der Proto-Ahn nicht zu den existierenden Ahnen im Sinn des thomanischen *superadditum* hinzugefügt, sondern er ist einfach am Ursprung dessen, was die in der afrikanischen Tradition stehenden Menschen immer schon gelebt und erlebt haben. Nun aber wird ihnen mit dem Proto-Ahnen eine qualitativ andere Dimension ihres Handlungsfeldes erschlossen. Sie brauchen also ihre ethische Grundeinsicht nicht zu ändern, nach der der Mensch erst dort vollkommen Mensch werden kann, wo er das Weltliche und das Religiöse zusammendenkt und danach handelt. Jesus Christus, der Proto-Ahn, führt das Anliegen der afrikanischen Tradition weiter und er tut es sogar noch in radikaler Weise. Haben die Afrikaner manche Praktiken fälschlicherweise gerade im Namen des über die Ahnen her kommenden Lebens eingeführt, so schärft der Proto-Ahn ihren Blick für das wahre Leben und korrigiert Mißbräuche und Mißverständnisse. Viele Beispiele wären hier anzuführen; jedoch nur einige wenige seien genannt. Ausführlicher wird darauf später eingegangen werden. – Am bekanntesten in der afrikanischen Ethik ist der Fall einer kinderlosen Ehe. Nach der Tradition darf eine solche Ehe nicht so weitergeführt werden. Die Unfruchtbarkeit kann der Grund entweder für eine Trennung oder für die Polygynie sein. Eheleute, die in diese Situation geraten, werden oft dem Spott der Gemeinschaft ausgesetzt, der das ganze Eheleben unterminiert. All das geschieht im Namen des Lebens und unter Berufung auf die Ahnen. Wo die Sterilität zur Mißachtung der Eheleute führt, zeigt der Proto-Ahn die eigentliche Dimension des Lebens, da er die Fülle des Lebens gerade den Schwachen gewähren will. Kinderlose Ehepaare sind dann die Schwachen der Gesellschaft, die es zu schützen und zu unterstützen gilt, damit auch sie das Leben des Proto-Ahnen in Fülle haben.[151]

Zu erwähnen sind ferner behinderte Kinder, die bei *manchen* ethnischen Gruppen umgebracht wurden, da man sie als eine Bedrohung für das Leben der Gemeinschaft betrachtete. Dieses Vergehen wurde also nicht mit dem Übel gleichgesetzt, denn durch die Tötung bezweckte die Ahnenüberlieferung das Lebenswachstum für alle. Auch hier korrigiert

---

[151] Vgl. *ders.*, Auf der Suche nach einer afrikanischen Christologie 87–99, hier 98.

der Proto-Ahn diese Auffassung, indem er die eigentliche ‚Lebensdefinition' gibt, die gerade das Anliegen der Ahnen trifft und in vollkommener Weise weiterführt. Die Behinderten sind keine Bedrohung, sondern erst die Sorge um sie und die Liebe zu ihnen schenkt der Gemeinschaft die Fülle des Lebens. Das Wort Jesu im Johannesevangelium über den blind Geborenen deckt das Ideal der afrikanischen Ahnen vollständig auf, da sie nicht den Tod befürworten, sondern sich für das Leben im vollendeten Sinn einsetzen. In der Tat sieht Jesus, der Proto-Ahn, das Werk Gottes im blind Geborenen: „Weder er noch seine Eltern haben gesündigt, sondern das Wirken Gottes soll an ihm offenbar werden." (Joh 9,3) Die Werke Gottes sind aus afrikanischer Perspektive nichts anderes als die Fülle des Lebens: Eben weil Gott selbst Leben ist.

Schließlich sei auf das afrikanische anamnetische Denken hingewiesen, das ebenso durch die Proto-Ahn-Theologie weitergeführt wird. Die Gemeinschaft der an den auferstandenen Herrn Glaubenden ist eine höchst anamnetische Gemeinschaft, in deren Mitte das Gedächtnis Christi steht. In diesem Gedächtnis kommt das Anliegen der afrikanischen Gemeinschaften voll zum Tragen, die immer schon alles zum Gedächtnis ihrer Vorfahren getan haben. Dieses Gedächtnis ist nicht einfach eine Erinnerung an die vergangene Geschichte, sondern es läßt sich kaum vom religiösen Moment entkoppeln. Um eine echte *memoria* zu sein, muß es ja diesseitig-jenseitig sein, oder es verdient kaum diesen Namen. Im Palaver um das Richtige ist – wie weiter oben gesagt – diese anamnetische Rede eminent wichtig, die das Diesseits mit dem Jenseits verbindet. Die Kirche in Afrika als anamnetische Gemeinschaft wird das traditionelle Palaver um so konsequenter weiterführen, als die Anamnesis der afrikanischen Gemeinschaften sich nun ohne weiteres, aber *qualitativ* noch besser, in der Anamnesis des Proto-Ahnen fortsetzt, um ihr höchstes Ziel, nämlich die Fülle des Lebens, in vollendeter Weise erreichen zu können. Konkret wird sich die christliche Kirche als Palaverkirche verstehen, in der das Wort Gottes, nämlich die Bibel, gemeinschaftlich gelesen und diskutiert wird. Im gemeinschaftlichen Lesen und Diskutieren wird man alle Probleme, die das alltägliche Leben betreffen, mitbedenken, um eine Lösung zu finden, die nicht mehr entweder ‚weltethisch' oder ‚heilsethisch' sein wird, sondern eben *beides in einem*. Man sollte hier nicht gleich die Gefahr eines wenigstens latenten Fundamentalismus riechen. Die afrikanischen Gemeinschaften haben immer den Menschen unzerstückelt und sein Handeln als Ausdruck einer einzigen Berufung zur jenseitigen Gemeinschaft mit den Ahnen gesehen, ohne deswegen in den Fundamentalismus zu geraten. Die Ausführungen über das Palaververfahren weiter oben haben dies überdeutlich gemacht.

Ferner: Die schwarzafrikanische Ethik hat gerade dank ihrer einheitlichen Gesamtschau des Menschen niemals den Ethnozentrismus als Ideal dargestellt. Auch dies ist uns in der Lehre von ‚*Muntu-wa-Bende-wa-Mulopo*' (Mensch-von-Bende-von-Gott) klar geworden.[152] Die in der afrikanischen Ethik grundgelegten Prinzipien der Menschenwürde und des Universalismus werden in den christlichen Glauben an den Proto-Ahn hineingenommen, um ihre Vitalität voll zu entfalten. Gegen die in der afrikanischen Ethik lauernden Gefahren des Ethnozentrismus findet das Positive derselben Ethik und Tradition eine einmalige Unterstützung im christlichen Glauben.

Wenn wir uns nun dem modernen politischen Leben zuwenden, ist es ebenso möglich, die afrikanische Tradition mit dem Glauben an den Proto-Ahnen Jesus Christus zu verbinden. Wenn in der afrikanischen Tradition die politische Macht sich nur im Licht von Diesseits und Jenseits verstehen läßt, wird dieser Verstehenshorizont auch mit dem christlichen Glauben fortgesetzt und sogar noch eindringlicher eingefordert. Dies wurde einmal wie folgt formuliert: „Die Ausübung einer Funktion und die Ausstattung mit öffentlicher Macht müssen schließlich zum Modell Jesu Christi zurückgeführt werden [...]. Der moderne Negro-Afrikaner kann nur dann in die Fußstapfen Jesu Christi treten, wenn er in diesem nicht einen tyrannischen κύριος sieht, sondern eher den Proto-Ahn, dessen Vermächtnis ein Appell an die Nachkommenschaft ist, unermüdlich an der Überwindung der Unmenschlichkeit zu arbeiten."[153] Noch deutlicher gesagt: Wenn der Häuptling oder der König in der schwarzafrikanischen Tradition danach bemessen wird, inwiefern er das von den Ahnen her kommende Leben dem ihm anvertrauten Volk weitergibt, wird der Christenmensch nun von den modernen Politikern erwarten, daß sie jene Kriterien erfüllen, die der vom Proto-Ahnen Jesus Christus verheißenen Lebensfülle nicht widersprechen. Diese Erwartung entspricht ganz dem Ideal der afrikanischen Vorfahren und Ahnen. Das heißt aber dann auch, daß diese Kriterien von allen Politikern und Politikerinnen verlangt werden, ob sie Christen und Christinnen sind oder nicht. Die Konsequenzen daraus sind dann gemäß der afrikanischen Überlieferung, daß auch der moderne Staat so organisiert werden muß, daß ein unwürdiger Politiker bzw. eine ungeeignete Politikerin sowohl im Namen der Ahnen als auch unter Berufung auf den Proto-Ahnen Jesus Christus vom Volk als ganzem abgesetzt werden muß.

---

[152] Vgl. w.o. Teil I, Kap. II, Art. 2, 2.
[153] *B. Bujo*, Afrikanische Theologie 97.

Mit dem vorausgehenden Deutungsversuch der afrikanischen Überlieferung und des christlichen Glaubens dürfte klar geworden sein, daß es hier nicht angeht, von Weltethos und Heilsethos im Sinn der autonomen Moral zu sprechen. Eher trifft die Aussage des Zweiten Vatikanischen Konzils zu, wenn es heißt: „Christus, der neue Adam, macht eben in der Offenbarung des Geheimnisses des Vaters und seiner Liebe dem Menschen den Menschen selbst voll kund und erschließt ihm seine höchste Berufung."[154] Diese ‚höchste Berufung' ist nicht so zu verstehen, als ob es neben ihr noch eine andere, niedrigere gäbe, denn das Konzil – wie weiter oben schon angemerkt wurde – betont gerade die integrale Berufung des Menschen.[155] Weil die kirchliche Praxis etwa in den sogenannten Missionsgebieten nicht daran gedacht hat und nach dem Denkschema ‚Weltethos – Heilsethos' handelte – und immer noch handelt –, wurde beispielsweise das *Privilegium Petrinum* bezüglich der Ehemoral und des Eherechts eingeführt. In der Tat bedeutet es für Afrikaner und Afrikanerinnen, wenn man eine nichtchristliche oder halbchristliche Ehe kraft päpstlicher Autorität zugunsten des Glaubens (in favorem fidei) auflöst, daß man ihre gültige, tief religiöse Ehe nicht ernst nimmt, indem man eine ‚Etagenehe' einführt, nämlich die natürliche und die übernatürliche oder eine niedrigere und eine höhere. In die gleiche Richtung geht auch das *Privilegium Paulinum*.[156] Wenn die Kirche die Legitimität und Gültigkeit der nicht-christlich-afrikanischen Ehe grundsätzlich anerkennt, wie die Theologie immer gelehrt hat, dann ist es unverständlich, daß plötzlich mit einem *duplex ordo* (Doppelordnung) operiert wird. Dies widerspricht eigentlich der Aussage des Vatikanums II, das die ‚integrale Berufung' des Menschen unterstreicht. Aus afrikanischer Sicht aber führt diese ‚duplex-ordo-Ehemoral' zum Widerspruch; denn die Kirche dürfte nicht mehr das Verbot der Ehescheidung verkünden, wenn sie selbst die gottgewollte und tief in der afrikanischen, positiv zu wertenden Religiosität verwurzelten Ehe im Namen des Gottes Jesu Christi scheidet. Ist doch der geoffenbarte Gott letzten Endes doch derselbe, wie der Gott der afrikanischen Überlieferung.

Diese wenigen Ausführungen zeigen, wie dringlich es in Schwarzafrika ist, das Problem von Natur und Übernatur neu zu überdenken. Will man eine Moral entwerfen, die nicht in ein dualistisches Denken mündet, sondern die Zieleinheit des Menschen gemäß der afrikanischen Tra-

---

[154] GS 22; vgl. *Johannes Paul II.*, Enzyklika „Redemptor hominis" vom 4. März 1979, Nr. 10.

[155] Vgl. GS 11.

[156] Vgl. CIC, can. 1143. Zu den Formen „Privilegium Petrinum" und „Privilegium Paulinum" vgl. *K.-H. Peschke*, Christliche Ethik. Spezielle Moraltheologie, Trier 1995, 536.

dition bewahrt, dann ist es eine unumgängliche Aufgabe, auch die Gnadentheologie nicht mehr im herkömmlichen westlichen Denkschema weiter zu tradieren.[157] Erst wenn nicht nur der Gnadentraktat, sondern die Gesamttheologie vom afrikanischen Denkmuster her neu zum Vorschein kommt, kann auch die Moraltheologie sich durch ein originelles Denken auszeichnen. Die vorausgehenden Überlegungen verstehen sich nur als Anregung, die zu einer vertieften Arbeit führen soll.

---

[157] In diesem Zusammenhang sollte die Zwei-Naturen-Lehre, so wie das Konzil von Chalkedon sie definiert, afrikanisch anders gedeutet werden. Daß Christus zwei Naturen hat heißt, daß Gott die eine Berufung des Menschen durch denselben Christus bestätigt; Christus als Gott-Mensch ist der Beweis, daß das Menschsein des Menschen seine Vollendung in Gott findet.

Kapitel II: Sünde und Gewissensfreiheit im okzidental orientierten Christentum und im afrikanischen Kontext

Das Menschenbild, so wie es bisher für den afrikanischen Kontext geschildert wurde, impliziert zweifellos auch ein anderes Verständnis von Sünde, Gewissen und Freiheit als im Westen, wo das Individuum doch eine Zentralstellung einnimmt. Die ganze Debatte über Demokratie, Menschenrechte usw. im Hinblick auf Schwarzafrika bestätigt dies. Denn alle diese Realitäten lassen sich hier nicht genau nach den euroamerikanischen Modellen durchsetzen, in denen gerade die individuelle Freiheit eine große Rolle spielt. Ähnliches ist auch in bezug auf die Grundfragen wie Gewissen und Sünde zu sagen, für die nach der herkömmlich-klassichen Moral die individuelle Verantwortung unerläßlich ist. Eine palaverartige Debatte über alle diese Themen scheint um so dringlicher zu sein, als die heute überall spürbar gewordene Globalisierung dazu tendiert, ein *einheitliches* Weltbild in fast allen Bereichen zu entwerfen. In der ethischen Diskussion ist etwa an das ‚Weltethos' von Hans Küng zu denken,[1] eine These, die unter Moraltheologen und Ethikern durchaus umstritten ist.[2]

Die folgenden Betrachtungen knüpfen an eine frühere, etwas detailliertere Studie an[3] und wollen die dort angeschnittene Debatte fortführen. Den Ausgangspunkt bilden dabei das Gewissensverständnis und das damit implizierte Sündenkonzept speziell in der klassisch-katholischen Moral. Im Anschluß daran wird das Problem von Gewissen und Sünde im afrikanischen Kontext näher erläutert. In diesem Zusammenhang ist dann zu untersuchen, inwiefern die beiden Konzeptionen – Individualismus und Gemeinschaft – sich ergänzen müssen, damit manche Nachteile im Hinblick auf die Menschenwürde vermieden werden können.

---

[1] Vgl. *H. Küng*, Projekt Weltethos, München/Zürich 1990; *ders.*, Welthethos für Weltpolitik und Weltwirtschaft, München/Zürich 1997; *ders./K.-J. Kuschel* (Hrsg.), Erklärung zum Weltethos. Die Deklaration des Parlamentes der Weltreligionen, München/Zürich 1993; *ders./K.-J. Kuschel* (Hrsg.), Wissenschaft und Weltethos, München/Zürich 1998.

[2] Zur Auseinandersetzung aus schwarzafrikanischer Perspektive vgl. *B. Bujo*, Welches Weltethos begründet die Menschenrechte?, in: Jahrbuch für Christliche Sozialwissenschaften 39 (1998) 36–53. Dort findet man auch Literaturhinweise auf die weitere Debatte zum Thema.

[3] Vgl. *B. Bujo*, Die ethische Dimension 53–82.

Art. 1: Sünde und Gewissensverständnis in der klassich-katholischen Moral

Die Gewissenslehre, die vor allem durch die scholastische Theologie und Philosophie im katholischen Raum systematisch entwickelt wurde – man denke etwa an die Handbücher der Moraltheologie –, beschränkt sich natürlich nicht auf diesen einen Raum. Vielmehr läßt sich hier ein kulturbedingtes Denken beobachten, das die ethische Reflexion des Westens insgesamt bestimmt hat, wenn auch in der Methode differenzierter.

Im folgenden wird zuerst die klassich-katholische Lehre kurz zusammengefaßt, bevor von deren Infragestellung besonders durch die sogenannte neue Moral gesprochen werden kann.

1. Die gängige katholische Gewissenslehre

Die Debatte um das Gewissen – zumindest in der katholischen Moral – kreist meistens darum, die *subjektive* Verantwortung des Menschen als Individuum in seinem sittlichen Handeln zu betonen. Dabei wird in der Regel auf die scholastische, aber ganz besonders auf die thomanische Lehre zurückgegriffen. Obwohl Thomas keinen Gewissenstraktat geschrieben hat, scheint seine Lehre immer wieder zu bestechen, zumal sie die letztinstanzliche Funktion des Gewissens klar zum Ausdruck bringt. Den Charakter der letzten Instanz im Sittlichen erhält das Gewissen dadurch, daß der Aquinate letzterem die Synteresislehre zugrundelegt. Weil diese Lehre schon bestens bekannt ist, sollen hier ihre Grundzüge nur ganz allgemein in Erinnerung gerufen werden.

Für Thomas ist die Synteresis das Urprinzip des Sittlichen und gilt nicht als *actus*, sondern eher als *habitus* (Gehaben).[4] Der Mensch verfügt nach dem Aquinaten über eine intuitive Erkenntnis sowohl im spekulativen als auch im praktischen Bereich. Nachdem diese Erkenntnis im spekulativen *habitual* ist, muß sie auch im praktischen Bereich *habitual* sein, wo die Synteresis die gleiche Funktion ausübt wie die Prinzipien des spekulativen Intellektes.[5]

In diesem Zusammenhang wird von den in sich selbst evidenten Prinzipien (principia in se nota) gesprochen, die einer natürlichen Anlage entsprechen. Die Synteresis ist den Menschen also angeboren[6] und Tho-

---

[4] Vgl. z.B. STh I q. 79 a. 12c.
[5] Vgl. *B. Bujo*, Moralautonomie und Normenfindung 196.
[6] Vgl. De Ver. q. 16 a. 1 ad 14.

mas beteuert: „Es steht aber fest: wie die betrachtende Vernunft in betreff des Betrachtbaren Folgerungen zieht, so zieht die ausführende Vernunft Folgerungen in betreff des Ausführbaren. Wie also Grundsätze für das Betrachtbare, so müssen uns auch Grundsätze für das Ausführbare von Natur aus mitgegeben sein."[7] So gesehen ist die Synteresis unfehlbar, da ihre Funktion darin besteht, zum Guten anzuspornen und gegen das Böse aufzubegehren (instigare ad bonum et remurmurare malo).[8] Anders gesagt ist es die Synteresis, die mir sagt: Das Gute ist zu tun und das Böse zu meiden. Darin ist sie unfehlbar, zumal sie ja durch die Schöpfung am göttlichen Intellekt teilnimmt. Thomas zitiert Ps 4,7 aus der Vulgata, wo es heißt: „Signatum est super nos lumen vultus tui Domine." Unterstrichen wird dabei, daß der Mensch das göttliche Licht in sich hat,[9] an dem er sich vor allem dort orientieren muß, wo die menschliche Vernunft versagt.[10] Diese Lehre, wie man weiß, ist entscheidend für das Gewissensverständnis bei Thomas, denn davon hängen die einzelnen Entscheidungen ab. Aus diesem Zusammenhang heraus wird auch heute noch über das Gewissen als letzte Instanz diskutiert. Das Situationsgewissen setzt nun das in die Tat um, was es von der Bewahrung (Synteresis) als gut oder böse erfährt. Thomas sagt klar, daß die ganze prüfende oder beratende Kraft des Gewissens vom Synteresisurteil abhängt, genau wie die ganze Wahrheit der spekulativen Vernunft von den ersten Prinzipien abhängt.[11] Der Aquinate betont gerade deswegen die bindende Kraft eines irrigen Gewissens, das vom Obersatz (Synteresis) kommandiert wird.[12] Hat die Synteresis ihren unmittelbaren Ursprung in Gott und ist sie dem Menschen in der Schöpfung eingesenkt, dann geht auch das Situationsgewissen aus der göttlichen Eingebung (*ex divina immissione*) hervor.[13] Wer sich also nach diesem Gewissen (*bona fide*) richtet, sündigt nicht. In seiner Lehre über das irrige Gewissen ist Thomas allerdings sehr nuanciert.[14]

Wenn der Aquinate von der *conscientia erronea* spricht, der Folge geleistet werden muß, geht es darum, daß das handelnde Subjekt alles in seiner Macht Stehende getan hat, um sich die Unwissenheit nicht zuzu-

---

[7] STh I q. 79 a. 12c; Übers. nach DThA Bd. 6, 190.
[8] Vgl. ebd.
[9] Vgl. STh I q. 84 a. 5c; I-II q. 19 a. 4c; q. 91 a. 2c.
[10] Vgl. STh I-II q. 19 a. 4c.
[11] Vgl. De Ver. q. 17 a. 1 ad 1: „Tota vis conscientiae examinantis vel consiliantis ex iudicio synderesis pendet, sicut tota veritas rationis speculativae pendet ex principiis primis." Vgl. auch STh I q. 79 a. 13 ad 3.
[12] Vgl. Super Rom. c. 14 lect. 2 n. 1119–1120.
[13] De Ver. q. 17 a. 1 ad 6.
[14] Vgl. STh I-II q. 19 a. 5–6.

ziehen. Etwas, was das handelnde Subjekt wissen müßte, entschuldigt nicht von Sünde.[15] Hier wird also eine zuverlässige Information suggeriert. Eine vollständige und umfassende Information aber kann sich nicht etwa auf ein einsames Studium der Dokumente beschränken, sondern – denkt man den thomanischen Ansatz konsequent zu Ende – sie impliziert auch eine Kommunikationsgemeinschaft. Die Debatte um das Gewissen, vor allem im Blick auf das katholische Magisterium, hat sich m.E. zu sehr im Rahmen der individuellen Erkenntnis bewegt. Dies gilt sowohl für diejenigen, die sich gegen die sogenannte autonome Moral wenden, als auch für die Verfechter der letztinstanzlichen Autorität des individuellen Gewissens. In beiden Fällen geht es nicht um ein kommunikatives Handeln innerhalb der Gemeinschaft, sondern man ist darum bemüht, die *Wahrheit* zu definieren, wobei die Diskussion um ‚objektiv‘ und ‚subjektiv‘ eine außerordentlich wichtige Rolle spielt. Im Hintergrund beider Thesen stehen die thomanische bzw. die scholastische Synteresislehre und die Würde der menschlichen Person als Individuum.[16] Wird einerseits das Gewissen auf die Synteresis zurückgeführt, welche als göttliche Eingebung betrachtet wird, und ist andererseits der Mensch als Ebenbild Gottes und als Person ein von demselben Gott – „propter se et in specie et in individuo"[17] – gewolltes Wesen, dann muß die Eigenständigkeit seiner selbstbewußt getroffenen Entscheidung respektiert werden. Der einzelne kann also seiner im Gewissen verantworteten Meinung gegen eine ganze Gemeinschaft oder gegen das Lehramt der Kirche folgen. Wie diese These, wenn sie von den beiden Kontrahenten – z.B. vom sittlich handelnden einzelnen Subjekt und vom kirchlichen Lehramt – in Anspruch genommen wird, in eine Aporie führen kann, ist schon andernorts diskutiert worden.[18] Es sei noch angemerkt, daß sich selbst die Gegner eines autonomen Gewissens auf die gleiche Argumentationsweise berufen wie ihre Kontrahenten. Auch sie – und vor allem sie – sehen das Gewissen in Gott begründet, und gerade deswegen sind sie der Meinung, daß man mit ihm nicht beliebig, autonom verfahren darf. Das Gewissen wird also als ein vorgegebenes Gut angesehen, das uns auf die Transzendenz verweist. In diesem Sinn erwähnt Theo G. Belmans die thomanische Lehre in STh I-II q. 19 a. 5 ad 2, wo der Ma-

---

[15] Vgl. STh I-II q. 19 a. 6c (quam scire tenetur).

[16] Vgl. *R. Heinzmann*, Der Mensch als Person. Zum Verständnis des Gewissens bei Thomas von Aquin, in: *J. Gründel* (Hrsg.), Das Gewissen. Subjektive Willkür oder oberste Norm?, Düsseldorf 1990, 34–52, hier 44ff.

[17] De Ver. q. 5 a. 3.

[18] Vgl. *B. Bujo*, Die ethische Dimension 76, wo darauf aufmersam gemacht wird, daß jeder, auch der Träger des Lehramtes, sich auf sein persönliches Gewissen berufen kann, was dann die Diskussion in die Enge führt.

gister die Anordnung der Vernunft als Befehl eines Prokonsuls bezeichnet, der Statthalter des Kaisers oder Feldherrns (imperator) ist. Wer diesen Befehl mißachtet, beleidigt den Kaiser oder den Feldherrn selbst. Noch deutlicher ist das Zitat aus II Sent. d. 39 a. 1 q. 3 von Bonaventura, auf das Belmans hinweist. Der hl. Bonaventura nennt das Gewissen ,Herold Gottes' und ,Boten', wodurch ihm bindende Kraft zukommt, da es im Namen eines höheren Befehlshabers, nämlich Gottes, handelt.[19]

Es ist auffallend, wie Belmans in seiner übrigens sehr polemischen Studie ständig von ,objektiv' und ,subjektiv' oder ,gut' bzw. ,böse', kurzum, von Prinzipien spricht. Mit keiner Silbe wird etwa von der Gemeinschaft gesprochen, in die das sittliche Subjekt eingebettet sein muß und die ihm einen Austausch, bzw. die Intersubjektivität ermöglicht, um ein formiertes Gewissen zu haben. Für Belmans scheint die Hauptsache die einsame Entdeckung des vorgegebenen, ewigen Prinzips zu sein. Ähnliches läßt sich von der Studie von Josef Ratzinger sagen, wobei der Kardinal viel nuancierter und vorsichtiger ist als Belmans. J. Ratzinger schlägt vor, den scholastischen Begriff Synteresis durch Anamnesis zu ersetzen.[20] Nach ihm ist das aus der stoischen ,Mikrokosmoslehre' in die mittelalterliche Gewissenstradition gebrachte Wort ,Synteresis' unklar geblieben. Es ist so einer sorgsamen Entfaltung der Gewissenslehre hinderlich geworden. Und der Kardinal fährt fort: "Ich möchte deshalb, ohne in geistesgeschichtliche Dispute einzutreten, dieses problematische Wort durch den viel deutlicher bestimmten platonischen Begriff der Anamnesis ersetzen, der nicht nur sprachlich klarer sowie philosophisch tiefer und reiner ist, sondern vor allem auch mit wesentlichen Motiven des biblischen Denkens und der von der Bibel her entwickelten Anthropologie zusammenklingt."[21] Der Verfasser verbindet seine Anamnesisthese mit dem Wort von Paulus in Röm 2,14, wo von den Heiden gesprochen wird, die sich selbst Gesetz sind, obwohl sie das Gesetz nicht haben.[22] Versteht man das Gewissen von der Anamnesis her, dann hat es

---

[19] Vgl. *T.G. Belmans*, Le paradoxe de la conscience erronée d'Abélard à Karl Rahner, in: RThom 90 (1990) 570–586, hier 574. Der von Bonaventura (ebd. Anm. 20) zitierte Text ist aus Opera omnia, t. II, ed. Quaracchi 1985, S. 905B und lautet: „Conscientia est sicut praeco Dei et nuntius, et quod dicit non mandat ex se, sed mandat quasi ex Deo, sicut praeco cum divulgat edictum regis, et hinc est quod conscientia habet virtutem ligandi." Vgl. auch VS 58.

[20] Vgl. *J. Ratzinger*, Wenn Du den Frieden willst, achte das Gewissen jedes Menschen, in: *ders.*, Vom Wiederauffinden der Mitte. Grundorientierungen. Texte aus vier Jahrzehnten, hrsg. vom Schülerkreis. Redaktion: *S.O. Horn/V. Pfnür/V. Twomey/S. Wiedenhofer/ J. Zöhrer*, Freiburg i.Br. u.a. 1997, 279ff.

[21] A.a.O. 280.

[22] Vgl. ebd.

mit einer *Urerinnerung an das Gute und an das Wahre* zu tun.[23] Durch das Gewissen würde der Mensch so das Göttliche in sich entdecken, oder besser: Das Gewissen wäre die Erinnerung des Menschen an seinen eigenen Ursprung, der allein ihm Konsistenz gibt. Darin sieht J. Ratzinger denn auch die Aufgabe der Mission. „Das Evangelium darf, ja muß den Heiden verkündet werden, weil sie selbst im Verborgenen darauf warten (vgl. Jes 42,4). Die Mission rechtfertigt sich dann, wenn ihre Adressaten bei dem Begegnen mit dem Wort des Evangeliums wieder erkennen: ja, das ist es, worauf ich gewartet habe."[24] Hier wird man an die patristische Lehre von ‚semina verbi' oder an das Tertullianische ‚anima naturaliter christiana' erinnert. – Was nun die Funktion des Papstes in den ethischen Weisungen für die Katholiken anbelangt, besteht das Petrusamt darin, Nachhilfe für die unserem Sein eingesenkte Anamnese zu leisten. Es handelt sich letzten Endes um eine mäeutische Funktion.[25] Das Ganze läßt sich dann wie folgt zusammenfassen: „Der *wahre Sinn der Lehrgewalt des Papstes* besteht darin, daß er *Anwalt des christlichen Gedächtnisses* ist. Der Papst legt nicht von außen auf, sondern er entfaltet das christliche Gedächtnis und verteidigt es."[26] Die hier vertretene Auffassung deckt sich vollständig mit der Lehre der Enzyklika *Veritatis splendor*, wenn immer wieder die Idee eines *kreativen* Gewissens zurückgewiesen wird,[27] da es sich ja um die Stimme Gottes in uns handelt.[28] Hiermit aber entsteht unweigerlich der Eindruck, der Mensch müsse nur noch die Gedanken Gottes nachdenken, um er selbst zu werden. Hier scheint es, daß eine zu sehr gepreßte Idee von ‚Anamnesis' im Sinn von Joseph Kardinal Ratzinger, der jede ‚Kreativität' abhold ist, letzten Endes zum Glaubensfundamentalismus führt. Außerdem ist es nicht klar, wie eine solche Idee der Lehre der Gottebenbildlichkeit des Menschen gerecht wird. Das Ebenbild Gottes zu sein, kann nicht bloß bedeuten, daß der Mensch sich als solches *entdeckt*, sondern vor allem, daß er sich aktiviert und *vollendet*. Es geht also um eine aktive Mitbeteiligung am Vollendungsprozeß der Gottebenbildlichkeit. Der Mensch ist nicht nur vorgegebenermaßen Abbild Gottes, sondern er muß es auch immer konstruktiv werden, indem er sich nicht als Marionette, sondern als Partner Gottes verhält, der durchaus *mitschöpferisch* handelt. Dem Menschen als Abbild Gottes kommt also die Aufgabe zu, das

---

[23] Vgl. a.a.O. 281.
[24] Ebd.
[25] Vgl. a.a.O. 282.
[26] A.a.O. 283.
[27] Vgl. z.B. VS 54; 56.
[28] Vgl. VS 58; GS 16.

Vorgegebene neu zu interpretieren, weil es ihm aufgegeben ist. Diese Interpretation, soll sie umfassend sein, kann nicht in solipsistischer Weise geschehen, indem man sich als einsames Subjekt um die Findung einer kontextlosen, abstrakten Wahrheit bemüht. Es will mir scheinen, daß auch die Äußerung Kardinal Ratzingers, der zurecht die Engführung in einem zu sehr individualistisch konzipierten Gewissen kritisiert, sich nicht von einem gemeinschaftslosen Gewissensverständnis distanziert. Der Verfasser erweckt jedenfalls den Eindruck, daß das Wort ‚Gewissen' ein „Mitwissen mit der Wahrheit" bedeute.[29] Wenn man aber von dem lateinischen Wort ‚conscientia' ausgeht, müßte hier der Bezug auf die Gemeinschaft unterstrichen werden.[30]

Dies entspricht, wie durchgehend betont wurde und wie im folgenden noch deutlicher werden soll, auch besser dem afrikanischen Gewissensverständnis, in dem die Gemeinschaft eine große Rolle – speziell durch das Palaver – spielt. Im Zusammenhang mit Ratzingers These zur ‚Anamnesis' ist noch anzumerken, daß die afrikanische Tradition eine ähnliche Vorgehensweise kennt, in der man von einem „Memoria-Gewissen"[31] sprechen kann. Sie unterscheidet sich jedoch von der platonischen Anamnesis dadurch, daß sie nicht um eine Neuentdeckung des Vergangenen und des Jenseitigen bemüht ist, um diese unbedingt unverändert zu bewahren. Die afrikanische Gemeinschaft ist *anamnetisch* in dem Sinn, daß sie sich auf Worte und Taten der Vergangenheit im Hinblick auf die Vorfahren besinnt, um sie in der Gemeinschaft von heute neu zu interpretieren, so daß das Gewissen eine lebendige *memoria* ist, die sich schöpferisch vollzieht. Es wird gleich zu zeigen sein, wie dieses Gewissen einen sowohl kommunitaristischen als auch individuellen Charakter hat. Gerade weil das Gewissensverständnis im Westen hauptsächlich vom Individuum und nicht von der Gemeinschaft ausgeht, ist es aus afrikanischer Sicht verständlich, daß etwa die extreme Interpretation des individuellen Gewissensrechts entstehen konnte, wie dies in der sogenannten ‚neuen Moral' zum Ausdruck kam.

2. Die Situationsethik als Radikalisierung des individuellen Gewissens

In seiner Studie hat Hans Rotter mit Recht daran erinnert, daß man zwar die damalige Diskussion ums Gewissen hat abflauen lassen, aber daß die dadurch hervorgerufene Mentalität doch geblieben sei. Gemeint ist da-

---

[29] Vgl. *J. Ratzinger*, Wenn Du den Frieden willst 278.
[30] Hierzu vgl. *C. Maurer*, Art. Synoida/Syneidesis, in: ThWNT VII 905.
[31] *B. Bujo*, Die ethische Dimension 69.

mit, die in manchen Kreisen festzustellende Auffassung, die immer wieder betont, „Moral sei eine Privatsache, jeder müsse seinem eigenen Gewissen folgen, man habe sich wegen seiner sittlichen Entscheidungen nicht vor anderen zu rechtfertigen und dergleichen."[32] Diese These verweist uns auf die sogenannte Situationsethik, deren eigentliches Anliegen es war, den Menschen aus den Würgegriffen einer legalistisch-kasuistischen Moral zu befreien, die der Einmaligkeit und Geschichtlichkeit des Einzelmenschen kaum Rechnung zu tragen vermochte.[33] Das Ganze ist sowohl philosophisch als auch theologisch untermauert. Im folgenden geht es nicht um eine Untersuchung über die verschiedenen Theorien, sondern es soll nur auf einige Hauptgedanken hingewiesen werden, die für unsere Fragestellung im afrikanischen Kontext von Bedeutung sind.

a) Philosophische Richtung

Eine besondere Erwähnung verdient hier Jean-Paul Sartre, der in seinem Existentialismus keine Ontologie sondern eine Menschenlehre entwirft. Seine These zeichnet sich darin aus, daß für ihn Existenz das faktische Dasein und Handeln des Menschen ist. Der Mensch erlangt seine Identität durch die Tat. Die Existenz geht dem Wesen derart vorauf, daß der Mensch nicht nur volle Freiheit hat, sondern er ist absolute Freiheit. Das heißt aber zugleich, daß alles wahre Sein nur durch die absolute Tat des Menschen gesetzt werden kann. Jedes nicht existentielle Sein ruft im Menschen den Ekel (la nausée) hervor.[34] Der Mensch wird so als Maß und absoluter Autor aller Dinge betrachtet, da Gott nicht existiert. Sartre kann deshalb ganz unbefangen schreiben: „Es gibt nichts mehr am Himmel, weder Gutes noch Böses, noch irgendeinen jemand, um mir Befehle zu geben, denn ich bin ein Mensch, Jupiter, und jeder Mensch muß seinen Weg erfinden."[35] So spricht *Oreste* in *Les Mouches* und drückt mit aller Deutlichkeit aus, daß allein er Norm und Maßstab für sich selbst sein kann. Im Klartext: Es gibt keine vorgegebenen Werte. Wer sich einem objektiven Wert anvertraut, lebt ‚unehrlich‘, denn aufrichtig

---

[32] *H. Rotter*, Das personale Denken in der Moraltheologie, in: StdZ 206 (1988) 518–528, hier 526.

[33] *A.K. Ruf*, Sünde – Was ist das?, München 1972, 34f.

[34] Vgl. Interpretation und Verweise bei *H. Krings*, Art. Existentialismus, in: LThK² III 1305.

[35] Freie Übers. aus *J.-P. Sartre*, Les Mouches, Paris 1943, 135: „Il n'y a plus rien au ciel, ni bien ni mal, ni personne pour nous donner des ordres, car je suis un homme, Jupiter, et chaque homme doit inventer son chemin."

sein heißt, seinen Willen und seine Verantwortung als Subjekt bedingungslos annehmen, da der Mensch zur Freiheit verurteilt ist. „Werte schafft einzig und allein die Freiheit des Menschen, seine schöpferische Willkür, die sich in der Situation zum Ausdruck bringt."[36] Dies ist, wie schon betont wurde, eine logische Folge der Sartreschen These, nach der die Freiheit eines Menschen keineswegs etwas der Natur Hinzugefügtes ist, sondern sie ist das Konstituierende seines Seins selbst.[37] Jean Marie Aubert kommentiert richtig, daß das einzige Böse für den von Sartre vertretenen Atheismus die Ablehnung des vollkommenen Existierens sei, das sich durch freie Entscheidungen vollzieht. Eine Handlung wird dann nur insofern als gut betrachtet, als sie aus dieser Freiheit hervorgeht, gleichgültig wie deren Inhalt aussieht.[38] Folgt man dieser These konsequent zu Ende, dann steht außer Frage, daß damit das Individuum derart verabsolutiert wird, daß es weder ein von außen kommendes Gesetz noch irgendeine Gemeinschaft braucht, um es selbst zu werden. Auch für Sartre gilt, was Theodor Steinbüchel schon vor vielen Jahren sagte: „Die Situationsethik entspringt dem existenzialphilosophischen Ethos, das den Menschen nicht mehr geborgen weiß in einer geschlossenen Weltordnung und ‚illusionslos' ihm sein nacktes Dasein zeigen möchte."[39] Das will letzten Endes heißen, daß der Mensch ‚entsubstanziiert' ist und daß in ihm nicht mehr von ‚Wesenskonstanz' die Rede sein kann. Er ist sich selbst in ‚solipsistischer' Weise aufgegeben und muß sich in jeder nicht voraussehbaren Situation selbst und allein bestimmen.[40] Es handelt sich somit um eine Ethik, die sich auf ‚Gegenwart' konzentriert, d.h. auf „Begrenzung der Existenz, des wirklich lebendigen, besonderen Menschen durch das, was vom Selbst unabhängig, aus ihm unableitbar und unerklärbar ist."[41] Mit Recht stellt Steinbüchel fest, daß hier alle Werttafeln und alle bleibenden Tugenden der Ethik zerbrechen. Es gibt „kein Moral ‚prinzip' [sic!] mehr, aus dem man Gebote und Wertziele ableiten könnte, die das Selbst des Menschen vervollkommnen sollen."[42] Bringt man diese Aussage in Zusammenhang mit der Gewissensproblematik, dann wird ersichtlich, daß der mit einer je einmaligen Situation konfrontierte Mensch seine Entscheidung im Al-

---

[36] L. Monden, Sünde, Freiheit und Gewissen, Salzburg 1968, 85.
[37] J.-P. Sartre, L'être et le néant, Paris 1943, 414.
[38] Vgl. J.M. Aubert, Abrégé de la morale catholique. La foi vécue, Paris 1987, 134.
[39] Th. Steinbüchel, Die philosophische Grundlegung der katholischen Sittenlehre. 1. Halbband, Düsseldorf 1938, 238.
[40] Vgl. ebd.
[41] A.a.O. 242.
[42] A.a.O. 243.

leingang so treffen soll, daß sie der Gegenwart seiner Existenz in diesem partikulären und einmaligen Augenblick gerecht wird. – Was hier philosophisch begründet wird, läßt sich theologisch ähnlich weiterverfolgen.

b) Theologische Sicht

Eine einseitige Betonung der individuellen Verantwortung im sittlichen Handeln ist auch bei einigen Theologen festzustellen, die nicht zögern, situationsethische Thesen zu übernehmen und konsequent zu vertreten. Im Hinblick auf unsere Thematik, die das afrikanische Menschenbild im Vergleich zum westlichen vor Augen hat, scheinen vor allem drei Repräsentanten der Situationsethik typisch und von Bedeutung zu sein, nämlich Sören Kierkegaard, John A.T. Robinson und Joseph Fletcher.

1° Sören Kierkegaard
Die Ethik von Sören Kierkegaard basiert auf dem Glauben. Unermüdlich betont er, daß der Glaube das Paradox sei, „daß der Einzelne höher ist als das Allgemeine". Dabei ist zu erkennen, daß dieser Einzelne, „nachdem er in dem Allgemeinen gewesen ist, nun als der Einzelne sich isoliert als höher denn das Allgemeine."[43] Wer nach dem Glauben handelt, dem erscheint dieser gegenüber dem natürlichen Denken absurd. Ein typisches Beispiel hierfür sieht Kierkegaard in Abrahams Gehorsam, wenn dieser nicht zögert, seinen einzigen Sohn auf den Befehl Gottes hin zu opfern. Abraham handelt kraft des „Absurden"[44] und dies bestätigt eben die Tatsache, daß er als Einzelner höher ist als das Allgemeine. Kierkegaard spricht in diesem Zusammenhang von einer „teleologischen Suspension des Ethischen"[45]. Mit seiner Tat hat Abraham „das gesamte Ethische überschritten, er hatte ein höheres Verhältnis außerhalb, und im Verhältnis dazu suspendierte er das Ethische. Denn ich möchte gerne wissen", fährt Kierkegaard fort, „wie man Abrahams Tun in ein Verhältnis zu dem Allgemeinen bringen will, ob sich irgendeine andere Berührung zwischen Abrahams Tun und dem Allgemeinen entdecken läßt als die, daß Abraham es übertreten hat."[46] Dieses Übertreten ist ein reines Privatunternehmen, das weder die Errettung eines Volkes oder die Idee des Staates oder gar die Versöhnung mit erzürnten Göttern

---

[43] S. *Kierkegaard*, Furcht und Zittern, in: Kierkegaard. Ausgewählt und vorgestellt von Boris Groys. Hrsg. v. *Peter Sloterdijk*, München 1996, 214.
[44] A.a.O. 216.
[45] A.a.O. 218.
[46] Ebd.

zum Ziel hat. Nein, allein um Gottes Willen zu gehorchen, tut Abraham, was dieser Gott ihm befiehlt, weil er damit seinen Glauben unter Beweis stellt, wie derselbe Gott es von ihm erwartet. Die Versuchung Abrahams besteht darin, daß gerade das Ethische ihn abhalten will, Gottes Willen zu gehorchen. Was Abraham aber verpflichten kann, ist allein der Wille Gottes.[47] „Pflicht ist doch gerade Ausdruck für Gottes Willen."[48] Wer in dieser Weise das Ethische suspendiert, indem er den Willen Gottes tut, der existiert als der Einzelne „im Widerspruch zu dem Allgemeinen"[49]. Dies kann aber keineswegs Sünde sein, solange man sich an den Glauben hält.[50] Sünde nach dieser Lehre – denkt man konsequent zu Ende – wäre gerade das Einhalten des Ethischen. L. Monden kommentiert richtig, daß es bei Kierkegaard im Absurden um einen Sprung geht, der aufgrund eines bedingungslosen Vertrauens als persönliche Hingabe an Gott gewagt wird. Unter dieser Voraussetzung wird das natürliche sittliche Handeln relativiert und überstiegen. Das natürliche Handeln gehört jener Welt der Sünde an, die durch die Gnade *verurteilt* und *entwertet* ist. Das Gesetz ist nicht in der Lage, den Dialog mit Gott zu normieren. Der Dialog mit Gott dagegen normiert alles und Gott kann den Menschen unmittelbar und individuell anrufen. Dieser Ruf als Einladung Gottes wird zur Norm und „triumphiert über das Allgemeine des moralischen Gesetzes". Das Beispiel Abrahams zeigt am deutlichsten, wie das religiöse Absurde über die Vernünftigkeit des Moralischen triumphieren kann, wenn man sich dem Willen Gottes nicht entzieht.[51]

Selbst wenn die späteren Theologen, vor allem in der protestantischen Ethik, nicht mehr in gleicher Weise argumentiert haben wie Kierkegaard, so hat dieser sie in ihrem Denken doch beeinflußt bzw. inspiriert. Richard Egenter beobachtet: „Eine theologische Wurzel hat die Situationsethik (vor allem seit S. Kierkegaard) im reformatorischen Verständnis der Allherrscherlichkeit Gottes und erbsündlichen Brüchigkeit der menschlichen Natur. Wo der Wille Gottes nur als je einmaliger Anspruch Gottes an den glaubenden Christen verstanden wird (K. Barth), muß der Situation als dem ‚Ort' dieses göttlichen Anspruches entscheidende Bedeutung zukommen. Aber auch da, wo die Notwendigkeit und theologische Bedeutung allgemeinverpflichtender Ordnungen anerkannt wird, verlangt das reformatorische Verständnis des göttlichen Herrschaftswaltens, daß die Forderungen der göttlichen Gnadenallmacht im

---

[47] Vgl. a.a.O. 218.
[48] A.a.O. 219.
[49] A.a.O. 221.
[50] Vgl. ebd.
[51] Vgl. *L. Monden*, Sünde, Freiheit 88f., bes. 89.

Einzelfall die allgemein verbindliche Norm durchkreuzen können (z.B. E. Brunner).[52] So betrachtet kann man sagen, daß die Debatte der sogenannten ‚neuen Moral' in den späteren Jahren eigentlich das von Kierkegaard Begonnene fortführt, selbst wenn sie ihre Argumentationsweise etwas anders akzentuiert.

2° Die These von John A.T. Robinson

Der anglikanische Bischof John A.T. Robinson ist vor allem durch sein 1963 in London erschienenes Buch „Honest to God"[53] bekannt geworden. Darin wirft er der traditionellen Moral ihr supranaturalistisches Denken vor: „Nach diesem Denken werden die Kategorien gut und böse gleichsam aus zweiter Hand von Gott abgeleitet. Sie sind enthalten in den Geboten, die Gott gibt, in den Gesetzen, die er erläßt."[54] Eine so konzipierte Moral ist nach Robinson zeitlos, da sie unmittelbar vom Himmel kommt. Darin sind bestimmte Dinge schon von vornherein als böse festgelegt; sie sind immer Sünde und „nichts kann sie gut machen", nicht einmal die sozialen und kulturellen Kontexte. Als typisches Beispiel eines solchen supranaturalistischen Denkens zitiert Robinson die katholische Moral, von der er sagt: „Wie aus einem Guß gemacht, ist sie ein wahres Wunderstück."[55] Der anglikanische Bischof warnt davor, Moral mit dem Ereignis am Sinai oder mit Jesus als Sittenlehrer begründen zu wollen.[56] Man dürfe die Bergpredigt nicht zum Gesetz erheben, als ob Jesus bestimmte Gebote gegeben hätte, die allgemein derart verbindlich wären, daß bestimmte Dinge stets überall und zu allen Zeiten als gut und andere als böse anzusehen wären. Wörtlich sagt Robinson: „Jesus wollte nicht, daß seine Gebote legalistisch verstanden würden, als Vorschriften für das, was alle Christen unter allen Umständen zu tun haben, und er beabsichtigte auch nicht, bestimmte Handlungsweisen als ein für allemal falsch zu etikettieren. Seine Gebote sind keine Gesetzgebung, die festlegt, was die Liebe immer und von jedem einzelnen fordert: sie sind vielmehr Illustrationen dafür, was die Liebe in einem bestimmten Augenblick von irgendeinem Menschen fordern kann."[57] Mit Nachdruck betont Robinson, daß die Bergpredigt keineswegs beabsichtigt, uns unfehlbare Normen zu geben. Es gehe dort also nicht um etwas,

---

[52] *R. Egenter*, Art. Situationsethik, in: LThK² IX 805.
[53] Deutsch: *J.A.T. Robinson*, Gott ist anders. Honest to God, München ¹⁵1970. Im folgenden beziehe ich mich auf die deutsche Ausgabe.
[54] A.a.O. 110.
[55] A.a.O. 111.
[56] Vgl. a.a.O. 113.
[57] A.a.O. 114.

was man unter allen Umständen tun muß, sondern der Inhalt der Bergpredigt lasse sich wie folgt zusammenfassen: „Das ist es, was in einem bestimmten Augenblick das Reich Gottes (oder die Liebe) von dir fordern kann, wenn du dem absoluten und unbedingten Willen Gottes gegenüber offen bist."[58] Dies ist gerade ein Gegensatz zur supranaturalistischen Ethik, in der allein das Prinzip zählt, und die dem Menschen Befehle und heteronome Normen erteilt.[59] Allerdings, um Robinson gerecht zu werden, ist darauf hinzuweisen, daß er die ‚Theonomie‘ nicht zur Heteronomie zählt. Paul Tillich zitierend deutet er dessen Theonomiebegriff dahin, daß es sich um jene Position handelt, „in der das Transzendente nicht als externes, außerhalb der Welt befindliches Phänomen [verstanden wird], sondern wo wir ihm in, mit und unter dem *Du* aller endlichen Beziehung begegnen, als deren letzten Tiefe, ihr Grund und ihr Sinn."[60] Auf die Ethik übertragen heißt das nach Robinson, daß die soeben angesprochene Beziehung in ihrer konkreten Einmaligkeit als Grundlage für moralische Urteile anzuerkennen sei, wobei sie nicht als universale Norm gelten darf. Sie ist einfach eine einmalige, unwiederholbare Beziehung, in der man „dem Anspruch des Heiligen und des absolut Unbedingten" begegnet, und allein diesem Anspruch muß man sich stellen. Für Christen, so Robinson weiter, ist damit die unbedingte Liebe Jesu Christi gemeint, der als der letzten Grund des Seins, jeder Beziehung und jeder Entscheidung zu erkennen ist. Im Klartext heißt dies, daß der Christ sein Handeln allein von der Liebe regieren lassen muß, wie Jesus es befahl und wie Jesus selbst es vorgelebt hat.[61] Und der Verfasser von „Honest to God" beteuert: „Leben in Jesus Christus, im neuen Sein, im Heiligen Geist heißt, sich keinen absoluten Forderungen zu unterstellen außer seiner Liebe, und nur dieser Liebe allein verpflichtet zu sein und nichts anderem."[62] So verstanden ist die Liebe ein „eingebauter Kompaß" für unser ethisches Handeln und sie ist deswegen in der Lage, in der gegebenen Situation Orientierung zu geben.[63] Von hierher läßt sich danach nichts von vornherein und definitiv als falsch bestimmen. Konkret gesagt, ist es nicht möglich, etwa voreheliche Beziehungen, Ehescheidungen und andere mehr als falsch oder als Sünde zu bezeichnen. Sie könnten in neunundneunzig „oder sogar hundert von hundert" Fällen falsch oder Sünde sein, aber sie können es keineswegs „we-

---

[58] A.a.O. 115.
[59] Vgl. a.a.O. 116.
[60] A.a.O. 118.
[61] Vgl. ebd.
[62] Ebd.
[63] Vgl. a.a.O. 119.

sensmäßig" sein, da „die einzige wirkliche Sünde" – nach Robinson – „der Mangel an Liebe [ist]."[64] Selbst wenn anerkannt werden muß, daß Gesetze und Konventionen ein Schutzwall für die Liebe sind, so müssen ethische Normen immer situationsbezogen bleiben.[65] Gerade die Liebe wird es fertig bringen, „die absoluten Maßstäbe auf ständig sich verändernde Situationen" anzuwenden.[66] Die Christen sollen sich also nicht vor Wandlungen fürchten, denn Gott ist nicht nur in den „ruhenden Felsblöcken", sondern auch in den „Stromschnellen".[67] Ein Christenmensch muß dann den Mut und die Freiheit haben mitzuschwimmen.[68] Kurzum: Die Letztbegründung für die Ethik ist die Liebe, denn allein sie macht eine Handlung gut oder böse.[69] In dieser Liebe vernimmt der Mensch den Anruf des Unbedingten und es wird eine Antwort, eben aus Liebe, von ihm erwartet. Es geht letzten Endes um die Begegnung mit einem personalen Gott in Jesus Christus und nicht mit einem abstrakten, objektiven Gesetz.[70] Zu Ende gedacht heißt dies: Selbst wenn der Ansatz Robinsons nicht mit dem von Kierkegaard identisch ist, so läßt sich eine Ähnlichkeit doch nicht leugnen. Auch für Robinson geht es letztlich um ein inneres, theonomes Gesetz, das mich persönlich anruft und dem ich meine Zustimmung gebe oder verweigere. Moral ist somit eine Privatsache zwischen dem handelnden Subjekt und Gott. Diese Gedankenlinie wird vielleicht noch radikaler vom amerikanischen Theologen Joseph Fletcher weitergeführt.

3° Die Position von Joseph Fletcher

Die These von Joseph Fletcher, der sich eigentlich wie angedeutet an Robinson anlehnt, kann hier kurz gefaßt werden. Ähnlich wie beim letzteren ist es auch für ersteren die Liebe, die die ganze Moral bestimmt. Allein die Liebe ist „immer gut und richtig, ohne Rücksicht auf die Umstände."[71] Sie ist also nicht nur die einzige Norm, sondern sie ist auch der einzige Zweck des sittlichen Handelns.[72] Die Liebe heiligt alle Mittel derart, daß man sagen kann: „Nur der Zweck rechtfertigt die Mittel,

---

[64] A.a.O. 122.

[65] Vgl. ebd.

[66] *Ders.*, Christliche Moral heute, München [2]1966, 13; engl. Orig.: Christian Morals Today, London 1964.

[67] A.a.O. 21.

[68] Vgl. a.a.O. 23.

[69] Vgl. *ders.*, Gott ist anders 123.

[70] Vgl. a.a.O. 118f.

[71] *J. Fletcher*, Moral ohne Normen?, Gütersloh 1967, 51; engl. Orig.: Situation Ethics. The New Morality, Philadelphia 1966.

[72] Vgl. a.a.O. 119.

sonst nichts."[73] Dementsprechend kann Fletcher nicht verstehen, wieso der Satz „der Zweck rechtfertigt nicht die Mittel" so widerspruchslos und einstimmig von der christlichen Moral akzeptiert wurde.[74] Hingegen gilt für ihn jede Handlung als reine Willkür, wenn sie nicht einem Zweck dient, von dem sie ihre Berechtigung erhält,[75] und dieser Zweck heißt Liebe. Es ist dann nicht möglich festzulegen – Fletcher schließt sich hier Robinson an –, was gut und böse ist; gut und böse sind ja nicht Eigenschaften, sondern Attribute. „Deshalb ist in einem Fall gut, was in einem andern Fall böse ist, und was hier falsch ist, kann dort richtig sein, wenn es einem guten Zweck dient – *aber das hängt von den Umständen ab.*"[76] Mit anderen Worten: Gut und Böse sind nicht der Tat inhärent, sondern sie liegen in den Umständen, die nach dem Prinzip der Liebe beurteilt werden sollen. Gegen die herkömmliche, klassische katholische Moral heißt das, daß es kein ‚intrinsece malum' gibt. Fletcher wendet seinen Grundsatz denn auch auf konkrete Fragen an, um zu verdeutlichen, daß es keine von vornherein in sich (intrinsece) schlechten Handlungen geben kann. Wenn beispielsweise gefragt wird, ob Ehebruch falsch sei, kann die Antwort nur lauten: „Ich weiß es nicht, man nenne mir einen konkreten Fall, man beschreibe eine wirkliche Situation."[77] Auch die Frage z.b. ob man seine Frau belügen, Werkspionage treiben oder Steuern hinterziehen darf, läßt sich nur mit einer Gegenfrage beantworten: „Haben sie eine wirkliche Situation vor Augen? Und welche?" Andere Beispiele sind vorehelicher Geschlechtsverkehr, Vertragsbruch, Verleumdung etc. Überall gilt, daß diese Begriffe Abstraktionen sind, die keine Substanz haben. Das bedeutet aber, daß man hier immer wieder fragen muß, ob es nicht Fälle gibt, in denen die soeben aufgezählten Kategorien von der *Liebe* her gut sein könnten.[78] An dieser

---

[73] A.a.O. 107.
[74] Vgl. ebd.
[75] Vgl. ebd.
[76] A.a.O. 110.
[77] A.a.O. 131.
[78] Vgl. a.a.O. 131. Auf 119–120 erwähnt Fletcher das katholische Beichtgeheimnis, das geoffenbart werden müßte, falls die Liebe es verlangt. Wörtlich sagt der Verfasser: „Der Priester erfährt unter dem Siegel der Beichte, daß ein Unschuldiger für die Tat eines anderen die Todesstrafe erleiden muß. Das kanonische Recht verbietet ihm, zu offenbaren, was er weiß. [...] Warum ist das Beichtgeheimnis unantastbarer als das Leben eines Menschen, der das Opfer unglücklicher Umstände geworden ist? [...] Alles in dieser Welt ist relativ; wenn das Gewissen sich müht, das Rechte zu tun, sollen wir tun, was unter gewissen Umständen böse wäre, wenn es nur im anstehenden Fall der Liebe dient." Zur Anwendung seines Grundsatzes auf besondere Fälle hat Fletcher ein anderes Werk verfaßt, nämlich: Leben ohne Moral?, Gütersloh 1969; engl. Orig.: Moral Responsibility. Situation Ethics at Work, Philadelphia 1967.

Stelle spätestens wird klar, wie radikal die Situationsethik die herkömmliche Moral in Frage stellt, die das objektive Gesetz als Maßstab für das sittliche Handeln in den Mittelpunkt stellt. Es ist nicht von der Hand zu weisen, daß die Anfragen der Situationsethik an die klassische Moral auch heute noch nicht verstummt sind, wie Hans Rotter in seiner schon erwähnten Studie zu Recht betont.[79] Wie verhängnisvoll die von der Situationsethik vertretene These werden kann, hat das Lehramt der Kirche rechtzeitig erkannt, und sie hat ihr in aller Deutlichkeit Absage erteilt.

c) Die Stellungnahme des katholischen Lehramtes und die Würdigung
   der Situationsethik

Zur Situationsethik hat das offizielle Lehramt der Kirche vor allem durch Pius XII. und das Heilige Offizium Stellung genommen. Letzteres hat die Situationsethik am 2. Februar 1956 verurteilt.[80] Eine besondere Erwähnung verdient indes die Ansprache Pius' XII. am 18. April 1952 an die *Fédération Mondiale des Jeunesses Féminines Catholiques*.[81] Der Papst setzt sich mit der Situationsethik auseinander und referiert ausführlich darüber. Ein besonderes Augenmerk muß dem Vergleich gelten, den er zwischen der Situationsethik und der katholischen Sittenlehre macht. Er räumt ein, daß man tatsächlich der Einmaligkeit der Situation im ethischen Handeln Rechnung tragen müsse, wie die Situationsethik dies reklamiert. Dazu gibt es nach dem Papst gute Ansätze in der traditionellen katholischen Moral: „Die katholische Sittenlehre hat dieses Problem der persönlichen Gewissensbildung mit vorhergehender Prüfung der Umstände des zu entscheidenden Falles immer ausgiebig behandelt. Alles, was sie lehrt, bietet ebenso den theologischen wie den praktischen Gewissensentscheidungen eine kostbare Hilfe. Es bedarf nur eines Hinweises auf die unübertrefflichen Darlegungen des hl. Thomas über die Kardinaltugend der Klugheit und die mit dieser verknüpften Tugenden. Sein Traktat beweist einen Sinn für persönliches Handeln und Aktualität, der alles umfaßt, was an der Situationsethik richtig und positiv ist, vermeidet aber alle ihre Verwirrungen und Irrtümer. Der moderne Moralist braucht also nur auf derselben Linie fortzufahren, wenn

---

[79] Vgl. *H. Rotter*, Das personale Denken 518–528.

[80] Vgl. DH 3918–3921.

[81] Vgl. AAS 44 (1952) 413–419. Deutsche Übers. in: *A.-F. Utz/J.-F. Groner* (Hrsg.), Aufbau und Entfaltung des gesellschaftlichen Lebens. Soziale Summe Pius XII., Bd. 1, Freiburg i.Ue. 1954, 65–74. Auf diese deutsche Übersetzung beziehe ich mich im folgenden.

er neue Probleme vertiefen will."[82] Dieses lange Zitat ist von großer Bedeutung für die Fortführung unserer Diskussion im Rahmen des afrikanischen Gewissensverständnisses. Es zeigt deutlich, wie auch die westlich-katholische Moral im sittlichen Handeln das Schwergewicht auf das Individuelle legt. Trotz dieser Ähnlichkeit und Übereinstimmung muß allerdings zugegeben werden, daß der Papst im obigen Zitat das Anliegen der Situationsethik nicht ganz trifft. Geht es letzterer doch nicht um Gesetzesausnahmen unter bestimmten Umständen, wie die katholische Sittenlehre nahelegt. Auch geht es ihr nicht darum, ein bestimmtes Gesetz mit Klugheit auf eine bestimmte Situation anzuwenden. Die Situationsethik bestreitet vielmehr die Behauptung, daß objektive Gesetze und Normen Antwort auf eine konkrete Situation geben können. Während für die klassisch-katholische Moral das Gesetz eine mildernde Interpretation erfahren kann, ohne deswegen aufgehoben zu werden – man denke etwa an die Epikie, die Thomas als Tugend bezeichnet –, vertritt die Neue Moral die Meinung, daß allein der Zweck maßgebend sei und nicht das Gesetz. Man könne es total ignorieren, wenn damit die Liebe als einziges ethisches Prinzip gerettet wird. Nach dieser Auffassung sind Gesetze und Normen nur Entscheidungshilfen, sie können also nicht die ‚Lebenssituationen‘ festlegen, die immer in ihrer Einmaligkeit und Unwiederholbarkeit auftreten. Das bedeutet letztlich aber, daß Gesetze und Normen keine sittliche Erkenntnis für die je verschiedenen, unwiederholbaren und einmaligen Situationen darstellen. Die Moral ist ja kein Zug, für den man schon alle Haltestellen im voraus kennt und festlegt! Kurzum: Die Kritik der Neuen Moral an der traditionellen Moral besteht darin, daß sie die grundsätzliche Hilflosigkeit des Menschen gegenüber dem absolut – wenn auch bisweilen Ausnahmen zulassenden – konzipierten Gesetz, das nicht in der Lage ist, dem sittlich handelnden Subjekt Auskunft über Gut und Böse zu geben, betont.[83] Es steht außer Frage, daß uns die Situationsethik vor allem in ihrer theologischen Variante auf die ethische Verantwortung des einzelnen und die Rolle des individuellen Gewissens aufmerksam macht. Gleichwohl gilt zu fragen, ob eine grundsätzliche Ablehnung jeglicher objektiver Norm nicht die Gefahr übersieht, daß das Individuum als einzelner Mensch auch willkürlich handeln kann. Ein allzu schneller Rekurs auf das individuelle Gewissen könnte den Menschen im einzelnen dazu führen, seine Privatmeinung so zu verabsolutieren, daß auch sie zu einem unhinterfragbaren Gesetz wird. Die herkömmliche Gewissenslehre erinnert hier daran, daß das

---

[82] Vgl. A.-F. Utz/J.-F. Groner (Hrsg.), a.a.O. 72f.
[83] Vgl. A.K. Ruf, Sünde 40.

sittliche Urteil von jener ‚objektiven' Wahrheit abhängt, die der Mensch sich nicht selber gibt, sondern die ihm vorgegeben ist und die er in seine Überlegungen mit einbeziehen muß.[84] Es wird auch darauf hingewiesen, daß die menschliche Person nicht in der Lage ist, sich in einer individualistischen Isolation zu verwirklichen, sondern daß er auf eine Ich-Du-Beziehung angelegt ist, die letztlich eine ‚Wir-Beziehung' in einer umfassenden Gemeinschaft bedeutet. Dann aber läßt sich die Frage nach der Erkenntnis von Gut und Böse nicht unabhängig von unserer Interdependenz und Verflochtenheit mit den anderen beantworten. Ein Christenmensch beispielsweise sollte keine seiner sittlichen Entscheidungen treffen, ohne die ekklesiale Gemeinschaft der an Jesus Christus Glaubenden mitberücksichtigt zu haben.[85] Insgesamt geht es auch nicht nur darum, wie der einzelne eine gegebene Norm versteht, sondern auch darum, wie die anderen sie auslegen und auf welche Weise man dann dem durch die Erfahrung dieser anderen Bewährten gerecht werden kann.[86] Damit ist auch klar gesagt, daß Normen nur im interpersonalen, geschichtlichen und sozialen Kontext zustande kommen können.[87]

Unbeschadet dieser gemeinschaftlichen Dimension in der westlichen Gewissenslehre vermißt man aus afrikanischer Sicht das eigentliche gemeinschaftliche Handeln.[88] Selbst wenn die interpersonale und ekklesiale Dimension betont werden, scheint dies sich auf der Ebene der ‚Zur-Kenntnisnahme' abzuspielen, ohne daß es notwendig würde, eine Debatte im Sinn der Diskurs- oder Palaverethik einzuleiten. Zudem läuft das Ganze darauf hinaus, daß das um eine richtige Information sich bemühende Subjekt seine Entscheidung allein trifft, die dann als letzte Instanz zu gelten hat. Wie weiter oben angemerkt wurde, hat diese Betonung der individuellen Verantwortung, die sich sogar gegen die Gemeinschaft durchsetzen muß, ihre extreme Interpretation in der Situationsethik gefunden. Selbst das Zweite Vatikanische Konzil, dessen Lehre sich die Enzyklika *Veritatis splendor* zu eigen macht,[89] definiert das Gewissen als „Heiligtum im Menschen, wo er allein ist mit Gott, dessen Stimme in diesem seinem Innersten zu hören ist."[90] Dies ist eigentlich das, was auch für die Situationsethik theologischer Prägung, etwa im Sinn von Kierkegaard, von großer Bedeutung ist. Auch die in unserer Zeit sich

---

[84] Vgl. a.a.O. 46.
[85] Vgl. a.a.O. 48f.
[86] Vgl. die sehr guten Ausführungen von *H. Rotter*, Das personale Denken 522f.
[87] Vgl. ebd.
[88] Vgl. die Ausführungen bei *B. Bujo*, Die ethische Dimension 73–77.
[89] Vgl. VS 54ff.
[90] GS 16.

manchmal selbst verabsolutierende Berufung auf das Gewissen als letzte Instanz hat ihre Wurzeln in dieser Lehre. Folgend soll das schwarzafrikanische Menschenbild kurz dargelegt werden, das einen etwas anderen Akzent setzt, der für einen ekklesialen Dialog von Bedeutung sein kann.

Art. 2: Sünde und Gewissensverständnis im afrikanischen Kontext

Weiter oben wurde daran erinnert, daß das Problem des Gewissens in Schwarzafrika schon andernorts ausführlich besprochen wurde.[91] Die dort gemachten Beobachtungen sollen im folgenden nicht mehr im einzelnen wiederholt werden. Dieser Teil unserer Studie möchte die Frage nach dem Gewissen etwas stärker mit dem afrikanischen Konzept von Sünde verbinden. Zuerst wird dargelegt, wie existentiell das als persönliches Ich verstandene Individuum das Gewissen und die Verantwortung zur Sünde sieht. Im zweiten Anlauf möchte ich dann die kommunitaristische Dimension der Gewissensverantwortung der einzelnen erörtern.

1. Inwieweit wird die sittliche Norm vom Individuum verinnerlicht?

Nach dem bisher Gesagten dürfte – so ist zu hoffen – die Stellung des Individuums für das sittliche Handeln zwar unbestreitbar sein, wohl aber ist es noch nicht genügend klar geworden, daß es sich dabei auch um eine *persönlich* interiorisierte Sittlichkeit handelt.[92] Manche Forscher haben behauptet, der afrikanische Mensch sei von der Gemeinschaftsidee derart besessen, daß er sich erst dann schuldig fühlt, wenn er bei einer schlechten Tat ,ertappt' wird. Eine der logischen Folgen davon sei, daß er einen bösen Gedanken noch nicht als Sünde ansehen würde.[93] Falls dies zuträfe, wäre beispielsweise eine Lüge keine Sünde, solange das Individuum etwa nach dem Nutzenkalkül handelt oder sich auf schlaue Weise aus einer unangenehmen Affäre zieht. Es muß hier von vornherein betont werden, daß allein schon das Palaververfahren uns deutlich vor Augen geführt hat, wie für die afrikanische Öffentlichkeit selbst die privaten, heimlichen Handlungen und inneren Gedanken zum Gerichtsgegenstand werden können. Zumindest das therapeutische Palaver, in

---

[91] Vgl. *B. Bujo*, Die ethische Dimension 63–73; 77–82.
[92] Zur Interpretation vgl. *B. Bujo*, African Christian Morality 95ff.
[93] Vgl. z.B. *D. Nothomb*, Un humanisme 240ff.; *E.N. Mujynya*, Le mal 77; *V. Mulago*, La religion traditionnelle des Bantu et leur vision du monde, Kinshasa ²1980, 175.

dem der Patient oder die Patientin alle auch noch so verborgenen Taten und Gedanken gegenüber dem behandelnden Arzt oder einer Ärztin bzw. einer Hebamme offenbaren soll, läßt keine Zweifel mehr über die Bedeutung der inneren Handlungen in der afrikanischen Ethik zu. Nicht nur das Palaververfahren macht dies offenkundig, sondern es läßt sich auch durch einzelne andere Fakten belegen. Weiter oben,[94] wo dieses Problem schon angesprochen wurde, ist darauf hingewiesen worden, daß die afrikanische Ethik den Sitz der sittlichen Handlung in den inneren Organen des Menschen sieht. An erster Stelle ist das *Herz* zu erwähnen. Das Herz wird nicht nur im Zusammenhang mit Liebe und Haß gesehen, sondern ihm werden praktisch alle Tugenden und Laster (Sünden) zugeordnet. Selbstbeherrschung, Mut, Tapferkeit, Wahrhaftigkeit oder Ehrlichkeit und alle gegenteiligen Gedanken und Handlungen gehen aus dem Herzen hervor. So sieht man bei den Bahema und Walendu vom Kongo-Kinshasa nicht nur Angst oder Mutlosigkeit, sondern ebenso die Lüge im Herzen verwurzelt. Ein Mensch, der ‚zwei Herzen' hat, ist jemand, dem beispielsweise die spontane ‚Großzügigkeit' fehlt; er ist im Grunde also geizig, oder aber es kann auch heißen, daß er undurchsichtig, unwahrhaftig, mordverdächtig usw. ist. Es soll hier ganz besonders die Wahrheitsdimension unterstrichen werden. Die Bahema und Walendu – ähnlich dürfte es auch bei anderen ethnischen Gruppen sein – sehen die Wahrheit als eine der Eigenschaften des Herzens an, da dieses ja mit Intelligenz, Gedächtnis und Wille gekoppelt wird. Es ist denn auch das Herz, das etwas will oder nicht will (*mathi jîrî, mathi jîrînza*), es ist ebenso das Herz, das etwas vergißt, sich an etwas erinnert (*mathi vivi, mathi nori[nga]*). Wiederum ist es das Herz, das denkt (*mathi dy'ari*) oder etwas kreativ hervorbringt (*mathi nori*) und spricht (*mathi rîpo*). So gesehen geht die Funktion des Herzens über das rein Emotionale oder Gefühlsbetonte hinaus und umfaßt sogar das ‚Intellektuelle'. Weisheit und Klugheit beispielsweise werden nicht von ihrem vernunfthaften Charakter her verstanden, sondern sie gehen aus der Personmitte, nämlich dem Herzen hervor. Daß die Bahema und Walendu von der zentralen Bedeutung des Herzens für das ganze menschliche Verhalten überzeugt sind, kommt auch dadurch zum Ausdruck, daß sie einen unklugen oder nicht weisen oder auch geistig zurückgebliebenen Menschen als einen ‚Herzlosen' bezeichnen (*ngathi*). Aus dieser Perspektive gesehen ist es völlig richtig, daß die protestantische Kirche bei den genannten ethnischen Gruppen den *Heiligen Geist* mit dem *Kilendu*-Wort[95] „*Blothi*" d.h.

---

[94] Vgl. Teil I, Kap. I, Art 1.

[95] Kilendu ist die Sprache der Walendu und Bahema im Nordosten von Kongo (Zaire).

„Gutes Herz" übersetzt haben, während ihn die Katholische Kirche mit „*Güke*" wiedergibt, wobei dieses Wort eigentlich von *Le-Gü* (Leber) abgeleitet wird. Die protestantische Übersetzung ist sicher zu bevorzugen, wenn man etwa an die Gaben des Heiligen Geistes denkt, die gerade dem entsprechen, was die Bahema und Walendu dem Herzen als Sitz des Sittlichen und der menschlichen Qualitäten bzw. Laster zuschreiben.[96] Wenn bis jetzt die ‚Ethik des Herzens' bei den hier genannten beiden Völkern – Bahema und Walendu – betont wurde, beschränkt sich die vertretene These keineswegs nur auf diese Gruppen. Es ist wohl allgemein gültig, daß die Völker in Afrika das Herz in den Mittelpunkt stellen, wenn sie von der Interiorisierung der sittlichen Normen sprechen. Die Banyarwanda in Ruanda, die Barundi in Burundi und die Bashi im Kongo-Kinshasa nennen das Herz „des Menschen kleiner Kö-

---

[96] An den soeben genannten Beispielen spätestens zeigt sich die Fragwürdigkeit der von Eloi Messi Metogo vertretenen These, der behauptet, aus der Sprache könne man keine eigene Philosophie ableiten. Zielscheibe seiner Kritik ist vor allem A. Kagame mit seinem Werk „La Philosophie Bantu comparée" (Paris 1976). Wörtlich schreibt *E. Messi Metogo*, Dieu peut-il mourir en Afrique? Essai sur l'indifférence religieuse et l'incroyance en Afrique Noire, Paris 1997, 175: „Comment ne pas voir, par exemple, qu'aucune langue, africaine ou autre, ne renferme une vision du monde ou une philosophie définie?" Um seine These zu stützen, zitiert der Verfasser ausführlich die radikale Kritik von Marcien Towa an Kagame, ebd. Anm. 3: „Pour me faire comprendre sur ce point, imaginons quelqu'un qui voudrait tirer la philosophie française de la langue française. On lui donne la grammaire française, le petit Larousse ou le grand Larousse ou le Littré. Eh bien! il n'y a personne dans le monde qui peut tirer Descartes de la grammaire française et du Larousse. On ne peut tirer aucun système philosophique défini de la structure linguistique d'une langue, ou du dictionnaire de cette langue, parce qu'effectivement la langue, ce n'est pas une théorie, ce n'est pas une vision du monde [...]. La langue française peut exprimer toutes sortes de conceptions du monde [...] de la philosophie chinoise, hindoue. [...] Et ce que je dis de la langue française est valable pour toute langue sans distinction aucune." Diese These von M. Towa, die von Messi Metogo kritiklos rezipiert wird, bedürfte einer eingehenderen Auseinandersetzung. Da dies im Rahmen dieser Untersuchung nicht möglich ist, sei nur folgendes zu bedenken gegeben. Selbstverständlich gibt es keine philosophische Theorie in einer bestimmten Sprache, ja es gibt kein vorgegebenes System in ihr. Wohl aber reflektiert jede Sprache eine bestimmte Rationalität, die auf einer bestimmten Weltanschauung beruht, welche unentbehrlich für die Gestaltung einer philosophischen Theorie ist. Wenn man hier schon kein individuelles System wie Aristotelismus, Thomismus, Cartesianismus und andere mehr finden kann, so ist es dennoch möglich, durch die verwendeten sprachlichen Konzepte jedes System auf seinen Sitz im Leben und kulturellen Begründungsort zurückzuführen. Es ist verwunderlich, daß es Messi Metogo nicht aufgefallen ist, daß sich ein Europäer beispielsweise unter dem Wort ‚Großbruder' (grand-frère) oder ‚Ahn' (ancêtre) usw. nicht das gleiche vorstellt wie ein Afrikaner. Läßt sich dann von hierher nicht eine anders geartete philosophische oder theologische Theorie entwickeln, die ihre eigene Rationalität besitzt? Übrigens übersieht das Zitat aus Vanneste (vgl. *E. Messi Metogo*, a.a.O. 176) die vielen diesbezüglichen Auseinandersetzungen völlig, die den Gedanken dieses Autors doch erheblich relativierten. Vgl. Hinweise bei *B. Bujo*, Afrikanische Theologie 64–71.

nig", um dadurch zum Ausdruck zu bringen, daß das ganze Menschsein wesentlich davon abhängt. Wer sich etwas hat zuschulden kommen lassen, besitzt nach den Batetela (Kongo-Kinshasa) ein schmutziges Herz. Weiter ist für die Bashi das Herz eines Fremden ein Wald, d.h. man kann sein Verhalten nicht im voraus erraten, da alles im Herzen verborgen ist. Um die entscheidende Stellung des Herzens noch deutlicher werden zu lassen, sagen die Bashi ferner: „Eine innige Umarmung reicht nicht aus, um jemandem die Wärme zu vermitteln." Das heißt, das Äußerliche ist ohne Bedeutung, wenn es dem Inneren nicht entspricht.[97] Auch die Gikuyu von Kenya sind sehr deutlich, was die Intention anbelangt. So sagen sie beispielsweise: „Es gibt keinen Unterschied zwischen einem Dieb und einem Begehrenden."[98] Demnach geht es also nicht nur um einen materiellen, ‚physischen' Diebstahl, sondern allein schon der Gedanke, etwas auf ungerechte und unerlaubte Weise von jemandem heimlich oder öffentlich wegzunehmen, ist blamabel und sündhaft. Um einen äußerlich vollzogenen Diebstahl zu vermeiden, muß man zuerst den Gedanken, das Begehren bekämpfen, damit das Böse im Keim erstickt wird.[99] Die Gikuyu haben noch ein anderes Sprichwort, das in die gleiche Richtung weist, wenn es heißt: „Einer, der keine Ziege besitzt, hat auch kein Verlangen nach Fleisch."[100] Dieses Sprichwort möchte eigentlich sagen, daß jemand, der über keine Ziege verfügt, auch nicht in der Weise Ausschau nach Fleisch halten sollte, daß er versucht, es sich sogar illegal oder unmoralisch anzueignen. Die letztlich intendierte Lehre lautet also: „Unterhalte nicht in Dir einen Wunsch, der nicht moralisch oder dem Gesetz entsprechend erfüllt werden kann." Das Gleiche anders: „Beherrsche dich, laß dich nicht durch dein Herzensbegehren irreführen."[101] Nach dem ethischen Ideal der Gikuyu – und vieler anderer Ethnien in Afrika – wird das Individuum dadurch als starke Persönlichkeit betrachtet, daß es sich durch Selbstbeherrschung sowohl in bezug auf sein Inneres als auch hinsichtlich des Äußeren auszeichnet, wobei letzteres wesentlich vom ersteren abhängt.[102]

Wenn man alle diese Ausführungen betrachtet, ist es nicht übertrieben zu sagen, daß in Afrika das Herz eine ähnliche Rolle spielt wie in der Bibel. Eine der entscheidenden Stellen ist beispielsweise Mt 15,17–

---

[97] Zum Ganzen vgl. *B. Bujo*, African Christian Morality 100.
[98] „Gûtiri mûici na mûcûûthîrîria", in: *G.J. Wanjohi*, The Wisdom and Philosophy of the Gikuyu Proverbs. The Kihooto World-View, Nairobi 1997, 137.
[99] Vgl. ebd.
[100] „Mundu utari mburi ndendaga nyama", in: ebd.
[101] Zum Kommentar vgl. ebd.
[102] Vgl. a.a.O. 138.

20, wo Jesus sagt: „Begreift ihr nicht, daß alles, was durch den Mund (in den Menschen) hineinkommt, in den Magen gelangt und dann wieder ausgeschieden wird? Was aber aus dem Mund herauskommt, das kommt aus dem Herzen, und das macht den Menschen unrein. Denn aus dem Herzen kommen böse Gedanken, Mord, Ehebruch, Unzucht, Diebstahl, falsche Zeugenaussagen und Verleumdungen. Das ist es, was den Menschen unrein macht; aber mit ungewaschenen Händen essen macht ihn nicht unrein.“ Ganz in diesem Sinn sagen die Bahema zu jemandem: „*Nitsonga sani che.*“ Das heißt: „Das Innere deines Mundes ist schmutzig.“ Damit wird jemand bezeichnet, der die anderen nur noch durch Worte beleidigt: Flüche, zornige Worte, Ehrbeleidigungen, ehrfurchtslose Worte und anderes mehr. Gemeint ist, daß diese Worte nicht verdaut sind und daß sie das Herz derart in Mitleidenschaft ziehen, daß sie durch den Mund herauskommen, wobei sie letzteren durch ihren Schmutz total entstellen. Mit dieser Beobachtung aber wird zugleich darauf hingewiesen, daß die Innerlichkeit der sittlichen Handlung sich auch auf andere menschliche Organe ausstreckt. Der Magen ist eines davon, vor allem wenn es sich um die Funktion des Wortes handelt, welches unverdaut destruktive Folgen für die zwischenmenschlichen Beziehungen hat. Ist es hingegen gut verdaut, trägt das Wort zur Auferbauung der Gemeinschaft bei.[103] Wie weiter oben angemerkt, hat Alexis Kagame noch auf ein anderes Organ, nämlich die Leber hingewiesen, die bei den Baluba eine entscheidende Rolle für die Moralität einer sittlichen Handlung spielt. Im allgemeinen jedoch ist bei den meisten ethnischen Gruppen, einschließlich der Baluba, das Herz unumgänglich für die Beurteilung der menschlichen Handlung im Blick auf ihre sittliche Verantwortlichkeit.

An dieser Stelle muß aber nachdrücklich darauf hingewiesen werden, daß der Mensch nicht dichotomisch nach seinen verschiedenen Organen als sittliches Subjekt gesehen wird. Es sind also nicht nur Leber, Herz und andere Organe, denen die sittlichen Handlungen zugeschrieben werden, sondern der ganze Mensch als Person ist darin involviert. Dies läßt sich noch besser und m.e. überzeugender durch äußere Handlungen zeigen, die zum größten Teil sogar rein biologischer Art sind. So kann der Blick eines unsympathischen Menschen jemanden krank machen oder in den Tod stürzen. Der Mensch in Schwarzafrika wird dann nicht von ‚Blick' reden, sondern von ‚Augen', die böse sind. Selbstverständlich, und wie auch Nicht-Afrikaner oder Nicht-Afrikanerinnen einsehen können, geht es nicht um die Augen als solche, die in ihrem biologischen

---

[103] Vgl. *B. Bujo*, Die ethische Dimension 63–66.

Dasein böse sind, sondern der Mensch verwendet sie, um ein intendiertes Ziel zu erreichen. Ist dies noch leicht verständlich, so sind andere mit der afrikanischen Ethik zusammenhängende Überzeugungen und Praktiken für Nicht-Eingeweihte nur schwer nachvollziehbar. Denn alles, was dem menschlichen Körper gehört – bis hin zu den Ausscheidungen aller Arten –, ist ethisch höchst relevant. Haare, Nägel, Blut, Spucke, Fußstapfen, Schatten eines Menschen und anderes mehr sind jene Elemente, die dazu angetan sind, entweder Menschen zu manipulieren bzw. zu schaden, oder sich über deren Verhalten zu informieren. Der afrikanische Mensch ist also der Überzeugung, daß man die ethische Identität eines Individuums durch biologische, physische oder chemische Elemente feststellen kann, die sich auf die ‚Körperlichkeit' desselben zurückführen lassen. Mit anderen Worten: Der traditionelle afrikanische Mensch glaubt daran, daß es eine Art ethische DNS gibt, die die erforderliche Auskunft über das individuell sittlich Konstituierende geben kann. Man mag eine solche Einstellung belächeln oder als naiv bzw. primitiv abtun. Die Grundthese jedoch – und einzig darum geht es in diesen Ausführungen – bleibt bestehen, die besagt: Der Mensch, auch in seinem sittlichen Leben, ist nur als Einheit und in seiner Ganzheitlichkeit zu verstehen. Was er äußerlich tut, läßt sich gar nicht von seiner inneren Überzeugung trennen. Mehr noch, sein ganzes Wesen bis hin in das physische Dasein hinein ist durch und durch schon ethisch ‚infiziert'. Nach dem afrikanischen Verständnis geht es um die Lebenskraft, die entweder durch Tugenden oder durch Sünden total ‚gut' oder ‚böse' wird und sich auch so manifestiert. Dieses Denken – um es noch einmal zu betonen – läßt einer dualistischen Lehre kaum Raum. Das heißt aber zugleich, daß sittlich nur schwerlich zu unterscheiden ist zwischen den Tabus, die nach westlichem Denken nur das Äußerliche betreffen, also die das Innere nicht Tangierende, und den genuin ethischen Handlungen, wo es um das eigentlich Sittliche geht. Daß man in der afrikanischen Ethik nicht so vorgehen kann, hat Laurenti Magesa am Beispiel von Schuld und Schamgefühl deutlich gemacht.[104] Er setzt sich mit John Bradshaw auseinander, der die Scham dem Seienden (being) und die Schuld dem Bereich des Gefühls (feeling) zuordnet. Schuld heißt: „Ich habe einen Fehler *gemacht*." Während für die Scham gilt: „Ich *bin* ein Fehler." Oder anders gesagt steht für Sünde: „Was ich *getan* habe, war nicht gut." Für die Scham gilt: „Ich *bin* nicht gut." In einer anderen Variante spräche die Schuld: „Ich habe etwas Falsches *getan*." Die Scham

---

[104] Vgl. *L. Magesa*, African Religion. The Moral Traditions of Abundant Life, Nairobi 1998, 156ff.

sagt: „Etwas stimmt nicht mit *mir*."[105] Nach der afrikanischen Konzeption gibt es keine Trennung zwischen ‚Sein' und ‚Handeln'. Danach kann man sagen: Der Mensch *ist* sein Handeln. Wenn das Handeln das Sein des Menschen definiert, wird umgekehrt das Handeln des Menschen von dem Sein des Menschen her definiert. Ist jemand beispielsweise ein Zauberer, dann gibt es in ihm und in seinen Handlungen nichts, was mit der Zauberei nichts zu tun hätte. Die Zauberei hat ihn durch und durch verdorben. Ähnliches gilt für das Gute, das das ganze Wesen des tugendhaften Menschen verwandelt. Daraus wird erklärlich, warum alles, was mit einem Menschen zusammenhängt, sein Wesen und sittliches Befinden offenbart. Auch aus demselben Grund kann man alles Biologische in ihm und all das mit ihm in Berührung Gewesene dazu benutzen, um ihm entweder zu schaden oder ihn zu heilen.

Damit ist aber eines überdeutlich geworden: Es kann nach all dem Gesagten nicht mehr aufrechterhalten bleiben, daß die afrikanische Ethik sich nicht um die Verinnerlichung der Taten kümmere. Dies verbietet sich von selbst, wenn man sich die Interaktion zwischen dem Inneren und dem Äußeren vor Augen führt. Auch wird man in der Beurteilung von ‚tabu-artigen' und anderen Handlungen vorsichtig sein, denn selbst tabu-artige Handlungen sind nicht von der gesamten Person zu trennen, die sich bis in ihr inneres Wesen hinein infiziert weiß und fühlt. Das Ganze bedeutet, daß die in der westlichen Ethik gängige Diskussion über sittliche und nichtsittliche oder vorsittliche Werte die afrikanische Ethik nicht gleichermaßen interessieren wird. Für letztere sind die sogenannten nichtsittlichen oder vorsittlichen Werte und Handlungen nicht nur bedeutsam, sondern auch konstituierend für die Person, die sich mit allen ihren Handlungen identifiziert, selbst wenn diese ihr nicht bewußt sind. Die so determinierten Handlungen und die so definierte Person lassen sich aber erst von der Gemeinschaft her verstehen, die alles letzten Endes trägt.

2. Die Gemeinschaft und das individuelle Gewissen

Nach den obigen Ausführungen ist es m.E. nicht mehr bestreitbar, daß der afrikanische Mensch die sittlichen Normen wirklich verinnerlicht

---

[105] Vgl. *J. Bradshaw*, Bradshaw on the Family – A Revolutionary Way of Self-Discovery, Florida 1988, 2: „Shame is a being wound and differs greatly from feeling of guilty [...] Guilt says I've *done* something wrong; shame says there *is* something wrong with me. Guilt says I've *made* a mistake; shame says I *am* a mistake. Guilt says what I *did* was not good; shame says I *am* no good." Zit. bei *L. Magesa*, African Religion 156f.

und daß man bei ihm von einem persönlichen Gewissen und von Verantwortungsbewußtsein sprechen kann. Dieses Verantwortungsbewußtsein und das persönliche Gewissen jedoch sind nicht etwas ‚Privatisiertes' im Sinn von ‚letzter Instanz' gegebenenfalls sogar gegen alle anderen.[106] Nach der afrikanischen Auffassung gibt es beispielsweise kaum Raum für ein mehr oder weniger ‚diktatorisches' Gewissen, das sich etwa auf eine innere Erleuchtung berufen würde oder einzig auf seine im Alleingang gewonnene Einsicht vertraut, wie sich dies in der Situationsethik gezeigt hat. Wenn wir uns an das Palaververfahren erinnern, ist deutlich zu sehen, daß die ethische Verantwortung ein gemeinsames Werk der Gemeinschaft sein muß. Dies hängt damit zusammen – davon war oft die Rede –, daß sich das Individuum nur in und mit der Gemeinschaft als Mensch verwirklichen kann. Das bedeutet aber auch, daß sein Verhalten und alles, was es tut, die gesamte Gemeinschaft der Lebenden, Toten und Noch-nicht-Geborenen wesentlich beeinflußt. Ja, das Individuum zieht durch sein Verhalten und seine Taten sogar den gesamten Kosmos in Bann.[107] Dann aber ist es auch verständlich, daß das Individuum nicht umhin kann, alle seine ethischen Handlungen auf die Gemeinschaft hin zu bedenken. Denn im sittlichen Leben werden die Normen nicht vom Individuum *quasi ex nihilo* erschaffen, sondern es geht um die Identifikation des schon Existierenden. Moral wird in den afrikanischen Gemeinschaften als Erfahrung verstanden. Sie ist also zuallererst anamnetisch zu vollziehen. Das bedeutet, daß man die Erfahrung der Vorfahren nicht um- bzw. übergehen kann, welche die ethischen Normen aufgrund ihrer aus der Gemeinschaft hervorgegangenen Weisheit festgelegt haben. In diesem Zusammenhang beobachtet John S. Mbiti richtig, daß die Moral ihren Niederschlag im menschlichen Gewissen erst durch ein lang währendes Hin und Her, ja durch viele Beobachtungen – auch am Verhalten der Nachbarvölker –, findet. Nachdem alle diese Erfahrungen kritisiert und verdaut sind, werden sie in einem Moralkode normativ festgelegt, welcher zum Erbe der gesamten Gemeinschaft einschließlich der Noch-nicht-Geborenen wird.[108] In dieser Gemeinschaft wird angenommen, daß die schon in der Geschichte erprobten Werte, Rituale, Tabus und Praktiken das Leben der Gemeinschaft vor einem Zusammenbrechen bewahren, ja mehr noch: Sie sorgen für das Wachstum der gesamten Lebenskraft. Ähnlich wie John S. Mbiti kann man sagen: Die Moral ist Nahrung und Getränk der afrikanischen Gemeinschaften. Ihr Zusammenbrechen – und dies gilt nicht nur für

---

[106] Vgl. dazu *B. Bujo*, Die ethische Dimension 69–79; 84–89.
[107] Vgl. a.a.O. 208ff.
[108] Vgl. *J.S. Mbiti*, Introduction to African Religion, Nairobi/Kampala ²1996, 178.

Afrika – führt zum Tod der Gemeinschaften und der Gesellschaft insgesamt.[109] Die Gemeinschaften in Afrika sind daher sehr am individuellen ethischen Verhalten interessiert.[110] Andererseits hängt das individuelle Lebenswachstum von der ethischen Gesundheit der gesamten Gemeinschaft ab. Die hier gemachten Beobachtungen gelten nicht nur für irgendwelche Mitglieder der Gemeinschaft, sondern selbst ein König oder ein anderer Volksvorsteher muß sich denselben Richtlinien unterziehen. Um dies deutlich zu machen, hat Elochukwu Uzukwu auf die Konzeption des Manja-Volkes von der Zentralafrikanischen Republik hingewiesen, nach der der Totem des Chefs der Hase ist. Dieses Tier ist wegen seiner langen Ohren ganz besonders dazu geeignet. Es wird angenommen, daß lange Ohren am besten hören. Für die Manja nämlich ist das Hauptcharakteristikum eines Chefs das ‚Zu-Hören'. Er muß lange, große Ohren haben, die ihn in die Nähe von Gott, den Ahnen und den Gottheiten bringen. Dieselben Ohren verbinden ihn mit allem, was in der Gemeinschaft gesagt wird. Wenn der Chef schließlich bei Entscheidungen das letzte Wort hat, handelt es sich dann keineswegs um seine Privatmeinung, sondern er wird erst dann sprechen, nachdem er alles vernommen und verdaut hat, was in der Gemeinschaft besprochen wurde. Ähnlich denken auch die Bambara von Mali, die von der ‚Immensität' des Wortes sprechen, das so groß, so breit und so umfangreich ist, daß es die ganze Menschheit umfaßt. Das bedeutet aber, daß das Wort zu groß und zu breit ist für einen einzigen Mund. Niemand kann sich allein des Wortes bemächtigen.[111] Dies bedeutet letzten Endes, daß das Wort sakral ist und daß es für das Leben der ganzen Menschheitsgemeinschaft eine solch zentrale Bedeutung hat, daß es nicht von einem einzelnen Individuum, sei es auch ein Chef, monopolisiert werden darf. Das Wort muß kommunikativ sein, so daß verschiedene Mitglieder der Gemeinschaft ihre Lebenserfahrung untereinander austauschen können; so sind sie auch in der Lage, das Leben zu teilen, damit alle es in Fülle haben. Damit ist wiederum das Palaver angesprochen, daß u.a. die Aufgabe hat, das Gewissen der einzelnen zum Dienst an der Gemeinschaft zu bilden. Anders ausgedrückt: Die im Palaver festgelegten Normen spiegeln die Erfahrung der Gemeinschaft wider und sind eine ständige Aufforderung für den einzelnen sittlich Handelnden, in seinen Entscheidungen die

---

[109] Vgl. a.a.O. 179: „African religions beliefs, values, rituals and practices are directed towards strengthening the moral life of each society. Morals are the food and drink wich keep society alife, healthy and happy. Once there is a moral breakdown, the whole integrity of society also breaks down and the end is tragic."
[110] Vgl. ebd.
[111] Vgl. *E.E. Uzukwu*, A Listening Church 18f.; 127ff.

Normen immer von der Gemeinschaft her zu interpretieren. Man kann also sagen, daß das Palaververfahren nicht mit der in der Gemeinschaft stattfindenden Diskussion endet, sondern es geht um einen ständigen Dialog mit der Gemeinschaft, deren Stimme durch festgelegte Normen vernehmbar ist. Die afrikanische Welt ist in dieser Hinsicht mit der alttestamentlichen vergleichbar, wo die Zehn Gebote ihre lebensspendende Kraft nicht durch die schriftlichen Worten erhalten, die sozusagen ,kalte' Buchstaben sind, sondern hinter ihnen steht der lebendige Gott, dessen Stimme in den *Zehn Worten* lebensspendend ins Ohr ,tönt'. Sieht man die afrikanische Ethik aus dieser Perspektive, dann ist leicht zu erkennen, daß die in der Tradition festgelegten Satzungen das persönliche Gewissen an die Gemeinschaft sowohl der Vorfahren als auch an jene der heute Lebenden binden. Gleichzeitig wird dasselbe Gewissen im Hinblick auf die Gemeinschaft der Noch-nicht-Geborenen in die Zukunft hineinprojiziert. Dies wiederum läßt sich so erklären, daß Ethik mit dem Leben zu tun hat, welches sich nach afrikanischem Verständnis ,tri-dimensional' artikuliert, wie wir es schon mehrfach in Erinnerung gerufen haben. Wer also ethisch handelt, muß gemeinschaftlich-holistisch denken und darf niemanden, auch nicht die zukünftigen Menschen, von der Lebensfülle ausschließen.

Es ist außerdem zu betonen, daß die hier vertretene These hinsichtlich der Interaktion zwischen Gemeinschaft und Normen sich nicht nur auf Gebote und Verbote im Sinn der – zumindest katholischen – *manualistischen* Tradition von *praecepta positiva* und *praecepta negativa* beschränkt, sondern sie gilt ebenso für die als Tabus bekannten Normen, denen gewöhnlich eine das Gewissen bindende Kraft abgesprochen wird. Obwohl es verschiedene Abstufungen von Tabus gibt und obwohl ihre Legitimation oder ihre Begründung den aufgeklärten Menschen nicht zu überzeugen vermögen, ist eines sicher, daß alle Tabuverbote nach der traditionell-afrikanischen Überzeugung mit dem Leben zu tun haben, das es zu schützen und zu fördern gilt. Noch einmal: Die Grundfrage unserer Untersuchung ist nicht, ob diese Tabubegründungen der Realität entsprechen, sondern welche Überlegung der afrikanischen Ethik zugrunde liegt. Es ist dies eine Grundüberlegung, die in jedem Kontext konstant bleibt. Selbst wenn die Tabuverbote in Wirklichkeit ins Leere treffen und dem Aberglauben ähneln, wird die Kernaussage nicht rückgängig gemacht, daß nämlich das handelnde Subjekt die genannten Verbote immer im Zusammenhang mit dem Leben und folglich mit der Gemeinschaft sieht. Dann aber geht es nicht mehr nur um äußere Akte, die das innere Gewissen nicht berühren, noch handelt es sich um reine Angst oder Furcht vor Strafe, sondern das Ethische selbst steht auf dem Spiel. Denn eine Mißachtung des Tabus verletzt letztlich das Grundverständnis der Gemeinschaft, das in allem zu beachten ist. Das heißt aber, daß das Subjekt, das mit den Tabus konfrontiert ist, nicht umhin kann, nach dem – möglicherweise vermeintlichen – Unglück zu fragen, das durch eine Tabuverletzung für das menschliche Leben und sogar für die ganze Gemeinschaft hervorgerufen wird. Andererseits ist auch zu betonen, daß nicht alle Tabus einfach naiv sind oder einen magischen Charakter haben, wie man auf den ersten Blick meint. Darüber wurde schon in einer anderen Studie ausführlich gesprochen.[112] Eines der dort erwähnten Beispiele sei hier wiederholt, um das Gemeinte zu verdeutlichen. Wenn es bei den Bahema vom Kongo-Kinshasa einem Jungen verboten ist, sich zu Lebzeiten des Vaters auf dessen Stuhl zu setzen, wird dies damit begründet, daß der Vater dadurch sterben könnte. Für einen oberflächlichen Beobachter handelt es sich um ein Tabu ohne Fundament, da die vermeintliche Folge wissenschaftlich nicht zu beweisen ist. Dringt man aber tiefer in die Bahema-Sitten ein, dann wird man einen durchaus auch rational einsehbaren Grund feststellen können, nämlich daß das tabuartige Verbot mit der Erbtradition und schließlich mit der Ehrfurcht vor dem Vater zu tun hat. Das heißt: Der Sohn wird nach dem Tod des Vaters feierlich als Erbe eingeführt, wonach er auch das Recht auf den Sitz des Verstorbenen hat. Sich zu Lebzeiten des Vaters auf dessen Stuhl zu setzen, kommt also dem Wunsch nach dessen Tod gleich. Einem Sohn, der dies täte, traute man einen Vatermord zu, um schnellstens dessen Nachfolge antreten zu können. Dies würde das Gemeinschaftsleben total zerstören. Um die Jungen auf das richtige Verhalten vorzubereiten, hat die Tradition nun also eine Kurzformel entwickelt: „Dein Vater wird sterben, wenn Du Dich auf seinen Stuhl setzt." Diese wird das Kind erst mit der Zeit verstehen und verinnerlichen.[113] Solche und ähnliche Beispiele ließen sich ohne weiteres vermehren. Man muß auf jeden Fall mit allem Nachdruck betonen, daß auch Tabus, selbst wenn deren Bedeutung nicht so evident ist wie die des soeben erwähnten, letztes Endes doch zur Unterstützung der ethischen Werte beitragen.[114] Nimmt man beispielsweise sexuelle Tabus, die den Geschlechtsverkehr zu bestimmten Zeiten verbieten, so sollen die Eheleute damit schließlich dazu geführt werden, daß sie sich auch außerhalb des Sexualaktes gegenseitig ihrer Würde bewußt werden. Außerdem können die Eheleute, besonders aber der Mann, Selbstbeherrschung praktizieren und lernen, wie dies übrigens einem Ziel des Initiationsritus entspricht.

---

[112] Vgl. *B. Bujo*, African Christian Morality 98ff.
[113] Zur Vertiefung vgl. ebd.
[114] Vgl. *J.S. Mbiti*, Introduction 177.

Entdecken die Eheleute durch das Tabu also eine tiefere Dimension der Sexualität, dann wäre das generell formulierte Ziel konkretisiert. Das Verbot des Geschlechtsverkehrs zum Beispiel während der Menstruation wird zwar damit begründet, daß der Mann krank oder impotent werden könnte, denn er respektiere nicht das Blut, das verlustig geht und so im Konflikt zum Leben steht.[115] Auch die Frau muß sich in dieser Zeit besonders verhalten, damit niemand zu Schaden kommt. Der eigentliche Sinn des Tabus besteht aber im Aufruf, das Leben ernst zu nehmen und zu respektieren, wobei dieses im umfassendsten Sinn zu verstehen ist, also nicht nur biologisch. Zusammenfassend läßt sich sagen, daß viele Tabus eine Schutzfunktion für die Moral sowohl auf individueller als auch auf gemeinschaftlicher Ebene ausüben. Im Hinblick auf das Individuum machen die Tabus letzteres auf das Grundprinzip der Moral, nämlich das Leben, aufmerksam und führen langsam zur Verinnerlichung oder Vertiefung der Normen, derart daß das Ganze der Gewissensbildung gleichkommt. Andererseits aber gilt: Dadurch daß das Individuum in eine tiefere ethische Forderung eingeführt wird, wird zugleich das Wohl der Gemeinschaft garantiert.

Was über die Tabus gesagt wurde, läßt sich auch auf das Problem von Magie und Zauberei anwenden. Oft neigt man dazu, diese Praktiken allein von ihren negativen Seiten her zu beurteilen. Magie und Zauberei haben durchaus positive Aspekte, die der Gemeinschaft zugute kommen. Zunächst ist zu unterstreichen, daß es sich auch hier nicht einfach um irrationale Angst handelt, die nur mit Aberglauben zusammenhängt. Hinter Magie- und Zauberglauben steht u.a. die Überzeugung, daß in der Welt auch unsichtbare Mächte am Werk sind, deren Wirken sich der rationalen Erklärung entzieht.[116] Abgesehen von dieser wichtigen Bemerkung ist folgendes zu beachten. Selbst im Fall einer vielleicht unbegründeten und übertriebenen Angst hat der Glaube an Magie und Zauberei zu ethisch richtigem Verhalten innerhalb der Gemeinschaft geführt. In der Tat, wo man glaubt, daß ein falsches Verhalten sich vor dem über Magie und Zauberkraft verfügenden Nachbarn nicht verbirgt und deshalb mit Lebensgefahr gerechnet werden muß, da wird auf sittliche Normen, die für das Zusammenleben der Gemeinschaft existentiell sind, genau geachtet. Diebstahl, Lüge, Ehebruch, Beleidigungen gegen Nachbarn und anderes mehr werden sorgfältig vermieden. Die Magier und Zauberer selber sind nicht unbedingt in Sicherheit, da sie wissen, daß

---

[115] Vgl. *L. Magesa*, African Religion 140.
[116] Vgl. *J.S. Mbiti*, Introduction 172: „It may be possible for some individuals to do some of these things, but precisely what powers and knowledge they use I do not know. The fact that most of us do not understand them does not mean they cannot be done."

ihre Macht durch noch mächtigere, beispielsweise die Medizinkundigen, zunichte gemacht werden könnte. Auch sie müssen sich darum bemühen, das Böse zu verhindern. Außerdem ist es möglich, sie medizinisch zu behandeln, so daß sie völlig harmlos werden.[117] All dies bedeutet aber, daß der Glaube an Magie und Zauberei zu einem Faktor wird, der für das Gleichgewicht zwischen Verwandten, Nachbarn und allen Mitgliedern der Gemeinschaft sorgt.[118] Was speziell die Zauberei anbelangt gilt es zu beachten, daß jedes Individuum potentiell ein Zauberer ist. In ihm schlummert die Macht des Bösen, die jeden Augenblick aktiv werden kann. Diese Macht ist der Hauptfeind des Lebens. Sie äußert sich in Neid, Eifersucht, Haß, Wut, Begehren bzw. Lust am Bösen und anderem mehr. Wer sich nicht beherrscht und diesen Anlagen freie Bahn läßt, wird zum eigentlichen Zauberer. Das Zauberdenken ist also eine ständige Warnung, sich ethisch richtig zu verhalten, damit die Gemeinschaft nicht durch das Losbrechen von unguten Emotionen und Lastern zerstört wird.[119] Damit kommt unsere Grundthese abermals zum Vorschein, wonach das persönliche Gewissen bzw. die Verinnerlichung der Normen und die Gemeinschaft miteinander verflochten sind. Moral läßt sich also nicht privatisieren, sie wird nicht im Alleingang gelebt, etwa allein um der Selbstverwirklichung willen. Sie ist *per definitionem* eine Interaktion zwischen allen Gliedern der Gemeinschaft; sie ist immer *Geben* und *Nehmen*, denn ihr Ziel ist die Fülle des Lebens für alle, ein Ideal, das sich nur gemeinsam meistern läßt. Das heißt schließlich, daß man nur durch andere Menschen zum Menschen wird. Ein Sprichwort aus Westafrika sagt denn auch: „Leben heißt zusammenhalten, allein bist du ein Tier."[120] Und ein anderes Sprichwort aus Kenya fügt hinzu: „Wer allein ißt, stirbt allein [= einsam]."[121] Allein bzw. einsam zu sterben, ist in Schwarzafrika das Schlimmste, was einem Menschen passieren kann, denn das bedeutet für ihn das totale Auslöschen, denn es ist die Gemeinschaft, die die Identität garantiert. Diese Frage aber wurde schon weiter oben, vor allem im ersten Teil dieser Studie ausführlich besprochen. Es stellt sich an dieser Stelle jedoch eine andere Frage, nämlich die nach der individuellen Freiheit. Wenn selbst das individuelle Gewissen seine Entscheidung nicht ohne Gemeinschaft treffen kann, inwiefern geht es dann noch um ein freies sittliches Handeln? Dieses Problem ist aller-

---

[117] Vgl. a.a.O. 170.
[118] Vgl. a.a.O. 168.
[119] Vgl. *L. Magesa*, African Religion 170–173.
[120] Vgl. *J.S. Mbiti*, Introduction 210, Prov. 57.
[121] Vgl. a.a.O. 209, Prov. 38.

dings schon in anderen Studien eingehend besprochen worden.[122] Auch in der gegenwärtigen Untersuchung ist es im Zusammenhang mit dem Palaververfahren deutlich geworden, wie Gemeinschaft und Individuum sich artikulieren und wie letzteres seine Identität trotz der stets zu berücksichtigenden Gemeinschaftsdimension nicht verliert. Im folgenden wird also nur das Wesentliche wiederholt und zusammengefaßt. Es ist nachdrücklich darauf hinzuweisen, daß der afrikanische Mensch die Freiheit nie unabhängig von der Gemeinschaft versteht. In dieser Studie wurde durchgängig betont, daß das Individuum und die Gemeinschaft sich durch eine ständige Interaktion auszeichnen. Der einzelne kann weder frei sein noch existieren, wenn die Gemeinschaft nicht frei ist oder nicht existiert. Die Freiheit und das Bestehen der Gemeinschaft aber hängen wesentlich vom einzelnen Individuum ab. Indem der einzelne die Gemeinschaft qua Gemeinschaft in die Freiheit führt, gibt er sich selbst die Freiheit. Wie andernorts schon betont wurde: Die Freiheit aus afrikanischer Perspektive ist nicht nur im negativen Sinn als *Freiheit von*, sondern sie ist zugleich als *Freiheit zu*, aber vor allem als *Freiheit mit* zu verstehen. Die Freiheit ist also nicht nur für mich, sondern sie ist für *alle*, denn erst wenn alle frei sind, bin auch ich frei.[123] Wir begegnen hier abermals dem Grundsatz des afrikanischen Denkens: *Ich bin, weil wir sind, und weil wir sind, bin ich auch.* Derselbe Grundsatz läßt sich mit dem ‚cognatus-sum-Prinzip' wiedergeben: „Ich bin verwandt, also bin ich." Eine echte Verwandtschaft wird immer darauf aus sein, allen das echte Menschsein zu gewähren, einschließlich der Freiheit.[124] Obwohl nun der Eindruck entstehen könnte, der einzelne existiere einseitig

---

[122] Vgl. B. *Bujo*, Die ethische Dimension 66–73; *ders.*, Gibt es Demokratie im Singular? Eine Anfrage aus schwarzafrikanischer Perspektive, in: A. *Autiero* (Hrsg.), Ethik und Demokratie. 28. Internationaler Fachkongreß für Moraltheologie und Sozialethik (Sept. 1997/Münster), Münster 1998, 47–62.

[123] Vgl. B. *Bujo*, Gibt es Demokratie 57f.

[124] Übrigens denken auch manche westlichen Philosophen und Theologen ähnlich. Verwiesen sei z.B. auf H. *Krings*, Art. Freiheit, in: Handbuch Philosophischer Grundbegriffe II 507: „Der Begriff Freiheit ist mithin *ab ovo* ein Kommunikationsbegriff. Freiheit ist primär nicht die Eigenschaft eines individuellen Subjekts, die allein für sich bestehen und begriffen werden könnte; vielmehr ist der Begriff des individuellen Subjekts erst durch jenen Kommunikationsbegriff verstehbar. Empirisch bedeutet das: Ein Mensch allein kann nicht frei sein. Freiheit ist nur dort möglich, wo Freiheit sich anderen öffnet." Das heißt im Klartext, daß die individuelle Freiheit nur dort Freiheit ist, wo sie sich in der Freiheit der anderen verliert, damit auch diese das echte Menschsein erfahren. Vgl. auch B. *Hidber*, Freiheit und Sünde. Zur theologischen Verhältnisbestimmung, in: J. *Römelt/ B. Hidber* (Hrsg.), In Christus zum Leben befreit. Für Bernhard Häring, Freiburg i.Br. u.a. 1992, 84–111, hier 98: „Freiheit verwirklicht sich in und durch Bindung." Ebendort heißt es: „Freiheit qualifiziert den Menschen gerade in der Weise zum Subjekt, daß sie ihn öffnet und ausrichtet auf andere Subjekte."

für die Gemeinschaft, darf diese – nach dem afrikanischen Verständnis – die einzelnen Mitglieder keineswegs unterdrücken. Im Gegenteil wird sie angehalten, ihnen den notwendigen Raum zur Entfaltung ihres Personseins zu schaffen.[125] Wendet man das Ganze nun auf das individuelle Gewissen an, dann läßt sich sagen, daß ein Gewissen als letzte Instanz – im okzidentalen Sinn – nicht existiert. Wohl aber ist es im Anschluß an ein Palaver möglich, seine eigene Erfahrung zu machen, die dann letzten Endes wiederum der Gemeinschaft zugute kommen wird. Mit anderen Worten: Das Gewissen muß selbst dort, wo es individuelle Entscheidungen trifft, immer kommunitaristische Züge haben, indem es das Wohl der Gemeinschaft niemals aus den Augen verlieren darf. Es ist aber andererseits unbestreitbar, daß ein gemeinschaftsbetontes Gewissen einige Fragen aufwirft, die nicht verschwiegen werden dürfen. Dieser Aspekt soll im nächsten Kapitel zur Sprache kommen.

---

[125] Vgl. *J.S. Mbiti*, Introduction 177: „Even though the individual exists for his society and not vice versa, the community respects his prosperity and life. [...] The community must show justice towards the individual, for this is moral duty of society." Es wäre m.E. besser die beiden Begriffe ‚society' und ‚community' auseinanderzuhalten. Im afrikanischen Kontext ist letzterer zu bevorzugen. Außerdem kann man nicht ohne weiteres behaupten, daß in Afrika die ‚society' nicht für das Individuum sei. Das Palaververfahren, so wie wir es weiter oben dargelegt haben, suggeriert ein etwas anderes Verhältnis zwischen Gemeinschaft (bzw. Gesellschaft) und Individuum.

Kapitel III: Kritische Betrachtung – die Inkulturation der Moral als Herausforderung

Nachdem eingehend über die Relevanz der afrikanischen Kulturen vor allem im Hinblick auf das Gemeinschaftskonzept gesprochen wurde, gilt es, sich kritisch zu fragen, inwiefern alle Elemente der Tradition positiv integriert und weitergeführt werden können. Wer sich nämlich bemüht, Theologie im afrikanischen Kontext zu treiben, sieht sich oft mit kritischen Fragen von seiten westlicher Denker konfrontiert. So wird häufig der Verdacht geäußert, daß man die Kultur letzten Endes doch ‚romantisiere‘ und idealisiere, indem man zuwenig oder gar nicht auf die dunklen Seiten derselben Kultur eingehe. Diesem Anliegen sollen die folgenden Ausführungen wenigstens teilweise nachkommen. Sie wollen das Negative in der afrikanischen Tradition deutlich herausstreichen, um sich dann zu fragen, wie es durch das Positive aufgehoben werden könnte. Im zweiten Anlauf wird allerdings eine Rückfrage auch an das kirchliche Magisterium gestellt und auf den notwendigen Dialog zwischen der Kirchenautorität und der afrikanischen Tradition für einen fruchtbaren Normfindungsprozeß hingewiesen.

Art. 1: Gemeinschaft und Strukturen der Sünde

Wenn das Positive in der afrikanischen Gemeinschaft hervorgehoben wurde, geht es beileibe nicht darum, die Überlieferung der Ahnen heilig zu sprechen. Man muß hier zwischen *Ideal* und *Realisierung* dieses Ideals unterscheiden. Anders gesagt: Gerade wegen des Ideals, wird dem sittlich Handelnden bewußt, daß er oft hinter dem Geforderten zurückbleibt, und daß er nicht das Recht hat, sich mit dem Minimum zu begnügen. Es ist gerade in diesem Sinn, daß auch die afrikanischen Sünden genannt werden müssen, um sich fragen zu können, wie man sie überwinden kann, damit man das Ideal nicht aus den Augen verliert.

1. Schwachstellen in der afrikanischen Tradition

Die Bedeutung der Gemeinschaft führt manchmal zur Institutionalisierung mancher Praktiken, die letzten Endes überhaupt nicht zur Entfaltung des Individuums oder einer Gruppe beitragen. Die nachfolgenden Ausführungen haben zum Ziel, einige Kritikpunkte zu erwähnen, die modellhaft das Negative in der Kultur hervorheben sollen, ohne damit die Probleme erschöpfend behandeln zu können.

a) Ein dringendes und gerade in den letzten Jahren vieldiskutiertes Problem stellt die Frauenbeschneidung dar. Es stimmt zwar, daß diese Praxis im gemeinschaftlich-religiösen Kontext interpretiert werden muß und traditionell ihren Platz im Initiationsritus hat, dessen Ziel es ist, sowohl Jungen als auch Mädchen in die Sippengemeinschaft zu integrieren. Die Frauenbeschneidung aber, so wie sie noch bei einigen Ethnien als Höhepunkt dieser Initiationszeit oder aber schon oft völlig losgelöst vom traditionellen Kontext vollzogen wird, zeichnet sich durch Brutalität aus. Außerdem, im Gegensatz zur Knabenbeschneidung, kommt dieser Ritus beim Mädchen einer Verstümmelung gleich. Hierbei wird ein anderer Aspekt der Initiation, nämlich die Vorbereitung auf das sexuelle Leben und auch die sexuelle Lust,[1] ad absurdum geführt. Heute, wo immer mehr Menschen und vor allem Frauen ihre Stimmen erheben, um diese festetablierte Tradition an den Pranger zu stellen,[2] kann man eine solche Praxis nicht weiterführen, ohne sich der Unterdrückung schuldig zu machen. Es geht hier um eine Struktur, die trotz ihres wenigstens teilweise gut gemeinten Ziels schließlich als Folter und folglich als ungerecht bezeichnet werden muß. Die Beschneidung bei Jungen und Mädchen – um auf den traditionellen Kontext zu sprechen zu kommen – wurde als eine unter mehreren physisch strapaziösen und geistig-geistlichen Übungen gesehen, mit der die jungen Menschen auf die verschiedenen Seiten des Lebens vorbereitet werden sollten. Mit diesen Übungen wird ihnen vermittelt, daß das Leben nicht nur aus Freuden, sondern auch aus Leiden besteht. Der Mensch steht immer im Spannungsfeld von Leben und Tod. In der Beschneidung als Abschluß und Höhepunkt der Initiationszeit sollten die jungen Menschen durch das Aushalten der Schmerzen lernen, auch in den dunklen Stunden des Lebens auszuharren. Nur auf diesem Hintergrund läßt sich die Reaktion von Mzee Jomo Kenyatta verstehen, der die Beschneidungspraxis der Gikuyu gegen die Verurteilung durch Missionare verteidigt. Letztere hätten die Frauenbeschneidung barbarisch abgetan, weil ihnen eine genaue anthropologische Begründung dieser Praxis gefehlt hätte.[3] Sie hätten die ganze Bedeutung dieses Ritus nur noch auf das Biologisch-Chirurgische eingeengt, ohne

[1] Vgl. B. *Bujo*, Das Lustprinzip in der Sexualmoral, in: StdZ 215 (1997) 627–635; hier 630.

[2] Vgl. pars pro toto die zusammengestellten Zeugnisse in: *Awa Thiam*, Die Stimme der schwarzen Frau. Vom Leid der Afrikanerinnen, Reinbek bei Hamburg 1986.

[3] Vgl. *J. Kenyatta*, Facing Mount Kenya. The Traditional Life of the Gikuyu, Nairobi 1991.

dessen soziale und psychologische Sinnhaftigkeit in Betracht zu ziehen. Wenn die Missionare auf die Aufhebung der Mädchenbeschneidung drängen, sollten sie wissen, daß ein derartiges Vorgehen das gesamte Leben der Gikuyu-Gesellschaft zerstören würde.[4] In seinem Buch bemüht sich Mzee J. Kenyatta, diese Praxis als fundamental und unaufgebbar für die Gikuyu zu rechtfertigen.[5] Diese Reaktion zeigt, daß die Frauenbeschneidung nicht nur bei den Gikuyu, sondern auch bei andern ethnischen Gruppen eine tiefere Bedeutung hat, die diese nicht bereit sind aufzugeben. Trotzdem muß auf dem Hintergrund der lebenslangen Leiden der beschnittenen Frauen gefragt werden, ob die Bedeutung, die in diesen Ethnien der Beschneidung zukommt, und die diese zwar als lebenswichtig und sinnstiftend erfahren, nicht durch andere Symbole und Praktiken ersetzt werden können, ohne daß man den eigentlichen Kern der Kultur zerstört. Wenn es außerdem stimmt, wie Mzee J. Kenyatta erzählt, daß es etwa Männern aus der Gikuyu-Ethnie verboten ist, Frauen aus den ethnischen Gruppen zu heiraten, bei denen die Mädchenbeschneidung unbekannt ist,[6] dann geht es hier neben der schon in der Praxis gegebenen Unterdrückung und Verletzung auch noch um eine unzulässige Diskriminierung, bei der man sich eines ethnozentrischen Eindrucks nur schwerlich erwehren kann. Vom neutestamentlichen und christlichen Standpunkt her muß man sich zudem fragen, wie sich eine solche menschenverletzende Vorschrift mit der Kritik Jesu vereinbaren läßt, wenn es heißt: „Ihr gebt Gottes Gebot preis und haltet euch an die Überlieferung der Menschen." (Mk 7,8) Ein weiterer Text aus dem Neuen Testament spricht ausdrücklich von der Beschneidung, wobei jedoch nur die in der jüdischen Tradition übliche Knabenbeschneidung gemeint ist. Betrachtet man aber das Unheil, das durch die afrikanische Praxis in puncto Mädchenbeschneidung hervorgerufen wird, kann der paulinische Text m.E. nur bedingt herangezogen werden und er stellt sicher keine Rechtfertigung dieser Praxis dar. Denn das von Paulus angesprochene

---

[4] Vgl. a.a.O. 135: „For years there has been much criticism and agitation against *irua* of girls by certain misinformed missionary societies in East Africa, who see only the surgical side of the *irua*, and, without investigating the psychological importance attached to this custom by the Gikuyu, these missionaries draw their conclusion that the *irua* of girls in nothing [*sic*] but a barbarous practice and, as such, should be abolished by law. On the other hand, the Gikuyu look upon these religious fanatics with great suspicion. The overwhelming majority of them believe that it is the secret aim of those who attack this centuries-old custom to disintegrate their social order and thereby hasten their Europeanisation. The abolition of *irua* will destroy the tribal symbol which identifies the age-groups, and prevent the Gikuyu from perpetuating that spirit of collectivism and national solidarity which they have been able to maintain from time immemorial."

[5] Vgl. a.a.O. 130–154.

[6] Vgl. a.a.O. 130–133.

Gesetz ist nicht an sich schlecht, deshalb geht es dem Apostel nicht darum, das Gesetz qua Gesetz zu verurteilen. Paulus zeigt hier lediglich auf, daß eine absolute Buchstabentreue zum von Menschen gemachten Gesetz mit dem Christusereignis unvereinbar ist. Darum kann Paulus sagen: „In Christus Jesus kommt es nicht darauf an, beschnitten oder unbeschnitten zu sein, sondern darauf, den Glauben zu haben, der in der Liebe wirksam ist." (Gal 5,6) Mit anderen Worten: Das Beschneidungsgesetz, von dem Paulus spricht, geht nicht von der Verletzung der Menschenwürde aus, während dies bei der weiblichen Beschneidung in Afrika der Fall ist. Der christliche Glaube muß deshalb kritisierend gegen diese Überlieferung vorgehen und diese letztlich klar ablehnen.

b) Im Zusammenhang mit negativen Auswirkungen der Kultur ist auch das Problem der Polygamie zu erwähnen, wobei in diesem Punkt die afrikanische Tradition *nicht eo ipso* als ungerecht und als die Menschenwürde verletzend anzusehen ist. In der Tat konnte auch eine nach dem Ideal der Ahnentradition geschlossene Ehe die Würde der Frau durchaus bewahren und fördern. So ist es unübersehbar, daß die traditionelle Polygamie die Frau vor der Prostitution geschützt hat,[7] und es ist andererseits durch kulturanthropologische Studien festgestellt worden, daß gerade in jenen afrikanischen Gesellschaften, in denen die Polygamie am häufigsten praktiziert wird, sich eine größere Stabilität in der Ehe beobachten läßt.[8] Die Frau wird auch dort respektiert, wo die Polygamie mit der Erlaubnis der ersten Frau oder sogar auf deren Initiative zustande kommt. So schildert Mzee Jomo Kenyatta, wie bei den Gikuyu die erste Frau ihren Mann inständig bittet, eine zweite (dritte, vierte ...) Frau zu heiraten, wenn sie merkt, daß dem Mann dadurch besser geholfen werden könnte. Die lange, ehrliche Bitte, die auf freiwilliger Basis zum Ausdruck kommt, bezeugt Liebe und Sorge gegenüber dem Mann. Zudem wird die neue Frau von der ersten vorgeschlagen, wobei aber der Mann aufgefordert wird, sich die zukünftige Mit-Ehefrau anzuschauen und um deren Liebe zu werben.[9] Dessen ungeachtet muß man feststel-

---

[7] Vgl. *B. Kisembo u.a.*, African Christian Marriage 94; *J. Kenyatta*, Facing Mount Kenya 174.

[8] Vgl. *B. Kisembo u.a.*, ebd.: „Polygamy creates larger and more complex affinal networks which have a stabilizing effect on the institution of marriage. It is frequently remarked by anthropologists that marriage is noticeable more stable where polygamy flourishes."

[9] Vgl. *J. Kenyatta*, Facing Mount Kenya 176. Der Verf. zitiert folgende Worte von der ersten Frau, die den Mann dazu auffordert, eine zweite Frau zu heiraten: „My husband, don't you think it is wise for you to get me a companion? (*moiru*). Look at our position now. I am sure you will realise how God has been good to us to give us a nice and healthy baby. For the first few days I must devote all my attention to nursing our baby. I am

len, daß die Polygamie heute zu einer fast ausschließlich männlichen Institution geworden ist, die sich kaum mehr um das Ahnenideal kümmert, nach dem bei vielen ethnischen Gruppen die erste Frau immerhin und letztlich doch die wichtigste Stellung besaß. Die ältere und viel anspruchsvollere Form der Polygamie wird durch eine andere ersetzt, die es nach der afrikanischen Tradition eigentlich nicht mehr verdient, Polygamie genannt zu werden. Sie ignoriert die erste Frau fast völlig und ist außerdem nicht um den Zusammenhalt der Großfamilie besorgt, denn oft weiß die erste nicht einmal um die zweite, dritte Frau. So fällt beispielsweise der Bündnischarakter der Ehe, der in der traditionellen Polygamie wesentlich war, vollkommen aus. Diese Form der Polygamie zerstört meistens sowohl die Kern- als auch die Großfamilie. Die Ahnentradition, auf die manche Männer sich zur Rechtfertigung dieser neuen Form der Polygamie berufen, dient nur noch als Vorwand. Aber selbst dort, wo das traditionelle Ideal eingehalten wird, ist zu fragen, ob es heute noch mit der Würde der Frau im modernen Afrika in Einklang gebracht werden kann. Und wo es sich um Christen handelt, taucht die Frage nach der Vereinbarkeit mit dem Evangelium Jesu Christi auf. Diese immer noch brennenden Fragen stellen eine unumgängliche Herausforderung an die afrikanische Ethik hinsichtlich der Inkulturation dar.

c) Ein weiterer Fragenkreis betrifft das Problem der Zauberei, von der schon weiter oben andeutungsweise die Rede war.[10] Der Zauberer oder die Zauberin muß unbedingt vom Medizinmann oder von der Medizinfrau unterschieden werden. Während ein Zauberer bzw. eine Zauberin anderen Menschen zu schaden versucht, ist der Medizinmann bzw. die Medizinfrau darum bemüht, Menschen, ja die Gesellschaft insgesamt

---

weak [...] I can't go to the river to bring water nor to the field to bring some food, nor to weed our gardens. You have no one to entertain them. I have no doubt that you realise the seriousness of the matter. What do you think of the daugther of so-and-so? She is beautiful and industrious and people speak highly about her and her family. Do not fail me, my husband. Try and win her love. I have spoken to her and found that she is very interested in our homestead. In anything I can do to help you I am at your sevice, my husband. Even if we have not enough sheeps and goats for the dowry our relatives and friends will help you so that you can get her into our family. You are young and healthy and this is the best time for us to have healthy children and so enlarge our family group, and therby perpetuate our family name after you and I have gone. My Husband please act quickly as you know the Gikuyu saying: ‚*Mae megotherera matietagerera mondo onyotie*‘ (‚The flowing water of the river does not wait for a thirsty man‘)."

[10] Zur Frage der Zauberei vgl. *C. Haule*, Bantu „Witchcraft" and Christian Morality: The Encounter of Bantu Uchawi with Christian Morality. An Anthropological and Theological Study, Immensee 1969; *T.K.M. Buakasa*, L'impensé du discours. „Kindoki" et „nkisi" en pays kongo du Zaïre, Kinshasa ²1980; *M.P. Hebga*, Sorcellerie et prière de délivrance, Paris/Abidjan 1982. Vgl. auch *Lufuluabo Mizeka*, L'Anti-sorcier face à la science. Préface du Cardinal Malula, Mbujimayi 1977.

vor dem Bösen – physisch oder geistig-geistlich – zu schützen.[11] Was
speziell die Zauberei anbelangt, ist sie nicht einfach ‚irrational', wie dies
manchmal im Westen und von den christlichen Kirchen angenommen
wird. Hinter dem Sichtbaren des Zauberdenkens bzw. der Zauberhand-
lung steht immer etwas *Unausgesprochenes*.[12] Der Zauberglaube und die
Zauberpraktiken sind eigentlich der ‚Kommentar' und die Exegese zu
einer existentiellen Situation, die in ein breiteres gesellschaftliches Or-
ganisationssystem eingebettet ist. Es gibt in den traditionell-afrikanischen Gesellschaften Strukturen, die gewisse zwischenmenschliche Beziehungen festgelegt haben und die dadurch Gefahr laufen, unantastbare
Ordnungen zu schaffen. Sobald manches Verhalten eines Familien- oder
Sippenmitglieds das Althergebrachte in Frage stellt, werden Verdächtigungen wachgerufen, die das Individuum für alles verantwortlich machen, was das Leben der übrigen Mitglieder negativ berührt: Krankheit,
Naturkatastrophen, Tod und anderes mehr. Dabei kann es sich durchaus
um Verdächtigungen und Konstrukte handeln, die nicht einmal auf einem beobachtbaren individuellen Verhalten des vermeintlichen Täters
beruhen, sondern sie können sehr weit zurückgehen, und die Geschichte
der ganzen Familie oder der Sippengemeinschaft umfassen. Mit anderen
Worten: Spannungen, die zwischen zwei Familien oder zwei Sippengemeinschaften existiert haben, können derart weitergegeben werden, daß
die Nachfahren sie weiterhin lebendig im Gedächtnis behalten.[13] So ist
es möglich, daß jemand als Zauberer gilt allein aufgrund seiner Zugehörigkeit zu einer in der Geschichte als verdächtig oder böse betrachteten

---

[11] Vgl. *T.K.M. Buakasa*, L'impensé du discours; *L. Magesa*, African Religion 165–174.
Zu Recht schreibt der Verf. auf S. 165: „In addition to malevolant witches, sorcerers,
medicine-doctors and herbalists may possess the same powers as witches, but they are not
necessarily malevolent. On the contrary, sometimes they use their power in benevolent
ways. Because of the mystical power that they share with a ‚witch proper', they are also
refered to as witches (using the vernacular)." – Im Kiswahili von Kongo-Kinshasa macht
man den Unterschied zwischen *mchawi* und *mlozi*. Während ein *mchawi* anderen Menschen immer schadet, ist ein *mlozi* jemand, der genau dieselben Techniken und geheim-
sten Dinge kennt, wie der *mchawi*, ohne unbedingt schaden zu wollen. Aufgrund seiner
profunden Kenntnisse der Techniken eines *mchawi* jedoch könnte auch er anderen Menschen schaden. Auch in der Kilendu-Sprache (Ostkongo-Kinshasa) wird zwischen *Djaiba*
und *Nruba* unterschieden. Letzterer, der über alle Kenntnisse des ersteren verfügt, kann
Menschen helfen, den eigentlichen Zauberer (Djaiba) mit seiner bösen Absicht zu entdek-
ken. Schließlich sprechen die Chagga von Tanzania von *msawi* (Zauberer) und *muwanga*
(Heiler). Jeder *muwanga* aber ist ein potentieller *msawi*, da er die Mittel zur Bekämpfung
letzterer auch mißbrauchen könnte. Hierzu vgl. *S.N.A. Mosha*, Sin in the African Practices of Medicine, Healing and „Divination" (M.A. Degree-Arbeit, MS), Nairobi 1987,
15–16; *B. Bujo*, Krankheit und Gemeinschaft 10–11.
[12] Vgl. *T.K.M. Buakasa*, L'impensé du discours 283ff.
[13] Vgl. a.a.O. 304ff.

Sippengemeinschaft. Ebenso kann das Zauberersein von den Eltern zu den Kindern übergehen, ohne daß letztere dabei wirklich aktiv würden. Mit anderen Worten: Zauberer ist jemand auch ohne sein Zutun und ohne sein Wissen.[14] Allein schon seine Präsenz wirkt störend und vergiftet die menschlichen Beziehungen dadurch, daß sie zu Spannungen führt. In diesem Zusammenhang ist auch auf das Problem betagter Menschen bei manchen ethnischen Gruppen hinzuweisen. Ihr Dasein könnte auf Dauer als lästig empfunden werden, so daß dies zu Konflikten mit der jüngeren Generation führt. Diese wird die älteren Menschen für manche Übel wie Krankheit oder andere Unglücksfälle verantwortlich machen und sie dann auch als Zauberer bezeichnen. Ähnliches kann ebenfalls für eine sterile Frau gelten: Sie wird verdächtigt, etwa Kindern zu schaden oder diese umzubringen. Offensichtlich geht es hier darum, die sterile Frau des Neids zu bezichtigen, indem ihr – nicht selten ohne jeglichen Anhaltspunkt – unterstellt wird, sie gönne den anderen keine Kinder.

Zusammenfassend läßt sich sagen, daß sich kein richtiges sittliches Urteil über das Zauberdenken und die Zauberhandlungen fällen läßt, wenn man die individuellen, familiären und gesellschaftlichen Hintergründe nicht kennt. Überall geht es um die in der Tradition festgelegte Ordnung, die durch Fehlhaltungen, Spannungen, unvorhergesehene Ereignisse oder von außen herkommende gesellschaftliche Veränderungen durcheinander gebracht wird. Das Letztgenannte ist im heutigen Afrika von besonderer Bedeutung. Die Tatsache etwa, daß die Kolonialpolitik durch eine Art Überfall der schwarzafrikanischen Kultur Gewalt angetan hat, ist nicht ohne Folgen geblieben. Die moderne Lebensweise aus dem Westen bedeutet eine Kolonialisierung der afrikanischen Lebenswelt, die die traditionelle Lebensordnung aus dem Gleichgewicht bringt, und zugleich werden die Menschen in ihrer Existenz völlig verunsichert. Begibt sich nun ein Mitglied der traditionellen Gemeinschaft in dieses neue, westliche System hinein, wird er dabei nicht unbedingt von seiner ethnischen Gruppe bzw. von seiner Sippengemeinschaft unterstützt. Eher stellt er eine Bedrohung für sie dar. In der Tat fürchten manche Mitglieder der Gemeinschaft, daß beispielsweise ein Sohn, der nun mit den ‚Weißen‘ zusammenarbeitet oder sich die westliche Lebensweise aneignet, keinen Blick mehr für die herkömmliche afrikanische Lebensordnung haben wird. Die Ältesten der Gemeinschaft fürchten beispielsweise, daß ein solcher Sohn überhaupt keine Ehrfurcht mehr vor ihnen hat, da das Westliche ihn nur verderben wird. Daß damit große Spannungen innerhalb der Gemeinschaft entstehen, ist selbstverständlich. Al-

---

[14] Zum Kommentar vgl. *L. Magesa*, African Religion 168ff.

le Unglücke, die nun dem betroffenen Sohn geschehen, werden sowohl von diesem als auch von den Familienangehörigen aus dieser Perspektive heraus interpretiert. Beiden Seiten fehlt der Friede und allein die Versöhnung, die sich nach der afrikanischen Tradition zu suchen ist, kann die Familienmitglieder wieder zu einem harmonischen Leben zurückbringen. Denn in allen Unglücksfällen geht es immer um jemanden, der einem Mitglied der Familie das Leben nicht gönnt, und dieser unzufriedene Mensch soll durch Wiedergutmachung zufriedengestellt werden.[15] Dadurch erhofft sich der von Unglück und Krankheit geplagte Mensch eine Befreiung, selbst wenn dies nicht immer gelingt.[16]

In Fragen der Zauberei ist immerhin zu betonen, daß auch hier die Bedeutung des ganzheitlichen Lebens der Gemeinschaft im Mittelpunkt steht, dessen Wachstum durch das Entgleisen eines Mitglieds behindert wird. Die Zauberpraktiken sollen dazu dienen, das Leben nach der festgelegten Ordnung angedeihen zu lassen. Zugleich aber muß auch auf manche Praktiken hingewiesen werden, die nicht das Wachstum des Lebens zum Ziel haben, sondern ihre Wurzeln – wie gerade beobachtet – eben in Neid, Eifersucht, Konkurrenzdenken und anderem mehr haben.

d) Ganz in der Linie des über das Wachstum des Lebens Gesagten muß ferner das Problem der Vergeltungsmaßnahmen erwähnt werden, die in Schwarzafrika oft zu beobachten sind. Gemäß dem Prinzip, das Leben sei das höchste Gut, gibt es auch hier Entgleisungen, die zu einer Art struktureller Sünde werden. Danach gilt: Wer tötet, muß auch getötet werden. Dabei muß es sich also nicht um Mord – eine intentionale Tötung – handeln, sondern hier scheint allein die ‚Materialität' des Aktes zu zählen. So kommt es auch heute noch vor, daß beispielsweise ein Autofahrer, der – trotz erforderlicher Umsicht – jemanden überfährt, von einer aufgebrachten Volksmenge auf der Stelle gelyncht wird. Die dahinterstehende Einstellung lautet: Wer einen Menschen – auch unabsichtlich – tötet, fügt dessen Sippengemeinschaft einen Schaden zu, denn durch den Tod eines Mitglieds wird letztere eines Teils ihrer Lebenskraft beraubt. In gewissem Sinn ist der Täter ein Zauberer, ohne sich dessen bewußt zu sein. Man glaubt, den angerichteten Schaden

---

[15] Vgl. den von *T.K.M. Buakasa*, L'impensé du discours 36ff. dargestellten Fall von einem gewissen Kimputu. Die Interpretation a.a.O. 51 lautet: Die Tatsache, daß Kimputu bei den Weißen arbeitet, führt ihn zu Respektlosigkeit gegenüber den alten Menschen, die doch die Ältesten der Gemeinschaft sind.

[16] Vgl. *T.K.M. Buakasa*, L'impensé du discours 38 und 51. Auf S. 38 erzählt Kimputu das, was der *nganga* (Heiler) ihm gesagt hat: „Tu es à plaindre, toi et Wumba. Toi, le notable Mbwanga ont été te faire lier au Mpungu [= ein Fetisch: Übers. B.B.] en pays ntandu tous les deux, parce que: si vous vous mettez à travailler, vous n'aurez plus de respect à l'égard des aînés."

durch eine tödliche Vergeltungsmaßnahme ausgleichen zu können. Da es sich in solchen Fällen außerdem um Zauberer im weitesten Sinn handelt, müssen diese als Bedrohung für das Leben betrachtet und deswegen von der Gemeinschaft durch den Tod ‚entfernt' werden. In diese Richtung geht bei manchen ethnischen Gruppen – wohlgemerkt nicht bei allen Afrikanern – ebenso die Interpretation der Zwillingsgeburt.[17] Dort herrscht der Glaube, daß Zwillinge etwas Unnormales seien und daß sie die Gemeinschaft ins Unglück stürzen können. Ja, sie sind jene Gestalten, die die bestehende Schöpfungsordnung durcheinander bringen. So werden sie in bestimmten Gegenden abgelehnt und sogar umgebracht. Auch die Eltern werden diskriminiert und müssen sich bestimmten Reinigungsriten unterziehen.[18] Nicht nur die Zwillinge sind Unglücksbringer, sondern man fürchtet sich ebenso vor bestimmten Krankheiten oder körperlichen Veränderungen, die biologisch bedingt sind. Im alten Rwanda beispielsweise wurden gewisse Mädchen, die sogenannten *Impenebere*, umgebracht, deren Busen sich in der Pubertät zurückbildeten. Auch dies geschah im Namen des Gemeinschaftslebens, das durch ungeklärte Phänomene Schäden nehmen könnte. Mit anderen Worten: Die Verkümmerung der Busen machte die Mädchen ungewollt zu Lebensfeindinnen. Sie ähnelten damit Zauberinnen, die selbst unbewußt die Lebensvernichtung anstreben.

e) Zu den Fehlentwicklungen der afrikanischen Tradition ist ferner ein übertriebenes Gemeinschaftsverständnis zu zählen, das nicht selten negative Folgen für den Vollzug der individuellen Freiheit haben kann. Am deutlichsten läßt sich dies am Beispiel der Ehe zeigen. Ungeachtet des weiter oben dargestellten Ideals, nach dem die Gemeinschaft sich immer um eine freie und richtige Entfaltung des Individuums kümmern muß, gibt es hier trotzdem Entgleisungen, die eine freie Zustimmung zur Heirat erschweren. Die Gruppen- bzw. Familienpression kann derart stark sein, daß die Heiratskandidaten und -kandidatinnen eine ebenso starke Persönlichkeit haben müssen, um sich durchsetzen und die Partnerin oder den Partner ihrer eigenen Wahl heiraten zu können. Das heißt, daß die Gemeinschaft manchmal gegen die Palaverregel verstößt und den Kindern ihren Willen aufoktroyiert. – Auf diesem Gleis weiterfahrend müssen wir u.a. an das Problem der unfruchtbaren Eheleute erinnern, von dem schon die Rede war. Sie können derart dem Spott der Gemeinschaft ausgesetzt werden, daß ihre Ehe keinen Bestand mehr hat.

---

[17] Vgl. *L. Magesa*, African Religion 137–139; *J.S. Mbiti*; Introduction 95f.
[18] Vgl. *L. Magesa*, African Religion 137.

f) Schließlich dürfen die modernen ‚Sünden' der heutigen afrikanischen Gesellschaft nicht in Vergessenheit geraten. Diese ‚Sünden' werden gerade im Namen der traditionellen Gemeinschaft begangen. Fast überall beobachtet man heute beispielsweise das Schmarotzertum, das es in der genuin afrikanischen Tradition *so nicht* gegeben hat. Es ist indes interessant festzustellen, daß das Schmarotzertum sich gerade auf dieselbe Tradition, d.h. auf die Großfamilien-Mentalität bzw. die afrikanische Gastfreundschaft beruft. Vor allem in den Großstädten trifft man immer häufiger Menschen an, die über Jahre bei ihren Angehörigen, Freunden oder Bekannten umsonst wohnen und sich kaum Mühe geben, durch auch noch so kleine Arbeiten im Haushalt, wie Wasser holen und dergleichen, mitzuhelfen. Dies ist zweifellos ein Mißbrauch der afrikanischen Gastfreundschaft. Eine recht verstandene Gastfreundschaft in Afrika hat nichts zu tun mit einer Ausbeutung des Gastgebers, sondern wer Gast ist, darf sich höchstens zwei Tage erholen, aber am dritten Tag muß er sich an die Arbeit machen. Julius Nyerere hat zu Recht betont, daß im traditionellen Afrika nicht nur der Kapitalist oder der grundbesitzende Ausbeuter unbekannt waren, sondern daß es auch kein Parasitentum gegeben hat, wo ‚Faulenzer' und ‚Müßiggänger' die Gastfreundschaft in Anspruch nahmen, ohne zur Gegenleistung bereit zu sein. Das wäre in der Tradition eine große Schande gewesen.[19] Und Nyerere fährt fort: „Diejenigen von uns, die über die afrikanische Art zu leben sprechen, und mit Recht stolz darauf sind, einen so wichtigen Bestandteil davon, die traditionelle Gastfreundschaft, aufrecht zu erhalten, tun gut daran, sich an folgendes Suaheli-Sprichwort zu erinnern: ‚Mgeni siku mbili; siku ya tatu mpe jembe' – oder auf deutsch: ‚Deinen Gast behandle zwei Tage als Gast, am dritten Tag gib ihm eine Hacke!' Wahrscheinlich würde der Gast selbst um eine Hacke bitten, noch bevor ihm der Gastgeber eine geben müßte – denn er wußte, was von ihm erwartet wurde, und er hätte sich geschämt, noch länger zu faulenzen."[20] Heute, wo bei vielen dieses ‚Schamgefühl' verlorengegangen ist, muß die afrikanische Gemeinschaft es in ihnen wieder wachrufen. Staat und Kirche haben hier eine unvermeidliche Aufgabe, zur Verantwortung und Solidarität in der Arbeit zu erziehen. Wie aber kann all dies geschehen?

---

[19] Vgl. *J.K. Nyerere*, Ujamaa – Grundlage des afrikanischen Sozialismus, in: Afrikanischer Sozialismus. Aus den Reden und Schriften von Julius K. Nyerere. Mit einer Einleitung von Gerhard Grohs, Stuttgart 1972, 10–18, hier 13.
[20] Ebd.

2. Wege aus den Fehlentwicklungen der Tradition

Die soeben aufgezählten Praktiken und Haltungen, die sich unter Berufung auf die afrikanische Tradition behaupten wollen, dürfen *so nicht* mehr weitergeführt werden. Aus der heutigen Perspektive sind sie in vielen Fällen unvereinbar mit der Menschenwürde und widersprechen dem Ideal der christlichen Botschaft. Dringt man aber tiefer in die afrikanische Tradition ein, dann widersprechen diese Praktiken und Haltungen sogar dem eigentlichen Ideal der Ahnen selbst. Denn was die Ahnen und die Ältesten durch ihre Satzungen und Überlieferungen bezweckten, war und ist das *Leben in Fülle*. Darauf gründen – so widersprüchlich es auch erscheinen mag – letztlich selbst jene Praktiken, die heute nicht mehr aufrechterhalten werden können und dürfen. Mit anderen Worten: Die Fehlformen und Mißstände, die sich beobachten lassen, müssen gerade im Namen der afrikanischen Tradition aufgehoben werden, wenn man diese aufmerksamer studiert. Nimmt man etwa das Beispiel der Frauenbeschneidung, dann ist folgendes festzustellen. Wie schon weiter oben angemerkt, hatte die Frauenbeschneidung während der Initiation unter anderem auch zum Ziel, die Mädchen auf ein tapferes Leben vorzubereiten. Sie sollten auch in den kritischen Lebenssituationen gerade stehen, damit die Gemeinschaft ihrer Lebenskraft nicht beraubt wird. Heute, wo wir über neue psychologische, medizinische und andere Kenntnisse verfügen und wo die betroffenen Frauen sich zu Wort melden, wissen wir – anders als die Vorfahren, die diese Praxis initiierten – wie schrecklich und schädlich die Mädchenbeschneidung ist. Sie widerspricht auf brutale Weise gerade dem, was die Ahnen und Vorfahren wollten: das harmonische, gesunde Leben für alle. Würden die Vorfahren heute leben, dann würden sie eine andere Erfahrung machen, die es ihnen sicher untersagte, eine solche Praxis zu statuieren.

Wer heute den afrikanischen Gemeinschaften das Leben in Fülle schenken will, muß also in all jenen Dingen, die sich als problematisch erweisen, andere Wege finden, die einerseits das Kernanliegen der Tradition weitergeben, aber andererseits den modernen Kontext berücksichtigen. Weiterführend wäre hier die afrikanische Palaverkultur. Man weiß nämlich, daß nicht alle ethnischen Gruppen die gleichen Initiationsmethoden haben. So wird – um wieder zu diesem immensen Verstoß gegen die Menschenwürde zurückzukommen – die Mädchenbeschneidung nicht überall praktiziert, obwohl auch dort die jungen Leute – einschließlich der Frauen – auf die Härte des Lebens vorbereitet werden sollen. Ist man also bestrebt, den Wert der afrikanischen Initiation zu bewahren, dann müßte in einem eingehenden Palaver ein Austausch über die verschiedenen Initiationspraktiken des schwarzen Kontinents südlich der Sahara beginnen, um die beste und vor allen Dingen die Würde der Frau bewahrende Methode herauszufinden. Dies ist eine Aufgabe, der sich auch Kirche und Theologie nicht entziehen können. Denn es genügt nicht, eine Praxis als mit dem Evangelium oder der Menschenwürde unvereinbar zu erklären. In unserem Fall genügt es auch nicht, von außen die Abschaffung der Frauenbeschneidung zu fordern. Dies kann nur zur Verhärtung der Fronten gerade bei jenen Ethnien führen, die in dieser Praxis ein tieferes Anliegen verwirklicht sehen, nämlich die Einübung in einen richtigen Umgang mit Leid und Tod. So muß sicherlich die christliche Botschaft das Negative in der Kultur kritisieren und korrigieren, aber nur indem sie eine weiterführende Alternative – beispielsweise in Anbetracht der bei ihr zentralen Stellung des Kreuzes – aufzeigt, und so das positive Anliegen ernst nimmt.[21] Was über die Frauenbeschneidung gesagt wurde, gilt *mutatis mutandis* auch für das Problem der Polygamie oder der sterilen Ehe. Obwohl diese Frage schon früher[22] kurz angesprochen wurde, soll noch folgendes hinzugefügt werden. Auch die Polygamie wurde von unseren Vorfahren im Namen des Lebens institutionalisiert, so daß beispielsweise einem kinderlosen *Mann* die Möglichkeit gegeben wurde, Nachkommenschaft zu bekommen. Die traditionelle Polygamie war, auch rein sozial gesehen, nicht nur negativ, sondern sie hat u.a. der Frau durchaus Schutz gewähren können.[23] Aus der heutigen Perspektive aber läßt sich die von den Ahnen beabsichtigte Lebensfülle zumindest im Hinblick auf die Würde der Frau nicht mehr durch die Polygamie erreichen. Die Ahnen selber wären heute die allerersten, die sich dagegen wehrten, weil diese Praxis nicht mehr dem von ihnen bezweckten Ideal entspricht. Die modernen Lebensordnungen sind von denen der Tradition grundverschieden. Im früheren sozialen Kontext war beispielsweise eine große Zahl von Kindern selbstverständlich und vielleicht auch notwendig. Die Kindersterblichkeit wurde unter anderem dadurch kompensiert und eine zahlreiche Nachkommenschaft war auch als Arbeitskraft und Lebensversicherung von großer Bedeutung. Zudem war die Kindererziehung Aufgabe der Großfamilie, da der Kontakt zu anderen Mitgliedern der Sippengemeinschaft allein schon rein geographisch viel einfacher war. Das Familienband besteht heute noch solide, aber die heutigen Lebensbedingungen erschweren mehr und mehr eine gemeinsame Kindererziehung, denn durch die moderne Lebensweise leben die Familienangehörigen oft zerstreut. Vor allem aber gilt es zu beachten,

---

[21] Zum Ganzen vgl. *B. Bujo*, Die ethische Dimension 122f.

[22] Vgl. Teil II, Kap. I, Art. 2, 2. b).

[23] Vgl. *B. Bujo*, Die ethische Dimension 99–111.

daß die Familien sich – etwa aufgrund des modernen Schulsystems – die Kinderzahl gründlich überlegen müssen; denn selbst eine in die Solidarität eingebettete Erziehung ist heute viel anspruchsvoller als in der Tradition. Gerade damit die Kinder später eine effiziente Familiensolidarität fortsetzen können, brauchen sie eine der Moderne angepaßte Bildung, die aber eben nicht mehr kostenlos ist. Wer viele Kinder hat, ohne ihnen die Möglichkeit zu geben, Menschen nach den heutigen Anforderungen zu werden, verurteilt sie schließlich zum Tod. Mit anderen Worten: Er beraubt sie der Lebenskraft und handelt somit gegen die ursprüngliche Intention der Ahnen, die das Leben in Fülle für die Gemeinschaft und alle ihrer Mitglieder wollen. Ähnliches gilt für Frauen, die in einer polygamen Ehe zu leben *gezwungen* sind. Diesbezüglich sollte die traditionelle Palaverkultur gepflegt werden, damit die betroffenen Frauen sich selbst frei artikulieren können. Dann wird sich feststellen lassen, wie viele Frauen unter der ihnen aufgezwungenen Polygamie leiden müssen. Diese Polygamie wird meistens von Männern initiiert, und dies geschieht heute sogar gegen das *Ideal* der traditionellen Polygamie, die im Vergleich zur modernen viel anspruchsvoller war.[24] Wenn man eine echte Palaverkultur sucht, können Frauen klar zum Ausdruck bringen, wie sie sich durch die Polygamie in ihrer Menschenwürde verletzt sehen. Eine Stimme für viele ist Georgette Odi Assamoi, deren ‚Schrei‘ im folgenden vollständig wiedergegeben werden soll: „Hat man auch ein wenig das Herz der afrikanischen Frau angesichts der Polygamie zu erforschen versucht? Hat man sich vorzustellen versucht, was im Herzen einer Frau eines Polygamen in den Tagen vor sich geht, wo ihr Mann legal in den Armen einer anderen, ihrer Nebenfrau, liegt? Hat man sich den Seelenzustand dieser anderen Frau vorgestellt, die ihre Jugend mit einem Mann verbracht hat, der, obgleich in ihrem Alter, jetzt und ganz legal das Bett mit einem Mädchen im Alter ihrer eigenen Kinder teilt, während sie, alternd, wehrlos den Ängsten der Wechseljahre ausgesetzt ihre Nächte allein verbringt und keinen Menschen hat, der ihre nächtlichen Schrecken teilen könnte?"[25] Dieser Text, der um der Deutlichkeit willen in voller Länge zitiert wurde, ist ein dramatischer Appell an die männlich geprägte Gesellschaft, ihre Position in puncto Vielehe gründlich zu revidieren. Wenn wir allerdings von Palaverkultur sprechen, muß diese allen, einschließlich der Frauen, zur Gewissenserforschung dienen. Dann aber darf sich die Mahnung bezüglich der Polygamie nicht auf

---

[24] Vgl. a.a.O. 99ff.
[25] G. *Odi Assamoi*, Die Begegnung der christlichen Moral mit der afrikanischen Familientradition, in: Concilium 17 (1981) 794–800, hier 798; vgl. auch *Mariama Bâ*, Ein so langer Brief. Ein afrikanisches Frauenschicksal, Wuppertal 1980.

Männer beschränken, sondern sie muß in manchen Fällen auch für Frauen gelten. Eine Situation, wie die von Odi Assamoi beklagte, muß die ‚Nebenfrau' nicht unbedingt entschuldigen. In der Tat sind auch manche Frauen dafür verantwortlich, daß sie sich an einen verheirateten Mann bewußt binden wollen, obwohl sie um die Konsequenzen für die Ehefrau wissen. Man kann nicht umhin festzustellen, daß in solchen Fällen auch Frauen für das Leiden anderer Frauen, ‚ihrer Mitschwestern', mitverantwortlich sind. Auch diese Frage, die im Diskurs über die Polygamie oft zu wenig beachtet wird, sollte in einer Palaverkultur offen angesprochen werden.

Ein weiterer negativer Punkt, der dringend durch das Positive der afrikanischen Tradition korrigiert werden sollte, ist zweifellos die Einstellung zur Zauberei. Es handelt sich hier um den Bereich, in dem die Sorge um das Leben am offenkundigsten wird. Das Grundanliegen der Zauberei besteht eigentlich darin, auf das Böse im Menschen aufmerksam zu machen, das die menschliche Beziehung und somit die ganze Gemeinschaft total zerstören kann. Dieses positive Anliegen sollte vor allem in einer christlichen Ethik aufgegriffen und neu gedeutet werden, damit das Übertriebene im Zauberglauben durch ein richtiges und fundiertes Verständnis des Bösen aufgehoben wird. Dies kann aber nicht dadurch geschehen, daß man die Existenz der Zauberer oder Zauberinnen leugnet bzw. ignoriert. Wie schon gesagt wurde, zielt der Zauberglaube auf die Zerstörung der althergebrachten Ordnung ab. Dies führt zu Spannungen innerhalb der Gemeinschaft, wobei die Lieblosigkeit der Menschen eine zentrale Rolle spielt. Es wurde seinerzeit gesagt, daß diese Spannungen durch Haß, Neid, Geiz, kurzum durch das im Herzen des Menschen verborgene Böse unterhalten werden. Dies heißt letzten Endes aber, daß jeder Mensch ein potentieller Zauberer ist. Sobald das Böse konkret ausbricht, wird jeder zum ‚Fresser' des Menschenlebens. Der Zauberglaube, der heute manchmal in übertriebener Weise sogar die Unschuldigen trifft und nicht selten anderen Menschen Unrecht antut, hatte ursprünglich und der Intention nach den Schutz des Lebens im umfassendsten Sinn zum Ziel. Soll man der ursprünglichen Intention der Vorfahren gerecht werden, dann muß die Schutzfunktion des Zauberglaubens in der Weise im Mittelpunkt stehen, daß man für die Liebe wirbt und sich für den Frieden unter allen Menschen einsetzt. Das heißt mit anderen Worten, daß Neid, Haß, Begierlichkeit, allerlei Diskriminierungen, unbegründete Verdächtigungen und dergleichen abgebaut werden müssen, damit alle in Harmonie, spannungslos leben können. Nur auf diese Weise ist das Leben in Fülle zu erwarten, wie die Ahnen es verheißen haben. Christlich gesprochen ist es die Sünde, die jemanden zum

Zauberer oder zur Zauberin macht. Im Glauben an Jesus Christus aber wird der Zauberglaube bekämpft, da der Erhöhte Herr zum Heiler der Heiler geworden ist, der das Leben niemals vernichtet, sondern es in Fülle gibt. Die Heilung von der ‚Zauberei' durch Jesus Christus geschieht aber nicht automatisch, ohne das Zutun des Menschen. Sie setzt die Bereitschaft zur Versöhnung mit den Feinden voraus. Auch hier gibt es Anhaltspunkte in der afrikanischen Tradition selbst. Denn wie wir sahen endet zumal das agonale Palaver immer mit einem Versöhnungsritus. Daran kann ganz besonders eine christlich orientierte Ethik gut anknüpfen und mit ihrer Botschaft der Versöhnung fortfahren. Dies wäre nicht zuletzt für die Bekämpfung jener Praxis entscheidend, die will, daß sogar jeder, der unabsichtlich tötet, auch getötet wird. In diesem Punkt ist die Tradition dahingehend zu korrigieren, daß klar gemacht wird, daß das Leben nicht durch Vergeltungsmaßnahmen wachsen kann, sondern daß allein die Versöhnung als Weg zur Vergebung das Leben in Fülle fördern kann. In ähnlicher Weise ist in puncto Zwillingstötung zu argumentieren. Wie wir sahen, bezweckte diese Tötung – oder zumindest die negative Einstellung zur Zwillingsgeburt – den Schutz des Lebens der gesamten Gemeinschaft. Neben dieser negativen Einstellung gibt es aber bei manch anderen ethnischen Gruppen auch die positive Aufnahme der Zwillinge. Dort glaubt man nicht, daß die Zwillinge eine Bedrohung für das Leben darstellen. Sie werden im Gegenteil als ein Segen angesehen und auf die Allmacht Gottes zurückgeführt. Sie selber verkörpern diese besondere Macht und werden deswegen mit viel Respekt behandelt. Die Zwillingseltern selber nehmen ebenso daran teil.[26] In Anbetracht dieser begrüßenswerten Einstellung zu den Zwillingen ist es äußerst wichtig und dringend, daß ein innerafrikanisches Kulturpalaver stattfindet, in dem verschiedene ethnische Gruppen sich gegenseitig durch das Positive ihrer Lebensanschauung bereichern. Erst wenn die Menschen ihre Erfahrungen – zunächst innerafrikanisch – austauschen, können sie das Negative abbauen und das Leben im umfassenden Sinn gesamtafrikanisch ermöglichen.

Das hier betonte Lebensprinzip behält seine große Bedeutung auch gegenüber den modernen Sünden in Afrika, die als ‚getarnte' Sünden zwischen westlicher und afrikanischer Lebensweise stehen und die moderne Gemeinschaft unterminieren. Ein typisches Beispiel stellen man-

---

[26] Vgl. L. *Magesa*, African Religion 138f. Der Verf. erwähnt u.a. die Yoruba, Ganda, Nyoro, Kpelle, Dogon, Lango. Das Negative, das für Zwillinge gilt, gilt – wie wir sahen – bei manchen ethnischen Gruppen auch für alte Menschen, die verdächtigt werden, das Leben zu bedrohen. Man unterstellt ihnen die Absicht, den anderen das Leben nicht gönnen zu wollen.

che Staatsoberhäupter dar. Im Namen des westlichen Verständnisses des Privateigentums bereichern sie sich auf Kosten des Volkes. Dabei berufen sie sich andererseits in fälschlicher Weise zugleich auf die afrikanische Tradition, die einem Chef mehr Besitz konzediert. Im traditionellen Afrika wird dies aber damit begründet, daß der Chef in der Lage sein soll, mit dem Volk den Besitz zu teilen, damit letzteres das Leben in Fülle hat. Der Chef würde sich schuldig machen und wäre durch das Volk abzusetzen, wenn er sein Vermögen egoistisch genießen wollte. Hierin besteht denn auch die moderne Sünde heutiger Staatsoberhäupter, die sich um ihre traditionelle Verpflichtung im Namen des westlich verstandenen Rechts drücken. Außerdem gibt es Politiker und Politikerinnen, die sich privat bereichern, aber statt an das gesamte Volk zu denken, teilen sie nur mit den Angehörigen ihrer Sippengemeinschaft. Sie plündern das Land sozusagen sippengemeinschaftlich. Hierbei wird gegen das traditionelle Lebensprinzip verstoßen, das besagt, daß selbst der Fremde das Recht auf das Leben hat, er ist ja, wie wir sagten, „Muntu-wa-Bende-wa-Mulopo" (Mensch-von-Bende-von-Gott). Durch egoistische Selbstbereicherung, Korruption und Nepotismus wird dem gesamten Volk das Leben vorenthalten, womit gerade das Gegenteil dessen geschieht, was die Ahnen vorgeschrieben haben. Das Gleiche ist im Hinblick auf das Schmarotzertum zu sagen. Wer sich fälschlicherweise auf den städtischen Lebensstil beruft, um schmarotzerhaft bei den Verwandten, Bekannten oder Freunden zu leben, dem muß der traditionelle Wert der Arbeit in Erinnerung gerufen werden. Erst wenn alle sich bemühen, selbst als Gast bei der Familienarbeit mitzuhelfen, ist das Lebenswachstum der Gemeinschaft in ihrer Tridimensionalität möglich. Mit diesem afrikanischen Grundsatz, der auf die Tradition zurückgeht, wird zugleich der moderne Staat dazu aufgefordert, dafür zu sorgen, allen Bürgerinnen und Bürgern eine Arbeitsmöglichkeit zu geben. Es muß also eines der Hauptanliegen des Staates sein, die Arbeitslosigkeit zu bekämpfen, damit alle den Lebensunterhalt haben, der von ihnen die Versuchung zum Schmarotzertum fernhält.

Unter den modernen Sünden sei schließlich auf die heutigen ethnischen Konflikte hingewiesen, die zum Totalkrieg oder gar zum Genozid führen. Dies widerspricht der afrikanischen Tradition, die selbst im Fall eines Krieges einen großen Wert auf die Versöhnungsriten legte, die dafür sorgten, daß es nicht zum Völkermord kam, wie dies heute geschieht. Durch den Kolonialismus und auch das Christentum wurde das Bewußtsein vermittelt, daß diese Riten primitiv oder gar magisch seien, so daß die Menschen in Afrika dazu aufgefordert wurden, sich davon zu distanzieren. Dadurch aber brach die Sinnwelt der Afrikaner zusammen.

Statt ihre Probleme durch Palaver und Versöhnungsriten zu lösen, die oft zu Bündnissen mit den verfeindeten Gruppen führten, greift man heute sofort zu den mächtigsten Waffen, die nicht mehr das Leben schenken, sondern eine Massenvernichtung ermöglichen. Es ist deshalb dringender denn je, sich auf die gute Tradition zurückzubesinnen und die von den Vorfahren gut überlegten und aufgrund ihrer Erfahrung institutionalisierten Versöhnungsriten neu in Erinnerung zu rufen. Selbst wenn diese Riten nicht wortwörtlich übernommen werden können, müßte es möglich sein, sich an deren Geist zu orientieren. Das Christentum findet hier einen Schatz vor, der für die Inkulturation der Versöhnungsbotschaft kostbar ist.

Diese wenigen Ausführungen, die auf das Negative des afrikanischen Gemeinschaftskonzepts in besonderer Weise aufmerksam gemacht haben, wollen nicht die überwiegend positiven Züge gering veranschlagen. Im Gegenteil sind viele Elemente der Ahnentradition eine echte Herausforderung an die heutige Gesellschaft und allen voran an die Kirche, manches in ihrer Praxis neu zu hinterfragen. Von Bedeutung ist an dieser Stelle ganz besonders der Normfindungsprozeß durch das Palaver. Daraus ergibt sich auch ein anderes neues Verständnis von Autorität in Fragen der Normsetzung.

Art. 2: Das Lehramt der Kirche und das Autoritätsverständnis im Palaver

Der Vergleich zwischen der Verfahrensweise des Lehramtes und jener des Palavers in ethischen Fragen führt eigentlich nicht dazu, beide Modelle gegeneinander zu stellen, sondern es wird im folgenden eher dafür plädiert, das lehramtliche Autoritätsverständnis afrikanisch kritisierend zu ergänzen und zu inkulturieren. Erst wenn diese Arbeit geleistet ist, kann auch mit einer christlich inspirierten Moral gerechnet werden, die dem Menschen in Afrika das Evangelium näher bringt. Unsere Ausführungen wollen deshalb zuerst auf den Anspruch des Magisteriums hinsichtlich der Klärung ethischer Fragen für katholische Gläubige aufmerksam machen, um sich dann dem Palavermodell widmen zu können.

1. Die lehramtliche Vorgehensweise in ethischen Fragen

Selbstverständlich kann es sich nicht darum handeln, ein so komplexes Problem, die Kompetenz des Magisteriums in Fragen der Moral, auch nur annähernd umfassend zu diskutieren. Dies ist jedoch schon Gegenstand vieler eingehender Studien gewesen, auf die wir hier verweisen können.[27] Im folgenden berücksichtigen wir nur einige Aspekte des lehramtlichen Anspruchs, die für den Vergleich mit dem afrikanischen Verständnis im Palaververfahren von Bedeutung sein könnten.

Zugespitzt wurde die Lehre über die Zuständigkeit des Lehramtes in Fragen der Moral auf dem I. Vatikanum wie folgt formuliert: „Wenn der Römische Bischof ‚ex cathedra' spricht, das heißt, wenn er in Ausübung seines Amtes als Hirte und Lehrer aller Christen kraft seiner höchsten Apostolischen Autorität entscheidet, daß eine Glaubens- oder Sittenlehre von der gesamten Kirche festzuhalten ist, dann besitzt er mittels des ihm im seligen Petrus verheißenen göttlichen Beistands jene Unfehlbarkeit, mit der der göttliche Erlöser seine Kirche bei der Definition der Glaubens- oder Sittenlehre ausgestattet sehen wollte; und daher sind solche Definitionen des Römischen Bischofs aus sich, nicht aber aufgrund der Zustimmung der Kirche unabänderlich."[28] In seinem 1971 erschienenen Werk meinte A. Auer, daß das Junktim ‚fides et mores' weit zurück reicht, und zwar bis ins Neue Testament hinein, und daß dessen geschichtliche Entfaltung dringend einer Untersuchung bedürfte.[29] Inzwischen hat die gewünschte Untersuchung vor allem in zwei Dissertationen stattgefunden.[30] Interessant ist hier das von Josef Schuster zutage geförderte Ergebnis, wenn er meint, die sittlichen Handlungsnormen in bezug auf nicht-unfehlbare Lehre seien „weder Mysterion des Glaubens" noch können sie sich aus „Sätzen des Glaubens ableiten". Ziehe man ihre logische Struktur in Betracht, dann handle es sich „bei ihnen um synthetische Urteile a posteriori". Und Schuster fährt fort: „Sittliche Wertung, nicht-sittliche Wert- und Tatsachenurteile können in ihnen als Elemente impliziert sein. Für Tatsachenurteile ist Sachkompetenz erforderlich, die der Kirche und ihrem Lehramt nicht aufgrund ihrer genuinen Autorität in der Vermittlung des Glaubens zukommt."[31] Daraus geht aber zugleich hervor, daß die „Aufstellung einer Wertvorzugsordnung" nicht allein der Kirche bzw. dem Lehramt oder der Wissenschaft, aber

---

[27] Vgl. u.a. die Studien von A. *Ridl*, Die kirchliche Lehrautorität in Fragen der Moral nach den Aussagen des Ersten Vatikanischen Konzils, Freiburg i.Br./Basel/Wien 1979; J. *Schuster*, Ethos und kirchliches Lehramt. Zur Kompetenz des Lehramtes in Fragen der natürlichen Sittlichkeit, Frankfurt a.M. 1984; D. *Wiederkehr* (Hrsg.), Der Glaubenssinn des Gottesvolkes – Konkurrent oder Partner des Lehramts?, Freiburg i.Br./Basel/Wien 1994.

[28] DH 3074.

[29] Vgl. A. *Auer*, Autonome Moral 139.

[30] Vgl. A. *Ridl*, Die kirchliche Lehrautorität; J. *Schuster*, Ethos und kirchliches Lehramt.

[31] J. *Schuster*, a.a.O. 381.

auch nicht einer bestimmten gesellschaftlichen Gruppe als eine spezifische Aufgabe zugeordnet werden kann. Denn hier geht es um verschiedene Voraussetzungen, die anthropologischer, kultureller, ökonomischer oder anderer Art sein können.[32] Falls es sich um etwas handelt, was sich in puncto *mores* unmittelbar aus dem christlichen Glauben (*fides*) ergibt, dann ist das *et* des Junktim *fides et mores* nicht additiv, sondern *konsekutiv*.[33] Nun aber muß man klar sehen, daß die gängige Lehre sich nicht mit diesem Unterschied von ‚additiv' und ‚konsekutiv' begnügt, sondern sie scheint die lehramtliche Kompetenz auf den gesamten Bereich des Ethischen auszudehnen.

a) Einige Aussagen des Magisteriums zur Lehrkompetenz

Es ist anzumerken, daß das Zweite Vatikanum die Lehre des Ersten Vatikanums besser präzisiert hat, und daß es die Unfehlbarkeit bezüglich der Sitten so weit ausgedehnt sieht, als „die Hinterlassenschaft der göttlichen Offenbarung reicht."[34] Daraus werden in der Pastoralkonstitution *Gaudium et spes* ganz klar Konsequenzen gezogen, wenn es heißt: „Die Kirche hütet das bei ihr hinterlegte Wort Gottes, aus dem Grundsätze der religiösen und sittlichen Ordnung gewonnen werden, wenn sie auch nicht immer zu allen einzelnen Fragen eine fertige Antwort bereit hat; und so ist es ihr Wunsch, das Licht der Offenbarung mit der Sachkenntnis aller Menschen in Verbindung zu bringen, damit der Weg, den die Menschheit neuerdings nimmt, erhellt werde."[35] Mit dieser Aussage wird dem Monolog Absage erteilt und dem Dialog den Weg geebnet. Es ist ein Dialog, der auf die anderen hinhört und sich nach der Sachkompetenz richtet.[36] Noch 1970 hat J. Ratzinger darauf hingewiesen, die drei Kollegien ‚Gemeinde, Presbyterat, Episkopat' seien zwar „nicht in parlamentarische Modelle auflösbar, aber es sind eben doch *Beziehungen*."[37] Hierbei verweist der Verfasser auf die Lehre des Kirchenvaters Cyprian, der die Tridimensionalität des Dialogs in der Kirche deutlich

---

[32] Vgl. ebd.

[33] Vgl. ebd.

[34] LG 25; vgl. DH 4149: „Haec autem infallibilitas, qua Divinus Redemptor Ecclesiam suam in definienda doctrina de fide vel moribus instructam esse voluit, tantum patet quantum divinae Revelationis patet depositum, sancte custodiendum et fideliter exponendum."

[35] GS 33.

[36] Vgl. den Kommentar von *A. Auer* zu GS 33, in: LThK-E III 380f.

[37] *J. Ratzinger*, Demokratisierung der Kirche?, in: *ders./H. Maier*, Demokratie in der Kirche. Möglichkeiten, Grenzen, Gefahren, Limburg 1970, 43.

hervorhebt. Einerseits mahnt er dazu, nichts ohne den Bischof (*nihil sine episcopo*) zu unternehmen. Anderseits sagt er seinem Presbyterium genauso ohne Umschweife, daß auch er nichts ohne dessen Rat (*nihil sine consilio vestro*) tun kann. Genauso wenig aber ist etwas ohne Zustimmung des Volkes (*nihil sine consensu plebis*) in die Tat umzusetzen.[38] Und Ratzinger schließt seinen Hinweis mit dem Satz ab: „In dieser dreifachen Form von Mitwirkung am Aufbau der Gemeinde liegt das klassische Modell kirchlicher ‚Demokratie' vor, die nicht aus einer sinnlosen Übertragung kirchenfremder Modelle, sondern aus der inneren Struktur der kirchlichen *Ordnung* selbst erwächst und daher dem spezifischen Anspruch ihres Wesens gemäß ist."[39] Leider haben sich manche nachkonziliaren lehramtlichen Stellungnahmen nicht an das Dialogprinzip gehalten, wie dies ganz besonders durch die Veröffentlichung der Enzyklika *Humanae vitae* offenbar wurde. Hier weiß man ja, daß die Meinung der Mehrheit in der Ad-hoc-Kommission nicht berücksichtigt wurde. Auch andere lehramtliche Dokumente scheinen mehr die Autorität des Magisteriums zu betonen, als das Aufeinanderhören und Miteinander-um-das-Richtige-Ringen innerhalb der gesamten Gemeinschaft der Kirche. So unterstreicht beispielsweise die *Kongregation für die Glaubenslehre* die Unfehlbarkeit des Lehramtes ‚in Sachen des Glaubens und der Sitten' (fides et mores) und sieht in Anlehnung an *Humanae vitae* die Zuständigkeit des Magisteriums erstreckt „auch auf den Bereich des Naturgesetzes."[40] Darüber hinaus gibt es in der Offenbarung „moralische Lehren", die zwar von der natürlichen Vernunft erkannt werden können, die aber aufgrund der „sündigen Verfaßtheit des Menschen" schwer erreichbar sind. Die ‚Instruktion' betont, daß es Glaubenslehre sei, „daß diese Normen vom Lehramt unfehlbar gelehrt werden können."[41] Dies entspricht nämlich der Lehre des I. Vatikanums.[42] Mehr noch: Wenn die Bischöfe in Gemeinschaft mit dem Nachfolger Petri und in der Ausübung ihres ordentlichen Lehramtes eine Lehre vortragen, die jedoch

---

[38] Vgl. a.a.O. 43f. Auf S. 44 Anm. 30 verweist J. Ratzinger auf *Cyprian*, Ep. 14, 4 (CSEL III 2 S. 512, 16–20), wo folgendes zu lesen ist: „Ad id vero quod scripserunt mihi conpresbyteri nostri Donatus et Fortunatus et Nouatus et Gordius, solus rescribere nihil potui, quando a primordio episcopatus mei statuerim nihil sine consilio uestro et sine consensu plebis mea priuatim sententia gerere." Ferner zitiert Ratzinger Ep. 66, 8 (ibid. 733, 4–6): „[...] unde scire debes episcopum in ecclesia esse et ecclesiam in episcopo et si qui(s) cum episcopo non sit in ecclesia non esse [...]."

[39] A.a.O. 44.

[40] *Kongregation für die Glaubenslehre*, Instr. über die kirchliche Berufung des Theologen „Donum veritatis" vom 24. Mai 1990, Nr. 15–16; vgl. auch HV 4.

[41] Donum veritatis 16.

[42] Vgl. DH 3005; Donum veritatis ebd., Anm. 17.

weder als unfehlbar noch als definitiv ausgegeben ist, wird im „religiösen Gehorsam Zustimmung verlangt."[43] Mit anderen Worten: In dieser Wahrheitskategorie geht es weder um die ‚doctrina de fide credenda‘ noch um die Lehre ‚de fide tenenda‘, sondern um jene, die vom Papst oder Bischofskollegium als wahr oder zumindest als sicher dargelegt wird, so daß deren Gegenteil „tuto doceri non potest".[44] Die Instruktion Donum veritatis fügt hinzu, daß „die ausdrücklich vom Papst approbierten Dokumente" der Kongregation für die Glaubenslehre „am ordentlichen Lehramt des Nachfolgers Petri teilhaben."[45] Das bedeutet im Klartext, daß solche Dokumente zumindest im ‚religiösen Gehorsam‘ zur Annahme verpflichten. Auffallend in Donum veritatis ist, daß das Dokument viel von der Gemeinschaft der Bischöfe und dem Papst spricht, aber kein Wort über die übrigen Gläubigen verliert, die aber auch in den Wahrheitsfindungsprozeß hineingenommen werden sollten. Es muß hier an Lumen gentium erinnert werden, wo es heißt: „Die Gesamtheit der Gläubigen, welche die Salbung von dem Heiligen haben (vgl. 1 Jo 2, 20 u. 27), kann im Glauben nicht irren. Und diese ihre besondere Eigenschaft macht sie durch den übernatürlichen Glaubenssinn des ganzen Volkes dann kund, wenn sie ‚von den Bischöfen bis zu den letzten gläubigen Laien‘ ihre allgemeine Übereinstimmung in Sachen des Glaubens und der Sitten äußert."[46] Indem das Volk das lebendige Zeugnis Christi ganz besonders „durch ein Leben in Glauben und Liebe" verbreitet, nimmt es ja an dem prophetischen Amt Jesu Christi teil.[47] – Obwohl die Kongregation für die Glaubenslehre (im schon genannten Dokument) diese Dimension des Gottesvolkes nicht unterstreicht, erwähnt sie immerhin die Möglichkeit eines Dialoges zwischen Lehramt und Theolo-

---

[43] Vgl. die Professio fidei, in: Johannes Paul II., Apost. Schreiben (Motu proprio) „Ad tuendam fidem" vom 18. Mai 1998. Zitiert hier nach der französischen Ausgabe: Jean Paul II, La défense de la foi. Lettre apostolique en forme de Motu proprio „Ad tuendam fidem", hrsg. v. Pierre Téqui, Paris 1998, 19–22; vgl. in derselben Ausgabe den Kommentar der Kongregation für die Glaubenslehre: „Note doctrinale illustrant la formule conclusive de la Professio fidei", Nr. 10 und 11; vgl. auch Donum veritatis 17 und 23; zu „Ad tuendam fidem" und dem begleitenden Kommentar der Glaubenskongregation vgl. die sehr wichtige Stellungnahme von P. Hünermann, Schutz des Glaubens? Kritische Rückfragen eines Dogmatikers, in: HK 52 (1998) 455–460; ders., „Den Glauben gegen Irrtümer verteidigen". Kritische Reflexionen eines Dogmatikers zu den jüngsten römischen Verlautbarungen, in: A. Franz (Hrsg.), Bindung an die Kirche oder Autonomie? Theologie im gesellschaftlichen Diskurs, Freiburg i.Br. 1999, 291–303.

[44] Kongregation für die Glaubenslehre, Note doctrinale 10; vgl. auch CIC cc. 752 und 1371.

[45] Donum veritatis 18.

[46] LG 12.

[47] Vgl. ebd.

gen in manchen Fällen.[48] Gerade diese Dimension, die von der Glaubenskongregation irgendwie mit Zurückhaltung – vielleicht als Notfall – zur Sprache gebracht wird, gilt es, nicht zuletzt im Hinblick auf das afrikanische Palaver, weiterzuentwickeln, wobei alle Dialogpartner im Geist des Evangeliums handeln und sich die eine Wahrheit in Jesus Christus zum Ziel setzen sollen. Dies muß vor allem die dritte Wahrheitskategorie betreffen, die weder unfehlbar noch definitiv ist und die in *rebus moralibus* eminent wichtig sein kann.[49] Im Sinn des von der Glaubenskongregation in *Donum veritatis* gewünschten Dialogs dürfte denn auch die Aussage der Enzyklika *Fides et ratio* zu nuancieren sein, wenn es im Hinblick auf die Inkulturation heißt: „Wenn die Kirche mit großen Kulturen in Kontakt tritt, mit denen sie vorher noch nicht in Berührung gekommen war, darf sie sich nicht von dem trennen, was sie sich durch die Inkulturation ins griechisch-lateinische Denken angeeignet hat. Der Verzicht auf ein solches Erbe würde dem Vorsehungsplan Gottes zuwiderlaufen, der seine Kirche die Straßen der Zeit und der Geschichte entlangführt."[50] Obwohl das Ganze sich in erster Linie auf Indien bezieht und Afrika nur am Rande erwähnt wird,[51] könnte das Palavermodell einen wichtigen Beitrag beisteuern, um deutlich zu machen, daß sich die eine Offenbarung in Jesus Christus nicht auf ein bestimmtes philosophisches System reduzieren läßt. Die Enzyklika bemerkt ja selber, die Begegnung der Evangelisierung mit der griechischen Philosophie sei „keineswegs ein Hinweis darauf, daß andere Wege der Annäherung ausgeschlossen wären."[52] Diese Wege sollen dann ohne Wenn und Aber zu Ende gegangen werden, wenn es stimmt, daß die Offenbarung keine Kultur ausschließt.[53] Dabei muß zudem darauf geachtet werden, nicht allein die negativen, sündhaften Aspekte der Kulturen zu unterstreichen, sondern letztere besitzen durchaus positive Seiten, die zur echten Inkulturation des Evangeliums einladen.[54] Doch bevor von alledem gesprochen wird, soll noch summarisch die Stimme mancher Theologen zur Lehrkompetenz des Magisteriums zu Gehör gebracht werden.

---

[48] Vgl. Donum veritatis 25 und 40.

[49] Diese dritte Kategorie ist Gegenstand der Professio fidei, vgl. *Jean Paul II*, La défense de la foi 22; grundlegend hierzu vgl. die Kritik von *P. Hünermann*, Schutz des Glaubens? 459f.

[50] FR 72.

[51] Vgl. ebd.

[52] Ebd.

[53] Vgl. a.a.O. 71.

[54] Vgl. ebd.

b) Die Position einiger Theologen zur lehramtlichen Kompetenz

Soll ein fruchtbarer Dialog zwischen Theologie und Lehramt zustande kommen, dann muß man davon ausgehen, daß beide auf je eigene Weise zur pilgernden Kirche bzw. zum wandernden Gottesvolk gehören, das noch nicht im Besitz des verheißenen Landes ist: Das vollendete Gottesreich steht noch bevor.[55] Das bedeutet aber zugleich, daß Theologie und Lehramt sich ihrer Grenzen und Unvollkommenheit bewußt sein müssen. Wie M. Löhrer trefflich sagt: „Lehramt und Theologie haben vor allem zu bedenken, daß das ,Hören' vor dem ,Lehren' kommt. Hören ist dabei grundlegend das Hören auf das Wort Gottes in der Situation der Zeit verstanden."[56] Und selbst wenn dem Lehramt die Aufgabe zukommt, das Wort Gottes verbindlich zu erklären, sagt das Zweite Vatikanum doch unmißverständlich deutlich, daß das Lehramt selbst „nicht über dem Wort Gottes" ist; es geht eben um einen Dienst, und das Lehramt darf nichts lehren, „als was überliefert ist."[57] Es muß ebenso klar sein, daß der Theologe genauso unter dem Wort Gottes steht, wiewohl er im Gegensatz zum Lehramt es nicht verbindlich auslegt. Die Tatsache aber, daß beide, das Lehramt und der Theologe, an das Wort gebunden sind, impliziert unweigerlich das *Aufeinanderhören*. Und M. Löhrer fährt fort: „[...] solches ,Aufeinander Hören' schließt durchaus in positivem Sinn ein Moment gegenseitiger Kritik ein. Dieses ,kritische Moment' wird verständlicher, wenn man bedenkt, daß das Hören auf das *Wort* und das Bedenken der konkreten *Situation*, in die hinein das Wort ergeht, innerlich zusammengehören."[58] Dieses Aufeinander-Verwiesen-Sein verbietet es beiden Parteien, sich dem Dialog gegenüber zu verschließen, denn beide haben voneinander zu lernen. Es ist keine Frage, daß die Theologie als Glaubenswissenschaft nur als Ekklesialdienst betrieben werden kann, und daß ein Alleingang gerade das Gegenteil dessen hervorbringen würde, was eigentlich intendiert ist, nämlich die Stärkung oder Erneuerung der Glaubensgemeinschaft. Andererseits aber muß auch das Lehramt die Bemühungen und Ergebnisse theologischer Forschung ernst nehmen. In diesem Zusammenhang hat Max Seckler auf die Funktion der Theologie „in Staat, Kirche und Gesellschaft" im

---

[55] Vgl. *M. Löhrer*, Dogmatische Erwägungen zur unterschiedlichen Funktion und zum gegenseitigen Verhältnis von Lehramt und Theologie in der katholischen Kirche, in: *J. Pfammatter/E. Christen* (Hrsg.), Theologe und Hierarch (Theologische Berichte 17), Zürich 1988, 11–53, hier 45.

[56] Ebd.

[57] Vgl. DV 10.

[58] *M. Löhrer*, Dogmatische Erwägungen 46.

Mittelalter aufmerksam gemacht.[59] In seiner Interpretation eines um 1520 von einem unbekannten Künstler geschaffenen Bildes, das die Autorität des Thomas von Aquin als theologischen Magister hervorhebt, kommt Seckler zum Schluß, daß die Präsenz von Kaiser und Papst unter den Hörern des Thomas (auf dem Bild) „etwas über die Aufgabe der Theologie und ihren Rang in der Gesellschaft aussagen will."[60] Staat und Kirche lernen hier vom Theologen derart, daß man sagen kann, „daß das Lehr-Amt bei der Theologie liegt."[61] Thomas von Aquin steht an dieser Stelle nur exemplarisch für das Verständnis der Theologie im Mittelalter. Was damals so selbstverständlich gewesen zu sein scheint, sollte auch heute Geltung haben. Wohlgemerkt: „Es kann nicht darum gehen, die Theologie von Kirche und Lehramt zu ,befreien'. Aber auch die Instanzen der amtlichen und öffentlichen Glaubensverkündigung können sich fortan schwerlich gegenüber den Ergebnissen der theologischen Forschung und Lehre ,frei' betrachten. Theologie und Kirche sind darauf angewiesen, daß sie im Rahmen der universellen Vernunft dialogfähig sind."[62] Es will aber scheinen, daß der Weg zu einem fruchtbaren Dialog meistens eher von seiten des Lehramtes der Kirche erschwert wird, da man sich hier von vornherein auf feststehende Formulierungen beruft, die die lehramtliche Autorität begründen und verteidigen. So entsteht der Eindruck, daß das Lehramt vielleicht zu viel spricht und zu wenig zuhört. Im eschatologischen Spannungsfeld von ,schon-aber-noch-nicht' möchten die Menschen ja nicht nur das ,schon', sondern auch das ,noch-nicht' erfahren, so daß sie die Kirche selbst in ihrem Lehramt als eine suchende Größe erleben, die jedoch letzten Endes vom Geist Gottes sicher geleitet wird.[63] Es muß also festgehalten werden, daß hier die Unableitbarkeit des Glaubens aus parlamentarischen Verfahren nicht zur Debatte steht. Dennoch geht es auch beim Lehramt nicht um eine Autokratie,[64] wie das weiter oben aufgeführte Beispiel von Cyprian uns deutlich gezeigt hat. Wenn nämlich die Kirche für Menschenwürde, Solidarität, Subsidiarität, Menschenrechte und dergleichen eintritt, darf sie selbst nicht hinter dem von ihr verkündeten Ideal zurückbleiben, oder zumindest muß sie ihre Bemühungen um das Erreichen dieses Ideals

---

[59] Vgl. *M. Seckler*, Vom Geist und von der Funktion der Theologie im Mittelalter, in: *ders.*, Im Spannungsfeld von Wissenschaft und Kirche. Theologie als schöpferische Auslegung der Wirklichkeit, Freiburg i.Br. 1980, 149–160.

[60] A.a.O. 150.

[61] Ebd.

[62] *M. Seckler*, Die Theologie als kirchliche Wissenschaft – ein römisches Modell, in: *ders.*, Im Spannungsfeld 62–84, hier 83.

[63] Hierzu vgl. auch *M. Löhrer*, Dogmatische Erwägungen 48f.

[64] Vgl. *J. Ratzinger*, Demokratisierung 43.

deutlich werden lassen.[65] Das Problem des Dialogs betrifft heute in ganz besonderer Weise das Verhältnis von Lehramt und Moraltheologie. Wie man weiß, hat sich das Problem am deutlichsten in der Auseinandersetzung mit der Enzyklika *Humanae vitae* mit aller Schärfe gestellt. Die Frage, die die Theologen stellen, lautet, ob das Magisterium angesichts der Geschichtlichkeit und Verantwortlichkeit „des personalen Menschen", aber auch in Anbetracht der „Wandelbarkeit irdischer Wirklichkeiten" und dergleichen, autoritativ eine verbindliche und sogar endgültige Lösung anbieten kann.[66] Darüber hinaus fragt sich, ob die vom Lehramt angebotenen Lösungen die heutige multikulturelle Welt, besonders im Hinblick auf nichtwestliche Völker, genug mitberücksichtigen. Josef Fuchs hat in diesem Zusammenhang darauf hingewiesen, daß den Hirten in der Kirche darum zu tun sein müsse, „die Beliebigkeiten aus der christlichen Lebensgestaltung" auszuschließen. Sie müssen dafür Sorge tragen, daß das Leben eines Christenmenschen im Einklang mit dem Evangelium steht. Dies heißt aber noch nicht, daß die Hirten für alle Moralfragen eine definitive (oder universale) Lösung haben.[67] Und Fuchs beobachtet, daß selbst Jesus sich in seiner Moralverkündigung nicht soweit vorwagt, das universal Richtige für alle Zeiten und Kulturen festzulegen. Er hat sich zwar mit Entgleisungen und Verfehlungen seiner Zeit nach den existierenden moralischen Vorschriften auseinandergesetzt; er hat auf die Bedeutung der inneren Handlungen aufmerksam gemacht. „Aber er war weit davon entfernt, gleichsam einen Moralkodex des richtigen innerweltlichen Verhaltens, verschieden von den damals akzeptierten, oder gar einen immerwährenden Kodex jeglichen richtigen menschlichen Verhaltens in dieser Welt für alle Zeiten und in allen Kulturen zu lehren; er – der Sohn aus Nazaret – konnte es gar nicht."[68] Auch Paulus hat sich nicht anders verhalten. Die Verkündigung des Evangeliums Jesu Christi hält ihn nicht davon ab, die schon existierenden ethischen Normen zu achten und im Licht der Frohbotschaft neu einzuschärfen. Es geht ihm aber nicht darum, auf tagtäglich entstehende Fragen definitive Antworten für die sich geschichtlich vollziehende Zukunft zu geben.[69] Aus dem Ganzen ergibt sich, daß Jesus und Paulus

---

[65] Vgl. *S. Wiedenhofer*, Ekklesiologische Implikationen eines demokratischen Stils in der Ethik, in: *A. Autiero*, Ethik und Demokratie 141–156, hier 151f.

[66] Vgl. *J. Fuchs*, Magisterium und Moraltheologie, in: *ders.*, Für eine menschliche Moral. Grundfragen der theologischen Ethik, Bd. 3: Die Spannung zwischen objektiver und subjektiver Moral, Freiburg i.Ue./Freiburg i.Br. 1991, 127–138, hier 130.

[67] Vgl. a.a.O. 127.

[68] A.a.O. 128.

[69] Vgl. ebd.

sich für die Fragen ihrer Zeit interessieren. Aber: „Sie entwerfen in partikulären Fragen keine ‚christliche' Moral für die Weltgeschichte. So hat die sittliche Führung (das ‚Amt') in der christlichen Gemeinde, in der Kirche, begonnen."[70] Im Anschluß an diese scharfsinnige Beobachtung von J. Fuchs müßte das Lehramt der Kirche die in den Pastoralbriefen anzutreffende Unterscheidung zwischen „paratheke" (depositum) und „didaskalia" (Lehre) mitbedenken. Für den ersten Begriff, nämlich die „paratheke" ist auf 1 Tim 6,20 und 2 Tim 1,14 hinzuweisen.[71] In seiner sehr überzeugenden Analyse dieser Stellen kommt G. Lohfink zu dem Schluß, daß die „paratheke" mit dem Evangelium gleichzusetzen sei, und daß sie das „entscheidende", „kirchenkonstituierende" sei, was unversehrt bis zum Ende bewahrt werden muß.[72] Im Wortlaut lautet es folgendermaßen: „Die παραθήκη deckt sich materialiter mit dem Evangelium [...]. Die παραθήκη ist das Evangelium – aber sie ist es unter der besonderen Rücksicht, daß das Evangelium der Kirche von Gott übergeben wurde und daß es unversehrt bis zur Wiederkunft Christi zu bewahren ist."[73] Für den Begriff „didaskalia" verweist Lohfink u.a. auf 1 Tim 1,10; 2 Tim 4,3 und Tit 1,9; 2,1.[74] Die gesamte Exegese dieses Begriffs in den Pastoralbriefen zeigt nach dem Verfasser, daß *didaskalia* sich auf die Gesamtheit dessen bezieht, was durch die Autorität des Paulus *qua* Apostel garantiert ist. Diese Gesamtheit ist nun als Vermächtnis des Apostels in den drei Pastoralbriefen hinterlassen.[75] Selbst wenn damit die *didaskalia* etwas mit der *paratheke* zu tun haben muß, ist sie nicht ohne weiteres mit dem Evangelium gleichzusetzen. „Sie ist über das Evangelium hinaus Gesamtheit dessen, was Paulus als Lehrer der Kirche hinterlassen hat."[76] Wenn dem so ist, müßte diese Unterscheidung ebenso für das heutige Lehramt der Kirche gelten. Ist auch das *depositum* (paratheke) unbedingt zu bewahren, so kann dennoch die Art und Weise, mit der es verkündet wird, sich ändern.[77] Dann aber dürfte es möglich sein, über die lehramtliche *didaskalia* in aller Ehrfurcht zu diskutieren, oder zu-

---

[70] Ebd.
[71] Vgl. G. *Lohfink*, Die Normativität der Amtsvorstellungen in den Pastoralbriefen, in: ThQ 157 (1977) 93–106, hier 96.
[72] Vgl. a.a.O. 98.
[73] Ebd.
[74] Vgl. ebd.
[75] Vgl. a.a.O. 98.
[76] A.a.O. 99.
[77] Vgl. J. *Schuster*, Ethos und kirchliches Lehramt 305; mit Hinweis auf GS 62: „[...] qua aliud est ipsum depositum fidei seu veritatis, aliud modus secundum quem enuntiatum, eodem tamen sensu eademque sententia."

mindest sollte das Lehramt in Dialog mit anderen Gläubigen treten, bevor die *didaskalia* wirklich als ‚Vermächtnis‘ festgelegt wird. Bis jetzt wurde vor allem von Lehramt und Theologen gesprochen. Der Dialog sollte sich aber nicht sozusagen auf ‚Fachkompetenz‘ beschränken, sondern das gesamte Gottesvolk muß als Gesprächspartner des Lehramtes mit in die Diskussion einbezogen werden. Das Problem betrifft allerdings auch die sogenannte wissenschaftlich-akademische Theologie, die Gefahr laufen könnte, an Stelle des Volkes zu sprechen, ohne dieses selbst zu Wort kommen zu lassen. Man kann Dietrich Wiederkehr nur zustimmen, wenn er sagt, daß die Zulassung anderer Stimmen und die Anerkennung ihrer theologischen Relevanz heilsam sowohl für die lehramtliche als auch für die akademisch-theologische Wahrheit sei. „Mit dem Glaubenssinn des ganzen Gottesvolkes ist sowohl das lehramtliche wie auch das akademisch-wissenschaftliche Wahrheitsmonopol in Frage gestellt.“[78] In der Kirche als der Gemeinschaft der Glaubenden darf der Eindruck nicht entstehen, daß der Glaube nur noch elitär diskutiert und gelebt wird. Es ist eine Tatsache, daß viele vom Gottesvolk noch nicht die Möglichkeit erhalten haben, sich etwa in ethischen Fragen am Normfindungsprozeß zu beteiligen. Es ist, als ob man den *sensus fidei* des Volkes – trotz *Lumen gentium* Nr. 12 – nicht ernst nimmt. Denn erst das Ernstnehmen der verschiedenen *sensus fidei* und deren gegenseitige Konfrontation ‚im Palaver‘ können zum *consensus* führen.[79] Ähnliches läßt sich im Hinblick auf verschiedene Kulturen und lokale Kirchen sagen. Selbst dort, wo von schon erreichten Konsensen gesprochen wird, geht es oft um sehr begrenzte, ‚regionale Konsense‘, die meistens den europäischen Raum betreffen, und die dann auf die gesamte Kirche in allen Kulturräumen ohne Dialog ausgedehnt werden.[80] Dieser Tatbestand sorgt für Konflikte innerhalb nichtwestlicher Kirchen und führt zu Spannungen zwischen dem obersten Lehramt und den Lokalkirchen. Was Afrika anbelangt denke man hier etwa an die Fragen der Ehemoral oder an die Diskussion um die eucharistische Materie und andere mehr. Vom afrikanischen Standpunkt aus bietet sich das Palavermodell an, das die anstehenden Probleme anders als im Westen anzupacken versucht und darauf aus ist, eine in der Kultur verwurzelte Ekklesiologie zu entwerfen, welche eine andere Verfahrensweise in Fragen von *fides et mores* bevorzugt. Hierbei geht es nicht um einen Gegensatz,

---

[78] D. *Wiederkehr*, Sensus vor Consensus: auf dem Weg zu einem partizipativen Glauben – Reflexionen einer Wahrheitspolitik, in: *ders.* (Hrsg.), Der Glaubenssinn des Gottesvolkes 182–206, hier 186.
[79] Vgl. a.a.O. 191.
[80] Vgl. a.a.O. 190.

sondern um Ergänzungen, die auch schon in verschiedenen Ansätzen westlicher Theologen anklingen. Nur wird hier das Ganze im Rahmen der afrikanischen Denkwelt konsequent durchgeführt.

2. Das Palaver als Ergänzung zur bisherigen lehramtlichen Praxis

Bevor von einem ergänzenden Modell im Hinblick auf das Lehramt gesprochen wird, ist es wichtig, auf unsere Ausführungen kurz zurückzugreifen, die weiter oben stehen.[81] Von besonderer Bedeutung ist hierbei das Bewußtsein um die Funktion des Wortes, ohne das die afrikanische Palaverpraxis nicht gänzlich verstanden werden kann.

a) Die Stellung des Wortes im Palaver

In allen Palavergattungen, die schon früher in Teil I aufgezählt worden sind, kommt klar zum Ausdruck, wie das Leben sowohl der einzelnen als auch der Gemeinschaft insgesamt vom Umgang mit dem Wort abhängig ist. Der Mensch in Afrika fühlt sich hier der biblischen Botschaft sehr nah. Das Wort in der Bibel wird so verstanden, daß es tatsächlich das hervorbringt, wozu es gesandt war. Der Schöpfungsbericht gründet letztlich auf der Macht des Wortes: „Gott sprach: Es werde Licht. Und es wurde Licht [...].“ (Gen 1,3ff., vgl. auch Ps 33,6–9). Der Prophet Jesaja gebraucht noch deutlichere Worte, um diese Macht zu unterstreichen, wenn er Jahwe sagen läßt: „Denn wie der Regen und der Schnee vom Himmel fällt und nicht dorthin zurückkehrt, sondern die Erde tränkt und sie zum Keimen und Sprossen bringt, wie er dem Sämann Samen gibt und Brot zum Essen, so ist es auch mit dem Wort, das meinen Mund verläßt: Es kehrt nicht leer zu mir zurück, sondern bewirkt, was ich will, und erreicht all das, wozu ich es ausgesandt habe.“ (Jes 55,10–11). Auch im neuen Testament wissen wir um die Macht des Wortes Gottes. Oft bewirkt Jesus Wunder, indem er spricht. So kann der Hauptmann von Kafarnaum sagen: „Herr, ich bin es nicht wert, daß du mein Haus betrittst; sprich nur ein Wort, dann wird mein Diener gesund.“ (Mt 8,8; vgl. Joh 4,46[b]–53). Der Hebräerbrief bezeichnet das Wort Gottes als lebendig, „kraftvoll und schärfer als jedes zweischneidige Schwert; es dringt durch bis zur Scheidung von Seele und Geist, von Gelenk und Mark; es richtet über die Regungen und Gedanken des Herzens.“ (Hebr

---

[81] Teil I, Kap. II, Art. 2

4,12). – Man kann sagen, daß alle diese Texte dem Menschen in Afrika aus der Seele sprechen. In der Tat, wie schon weiter oben gesagt wurde, sieht man das Wort in Schwarzafrika in enger Verbindung mit Kauen, Essen, Wiederkauen und Verdauen. Andererseits ist das *Hören* von eminenter Bedeutung, denn erst wer das Wort hört, kann es auch kauen, essen, wiederkauen und verdauen. In diesem Zusammenhang hat Louis-Vincent Thomas darauf hingewiesen, daß die Dogon von Mali das Ohr mit dem Mund und das Trommelfell mit den Zähnen vergleichen, um auf das Essen und Kauen des Wortes aufmerksam zu machen.[82] Ganz besonders aber wird die Ähnlichkeit zwischen Ohr und Geschlechtsorgan, allen voran dem weiblichen, betont. Ähnlich wie das weibliche Geschlechtsorgan die männlichen Samen aufnimmt, damit sie in Leben verwandelt werden, so nimmt auch das Ohr das mit Samen ausgestattete Wort auf, um es zum Leben zu transformieren.[83] – Genau an dieser Stelle ist es unerläßlich, an unsere obigen Ausführungen über die Bedeutung der Ohren eines Häuptlings bei den Manja der Zentralafrikanischen Republik zu erinnern. Der Hase, so wurde betont, wegen seiner langen und großen Ohren, gilt bei den Manja als Totem des Häuptlings. Dieser müsse große Ohren haben wie ein Hase, die ihn näher zu Gott und den Ahnen einerseits und dem Volk andererseits bringen können. Dies bedeutet aber – auch darauf wurde schon hingewiesen –, daß der Chef auf alles aufmerksam sein muß, was in der Gemeinschaft vor sich geht. Vor allem wird er angehalten, alles durch *Zuhören* geduldig zu vernehmen und danach zu versuchen, es auch gut zu verdauen. Das gut *Zuhören* und das Verdauen des Wortes haben in Schwarzafrika allgemein mit der zentralen Stellung des Chefs oder des Häuptlings zu tun: Dieser ist nämlich das Bindeglied zwischen Gott bzw. zwischen den Ahnen und dem Volk, wobei er diese Funktion nicht im Alleingang, sondern in enger Zusammenarbeit mit dem Ältestenrat auszuüben hat. Und wenn er als letzter spricht, nachdem er alle Konturen des Problems sorgsam geprüft und das Wort gut verdaut hat, muß auch er selbst zunächst dieses Wort zumindest im Ältestenratspalaver wieder zur Debatte stellen, das heißt: Das Wort muß zum Wiederkäuen freigegeben werden.[84] In diesem Zusammenhang haben wir auch die Bambara von Mali erwähnt, die von der Unermeßlichkeit (Immensität) des Wortes sprechen. Das Wort sei nicht nur sakral, sondern es umfasse die ganze Menschheit. Wenn es gesprochen wird, wirke es heilsam und *heilend*. Wichtig ist hier, was die

---

[82] Vgl. *L.-V. Thomas*, Corps et société: Le cas négro-africain, in: L'Afrique et ses formes de vie spirituelle, Kinshasa 1981, 193–214, hier 202f.

[83] Vgl. a.a.O. 203–205; auch *B. Bujo*, Sexualverhalten 209–218.

[84] Vgl. *E.E. Uzukwu*, A Listening Church 127ff.

Bambara hervorheben und worauf später im Zusammenhang mit dem Magisterium einzugehen ist, daß das Wort sich nicht durch ein einziges Individuum monopolisieren lasse; es wäre zu breit für nur einen Mund; es sei kein Privateigentum, sondern gehöre der gesamten Menschheit.

Jeder kann also nur ein kleines Stück vom Wort haben, das heißt, er muß bereit sein, das Wort mit anderen Menschen zu teilen; denn nur auf diese Weise wird er in die Lage versetzt, der Tiefe eines Wortes näher gebracht zu werden. Gerade dies nennt man in Schwarzafrika Palaver.[85] Obwohl wir schon vom afrikanischen Palaververfahren gesprochen haben, ist es nicht unwichtig, an dieser Stelle noch einige praktische Seiten desselben aufzuzeigen.

Wenn es stimmt, daß das Wort gemeinschaftsstiftend und gemeinschaftszerstörend wirken kann, dann muß es zuerst seine Unschuld beweisen, bevor es in den Dienst der Menschheit gestellt wird. Mit anderen Worten: Im Palaver geht es nicht um Rhetorik, die die Teilnehmenden faszinieren und gegebenenfalls auch irreführen könnte, sondern die Gemeinschaft bemüht sich um ein gutes und richtiges Wort, das auf seine heilende und gemeinschaftsaufbauende Dimension hin überprüft wird. Im Palaver gleicht der Mensch einem Wiederkäuer, der das längst vernommene, gegessene oder getrunkene Wort erneut kauen muß, bevor es definitiv in Fleisch und Blut übergeht. Dadurch wird also das Wort der einzelnen auf die Probe gestellt, damit die gesamte Gemeinschaft es entweder als gut und lebensspendend bestätigen oder als schlecht und lebenszerstörend verwerfen kann. Kurzum: Das afrikanische Palaver ist der Ort, wo verschiedene Worte miteinander konfrontiert werden, um sich zu versichern, ob sie gut vernommen, gekaut und verdaut wurden, damit sie die Gemeinschaft nicht in den Tod stürzen.[86] Dies setzt aber voraus, daß nicht nur der Chef, sondern ebenso alle anderen Palaverteilnehmer große, breite Ohren haben und sich durch das Zuhören auszeichnen, bevor sie sprechen. Und wenn sie sprechen, müssen sie bereit sein, das Wort mit anderen Palavermitgliedern zu teilen, da es für den Mund des einzelnen zu groß und zu breit ist. Das ganze Prozedere impliziert, daß jedes Mitglied sich daran erinnert, daß man sich im Palaver gegenseitig zeugt und gebiert. Wenn nämlich das Wort Samen hat und wenn andererseits das Ohr mit den menschlichen Geschlechtsteilen verglichen wird, dann gleichen der Sprech- und Hörakt dem Zeugungs- resp. Empfängnis- und Gebärakt. Das gute und richtige Wort, dem gut zugehört und das richtig gekaut und verdaut wird, konstituiert den Menschen. Das

---

[85] Zur Vertiefung vgl. a.a.O. 129f.
[86] Vgl. B. Bujo, Dieu devient homme 26–28.

will im afrikanischen Kontext heißen, daß jeder Mensch ,zweige-
schlechtlich' ist, er ist zugleich Mann und Frau. Wegen der Analogie
von Mund, Ohr und Geschlechtsteilen (und Magen) ist der Mann, der
spricht oder zuhört und das Wort verdaut, zugleich Zeuger, Empfänger
und Gebärer des Lebens, wie die Frau, die ebenso Zeugerin, Empfänge-
rin und Gebärerin ist. Daraus könnte man allerdings keine Schlußfolge-
rungen etwa für die Legitimität der Homosexualität ziehen. Es wäre
nämlich möglich zu sagen, daß eine sexuelle Beziehung Mann-Mann
und Frau-Frau in der afrikanischen Anthropologie grundgelegt sei, da jeder Mensch weitgehend zweigeschlechtlich ist und die Sexualität deshalb nicht unbedingt durch die Begegnung Mann-Frau auszudrücken
bräuchte. Eine solche Interpretation wäre jedoch eine Fehldeutung der
afrikanischen Anthropologie. In der Tat: Das Wort, durch das man sich
gegenseitig zeugt und gebiert, beschränkt sich nicht auf zwei Personen
oder einige Mitglieder der Gemeinschaft, sondern umfaßt letztere in ihrer Ganzheitlichkeit. Diese Ganzheitlichkeit, wie schon früher dargelegt,
betrifft die Gemeinschaft in ihrer Tridimensionalität, nämlich in bezug
auf die Lebenden, die Toten und die Noch-nicht-Geborenen. Erst und
nur in dieser Tridimensionalität übt das Wort seine Gemeinschaftsfunk-
tion vollständig aus. Es gilt nämlich auch hier, daß das Wort viel zu
groß und zu breit ist für die Gemeinschaft der Lebenden und der Toten.
Es muß deshalb mit einer noch umfassenderen Gemeinschaft, nämlich
mit jener der Noch-nicht-Geborenen geteilt werden. Erst wenn das Wort
sich auch auf die Gemeinschaft dieser Noch-nicht-Geborenen erstreckt,
wird seine außerordentlich lebensspendende Dynamik und Macht am offenkundigsten. Es ist andererseits auch klar, daß diese Gemeinschaft der
Noch-nicht-Geborenen sich nur durch einen liebevollen Wortaustausch
zwischen Mann und Frau erreichen läßt. Damit wird aber vollends bestätigt, daß das Wort es ist, das letzten Endes das Menschsein des Menschen in seiner Tridimensionalität ausmacht, sofern es seinen giftigen
Charakter verliert und seine heilende und wohltuende Dimension hervortreten läßt. Dies ist nach dem afrikanischen Verständnis freilich nur
dort möglich, wo das Wort nicht monopolisiert, sondern gemeinschaftlich gekaut und geteilt wird. Spätestens hier stellt sich die Frage, ob die
ekklesiale Gemeinschaft nicht auch vom schwarzafrikanischen Umgang
mit dem Wort lernen könnte. Die christlichen Gemeinschaften in Afrika
jedenfalls erwarten, daß ihre bewährte Palavertradition durch die Kirche
in allen Fragen von *fides et mores* mitberücksichtigt wird. Sie wollen ihren *sensus fidei* nicht anders als im afrikanischen Kontext artikulieren.

b) Das kirchliche Lehramt und das afrikanische Palavermodell

Eines der Ergebnisse der römisch-afrikanischen Synode von 1994 war, daß die Synodenväter und -mütter sich dafür ausgesprochen haben, die Kirche in Afrika als Familie anzusehen.[87] Das Wort „*Familie*" darf aber nicht im westlichen Sinn als Kernfamilie verstanden werden. In *Kiswahili* etwa würde man von „*Jamaa*" sprechen,[88] ein Ausdruck, der viel umfassender ist und sich auf alle Verwandten der Großfamilie erstreckt. Diese Großfamilie ihrerseits – dies sei noch einmal betont – umfaßt die Lebenden, die Toten und die Noch-nicht-Geborenen. Hinzu kommen noch alle jene, die durch den Blutpakt zu dieser tridimensionalen Gemeinschaft gehören. Nun ist aber zu bedenken, daß die Familie im afrikanischen Sinn (*Jamaa*) vom Wort eines gemeinsamen Ahnen lebt. Das Wort, das als Vermächtnis hinterlassen wurde, steht mitten in der Gemeinschaft, aber es wird nicht blindlings befolgt, ohne daß nicht darüber ein Palaver stattfindet. Mit anderen Worten: Es unterliegt einer ständigen Auslegung. Selbst wenn ihm die Treue gehalten werden soll, muß die Interpretation der einzelnen Mitglieder einer eingehenden Prüfung, eben im Palaver unterzogen werden, damit festgestellt werden kann, ob das Vermächtniswort richtig verstanden, das heißt, ob es gut vernommen, gekaut und verdaut worden ist. Es ist m.E. keine Frage, daß dieses Modell auch der Kirche zugute kommen kann, und sie sollte sich davon inspirieren lassen. Ein genuin afrikanisches Kirchenmodell kann nicht umhin, auf das Ahnendenken zurückzugreifen. Der Gedanke, daß der Gründerahn die Gemeinschaft der Lebenden, der Toten und der Noch-nicht-Geborenen zusammenhält, ähnelt der alttestamentlichen Vorstellung, nach der die Versammlung Jahwes (qehal Yahwe) schließlich auf die Stammesorganisation zurückgeht. Es handelt sich um die ‚Zwölf Stämme Israels' (Gen 49,1–28; Dtn 33), die das Volk Jahwes bilden. Dabei gibt es nur einen Stammvater, nämlich Abraham. Dieser ist Vorbild des Gehorsams und des Glaubens an Gott, dessen Verheißungen er empfängt. Israel ist zum Volk Gottes geworden dank des Bundes zwischen Gott und Abraham.[89] Das neue Testament führt die Idee des Volkes Gottes weiter. Jesus berief ja einen engen Kreis der ‚Zwölf', mit denen er in intensivem Kontakt stand (Mk 3,14; Lk 6,12f.). Die ‚Zwölf' standen symbolhaft für die zwölf Stämme Israels da. Indem das Zwölf-

---

[87] Vgl. auch *Johannes Paul II.*, Ecclesia in Africa 63.

[88] Das Kiswahili von Tanzania unterscheidet zwischen *familia* und *jamaa*. Das Wort „familia" aber ist ganz und gar westlich und spiegelt nicht die afrikanische Realität wider.

[89] Vgl. *B. Bujo*, Auf dem Weg zu einer afrikanischen Ekklesiologie, in: StdZ 212 (1994) 254–266, hier 255.

Stämme-Volk im neuen Bund wiederhergestellt wird, zeigt sich Jesus als Stammvater des endzeitlichen Israel, das schließlich alle Völker umfassen soll (vgl. Lk 10,1–20). Siegfried Wiedenhofer kommentiert: „Mit der Auswahl der ‚Zwölf' zur Gemeinschaft mit dem messianischen Boten und zur Teilhabe an seiner Sammlungstätigkeit setzt Jesus ein äußerst symbolträchtiges Zeichen: Weil ‚Zwölf' die Zahl der Stämme Israels ist, faktisch aber nur noch zweieinhalb Stämme existieren (Juda, Benjamin und die Hälfte von Levi), die Wiederherstellung des Zwölf-Stämme-Volks erst in der Heilszeit erwartet wurde, gibt sich Jesus mit dieser Symbolhandlung als Stammvater des endzeitlichen Israel zu erkennen."[90] Und wenn sich die von Jesus ausgehende Sammlungsbewegung in partikulären, multikulturellen Gemeinschaften vollzieht, dann schließt dies sowohl „das Ganze Israels und der Menschheit" zugleich ein,[91] wobei die Menschheit in der von Jesus gestifteten Gemeinschaft zum neuen Israel wird. Das Ganze läßt sich dahingehend deuten, daß Jesus den Platz des Abraham einnimmt: Er ist der neue Abraham. Hat Abraham das Volk Israel gegründet, so gründet Jesus ein neues Volk, das heißt, eine neue Gemeinschaft der an ihn Glaubenden. Aus schwarzafrikanischer Sicht ist dann zu sagen, daß Jesus eine neue Sippengemeinschaft gründet und daß er selber deren Gründerahn ist. Er vereint in sich somit Ahnenschaft und Stammvaterschaft. Durch Tod und Auferstehung aber transzendiert er unendlich sowohl die Ahnenschaft als auch die Stammvaterschaft Abrahams. Er transzendiert ebenso unendlich die afrikanische Vorstellung von Ahnen: Jesus ist nicht einfach Ur- oder Gründerahn, sondern der Proto-Ahn. Das bedeutet aber, daß Jesus Christus allein der Gründer der endzeitlichen Dimension der Lebenden, Toten (= Lebend-Toten) und auch der Noch-nicht-Geborenen ist.

Was die afrikanische Ekklesiologie anbelangt, will es mir an dieser Stelle scheinen, daß im Neuen Testament nicht nur etwa das Modell von Christus als ‚Bruder' existiert, sondern es gibt eine andere Linie, die auf Christus als ‚Vater' (er ist der neue Abraham) hinweist, und von der aus ein anderes Kirchenmodell möglich wäre. Wenn nämlich Christus „Stammvater" und „Proto-Ahn" genannt werden kann, dann können Papst und Bischöfe nicht mehr den Titel „Vater" in Anspruch nehmen. Als Repräsentanten der ‚Zwölf Stämme' eines neuen Israel sind sie alle Brüder.

Damit wird die Legitimität der Lehre des Zweiten Vatikanums nicht bestritten, wenn die dogmatische Konstitution über die Kirche *Lumen*

---

[90] S. *Wiedenhofer*, Das katholische Kirchenverständnis. Ein Lehrbuch der Ekklesiologie, Graz 1992, 79.
[91] Ebd.

gentium das Verhältnis zwischen Priestern und Bischof als das der *Söhne* (und Freunde) zum *Vater* charakterisiert.[92] Demgegenüber scheint das im Neuen Testament angedeutete ‚Brudermodell' den schwarzafrikanischen Wirklichkeiten besser zu entsprechen. Hier wird sich dann auch ein neues Kirchen- und Hierarchieverständnis zu Wort melden. In der Tat: Wenn der afrikanische Familiensinn als Grundlage des kirchlichen Lebens gesehen wird, in dem Christus der Stammvater und Proto-Ahn ist und die Bischöfe – einschließlich des Papstes – Brüder sind, dann gehört das Palaver unbedingt zu dem entscheidenden Moment des Zusammenhaltes aller Mitglieder. Alle Entscheidungen müssen dann gemeinsam gefällt werden. Hierbei gilt der Papst als ältester Sohn, dem vom Stammvater aufgetragen wurde, das gemeinsame Erbe, nämlich die Kirche, gemeinsam mit den anderen Brüdern zu verwalten. „Großbruder" oder „Großschwester" in Schwarzafrika ist keine hierarchisch betonte Autorität. Der Großbruder bzw. die Großschwester übernimmt vielmehr die Verantwortung für jüngere Brüder und Schwestern. Diese Verantwortung vollzieht sich in der Weise, daß der Großbruder oder die Großschwester den Geschwistern immer zur Verfügung steht. Dem ältesten Bruder oder der ältesten Schwester wird die Weisheit erst dann zuerkannt, wenn er/sie einen derartigen Umgangsstil pflegt, daß er/sie auf die Weisheit seiner/ihrer Geschwister achtet und hört. Genau nach diesem Modell stellt sich eine afrikanisch inkulturierte Ekklesiologie den Papst vor. Dieser stärkt zwar die Geschwister im Glauben, darf aber nie eine einsame Entscheidung ohne ‚Palaver' mit anderen Teilkirchen und Kulturen treffen. Anders gewendet: Der Papst als ältester Bruder darf nie ohne geschwisterlichen Dialog in die Angelegenheiten der Ortskirchen eingreifen. Dies widerspräche ja gerade dem afrikanischen Palaververfahren, in dem die Funktion des Wortes durch die Gemeinschaft überprüft werden muß. Eine einseitige Entscheidung hieße, sich auf ein individuell verdautes Wort verlassen, ohne daß letzteres seine Unschuld und gemeinschaftsdienende Rolle unter Beweis stellt. Die Weisheit der *Manja* wirkt hier wohltuend: Der Chef muß große, breite Ohren haben, gut zuhören, bevor er spricht, wobei das Wort noch einmal in der Gemeinschaft bestätigt werden muß. Was für den Chef gilt, gilt freilich auch für den ältesten Bruder und sogar für alle Geschwister, soweit auch sie am Erbe und an der Weisheit des Stammesvaters teilhaben. Auch sie müssen große, breite Ohren entwickeln. Auch sollen sich alle an die Weisheit der *Bambara* erinnern, wonach das Wort zu groß und zu breit für einen einzelnen Mund sei. Gerade in der Kirche, die mit dem Myste-

---

[92] Vgl. LG 28.

rium Gottes zu tun hat, läßt sich die Immensität dieses Mysteriums nur gemeinsam vertiefen. Interessant ist das vorliegende Verfahrensmodell auch für die Interpretation von Schrift und Tradition in der Kirche. Die ganze Kirche als Gemeinschaft der an Christus Glaubenden, und nicht nur das Lehramt, ist Subjekt der Interpretation sowohl der Heiligen Schrift als auch der Tradition. Alle Mitglieder, einschließlich des ältesten Bruders, lesen und hören zwar dieselbe Heilige Schrift und dieselbe Tradition. Das so vernommene Wort aber wird zunächst auf individueller Ebene gekaut und verdaut. Es fehlt ihm dann noch das Moment des Wiederkäuens, das sich öffentlich und gemeinschaftlich vollzieht. Anders gesagt: Damit das individuell vernommene und verdaute Wort aus der Heiligen Schrift und der Tradition nicht fälschlich und in einer Art ‚Situationsethik' monopolisiert wird und die Gemeinschaft – eben die Kirche – zerstört, ist es notwendig, daß alle ihr Schrift- und Traditionsverständnis in einem ekklesialen Palaver hinterfragen lassen. Nur so kann das Wort Gottes seine heilende und rettende Wirkung voll zeitigen. Würde etwa das Lehramt seine auch geschichtlich gewachsene Interpretation exklusiv und ohne Palaver mit anderen Kulturen durchsetzen wollen, dann würde dies der Tatsache nicht Rechnung tragen, daß das Wort viel größer und viel umfassender ist als der Mund des einzelnen – eben des Magisteriums selbst, da das Wort Gottes einen viel größeren Raum an Interpretation zuläßt; es ist ja unerschöpflich! Zu Recht vermerkt der indische Theologe Felix Wilfred, daß das in der Heiligen Schrift und der Tradition vorfindliche Offenbarungsverständnis „viel umfassender" sei als das, welches in „die lehrhaften Aspekte" eingegrenzt ist, die sich seit dem Trienter Konzil durchgesetzt haben.[93] Im Neuen Testament gibt es beispielsweise verschiedene christologische Interpretationen, die alle den *einen* und *selben* Christus zu verstehen versuchen. Keine von ihnen kann das Mysterium Jesu Christi voll erfassen, weil das Wort zu groß ist für einen ‚einzelnen Mund'. Das Lehramt hat zur Aufgabe, es allen Kulturen und Völkern zu gestatten, das Palaver zu führen, um ihr eigenes Verständnis von Christus und seiner Botschaft herauszufinden, ohne jedoch das Fundament des allen gemeinsamen Glaubens zu schmälern. Dies setzt voraus, daß das Lehramt zuerst *zuhört* und die großen, breiten Ohren entwickelt. In diesem Zusammenhang scheint die schon weiter oben zitierte Äußerung der Enzyklika *Fides et ratio* fragwürdig zu sein, wo es heißt: „Wenn die Kirche mit großen Kulturen in Kontakt tritt, mit denen sie vorher noch nicht in Berührung gekommen war, darf sie sich nicht von dem trennen,

---

[93] Vgl. *F. Wilfred*, Vom Schattenboxen zum Dialog. Grundlegende Probleme einer asiatischen Theologie, in: HK 53 (1999) 26–33, hier 27.

was sie sich durch Inkulturation ins griechisch-lateinische Denken angeeignet hat. Der Verzicht auf ein solches Erbe würde dem Vorsehungsplan Gottes zuwiderlaufen, der seine Kirche die Straßen der Zeit und der Geschichte entlangführt."[94] Wird aber dann nicht anderen Kulturen ein fremdes Denksystem aufoktroyiert, das beileibe nicht mit dem christlichen Glauben gleichgesetzt werden darf? Nach dem afrikanischen Palaververfahren ist der griechisch-lateinische Einfluß auf die Glaubensinterpretation durchaus ernst zu nehmen, aber die durch dieses westliche Denken zustande gekommene Interpretation kann sich nur als eines der vielen möglichen Modelle präsentieren, das nicht zur Norm für alle Kulturen werden kann. Es ist richtig, „daß eine Kultur niemals zum Urteilskriterium und noch weniger zum letzten Wahrheitskriterium gegenüber der Offenbarung Gottes werden kann."[95] Bliebe man jedoch diesem Grundsatz treu, dann könnte der Satz hinsichtlich des griechisch-lateinischen Denkens nicht so stehen bleiben, wie in *Fides et ratio* Nr. 72.[96] Denn es muß möglich sein, sich von einem auch noch so lieb gewordenen Denksystem zu trennen, wenn dieses zum ungerechten Joch für andere Kulturkreise wird, ohne daß diese Trennung deswegen schon dem Vorsehungsplan zuwiderläuft. Denn im Inkulturationsprozeß ähnelt das Reich Gottes nicht etwa dem Bekleidungsmodell, nach dem man bei der Begegnung mit neuen Kulturen das dort schon Bekleidete immer zunächst entkleiden und dann neu bekleiden muß. Das Reich Gottes in bezug auf die Inkulturation ist m.E. mit dem guten Boden zu vergleichen, der die Saat bzw. die Körner sofort aufgehen läßt, wenn auch diese gesund sind. Das Ackerfeld Gottes, das nur mit gutem Boden ausgestattet ist, nimmt alle positiven Elemente jeder Kultur auf, läßt sie aufgehen und Früchte hervorbringen. So geht es immer um dasselbe Ackerfeld, aber mit verschiedenen Pflanzensorten, die den Reichtum des Bodens widerspiegeln. Ähnlich geht es den verschiedenen Kulturen, die in ihrer Inkulturation der Offenbarung die Vielfalt des Reichtums Gottes in seinem unerschöpflichen Mysterium widerspiegeln. Damit wird das afrikanische Leitwort für die Ekklesiologie erneut bestätigt, nämlich daß das Wort – hier auf die Offenbarung und das Reich Gottes bezogen – viel zu groß und breit ist für einen Mund bzw. für eine einzige Kultur.

Wenn nun in diesem Zusammenhang vom Lehramt nach dem Brudermodell gesprochen wurde, soll nicht der Eindruck entstehen, daß dieses

---

[94] FR 72.

[95] A.a.O. 71.

[96] Die Enzyklika läuft eine Art Slalom, denn obwohl sie betont, sie wolle kein bestimmtes System für zwingend erklären, tut sie dies letztlich doch. Vgl. z.B. a.a.O. 49; 64; 71; 72; 78.

sich nur auf Papst, Bischöfe und Fachtheologen beschränkt. Die Geschwisterlichkeit umfaßt alle Gläubigen, denn aufgrund der Taufe sind sie gleichwertige Mitglieder des ekklesialen Palavers. Ferner: Es ist nicht nur der Papst, der der älteste Bruder ist, sondern in jedem Stadium und Kontext kann jedes Mitglied der Kirchengemeinschaft *Großbruder* oder *Großschwester* sein. Auf der Diözesanebene beispielsweise ist der Bischof der älteste Bruder und in der Pfarrei ist es der Priester. Das Modell läßt sich bis in die *Kleinen Christlichen Gemeinschaften* hinein weiterführen, wo die Vorsitzenden dieser Gemeinschaften Großbrüder und Großschwestern sind.

Zusammenfassend läßt sich sagen: Das Bruder- bzw. Geschwistermodell legt großes Gewicht auf das *christliche Palaver*, das das Evangelium, das Wort Gottes, zum Ausgangspunkt macht. Hier wird über alles diskutiert, was das Gemeindeleben betrifft (*fides et mores*). Weiter wird versucht, Beschlüsse für die Zukunft in einem gemeinsamen Konsens zu fassen. Das Ernstnehmen dieses Modells durch die afrikanische Kirche selbst könnte zu einer echten Erneuerung und zu einem Aufbruch aus dem erstarrten Hierarchiedenken führen. Das Ergebnis des christlichen Palavers in den entlegenen Dörfern muß nach diesem Modell noch gesamthaft in den Pfarreien zur Debatte gestellt werden und diese sollen sich dann noch einmal auf Diözesanebene treffen, wo mit dem Bischof als ältestem Bruder das Wort noch einmal ‚wiedergekäut‘ wird. Alle Diözesen können sich dann auf der Nationalebene treffen, bevor die letzte Phase des Palavers mit dem Papst als ältestem Bruder der Gesamtkirche gesucht wird. In diesem Palaver wäre es denkbar, daß der älteste Bruder sich der Meinung der Lokalkirche anschließt, selbst wenn die allerletzte Klarheit nicht erreicht ist. Die *Immensität* des Wortes Gottes, die unerschöpflich auch *in rebus moralibus* bleibt, kann dahin führen, daß man sich zuerst entweder mit einer ‚Teilwahrheit‘ begnügt, oder aber daß der älteste Bruder seinen Geschwistern, aufgrund ihrer besseren Kenntnis der lokal-kulturell bedingten Fragestellung, das totale Vertrauen schenkt. Nur so handelt der Papst als Großbruder, der große Ohren zum Zuhören hat, und der um die Breite des Wortes für einen einzelnen Mund weiß und der darum auf die Weisheit seiner jüngeren Geschwister achtet und hört. Eine so verstandene Kirche verdient es, Familie im umfassenden Sinn von Lebenden, Toten und Noch-nicht-Geborenen genannt zu werden.

Würde sich das Lehramt nach dem hier vorgeschlagenen Kirchenverständnis verhalten, dann würde es mit der afrikanischen Kirche in vielen Fragen anders umgehen, die nicht nur die *fides*, sondern auch das ethische Leben der Gläubigen betreffen. Dann würde man die aus dem Naturrecht deduzierten Prinzipien nicht unbesehen und als universal einer anderen, nichtwestlichen Kultur aufoktroyieren, die ihre Probleme anders, nach einer nicht naturrechtbedingten Rationalität löst, ohne deshalb dem Anliegen der Offenbarung zu widersprechen.[97] Diesen Gedanken weiterführend ist der ganze Bereich der Ehemoral zu erwähnen. Müßte man nicht, etwa in den Fragen der Etappenehe, die afrikanische Kirche dazu ermutigen, ihre eigene Lösung zu finden? Diese muß schließlich nicht unbedingt mit den schon kirchenrechtlich oder westlich-theologisch festgelegten Richtlinien identisch sein, sofern sie mit dem Evangelium nicht kollidiert. In diesem Zusammenhang ist an das Plädoyer und Vermächtnis von Joseph-Albert Kardinal Malula (Kinshasa) zu erinnern, der dringend dazu aufgefordert hat, die gängige Lehre von *matrimonium ratum et consummatum* (geschlossene und vollzogene Ehe) im afrikanischen Kontext gründlich zu studieren und gegebenenfalls zu revidieren, denn sie scheint auf einer westlichen Sichtweise zu beruhen.[98] Auch das Problem der Leviratsehe darf nicht allzu schnell nach westlichen Kategorien verurteilt werden, sondern man muß sie in den Kontext der afrikanischen Ehe hineinstellen, für die der Ehebund den Tod überdauert und die gleichzeitig die Großfamilie in ihrer Tridimensionalität der Lebenden, Toten und Noch-nicht-Geborenen einschließt. – Weiter ist auf das Kirchenrecht hinzuweisen, das die ganze Kirchenordnung bis hin zu den ethischen Weisungen bestimmt. Einer genuin afrikanischen Ekklesiologie muß darum zu tun sein, ihr eigenes Kirchenrecht zu entwickeln, in dem das Palavermodell voll zum Tragen kommen kann. – Ein weiteres Beispiel betrifft die eucharistische Materie. Diese Frage ist keineswegs nur liturgisch oder dogmatisch, sondern sie berührt zutiefst auch

---

[97] Vgl. bspw. unsere Ausführungen weiter oben über die Homosexualität.

[98] Vgl. *J.-A. Malula*, Mariage et famille en Afrique, in: Œuvres complètes du Cardinal Malula, Bd. 7, hrsg. von *L. de Saint Moulin*, Kinshasa 1997, 135–145; auf S. 143 heißt es: „Certes, il est de foi divine que le Christ a affirmé et a enseigné l'indissolubilité du mariage. En Afrique nous le savons et nous l'enseignons aussi. Mais nous croyons aussi que le Christ n'a pas dit comment chez différents peuples les hommes devaient se marier, ni quand le mariage conclu validement devient ou est absolument indissoluble. C'est pourquoi, seule l'affirmation de l'indissolubilité doit être tenue comme de droit divin et impératif absolu. Mais la manière de constituer le lien matrimonial (par exemple forme canonique) et les conditions de son indissolubilité (consommation par un seul acte sexuel) sont-elles révélées par Dieu? Ne sont-elles pas des phénomènes culturels dans le temps et dans l'espace?" Vgl. auch *Luc Auguste Sangare* (Erzbischof von Bamako/ Mali), Mariage et famille: propositions; *Raphael S. Mwana'a Nzeki Ndingi* (Bischof von Nakuru/Kenya), Reconnaître le mariage traditionnel, beide jetzt in: *M. Cheza* (Hrsg.), Le Synode africain. Histoires et textes. Préface de Jean-Marc Ela, Paris 1996, 124f.;126– 128. Bedenkenswert ist auch die Stellungnahme von *Alberto Setele* (Bischof von Inhambane/Mozambik), Mariage et famille: défis pastoraux, in: a.a.O. 123f.

das Ethische. In der Tat: Die Eucharistie hat wesentlich mit der Gastfreundschaft zu tun, der in Afrika ein so großes Gewicht beigelegt wird. In dieser Gastfreundschaft ist die Mahlzeit von eminent großer Bedeutung, und die Speisegattung ist nicht neutral. In diesem Zusammenhang wäre zu bedenken, ob die eucharistische Materie unter den Gestalten von Brot und Wein aus nichtafrikanischen Produkten geeignet ist, die Gastfreundschaft mit Christus und auch mit allen Gläubigen auszudrükken. Es bleibt schließlich doch ein unbehagliches Gefühl bei den Afrikanern, daß Gott sich ihrer letztlich doch nicht ganz annimmt, da er nicht bereit ist, sich mit den Früchten ihrer eigenen Erde und Ackerfelder zu identifizieren. Was heißt dann Inkarnation? Kommt die Ablehnung der afrikanischen Früchte nicht der Diskriminierung gleich? – Außerdem kann man sich des Eindrucks nicht erwehren, daß Brot und Wein aus der Fremde auch dem Kommerz dienen, und daß die schwarzen Menschen damit sogar wirtschaftlich ausgebeutet werden. Angesichts all dieser Fragen ist ein Palaver vonnöten, und das Lehramt sollte hier nicht von außen eingreifen, sondern die Ortskirchen beauftragen, sich damit eingehend unter Einbezug aller Kirchenmitglieder einschließlich der Laien auseinanderzusetzen.

Diese wenigen Beispiele – so ist zu hoffen – haben gezeigt, wie dringend es ist, den christlichen Glauben im Kontext einer in der Kultur verwurzelten Moral zu verkünden. Dies darf nicht als Zerstörung des Glaubens angesehen werden. Gerade das Gegenteil ist der Fall: Die ganzen Bemühungen um die Inkulturation – die afrikanische Synode von 1994 hat dies überdeutlich gemacht – zielen darauf ab, dem christlichen Glauben eine Chance zum Gelingen zu geben. Dieser Glaube muß sich dessen bewußt bleiben, daß es nicht *ein*, sondern viele *Christentümer* gibt, die sich zwar auf dieselbe Offenbarung berufen, welche sie aber auf verschiedene Weisen zum Ausdruck bringen. Anders gewendet: Gerade im Zeitalter der Globalisierung ist es wichtig, daß die Kirche sich nicht zu einer Art Kulturklonierung verleiten läßt. Diese Versuchung muß sie allein schon und gerade im Namen des für sie unverzichtbaren und höchsten Geheimnisses der Dreifaltigkeit Gottes überwinden. Der christliche Gott in seiner Unizität läßt sich nicht auf eine Person reduzieren, sondern nur in drei distinkten Personen ist er der eine Gott. Nur in diesen drei Personen kommt das unerschöpfliche und unergründliche Geheimnis des einen Gottes voll zum Ausdruck. Keine der drei Personen wird nivelliert, sondern jede behält ihre volle Identität. Vater, Sohn und Geist leben im gegenseitigen Austausch und wirken auch in der Welt auf verschiedene Weise, um derselben Welt das eine Leben in Verschiedenheit, das heißt, im Plural zu geben. Ähnlich muß auch die Kirche die Identität jeder Kultur respektieren; denn die Kulturen in ihrer Vielfalt gehen auf den einen Gott zurück, spiegeln aber wiederum auf ihre Weise den Reichtum des Dreifaltigen Gottes wider. Die Evangelisierung muß also einer Monokultur entschieden Absage erteilen, denn eine solche Nivellierung würde die Fülle des Dreieinigen Gottes total zerstören.

Schlußüberlegungen

Mit dieser Untersuchung wurde einerseits der Dialog mit verschiedenen ethischen Modellen des Westens angestrebt, gleichzeitig gelang es, die Eigenständigkeit und das Potential des schwarzafrikanischen Modells aufzuzeigen, und auch dessen Grenzen – zumal in Teil II, Kap. III – zu benennen. Im folgenden sollen deshalb nur diejenigen Punkte *exemplarisch* dargeleget werden, die die Kritik und Herausforderung der afrikanischen Gemeinschafts- und Palaverethik gegenüber den hier behandelten westlichen Modellen am deutlichsten vor Augen führen. Im Anschluß daran wird in einem Ausblick ein besonderes Plädoyer für eine eigene afrikanische Ethik und Theologie folgen.

1. Rückblick

Im Gegensatz zu manchen Prinzipien der Naturrechtsethik, aber auch anders als die Diskursethik, geht das schwarzafrikanische Palavermodell nicht von Abstraktionen aus: Es befaßt sich mit kontextuellen Fragen und geht diskursiv vor, ohne jedoch die Teilnahme am Diskurs auf die intellektuelle Performanz allein einzuengen. Daß die afrikanische Ethik sich nicht mit abstrakten Prinzipien oder mit der intellektuellen Performanz allein zufrieden gibt, konnte etwa der Vergleich mit dem naturrechtlich orientierten ‚intrinsece malum‘ innerhalb der katholischen Moral aufzeigen. In der vorliegenden Studie wurde versucht, dies am Fall des Inzestverbots zu verdeutlichen. Daraus ging hervor, daß auch das, was absolut verboten bzw. geboten ist, zuerst einer gemeinschaftlichen Diskussion bedarf, die anamnetisch erfolgt und grundsätzlich auch die Erfahrung der Vorfahren mit in Betracht zieht. Diese Erfahrung ihrerseits stellt keineswegs eine unantastbare Größe dar, sondern kann in Konfrontation mit neu entstehenden Kontexten kritisch hinterfragt und gegebenenfalls radikal angefochten werden. Das Hauptkriterium zur Beurteilung und Festlegung ethischer Normen ist hierbei sowohl das Leben der einzelnen als auch das der gesamten Gemeinschaft. Es kommt nämlich nicht bloß auf die Verwirklichung der ungebundenen Individuen an – gegebenenfalls sogar gegen die Gemeinschaft, wie dies im Naturrechtsmodell möglich ist –, sondern angestrebt wird eine gegenseitige Beziehung aller, die allein den Menschen zum Menschen zu machen vermag. Das heißt aber zugleich, daß hier sowohl dem Naturrechtsmodell als auch der auf die Gemeinschaft bedachten Diskursethik eine Absage erteilt wird; denn beiden Modellen liegt letztlich das ‚cogito-Muster' zugrunde, das in der Definition der Person eine zentrale Rolle spielt. Erinnert sei pars pro toto an die weiter oben erwähnte Diskussion um die Bestimmung eines Embryos als Person.[1] Wer dabei, wie die afrikanische Konzeption nahelegt, von einem Beziehungsnetz ausgeht, das im Personwerdungsprozeß selbst die Gemeinschaft der Vorfahren nicht außer Betracht läßt, wird einige Rückfragen an die ethischen Modelle des Westens richten dürfen, die sich zu sehr auf die Diskussion fixieren, genau zu bestimmen, inwiefern die Möglichkeit einer auf Vernunft hin ausgerichteten Entwicklung (z.b. Großhirn) des werdenden Lebens vorhanden ist. Eine andere Diskussion kreist um die genaue Festlegung des Zeitpunkts, ab dem von Individuum qua Individuum gesprochen werden kann. Folgender Hinweis sei deshalb hier gestattet; ein Dialog mit der afrikanischen Ethik könnte in der ganzen Debatte etwa um die Abtreibung, aber auch um die Fragen der Euthanasie und dergleichen einen etwas anderen Akzent setzen.

Eine weitere Frage, über die nachgedacht werden müßte und die einer Verdeutlichung bedürfte, betrifft zweifellos die holistische Dimension der afrikanischen Ethik, die keine Trennung zwischen sakral und profan im westlichen Sinn kennt. In diesem Kontext ist die Frage berechtigt, inwiefern beispielsweise die Religionsfreiheit bzw. ein pluralistisches Denken zulässig ist. Im gleichen Zusammenhang ist auch das komplexe Problem der Menschenrechte mitzuberücksichtigen.

Was die erste Frage, nämlich die nach der Religionsfreiheit bzw. dem pluralen Denken anbelangt, ist folgendes zu beachten. Sakral und säkular sollten nicht im westlichen Sinn verstanden werden, der die beiden Begriffe im Licht eines Entweder-Oder-Prinzips aufzufassen scheint. Man darf also das afrikanische Modell sicher nicht von der *Theokratie* her oder im Sinn des augustinischen „*De civitate Dei*" sehen. Es ist m.E. eher berechtigt zu sagen, daß der afrikanische Mensch in seinem konkreten Verhalten *meistens* so *handelt ‚etsi Deus non daretur'*, selbst wenn alles letztlich auf Gott und die Ahnen zurückgeführt wird. Vergegenwärtigt man sich noch einmal die Palaverethik, dann ist das ganze Verfahren auf das Wohl der Gemeinschaft hin ausgerichtet. Es werden ja Probleme debattiert, die den Menschen in seinem alltäglichen Sozialleben bewegen, ohne daß allzuschnell an eine religiöse bzw. theokratische Begründung apelliert wird. Die Ahnen spielen nur in dem Maße

---

[1] Vgl. Teil II, Kap. I, Art. 2.

eine wichtige Rolle, als sie qua Vorfahren der irdischen Gemeinschaft konkrete Erfahrungen als Vermächtnis hinterlassen haben, die das gegenwärtige und zukünftige Leben ermöglichen und bereichern sollen. Die hier gemachte Beobachtung erfährt dadurch zusätzlich Unterstützung, daß die Mehrzahl der afrikanisch-ethnischen Gruppen keinen Religionskrieg im Namen ihres Gottes oder ihrer religiösen Überzeugung geführt haben oder heute führen. Es ist in der Tat frappierend, wie die meisten Völker Schwarzafrikas andere Religionen, wie das Christentum oder den Islam, ohne nennenswerten Widerstand angenommen oder ihnen die Freiheit gewährt haben. Die Mitglieder dieser ‚neuen‘ Religionen wurden und werden nicht im Namen der afrikanischen traditionellen Religiosität verfolgt. Entscheidend ist einzig ihr positiver Beitrag oder aber ihr Zerstörungspotential hinsichtlich des Gemeinwohles. Deshalb ist das Palaver auch dazu da, um feststellen zu können, ob eine andere Religion oder ein anders denkendes Individuum das Gemeinwohl wirklich zerstört oder ob nicht letztlich dasselbe Ideal vertreten wird, nämlich das Geben und die Stärkung der Lebensfülle. Die schwarzafrikanische Religion ist daher nicht eine sakralisierende, fundamentalistische Religiosität, sondern sie kann eine auf die Humanisierung der Welt bedachte Religion genannt werden, die sich selbst auch von innen her im Kontakt mit anderen Denkweisen und Überzeugungen kritisiert und bereichert.

Tatsächlich geht der Respekt der afrikanischen Gemeinschaftsethik gegenüber der Religionsfreiheit noch viel weiter. Er zeigt sich nicht nur in der vollen Anerkennung der verschiedenen Völker mit ihren weltanschaulichen oder religiösen Überzeugungen, sondern sogar innerhalb derselben Gemeinschaft und Familie wird den einzelnen Mitgliedern die Freiheit zur Artikulierung der eigenen religiösen und weltanschaulichen Überzeugungen gewährt. Im heutigen Afrika trifft man ja nicht selten Geschwister bzw. Verwandte, die trotz ihres gemeinsamen Familienbandes verschiedenen Konfessionen, Religionsgemeinschaften oder Sekten angehören, ohne daß dies zu Zwistigkeiten oder gegenseitiger Exkommunikation führte. Damit wird zumindest implizit die Frage nach den Menschenrechten gestellt, so wie der Westen sie versteht. In der Tat: Wenn einerseits das Individuum in seinem Werdeprozeß wesentlich von der Gemeinschaft abhängt, und wenn andererseits sakral und profan sich nicht eindeutig trennen lassen; wenn ferner Moral und Recht nicht entzweit werden dürfen, dann wird die Frage unausweichlich, ob die auf das Individuum angelegten Menschenrechte nicht einerseits von der Gemeinschaft ‚aufgesogen‘ und ob sie andererseits nicht sakralisiert werden.

Nach all dem bisher Gesagten kann hier die Antwort kurz ausfallen. Folgendes sei aber noch einmal betont: Da das Recht keine selbständige Größe darstellt, bedeutet dies, daß es im Blick auf seine Entstehung und Anwendung einer ethischen Begründung bedarf. Angestrebt wird dabei das Gemeinwohl, das die Stärkung des Lebens aller beinhaltet. Gleichzeitig heißt dies, daß in puncto Menschenrechte das Individuum und die Gemeinschaft aufeinander angewiesen sind. Es gilt also, hier sowohl die Rechte des Individuums gegenüber der Gemeinschaft zu definieren und zu wahren, als auch die der letzteren gegenüber ersterem klar zu machen. Indem die Gemeinschaft die Rechte des Individuums respektiert, wahrt sie ihre eigene Identität, und umgekehrt gilt dasselbe vom Individuum her. So verstanden wird man in Schwarzafrika beispielsweise die Pressefreiheit in etwas anderem Licht sehen als im Westen. Es genügt aus afrikanischer Sicht nicht, diese Freiheit etwa mit der unveräußerlichen Würde des Menschen qua Individuum zu begründen, wie dies im naturrechtlichen oder gar diskursethischen Modell denkbar ist, sondern es kommt entscheidend auf den Kontext an, in dem die Frage nicht verstummen darf, ob die Pressefreiheit im Sinn einer ,nackten', abstrakt verstandenen und begründeten Freiheit, Kindern, Analphabeten und dergleichen die Stärkung eines menschenwürdigen Lebens gewährt. Kontext bedeutet in der afrikanischen Ethik anders als im Kommunitarismus allerdings nicht nur, daß das Gemeinschaftsbedingte mitzuberücksichtigen ist, sondern auch vielmehr und vor allem, daß dem Individuum gemeinschaftlich dazu verholfen werden muß, seine Rechte richtig zu verstehen und anzuwenden. Dies ist gerade der Ort, wo das Palaver eine zentrale Rolle spielt, um dem einzelnen eine Richtschnur zu ethisch verantwortbarem Handeln zu geben, ohne ihm jedoch die höchstpersönliche Entscheidung abzunehmen. Daß dabei auch diesem Verfahren Grenzen gesetzt sind oder daß hier zumindest die Gefahr lauern *kann* – aber nicht *muß* –, daß die Gemeinschaft sich gegenüber dem Individuum verabsolutiert, wurde schon in aller Deutlichkeit besprochen.[2] Gleichwohl bleibt das Ideal der Gemeinschafts- und Palaverethik für Schwarzafrika gültig und leistungsfähig, besonders im Hinblick auf das Prozedere der Naturrechts- und Diskursethik, die das individuelle Handlungsrecht der einzelnen dermaßen betonen, daß hier die umgekehrte Gefahr besteht, nämlich die individuelle Freiheit ohne Gemeinschaft durchsetzen und genießen zu wollen. Selbst der Kommunitarismus, so wie wir ihn weiter oben dargestellt haben, bleibt hinter dem afrikanischen Ideal und Anliegen zurück, denn wiewohl er das individuelle Recht in der Gemeinschaft

---

[2] Vgl. z.B. Teil II, Kap. III, Art. 1, 1., e).

verwurzelt und auf die Gemeinschaft hin ausgerichtet sieht, bietet der Kommunitarismus dem einzelnen keine *gemeinschaftlich aktive* Hilfe, das Recht auch in der Anwendung gemeinschaftlich zum Vorschein kommen zu lassen. Alle hier angesprochenen ethischen Modelle könnten m.e. einen palaverartigen Dialog miteinander führen, um ihre methodischen und anderen Defizite zu korrigieren und sich gegenseitig zu bereichern, ohne daß sie ihrer eigenen Identität verlustig gingen.

Ein weiterer schwieriger Punkt, zumindest für einen westlichen oder westlich geschulten Menschen, betrifft das komplexe Problem der Letztinstanzlichkeit des individuellen Gewissens. Die Frage wurde zwar schon beantwortet, soll aber noch einmal kurz angesprochen werden. Sie hängt mit der soeben erwähnten individuellen Freiheit zusammen. Nach unseren diesbezüglichen Ausführungen[3] und nach allen afrikanischen Weisheitssprüchen, die im Lauf dieser Studie immer wieder zum Ausdruck kamen, ist die Behauptung sicher unzutreffend, das individuelle Gewissen befinde sich im Sog der Gemeinschaft. Im schon erwähnten Kapitel zum Gewissen[4] wurde kurz darauf hingewiesen, daß das Palaver dem einzelnen seine eigenen Erfahrungen gestattet, wo das Individuum sich mit der Palavergemeinschaft nicht einigen kann. Jedoch wird nach der positiven wie negativen Erfahrung wiederum ein neues Palaververfahren eingeleitet, in dem die gesamte Gemeinschaft vom Individuum im Positiven wie im Negativen lernen soll und sich so an neuen Erfahrungen bereichert. Sollte das Individuum entgegen der Gemeinschaft Recht haben, dann wird das bisher als normativ Geltende für immer und für alle abgeschafft und durch Neues ersetzt. Vergleicht man diese Verfahrensweise mit den westlichen Modellen, insbesondere mit der Naturrechtsethik, und berücksichtigt man etwa auf der theologischen Ebene das Problem der *Prophetie*, dann zeigt sich, daß die westliche Denkweise in den vorgestellten Modellen das Prophetische vor allem in individuellen Handlungen sieht, in denen der einzelne seinen Weg auch ohne Rücksicht auf die Gemeinschaft gehen kann. Im afrikanischen Modell wird das Individuum seine Handlungen immer von der Gemeinschaft her bedenken, nicht im Sinn, daß es keine persönliche Entscheidung treffen darf, sondern eher so, daß es die Gemeinschaft an seinen Handlungen teilnehmen und davon profitieren läßt. Mit anderen Worten: Auch dort, wo das Individuum sich gegen die Meinung der Gemeinschaft entscheidet, will es, daß seine privat gewonnene Einsicht zum Gemeingut der Gemeinschaft wird. Ist also das Vorgehen des einzelnen ein

---

[3] Vgl. Teil II, Kap. II, Art. 2, 2.
[4] Ebd.

prophetisches Handeln, so bleibt es nicht eine private Prophetie, sondern es tendiert dazu, eine prophetische Gemeinschaft zu bilden, die qua Gemeinschaft die ungerechten Strukturen durchbricht und abschafft. Dies kann auch für eine afrikanische Ekklesiologie wichtig sein, die ja hauptsächlich vom Familienverständnis im Sinn von Großfamilie ausgehen will. Das Anstreben einer prophetischen Gemeinschaft wird dann schließlich zu einer Kontrastgemeinschaft führen, die sich als Ganze das Charisma der einzelnen zu eigen macht, um wirklich durch die Kritik an anderen ungerechten Gemeinschaften bzw. Gesellschaften das Salz der Erde zu sein. Freilich ist auch hier ein Austausch mit den westlichen Modellen von Bedeutung, um beispielsweise das Individuum gegen das Mitläufertum in der Gemeinschaft zu schützen. Andererseits aber kann die afrikanische Ethik auch die Grenzen der herkömmlichen Gewissenslehre im Westen deutlich zeigen. Ungeachtet der zentralen Rolle des individuellen Gewissens stellt sich die Frage, ob die allzu starke Betonung der Letztinstanzlichkeit des eigenen Gewissens schließlich nicht in einen Engpaß führt. Klar wird dies am Beispiel der lehramtlichen Entscheidungen in der katholischen Kirche. Im Konfliktfall mit den lehramtlichen Weisungen kommt es nämlich nicht selten vor, daß die einzelnen den Primat des individuellen Gewissens als letzte Instanz hervorheben, die gegebenenfalls autonom, gegen die vom kirchlichen Magisterium erlassenen Richtlinien handeln kann. Dies kann aber einen fruchtbaren Dialog mit dem Lehramt erschweren oder gar verunmöglichen, wenn der Träger der kirchlichen Autorität sich ebenso auf sein persönliches Gewissen beruft, das ihm das Vorlegen der betreffenden Lehre unausweichlich macht. Gerade hier scheint das Palavermodell interessant und von Bedeutung zu sein, weil es allen Gemeinschaftsmitgliedern nahe legt, das Wort gemeinsam durch das gegenseitige Hinhören zu analysieren bzw. zu verdauen, bevor die einzelnen sich selbst Recht geben. Hier wird – stärker als in der traditionellen westlichen Moral – die *ekklesiale* Dimension des Gewissens betont. Wenn in der Gemeinschaftsethik auf die Gefahr einer globalisierenden Vereinnahmung des Individuums hingewiesen wurde, werden hier andererseits die Grenzen der Überbetonung eines einsamen Subjekts sichtbar, da sich eine gewisse Willkür nicht unbedingt ausschließen läßt. Zudem scheint mir klar zu sein, daß ein ‚ungebundenes Ich‘, das zu sehr auf eigenes Recht bedacht ist, sich leicht zu einer despotischen Autorität entwickeln könnte, die das Gemeinwohl nur noch zu zerstören vermag.[5] Im Zusammenhang mit der

---

[5] Ausführlich wurde diese Frage in der schon mehrmals erwähnten Studie des Verfassers behandelt: Die ethische Dimension, 63–82. Darum kann hier auf eine detaillierte Diskussion verzichtet werden.

Gewissensproblematik soll noch auf unsere Ausführungen bezüglich der Identifikation der sittlichen Verantwortung mit gewissen äußeren Dingen eingegangen werden. In Teil II[6] wurde darauf hingewiesen, daß sich nach dem afrikanischen Verständnis des Ethischen die innere Überzeugung oder ethische Korruptheit auch äußerlich, rein biologisch manifestieren kann. Es steht außer Diskussion, daß dies nicht mehr so vertreten werden darf; denn hier könnte unter Umständen vielen unschuldigen Menschen unrecht getan werden, was nicht mehr länger geduldet werden darf. Wohl aber ist das tiefste Anliegen dieser Behauptung ernst zu nehmen, das sich wie folgt auf den Punkt bringen läßt: Ethisches Handeln ist keine Privatangelegenheit, sondern es hat soziale Konsequenzen, die die Gemeinschaft entweder stiften oder zerstören können. Es gibt eine Interaktion zwischen inneren und äußeren Handlungen. Es kommt aber darauf an, das innere Übel zu unterbinden, damit die Gemeinschaft Ort der Lebensfülle wird.

An dieser Stelle muß aber schließlich die Frage laut werden, wie man denn die in dieser Studie zusammengetragenen positiven Elemente weiterführen könnte, die zur Gestaltung einer genuin afrikanischen, christlich geprägten Palavermoral beizutragen in der Lage sind.

2. Ausblick

Die Ausführungen dieser Untersuchung dürften deutlich gemacht haben, daß die afrikanische Ethik in ihrer Eigenart nicht zuletzt in der christlichen Verkündigung ernst genommen werden muß. In diesem Sinn ist die Äußerung Joseph Kardinal Ratzingers zu nuancieren, wenn er feststellt: „Die Probleme stehen klar da, aber man muß sagen, daß die herbeigesehnte *théologie africaine* oder *african theology* im Augenblick noch mehr Programm als Wirklichkeit ist."[7] Freilich müßte man sich zuerst über den Begriff „Theologie" verständigen und die Frage stellen, ob Theologie nur von der bisherigen, althergebrachten, aber stark westlich geprägten Definition her zu verstehen ist. Es ist hier nicht der Ort, diese Frage zu debattieren und zu beantworten. Es sei lediglich darauf hingewiesen, daß der Weg, den die Theologen und Theologinnen in Afrika bisher zurückgelegt haben, selbst wenn er nicht der Erwartung der westlichen Denkart entspricht, doch afrikanische Theologie, und nicht nur ein Programm, genannt werden darf. Geht es doch um Reflexionen über

---

[6] Vgl. Teil II, Kap. II, Art. 2, 1.
[7] *J. Kard. Ratzinger*, Zur Lage des Glaubens. Ein Gespräch mit Vittorio Messori, München 1985, 207.

den christlichen Glauben in einem spezifisch kulturellen Kontext, wie zahlreiche Veröffentlichungen hiervon Zeugnis ablegen. Daß nicht alles neu ist und daß man auch auf die Ergebnisse der westlichen Theologen zurückgreift, ist unbestritten. Gleichwohl läßt sich nicht so sicher sagen, „daß sehr viel von dem, was als ‚afrikanisch' angesehen wird, in Wirklichkeit ein europäischer Import ist und mit den eigentlichen afrikanischen Traditionen viel weniger zu tun hat als die klassische christliche Tradition."[8] Es wäre m.E. möglich, zahlreiche Beispiele zu finden, die dieser These widersprechen. Auf jeden Fall, und wie eingangs gesagt wurde,[9] lassen sich die in dieser Studie zur Sprache gebrachten Elemente nicht einfach unter den europäischen Import subsumieren, selbst wenn das Ganze auch das Europäische in Erwägung zieht. Dies geschieht aber eigens, um nicht nur die Ähnlichkeiten, sondern ebenso die Unterschiede deutlich hervortreten zu lassen.

Das Familien- und Gemeinschaftsverständnis, das Palaververfahren und die Einstellung zur Freiheit vermitteln doch ein anderes Menschenbild, das mit dem okzidentalen Menschenbild nicht identisch ist; sie stellen eher Rückfragen an die europäischen – auch christlich geprägten – Modelle und fordern die Anerkennung ihrer eigenen Identität im sittlichen Bereich. Damit ist zugleich das Problem des Pluralismus in der Ethik angesprochen, der nicht unterbunden werden darf, selbst und vor allem nicht durch das Christentum. Auch für die Moraltheologie gilt der Deutungsversuch Robert Schreiters hinsichtlich regionaler Theologien.[10] In Anlehnung an Noam Chomskys Theorie des Spracherwerbs[11] stellt Schreiter eine Analogie zwischen der christlichen Tradition und dem gesamten Sprachsystem fest. In diesem System aber gibt es nach Chomsky ‚Kompetenz' etwa in der Muttersprache und ‚Performanz' in bezug auf Äußerungen, die in der Sprache tatsächlich produziert werden. Während der Kompetenz die Korrektheit inhärent ist – auch ohne gelernte Regeln spricht man seine Muttersprache perfekt –, kann eine Performanz gut oder schlecht sein. Die Grammatik kann die Sprache nur beschreiben, aber nicht erzeugen, so daß auch sie sich ändern muß, wenn die Sprache sich fortentwickelt. Sie ist ferner nicht in der Lage, Ausnahmen und idiomatische Redewendungen zu rechtfertigen.[12]

---

[8] Ebd.
[9] Vgl. das Vorwort.
[10] Vgl. *R. Schreiter*, Abschied vom Gott der Europäer. Zur Entwicklung regionaler Theologien. Mit einem Vorwort von Edward Schillebeeckx, Salzburg 1992.
[11] Vgl. *N. Chomsky*, Aspekte der Syntaxtheorie, Frankfurt a.M. 1969.
[12] Vgl. *R. Schreiter*, Abschied vom Gott der Europäer 177–179.

Wendet man all dies auf die christliche Tradition an, dann gilt nach Schreiter, daß der Glaube analog zur Sprachkompetenz sei. Theologie und Tradition als Praxisformen (z.b. Liturgie) verhalten sich ähnlich zur Sprachperformanz, während die Orthodoxie (Heilige Schrift, Glaubensüberzeugungen, Konzilien, Lehramt, Bekenntnisse) mit der Grammatik vergleichbar ist, „welche Kompetenz und Performanz verbindet."[13] Dies bedeutet, daß der mit der Taufe empfangene Glaube als Sprachkompetenz durch verschiedene Performanzen zum Ausdruck kommen kann, wobei keine der letzteren den Glauben erschöpfend darzustellen in der Lage ist. Für unsere Thematik heißt dies, daß von der Theologie als Performanz nur im Plural gesprochen werden kann, und jede Theologie, die den Glauben in ihrem Kontext zu deuten versucht, dies nur *fragmentarisch* tun kann. Die Orthodoxie als Grammatik hat eigentlich zur Aufgabe, sich die Frage über die zu befolgenden Regeln zu stellen. Wie Schreiter formuliert: „Die Loci der Orthodoxie schaffen keine Theologie für eine Gemeinschaft. Theologie würde dann genauso wenig aus diesem Loci entstehen wie Performanzen aus der Grammatik [...]. Die Theologie einer Gemeinschaft rein von einem theologischen oder biblischen Lehrsystem abzuleiten wäre dasselbe, als würde man Idiome aus grammatikalischen Regeln ableiten wollen."[14] Mit dieser These ist nun nicht gemeint, daß die Orthodoxie in der Theologie nichts zu suchen hätte. Vielmehr gilt, daß sie nicht Quelle von Texten, sondern der „Garant für korrekt gebildete Performanztexte" ist.[15] Anders ausgedrückt: In der Beurteilung von Korrektheit oder Unkorrektheit einer Theologie gilt auch für die Orthodoxie der Glaube als Sprachkompetenz.

Was nun über die Orthodoxie gesagt worden ist, muß auch auf die Orthopraxie zutreffen, welche die erstere operationalisierbar zu machen versucht. Daraus folgt aber, daß sich die Moraltheologie für eine bestimmte Gemeinschaft nicht durch die Orthopraxie festlegen läßt, die schließlich in die Sphäre der ‚Grammatik' des Glaubens gehört, da sie ja immerhin vom Lehramt im Blick auf das Junktim *fides et mores* in Anspruch genommen wird. Wenn die Ethik im christlichen Kontext eine theologische Reflexion über die Praxis vom Glauben her sein soll, dann gehört sie nach dem bisher Gesagten zu jener Performanz, die den Glauben als Kompetenz in je verschiedenen Kontexten und Kulturkreisen je neu und spezifisch, aber nicht erschöpfend auszudrücken bemüht ist. Anders gesagt und um auf die weiter oben angetroffenen Ausdrücke zurückzugreifen: Die *paratheke* allein als *depositum* ist das immer zu Be-

---

[13] A.a.O. 179.
[14] A.a.O. 180f.
[15] A.a.O. 181.

wahrende, während die *didaskalia* letztlich doch mehr mit Kontext zu tun hat und sich deswegen auch als Grammatik verstehen läßt. Dies ist von entscheidender Bedeutung für die lokalen Kirchen, denen dadurch die Möglichkeit gegeben wird, das *depositum* auch in *rebus moralibus* performativ im Kontext ihrer Kulturen zu interpretieren und ihre eigenen *Moraltheologien* als neue Idiome zu gestalten, die jedoch keineswegs im Widerspruch zum *depositum* als *paratheke* stehen. Damit diese Moraltheologien nicht eine Angelegenheit der Gelehrten bleiben, sondern die Praxis der Gemeinschaften bestimmen, ist es notwendig, auch an die Bischöfe als erste Verkünder des Evangeliums zu appellieren, die neuen Deutungsversuche des Glaubens, die in der Kultur des Gläubigen verwurzelt sind, nicht im Namen eines fremden, unverständlichen Idioms (gemeint ist die westliche Theologie) zu unterbinden, sondern in der konkreten Pastoral Wirklichkeit werden zu lassen. Dies zu betonen ist gerade in Afrika nicht überflüssig, wo die Gefahr besteht, den Unterschied zwischen theologischen Reflexionen und Glaubensgut zu nivellieren. Erst dann aber, wenn sich die Überzeugung bei allen (Bischöfen, Theologen und anderen Gläubigen) durchsetzt, daß das afrikanische Kulturgut[16] ein providentielles Instrument zu einer legitimen Lesart unter vielen anderen in Frage von *fides et mores* ist, wird es auch möglich sein, ein afrikanisch inkarniertes Christsein zu fördern, das ein Wachstum und deswegen einen Reichtum für die gesamte Kirche Jesu Christi bedeutet.

---

[16] Hier meinen viele, vor allem westliche Forscher und Denker, von Schwarzafrika müsse man im Plural sprechen, eine einheitliche afrikanische Kultur gäbe es nicht. So sagt J. Kard. Ratzinger in seinem schon zitierten Gespräch, „daß die ‚reine‘ afrikanische Tradition als solche nicht existiert: Sie ist sehr vielschichtig und deshalb – je nach Schicht und Herkunft – bisweilen auch widersprüchlich." (Zur Lage 208). Auf S. 209 desselben Werkes wiederholt er, daß Afrika „ein Kontinent von einer derartigen Vielschichtigkeit ist, daß er nicht in ein allgemeines Schema gepreßt werden kann." Diese These müßte heute, nach der Forschung durch Afrikaner selbst doch nuanciert werden. Obwohl die Details hier und da verschieden sind, hat man festgestellt, daß die Grundausrichtungen und Grundkonzepte bei den meisten Völkern Schwarzafrikas doch dieselben sind. Dies gilt etwa für die Einstellung zu Gott, den Ahnen, zur Gemeinschaft und zu Krankheit und Heilung. Durch welche konkreten Gebete, Riten und anderes mehr das gleiche Ziel erreicht wird, mag unterschiedlich sein. Im Entwurf einer afrikanischen Theologie oder eines afrikanischen Christentums geht es um das Grundsätzliche und nicht um Details. Zur Gemeinsamkeit und Einheit von Ethik und Religion in Afrika vgl. neuerdings *L. Magesa,* African Religion.

Literaturverzeichnis

1. Lehramtliche Dokumente

1. Vatikanisches Konzil, Dogmatische Konstitution „Dei Filius" über den katholischen Glauben vom 24. April 1870.

—, Dogmatische Konstitution „Pastor aeternus" über die Kirche Christi vom 18. Juli 1870.

Pius XII., Ansprache an die Teilnehmerinnen des Kongresses des Weltverbandes der katholischen Frauenjugend (Fédération Mondiale des Jeunesses Féminines Catholiques) vom 18. April 1952, in: *A.-F. Utz/ J.-F. Groner* (Hrsg.), Aufbau und Entfaltung des gesellschaftlichen Lebens. Soziale Summe Pius XII., Bd. 1, Freiburg i.Ue. 1954, 65–74.

Instruktion des Hl. Offiziums vom 2. Februar 1956 (zur Situationsethik), in: DH 3918–3921.

2. Vatikanisches Konzil, Dogmatische Konstitution über die Kirche „Lumen gentium" vom 21. November 1964.

—, Dekret über die Ausbildung der Priester „Optatam totius" vom 28. Oktober 1965.

—, Erklärung über die christliche Erziehung „Gravissimum educationis" vom 28. Oktober 1965.

—, Dogmatische Konstitution über die göttliche Offenbarung „Dei verbum" vom 18. November 1965.

—, Pastoralkonstitution über die Kirche in der Welt „Gaudium et spes" vom 7. Dezember 1965.

—, Dekret über die Missionstätigkeit der Kirche „Ad gentes" vom 7. Dezember 1965.

—, Erklärung über die Religionsfreiheit „Dignitatis humanae" vom 7. Dezember 1965.

Paul VI., Enzyklika „Humanae vitae" vom 25. Juli 1968.

Johannes Paul II., Enzyklika „Redemptor hominis" vom 4. März 1979.

—, Apostolisches Mahnschreiben „Familiaris consortio" vom 22. November 1981.

Kongregation für die Glaubenslehre, Instruktion „Donum vitae" vom 22. Februar 1987.

—, Instruktion über die kirchliche Berufung des Theologen „Donum veritatis" vom 24. Mai 1990.

Johannes Paul II., Enzyklika „Veritatis splendor" vom 6. August 1993.

—, Nachsynodales Apost. Schreiben „Ecclesia in Africa" über die Kirche in Afrika und ihren Evangelisierungsauftrag im Hinblick auf das Jahr 2000 vom 14. September 1995.

—, Apostolisches Schreiben (Motu proprio) „Ad tuendam fidem" vom 18. Mai 1998, in: *P. Téqui* (Hrsg.), Jean Paul II, La défense de la foi. Lettre apostolique en forme de Motu proprio „Ad tuendam fidem", Paris 1998.

Kongregation für die Glaubenslehre, Note doctrinale illustrant la formule conclusive de la Professio fidei vom 29. Juni 1998, in: *P. Téqui* (Hrsg.), Jean Paul II, La défense de la foi. Lettre apostolique en forme de Motu proprio „Ad tuendam fidem", Paris 1998.

Johannes Paul II., Enzyklika „Fides et ratio" vom 14. September 1998.

2. Sonstige Literatur

Adeolu-Adegbola, E.A., The Theological Basis of Ethics, in: *K.A. Dickson/E. Ellingworth* (Hrsg.), Biblical Revelation and African Beliefs, London 1969, 116–136.

Alexy, R., Eine Theorie des praktischen Diskurses, in: *W. Oelmüller* (Hrsg.), Normbegründung, Normdurchsetzung, Paderborn 1978, 22–58.

Allgaier, K., Thomas von Aquin, Summe gegen die Heiden, Bd. 3, Teil 1, hrsg. und übersetzt von *Karl Allgaier*. Lateinischer Text besorgt und mit Anmerkungen versehen von Leo Gerken, Darmstadt 1990.

Allien, R., La psychologie de la conversion chez les peuples non-civilisés, Paris 1925.

Andavo, J., La responsabilité négro-africaine dans l'accueil et le don de la vie. Perspective d'inculturation pour les époux chrétiens, Fribourg/Paris 1996.

Apel, K.-O., Diskurs und Verantwortung. Das Problem des Übergangs zur postkonventionellen Moral, Frankfurt a.M. 1988.

—, Normative Begründung der „Kritischen Theorie" durch Rekurs auf lebensweltliche Sittlichkeit? Ein transzendentalpragmatisch orientierter Versuch, mit Habermas gegen Habermas zu denken, in: *A. Honneth/Th. McCarthy/C. Offe/A. Wellmer* (Hrsg.), Zwischenbetrachtungen. Im Prozeß der Aufklärung. Jürgen Habermas zum 60. Geburtstag, Frankfurt a.M. 1989, 15–65.

—/*Kettner, M.* (Hrsg.), Die eine Vernunft und die vielen Rationalitäten, Frankfurt a.M. 1996.

Arens, E. (Hrsg.), Anerkennung der Anderen. Eine theologische Grunddimension interkultureller Kommunikation, Freiburg i.Br. 1995

—, (Hrsg.), Habermas und die Theologie. Beiträge zur theologischen Rezeption, Diskussion und Kritik der Theorie kommunikativen Handelns, Düsseldorf 1989.

—, (Hrsg.), Kommunikatives Handeln und christlicher Glaube. Ein theologischer Diskurs mit Jürgen Habermas, Paderborn u.a. 1997.

—, Christopraxis. Grundzüge theologischer Handlungstheorie, Freiburg i.Br. 1992.

—, Glaube und Handeln aus handlungstheoretischer Sicht, in: *W. Lesch/ A. Bondolfi* (Hrsg.), Theologische Ethik im Diskurs. Eine Einführung, Tübingen/Basel 1995, 25–43.

Arntz, K., Der umstrittene Personbegriff in der Bioethik. Anmerkungen zu den Thesen Peter Singers, in: ThG 41 (1998) 196–206.

Aubert, J.M.,Abrégé de la morale catholique. La foi vécue, Paris 1987.

Auer, A., Autonome Moral und christlicher Glaube. Zweite um einen Nachtrag erweiterte Auflage, Düsseldorf 1984.

—, Die Autonomie des Sittlichen nach Thomas von Aquin, in: *K. Demmer/B. Schüller* (Hrsg.), Christlich glauben und handeln. Fragen einer fundamentalen Moraltheologie in der Diskussion, Düsseldorf 1977, 31–54.

—, Ist die Kirche heute noch „ethisch bewohnbar"?, in: *D. Mieth* (Hrsg.), Moraltheologie im Abseits? Antwort auf die Enzyklika „Veritatis splendor", Freiburg i.Br. ²1994, 296–315.

—, Kommentar, in: LThK-E III 377–397.

—, Zur Theologie der Ethik. Das Weltethos im theologischen Diskurs, Freiburg i.Ue./Freiburg i.Br. 1995.

Autiero, A. (Hrsg.), Ethik und Demokratie. 28. Internationaler Fachkongreß für Moraltheologie und Sozialethik (Sept. 1997/Münster), Münster 1998.

Awa Thiam, Die Stimme der schwarzen Frau. Vom Leid der Afrikanerinnen, Reinbek bei Hamburg 1986.

Barrett, A.J., Sacrifice and Prophecy in Turkana Cosmology, Nairobi 1998.

Belmans, T.G., Le paradoxe de la conscience erronée d'Abélard à Karl Rahner, in: RThom 90 (1990) 570–586.

Bidima, J.-G., La palabre. Une juridiction de la parole, Paris 1997.

Biletsi, O. u.a. (Hrsg.), Éthique chrétienne et sociétés africaines. Actes de la seizième Semaine théologique de Kinshasa, Kinshasa 1987.

Böckle, F. (Hrsg.), Der umstrittene Naturbegriff. Person – Natur – Sexualität in der kirchlichen Morallehre, Düsseldorf 1987.

—, Fundamentalmoral, München [5]1985.

—, Theonome Autonomie. Zur Aufgabenstellung einer fundamentalen Moraltheologie, in: *J. Gründel/F. Rauh/V. Eid* (Hrsg.), Humanum. Moraltheologie im Dienst des Menschen (Festschrift Egenter), Düsseldorf 1972, 17–46.

—, Theonomie der Vernunft, in: *W. Oelmüller* (Hrsg.), Fortschritt wohin? Zum Problem der Normenfindung in der pluralen Gesellschaft, Düsseldorf 1972, 63–86.

—, Was bedeutet „Natur" in der Moraltheologie?, in: *ders.* (Hrsg.), Der umstrittene Naturbegriff. Person – Natur – Sexualität in der kirchlichen Morallehre, Düsseldorf 1987, 45–68.

Bollnow, O.F., Wesen und Wandel der Tugenden, Neudruck, Frankfurt a.M./Berlin/Wien 1975.

Bradshaw, J., Bradshaw on the Family – A Revolutionary Way of Self-Discovery, Florida 1988.

Brechter, S., Kommentar, in: LThK-E III 22–125.

Buakasa, T.K.M., L'impensé du discours. „Kindoki" et „nkisi" en pays kongo du Zaïre, Kinshasa [2]1980.

Bujo, B., African Christian Morality at the Age of Inculturation, Nairobi 1998 (Neudruck).

—, African Theology in its Social Context, Nairobi [2]1999.

—, Afrikanische Theologie in ihrem gesellschaftlichen Kontext, Düsseldorf 1986.

—, Anamnetische Solidarität und afrikanisches Ahnendenken, in: *E. Arens* (Hrsg.), Anerkennung der Anderen. Eine theologische Grunddimension interkultureller Kommunikation, Freiburg i.Br. 1995, 31–63.

—, Auf dem Weg zu einer afrikanischen Ekklesiologie, in: StdZ 212 (1994) 254–266.

—, Auf der Suche nach einer afrikanischen Christologie, in: *H. Dembowski/W. Greive* (Hrsg.), Der andere Christus. Christologie in Zeugnissen aus aller Welt, Erlangen 1991, 87–99.

—, Can Morality be Christian in Africa?, in: African Christian Studies 32 (1985) 230–234.

—, Das Lustprinzip in der Sexualmoral, in: StdZ 215 (1997) 627–635.

—, Der Katechismus geht vom Naturrecht aus – das Naturrecht kann man diskutieren (Interview), in: KIPA vom 23. November 1992, 6–10.

—, Die Bedeutung des Spirituellen im Leben des Afrikaners als Ansatzpunkt für eine gesunde Ökologie, in: *H. Kessler* (Hrsg.), Ökologisches Weltethos im Dialog der Kulturen und Religionen, Darmstadt 1996, 88–101.

—, Die Begründung des Sittlichen. Zur Frage des Eudämonismus bei Thomas von Aquin, Paderborn/München u.a. 1984.

—, Die ethische Dimension der Gemeinschaft. Das afrikanische Modell im Nord-Süd-Dialog, Freiburg i.Ue/Freiburg i.Br. 1993.

—, Die Frage nach der Entstehung von Moral und Recht aus nichtokzidentaler Sicht, in: *U. Fink/R. Zihlmann* (Hrsg.), Kirche – Kultur – Kommunikation. Peter Henrici zum 70. Geburtstag, Zürich 1998, 67–73.

—, Dieu devient homme en Afrique noire. Meditation sur l'Incarnation, Kinshasa 1996.

—, Ehe als Bund und Prozeß in Afrika, in: StdZ 213 (1995) 507–520.

—, Erste allgemeine Eindrücke zur Enzyklika „Veritatis splendor". Wahrheit und Freiheit in der modernen Welt, in: Freiburger Nachrichten vom 6. Oktober 1993, 5.

—, Gibt es Demokratie im Singular? Eine Anfrage aus schwarzafrikanischer Perspektive, in: *A. Autiero* (Hrsg.), Ethik und Demokratie. 28. Internationaler Fachkongreß für Moraltheologie und Sozialethik (Sept. 1997/Münster), Münster 1998, 47–62.

—, Jesus afrikanisch gesehen, in: *J. Tille* (Hrsg.), Jesus. Auf der Suche nach einem neuen Gottesbild, Düsseldorf/Wien 1993, 333–350.

—, Krankheit und Gemeinschaft aus negro-afrikanischer Sicht, in: *G. Koch/J. Pretscher* (Hrsg.), Heilende Gemeinschaft? Von der sozialen Dimension der Gesundheit, Würzburg 1996, 9–25.

—, La rationalité scientifique occidentale et son incidence sur le Tiers monde, in: *E. Haselbach/G. Lampel/D. Meyer/P. Sprumont* (Hrsg.), Dritte Welt und Naturwissenschaft, Freiburg i.Ue. 1990, 133–147.

—, La remise en question du discours traditionnel en morale face à un monde polycentrique, in: *C.-J. Pinto de Oliveira* (Hrsg.), Novitas et veritas vitae. Aux sources du renouveau de la morale chrétienne. Mélanges offerts au professeur Servais Pinckaers à l'occasion de son 65ème anniversaire, Freiburg i.Ue. 1991, 161–163.

—, Leben im Einklang mit der Natur. Für eine Ethik der Ganzheitlichkeit, in: *K. Hilpert/G. Hasenhüttl* (Hrsg.), Schöpfung und Selbstorganisation. Beiträge zum Gespräch zwischen Schöpfungstheologie und Naturwissenschaften, Paderborn 1999, 243–253.

—, Les dangers de la globalisation, in: Évangile et Mission 4 (1999) 85–87.

—, Moralautonomie und Normenfindung bei Thomas von Aquin unter Einbeziehung der neutestamentlichen Kommentare, Paderborn/München u.a. 1979.

—, Sexualverhalten in Afrika, in: ThG 36 (1993) 209–219.

—, The Ethical Dimension of Community. The African Model and the Dialogue between North and South, Nairobi 1998.

—, Universalité des normes et agir particulier des cultures. L'éthique négro-africaine face au christianisme, in: W. von Holzen/S. Fagan (Hrsg.), Africa. The Kairos of a Synod. Sedos Symposium on Africa, Rom 1994, 86–104.

—, Welches Weltethos begründet die Menschenrechte?, in: Jahrbuch für Christliche Sozialwissenschaften 39 (1998) 36–53.

Bundesversammlung der Schweizerischen Eidgenossenschaft, Bundesbeschluss über eine nachgeführte Bundesverfassung, Bern 1998.

Burire, P., Possibilité et difficultés de paix et de réconciliation au Burundi. „Jalons pour une éducation à la paix et à la réconciliation", Rom 1987.

Chenu, M.-D., Le plan de la Somme théologique de saint Thomas, in: RThom 47 (1939) 93–107.

Cheza, M. (Hrsg.), Le Synode africain. Histoires et textes. Préface de Jean-Marc Ela, Paris 1996.

Chomsky, N., Aspekte der Syntaxtheorie, Frankfurt a.M. 1969.

Cone, J.H., Martin – Malcolm – America, Maryknoll/NY 1993.

de Lubac, H., Surnaturel. Études historiques, Paris 1946 (Neuauflage mit einem Vorwort von M. Sales, Paris 1991).

Deman, Th., Kommentar, in: DThA Bd. 14, Heidelberg/Graz u.a. 1955, 285–441.

Dembowski, H./Greive, W. (Hrsg.), Der andere Christus. Christologie in Zeugnissen aus aller Welt, Erlangen 1991.

Demmer, K., Christliche Existenz unter dem Anspruch des Rechts. Ethische Bausteine der Rechtstheologie, Freiburg i.Ue./Freiburg i.Br. 1995.

—, Optionalismus – Entscheidung und Grundentscheidung, in: *D. Mieth* (Hrsg.), Moraltheologie im Abseits? Antwort auf die Enzyklika „Veritatis splendor", Freiburg i.br. [2]1994, 69–87.

—/*Schüller, B.* (Hrsg.), Christlich glauben und handeln. Fragen einer fundamentalen Moraltheologie in der Diskussion, Düsseldorf 1977.

Denzinger, H. (Begr.), Kompendium der Glaubensbekenntnisse und kirchlichen Lehrentscheidungen, hrsg. von *Peter Hünermann*, Freiburg i.Br. u.a. [37]1991.

237

Dickson, K.A./Ellingworth, E. (Hrsg.), Biblical Revelation and African Beliefs, London 1969.

Dinzolele Nzambi, Ph., Proverbes bibliques et proverbes kongo. Étude comparative de Proverbia 25–29 et de quelques proverbes kongo, Frankfurt a.M. 1992.

Donders, J.G., Afrikanische Befreiungstheologie. Eine alte Kultur erwacht, Olten/Freiburg i.Br. 1986.

Dzaringa-Jisa, R., Towards the Theology of the Cross in the Light of the Ficus-tree among the Bahema of Zaire (unveröff. Lizentiatsarbeit), Nairobi 1997.

Ecclesia Catholica (Hrsg.), Katechismus der Katholischen Kirche, München u.a. 1993.

Egenter, R., Art. Situationsethik, in: LThK² IX 804–806.

Église – Famille; Église – Fraternité. Perspectives post-synodales. Actes de la XXᵉ Semaine Théologique de Kinshasa, Kinshasa 1997.

Fabella, V.M.M./Oduyoye A.M. (Hrsg.), With Passion and Cpmpassion. Third World Women Doing Theology, Maryknoll/NY 1988.

Fink, U./Zihlmann, R. (Hrsg.), Kirche – Kultur – Kommunikation. Peter Henrici zum 70. Geburtstag, Zürich 1998.

Fletcher, J., Leben ohne Moral?, Gütersloh 1969.

—, Moral ohne Normen?, Gütersloh 1967.

—, Moral Responsibility. Situation Ethics at Work, Philadelphia 1967.

—, Situation Ethics. The New Morality, Philadelphia 1966.

Forst, R., Kontexte der Gerechtigkeit. Politische Philosophie jenseits von Liberalismus und Kommunitarismus, Frankfurt a.M. 1994.

Franz, A. (Hrsg.), Bindung an die Kirche oder Autonomie? Theologie im gesellschaftlichen Diskurs, Freiburg i.Br. 1999.

Friedli, R., Le Christ dans les cultures. Carnets de routes et de déroutes. Un essai de théologie des religions, Freiburg i.Ue/Paris 1989.

Fuchs, J., Die sittliche Handlung: das intrinsece malum, in: *D. Mieth* (Hrsg.), Moraltheologie im Abseits? Antwort auf die Enzyklika „Veritatis splendor", Freiburg i.Br. ²1994, 177–193.

—, Für eine menschliche Moral. Grundfragen der theologischen Ethik, Bd. 3: Die Spannung zwischen objektiver und subjektiver Moral, Freiburg i.Ue./Freiburg i.Br. 1991.

—, Für eine menschliche Moral. Grundfragen der theologischen Ethik. Bd. 1: Normative Grundlegung, Freiburg i.Ue./Freiburg i.Br. 1988.

—, Für eine menschliche Moral. Grundfragen der theologischen Ethik, Bd. 4: Auf der Suche nach der sittlichen Wahrheit, Freiburg i.Ue./ Freiburg i.Br. 1997.

Furger, F., Zur theologischen Ethik, in: SKZ 163 (1995) 447–454.

Grelot, P., Notes, in: Thomas d'Aquin, Somme Théologique, t. 2, Paris 1984.

Greshake, G., Der dreieine Gott. Eine trinitarische Theologie, Freiburg i.Br. ²1997.

Gründel, J. (Hrsg.), Das Gewissen. Subjektive Willkür oder oberste Norm?, Düsseldorf 1990.

—, Die Bedeutung einer Konvergenzargumentation für die Gewißheitsbildung und für die Zustimmung zur absoluten Geltung einzelner sittlicher Normen, in: *L. Scheffczyk/W. Dettloff/R. Heinzmann* (Hrsg.), Wahrheit und Verkündigung. Festschrift zum 70. Geburtstag von Michael Schmaus, Bd. 2, München u.a. 1967, 1607–1630.

—*/Rauh, F./Eid, V.* (Hrsg.), Humanum. Moraltheologie im Dienst des Menschen (Festschrift Egenter), Düsseldorf 1972.

Habermas, J., Erläuterungen zur Diskursethik, Frankfurt a.M. 1991.

—, Moralbewußtsein und kommunikatives Handeln, Frankfurt a.M. 1983.

Halder, A., Art. Person. I. Philosophisch, in: LThK² VIII 287–290.

Haselbach, E./Lampel, G./Meyer, D./Sprumont, D. (Hrsg.), Dritte Welt und Naturwissenschaft, Freiburg i.Ue. 1990.

Hassemer, W. (Hrsg.), Dimensionen der Hermeneutik. Arthur Kaufmann zum 60. Geburtstag (Sonderdruck) o.O. o.J.

Haule, C., Bantu „Witchcraft" and Christian Morality: The Encounter of Bantu Uchawi with Christian Morality. An Anthropological and Theological Study, Immensee 1969.

Healey, J./Sybertz, D., Towards an African Narrative Theology, Nairobi 1996.

Hebga, M.P., Sorcellerie et prière de délivrance, Paris/Abidjan 1982.

Hegel, G.W.F., Vorlesungen über die Philosophie der Geschichte (Theorie Werkausgabe, Bd. 12), Frankfurt a.M. 1970.

Heinzmann, R., Der Mensch als Person. Zum Verständnis des Gewissens bei Thomas von Aquin, in: *J. Gründel* (Hrsg.), Das Gewissen. Subjektive Willkür oder oberste Norm?, Düsseldorf 1990, 34–52.

Henrich, F. (Hrsg.), Naturgesetz und christliche Ethik. Zur wissenschaftlichen Diskussion nach Humanae vitae, München 1970.

Hidber, B., Freiheit und Sünde. Zur theologischen Verhältnisbestimmung, in: *J. Römelt/B. Hidber* (Hrsg.), In Christus zum Leben befreit. Für Bernhard Häring, Freiburg i.Br. u.a. 1992, 84–111.

Hillman, E., Polygamy Reconsidered. African Plural Marriage and the Christian Church, Maryknoll/NY 1975.

Hilpert, K. /Hasenhüttl, G. (Hrsg.), Schöpfung und Selbstorganisation. Beiträge zum Gespräch zwischen Schöpfungstheologie und Naturwissenschaften, Paderborn 1999.

Hirschi, H., Moralbegründung und christlicher Sinnhorizont. Eine Auseinandersetzung mit Alfons Auers moraltheologischem Konzept, Freiburg i.Ue./Freiburg i.Br. 1992.

Hoebel, E.A., The Law of Primitive Man. A Study in Comparativ Legal Dynamics, Cambridge 1967.

Höffe, O. (Hrsg.), Aristoteles. Nikomachische Ethik, Berlin 1995.

—, Aristoteles, München 1996.

—, Vernunft und Recht. Bausteine zu einem interkulturellen Rechtsdiskurs, Frankfurt a.M. 1996.

Hoffmann, J. (Hrsg.), Universale Menschenrechte im Widerspruch der Kulturen, Symposium, Bd. 2, Frankfurt a.M. 1994.

Höhn, H.-J., Vernunft – Glaube – Politik. Reflexionsstufen einer christlichen Sozialethik, Paderborn u.a. 1990.

Holzen, W. von/Fagan, S. (Hrsg.), Africa. The Kairos of a Synod. Sedos Symposium on Africa, Rom 1994.

Honneth, A. (Hrsg.), Kommunitarismus. Eine Debatte über die moralischen Grundlagen moderner Gesellschaften, Frankfurt a.M. [2]1994.

—/*McCarthy, Th./Offe, C./Wellmer, A.* (Hrsg.), Zwischenbetrachtungen. Im Prozeß der Aufklärung. Jürgen Habermas zum 60. Geburtstag, Frankfurt a.M. 1989.

Hoping, H., Göttliche und menschliche Personen. Die Diskussion um den Menschen als Herausforderung für die Dogmatik, in: ThG 41 (1998) 126–174.

Hünermann, P., „Den Glauben gegen Irrtümer verteidigen". Kritische Reflexionen eines Dogmatikers zu den jüngsten römischen Verlautbarungen, in: *A. Franz* (Hrsg.), Bindung an die Kirche oder Autonomie? Theologie im gesellschaftlichen Diskurs, Freiburg i.Br. 1999, 291–303.

—, Schutz des Glaubens? Kritische Rückfragen eines Dogmatikers, in: HK 52 (1998) 455–460.

Idowu, E.B., African Traditional Religion. A Definition, London [12]1983.

Ifesieh, E.I., Some Factors Affecting the Stability of Marriage among the Yoruba and the Igbo of Nigeria, in: Cahiers des Religions Africaines 19 (1985) 213–226.

Joas, H., Die Entstehung der Werte, Frankfurt a.M. 1997.

Kagame, A., La Philosophie Bantu comparée, Paris 1976.

—, La philosophie bantu-rwandaise, Brüssel 1956.

—, Préface, in: *D. Nothomb*, Un humanisme africain. Valeurs et pierres d'attente, Brüssel 1969, 7–12.

Kagaragu Ntabaza, Emigani Bali Bantu. Proverbes et maximes des Bashi, Bukavu 1984.

Kalonji Ntekesha, A., Les Communautés ecclésiales de base: Foyers d'un christianisme africain? Analyse sociologique du projet pastoral des Évêques Zaïrois de 1961 à 1981, Rom 1983.

Kanyamachumbi, P., Réflexion théologique sur la religion des ancêtres en Afrique Centrale, in: Révue du Clergé Africain 24 (1969) 421–455.

Kanyandago P.M., Evangelizing Polygamous Families. Canonical and African Approaches, Eldoret 1991.

Kasonga wa Kasonga, African Christian Palaver. A Contemporary Way of Healing Communal Conflicts and Crises, in: *E.J. Lartey/D. Nwachuku/Kasonga wa Kasonga* (Hrsg.), The Church and Healing. Echoes from Africa, Frankfurt a.M. 1994, 48–65.

Katholischer Erwachsenen-Katechismus. Zweiter Band: Leben aus dem Glauben, hrsg. von der *Deutschen Bischofskonferenz*, Freiburg i.Br. 1995.

Katongole, J.C., Ethos Transmission through African-Bantu Proverbs. Proverbs as a Means for Transmitting Values and Beliefs among Africans with the Example of Bantu-Baganda (unveröff. Diss.), Würzburg 1997.

Kenyatta, J., Facing Mount Kenya. The Traditional Life of the Gikuyu, Nairobi 1991.

Kerber, W. (Hrsg.), Menschenrechte und kulturelle Identität, München 1991.

Kessler, H. (Hrsg.), Ökologisches Weltethos im Dialog der Kulturen und Religionen, Darmstadt 1996.

Kidimoyo Ngbakpio, S., La théologie conciliaire du laïcat et la nécessité de son incarnation pour la nouvelle évangélisation en Afrique et au Zaïre, Rom 1994.

Kierkegaard, S., Furcht und Zittern, in: Kierkegaard. Ausgewählt und vorgestellt von Boris Groys. Hrsg. v. *Peter Sloterdijk*, München 1996, 204–247.

Kirwen M.C., African Widows. An Empirical Study of the Problems of Adapting Western Christian Teachings on Marriage to the Leviratic Custom for the Care of Widows in Four Rural African Societies, Maryknoll/NY 1979.

Kisembo, B./Magesa, L./Shorter, A., African Christian Marriage, Nairobi [2]1998.

Kissling, C., Gemeinwohl und Gerechtigkeit. Ein Vergleich von traditioneller Naturrechtsethik und kritischer Gesellschaftstheorie, Freiburg i.Ue/ Freiburg i.Br. 1993.

Kluxen, W., Philosophische Ethik bei Thomas von Aquin, Hamburg ²1980.

Koch, G./Pretscher, J. (Hrsg.), Heilende Gemeinschaft? Von der sozialen Dimension der Gesundheit, Würzburg 1996.

Kofon, N.E., Polygyny in Pre-christian Bafut and New Moral Theological Perspectives, Frankfurt a.M. 1992.

Kohlberg, L., Die Psychologie der Moralentwicklung, Frankfurt a.M. 1995.

—, Essays on Moral Development. 2 Bde., San Francisco 1981/1984.

Korff, W., Der Rückgriff auf die Natur. Eine Rekonstruktion der thomanischen Lehre vom natürlichen Gesetz, in: PhJ 94 (1987) 285–296.

—/*Beck, L./Mikat, P.* (Hrsg.), Lexikon der Bioethik. 3 Bde., Gütersloh 1998.

Krems, G./Mumm, R. (Hrsg.), Theologie der Ehe, Regensburg/Göttingen ²1972.

Krings, H., Art. Existentialismus, in: LThK² III 1304–1306.

—, Art. Freiheit, in: Handbuch Philosophischer Grundbegriffe II 493–510.

Kuhlmann, H. (Hrsg.), Und drinnen waltet die züchtige Hausfrau. Zur Ethik der Geschlechterdifferenz, Gütersloh 1995.

Kuhlmann, W. (Hrsg.), Das Problem Hegels und die Diskursethik, Frankfurt a.M. 1986.

Küng, H., Projekt Weltethos, München/Zürich 1990.

—, Welthethos für Weltpolitik und Weltwirtschaft, München/Zürich 1997.

—/*Kuschel, K.-J.* (Hrsg.), Erklärung zum Weltethos. Die Deklaration des Parlamentes der Weltreligionen, München/Zürich 1993.

—/*Kuschel, K.-J.* (Hrsg.), Wissenschaft und Weltethos, München/Zürich 1998.

Lartey, E.J., Two Healing Communities in Africa, in: *ders./D. Nwachuku/Kasonga wa Kasonga* (Hrsg.), The Church and Healing. Echoes from Africa, Frankfurt a.M. 1994, 33–48.

—/*Nwachuku, D./Kasonga wa Kasonga* (Hrsg.), The Church and Healing. Echoes from Africa, Frankfurt a.M. 1994.

Legrain, M., Appels évangéliques au sein des mariages africains, in: Les Quatres Fleuves 10 (1979) 69–82.

—, Mariage chrétien, modèle unique? Questions venues d'Afrique, Paris 1978.

Lehr, S., „Wir leiden für den Taufschein!" – Mission und Kolonialisierung am Beispiel des Landkatechumenates in Nordostzaire, Frankfurt a.M. 1993.

Lema Gwete, Essai sur la dimension religieuse de l'art négro-africain. Référence à la sculpture traditionnelle au Zaïre, in: Cahiers des Religions Africaines 16 (1982) 71–111.

Lesch, W./Bondolfi, A. (Hrsg.), Theologische Ethik im Diskurs. Eine Einführung, Tübingen/Basel 1995.

Lévy-Bruhl, L., L'âme primitive, Paris 1927.

—, L'expérience mystique et les symboles chez les primitifs, Paris 1938.

—, La mentalité primitive, Paris 1922.

—, La mythologie primitive, Paris 1935.

—, Le surnaturel et la nature dans la mentalité primitive, Paris 1931.

—, Les fonctions mentales dans les sociétés inférieures, Paris 1910.

Lohfink, G., Die Normativität der Amtsvorstellungen in den Pastoralbriefen, in: ThQ 157 (1977) 93–106.

Löhrer, M., Dogmatische Erwägungen zur unterschiedlichen Funktion und zum gegenseitigen Verhältnis von Lehramt und Theologie in der katholischen Kirche, in: *J. Pfammatter/E. Christen* (Hrsg.), Theologe und Hierarch (Theologische Berichte 17), Zürich 1988, 11–53.

Losigo-Kulu, A., Perspectives ecclésiologiques en Afrique francophone. Pour une théologie de l'Église locale à la lumière du Synode de 1974, Rom 1991.

Lufuluabo Mizeka, L'Anti-sorcier face à la science. Préface du Cardinal Malula, Mbujimayi 1977.

Luneau, R., Paroles et silences du Synode africain (1989–1995), Paris 1997.

MacIntyre, A., After Virtue. A Study in Moral Theory, Notre Dame/Indiana 1981, ²1984.

—, Der Verlust der Tugend. Zur moralischen Krise der Gegenwart, Frankfurt a.M. 1995.

Magesa, L., African Religion. The Moral Traditions of Abundant Life, Nairobi 1998.

Malula, J.-A., Mariage et famille en Afrique, in: Œuvres complètes du Cardinal Malula, Bd. 7, hrsg. von *L. de Saint Moulin*, Kinshasa 1997, 135–145.

Mandefu-Kambuyi, B., L'impact d'un discours anthropo-théocentrique sur les communautés ecclésiales vivantes. L'enjeu d'une nouvelle manière d'être Église, Rom 1990.

Mariama Bâ, Ein so langer Brief. Ein afrikanisches Frauenschicksal, Wuppertal 1980.

Masolo, D.A., African Philosophy in Search of Identity, Nairobi 1995.

Maurer, C., Art. Synoida/Syneidesis, in: ThWNT VII 897–918.

Mbiti, J.S., African Religions and Philosophy, London/Ibadan/Nairobi 1983 (Neudruck).

—, Afrikanische Religion und Weltanschauung, Berlin 1974.

—, Introduction to African Religion, Nairobi/Kampala [2]1996.

Mélanges Mandonnet. Études d'histoire littéraire et doctrinale du Moyen-Age, 2 Bde., Paris 1930.

Merks, K.-W., Theologische Grundlegung der sittlichen Autonomie. Strukturmomente eines „autonomen" Normbegründungsverständnisses im lex-Traktat der Summa theologiae des Thomas von Aquin, Düsseldorf 1978.

Messi Metogo, E., Dieu peut-il mourir en Afrique? Essai sur l'indifférence religieuse et l'incroyance en Afrique Noire, Paris 1997.

Mieth, D.(Hrsg.), Moraltheologie im Abseits? Antwort auf die Enzyklika „Veritatis splendor", Freiburg i.Br. [2]1994.

—, Autonome Moral im christlichen Kontext. Zu einem Grundlagenstreit der theologischen Ethik, in: Orientierung 40 (1976) 31–34.

—, Die Moralenzyklika, die Fundamentalmoral und die Kommunikation in der Kirche, in: ders. (Hrsg.), Moraltheologie im Abseits? Antwort auf die Enzyklika „Veritatis splendor", Freiburg i.Br. [2]1994, 9–24.

—, Die neuen Tugenden. Ein ethischer Entwurf, Düsseldorf 1984.

Mikanza Mobyem, M.K., Mort éternelle pour une profusion de vie: La force dramatique du masque, in: Cahiers des Religions Africaines 16 (1982) 255–266.

Milingo, E., The World in Between. Christian Healing and the Struggle for Spiritual Survival, Maryknoll/NY 1984.

Mitendo Nkelenge, H., Mariage contrat ou mariage alliance. Pour une éthique matrimoniale africaine (unveröff. Manuskript).

Monden, L., Sünde, Freiheit und Gewissen, Salzburg 1968.

Mosha, S.N.A., Sin in the African Practices of Medicine, Healing and „Divination" (M.A. Degree-Arbeit, MS), Nairobi 1987.

Mugambi, J.N.K./Nasimiyu-Wasike, A. (Hrsg.), Moral and Ethical Issues in African Christianity. Exploratory Essays in Moral Theology, Nairobi 1992.

Mujynya, E.N., L'homme dans l'univers des Bantu, Lubumbashi 1972.

—, Le mal et le fondement dernier de la morale chez les bantu interlacustres, in: Cahiers des Religions Africaines 3 (1969) 55–78.

—, Le mystère de la mort dans le monde bantu, in: Cahiers des Religions Africaines 3 (1969) 25–35.

Mulago, V. (Hrsg.), Aspects du Catholicisme au Zaire, Kinshasa 1981.

— *u.a.*, Des prêtres noirs s'interrogent, Brüssel 1956.

— *u.a.*, Schwarze Priester melden sich, Frankfurt a.M. 1960.

—, Évangélisation et authenticité dans l'enseignement du Magistère, in: *ders.* (Hrsg.), Aspects du Catholicisme au Zaire, Kinshasa 1981, 7–45.

—, La religion traditionnelle des Bantu et leur vision du monde, Kinshasa ²1980.

—, Mariage traditionnel africain et mariage chrétien, Kinshasa 1981.

—, Un visage africain du Christianisme. L'union vitale bantu face à l'unité vitale ecclésiale, Paris 1965.

Mulamba-Mutayi, Regard sur la statuaire Kuba, in: Cahiers des Religions Africaines 16 (1982) 113–133.

Musonda, D.K., The Meaning and Value of Life Among the Bisa and Christian Morality, Rom 1996.

Mutombo-Mwana, A./Mbaya, E.-R. (Hrsg.), Église et droits de la société africaine, Mbujimayi 1995.

Muzungu, B., La fonction éthique du conte africain, in: Au Cœur de l'Afrique 91 (1993) 401–428.

Mveng, E., „Essai d'anthropologie négro-africaine", in: Bulletin de Théologie Africaine 1 (1979) 229–239.

—, L'Afrique dans l'Église: Paroles d'un croyant, Paris 1985.

Mwana'a Nzeki Ndingi, R.S. (Bischof von Nakuru/Kenya), Reconnaître le mariage traditionnel, in: *M. Cheza* (Hrsg.), Le Synode africain. Histoires et textes. Préface de Jean-Marc Ela, Paris 1996, 126–128.

Mwoleka, C., Ujamaa and Christian Communities, Eldoret 1976.

Naré, L., Proverbes salomoniens et proverbes mossi. Étude comparative à partir d'une nouvelle analyse de Pr 25–29, Frankfurt a.M./Bern/New York 1986.

Ndjimbi-Tshiende, O., Réciprocité – coopération et le système palabrique africain. Tradition et herméneutique dans les théories du développement de la conscience morale chez Piaget, Kohlberg et Habermas, St. Ottilien 1992.

Ngoyagoye, E., Le sens du péché chez les Barundi, in: Au Cœur de l'Afrique 7 (1971) 263–268.

Njenga, J., Marriage in Successive Stages, in: African Ecclesiastical Review 28 (1986) 198–207.

Nothomb, D., Un humanisme africain. Valeurs et pierres d'attente. Préface de M. l'Abbé A. Kagame, Brüssel 1969.

Ntabona, A., Institution des Bashingantahe à l'heure du pluralisme politique africain, in: Au Cœur de l'Afrique 59 (1991) 263–284.

—, Le concept d'Umushingantahe et ses implications sur l'Éducation de la jeunesse aujourd'hui au Burundi, in: Au Cœur de l'Afrique 25 (1985) 263–301.

Ntetem, M., Die negro-afrikanische Stammesinitiation. Religionsgeschichtliche Darstellung, theologische Wertung, Möglichkeit der Christianisierung, Münsterschwarzach 1983.

Nunner-Winkler, G. (Hrsg.), Weibliche Moral. Die Kontroverse um eine geschlechtsspezifische Ethik, Frankfurt a.M./New York 1991.

—, Der Mythos von den Zwei Moralen, in: *H. Kuhlmann* (Hrsg.), Und drinnen waltet die züchtige Hausfrau. Zur Ethik der Geschlechterdifferenz, Gütersloh 1995, 49–68.

—, Gibt es eine weibliche Moral?, in: *dies.* (Hrsg.), Weibliche Moral. Die Kontroverse um eine geschlechtsspezifische Ethik, Frankfurt a.M./New York 1991, 145–161.

—, Moralischer Universalismus – kultureller Relativismus. Zum Problem der Menschenrechte, in: *J. Hoffmann* (Hrsg.), Universale Menschenrechte im Widerspruch der Kulturen, Symposium, Bd. 2, Frankfurt a.M. 1994, 79–103.

Nyamiti, C., African Tradition and the Christian God, Eldoret o.J.

—, The Incarnation Viewed from the African Understanding of Person, in: African Christian Studies 6 (1990) 3–27.

Nyeme Tese, J.A., Munga. Éthique en un milieu africain. Gentilisme et Christianisme, Ingenbohl ²1980.

Nyerere, J.K., Ujamaa – Grundlage des afrikanischen Sozialismus, in: Afrikanischer Sozialismus. Aus den Reden und Schriften von Julius K. Nyerere. Mit einer Einleitung von Gerhard Grohs, Stuttgart 1972, 10–18.

Ocholla-Ayayo, A.B.C., Traditional Ideology and Ethics Among the Southern Luo, Uppsala 1976.

Odi Assamoi, G., Die Begegnung der christlichen Moral mit der afrikanischen Familientradition, in: Concilium 17 (1981) 794–800.

Oeing-Hanhoff, L., Der Mensch: Natur oder Geschichte? Die Grundlagen und Kriterien sittlicher Normen im Licht der philosophischen Tradition, in: *F. Henrich* (Hrsg.), Naturgesetz und christliche Ethik. Zur wissenschaftlichen Diskussion nach Humanae vitae, München 1970, 13–47.

Oelmüller, W. (Hrsg.), Fortschritt wohin? Zum Problem der Normenfindung in der pluralen Gesellschaft, Düsseldorf 1972.

—, (Hrsg.), Normbegründung, Normdurchsetzung, Paderborn 1978.

Ohlig, K.-H., Ein Gott in drei Personen? Vom Vater Jesu zum „Mysterium" der Trinität, Mainz/Luzern 1999.

Okot p'Bitek, Africas Cultural Revolution, Macmillan/Nairobi 1973.

Omi R.E.A./Anyangwu K.C., African Philosophy. An Introduction to the Main Philosophical Trends in Contemporary Africa, Rom 1984.

Oser, F./Althof, W., Moralische Selbstbestimmung. Modelle der Entwicklung und Erziehung im Wertebereich. Ein Lehrbuch – mit einem Beitrag von Detlef Garz, Stuttgart 1992.

Pesch, O.H., Die Theologie der Tugend und die theologischen Tugenden, in: Concilium 23 (1987) 233–245.

—, Kommentar, in: DThA Bd. 13, Graz 1977, 531–743.

—, Sünde und Menschsein bei Thomas von Aquin. Eine theologiegeschichtliche Meditation, in: *M. Thurner* (Hrsg.), Die Einheit der Person. Beiträge zur Anthropologie des Mittelalters. Richard Heinzmann zum 65. Geburtstag, Stuttgart 1998, 85–98.

—, Theologie der Rechtfertigung bei Martin Luther und Thomas von Aquin. Versuch eines systematisch-theologischen Dialogs, Mainz ²1985.

—, Thomas von Aquin. Grenze und Größe mittelalterlicher Theologie, Mainz ³1995.

—, Um den Plan der Summa Theologiae des hl. Thomas von Aquin. Zu Max Secklers neuem Deutungsversuch, in: MThZ 16 (1965) 128–137.

Peschke, K.-H., Christliche Ethik. Spezielle Moraltheologie, Trier 1995.

Pfammatter, J./Christen, E. (Hrsg.), Theologe und Hierarch (Theologische Berichte 17), Zürich 1988.

„Philosophie africaine: Rationalité et Rationalités". Actes de la XIVe Semaine Philosophique de Kinshasa, Kinshasa 1996.

Pieper, J., Die Wirklichkeit und das Gute, München ⁵1949.

Pinckaers, S.Th., Pour une lecture de „Veritatis splendor", Paris 1995.

Pinto de Oliveira, C.-J. (Hrsg.), Novitas et veritas vitae. Aux sources du renouveau de la morale chrétienne. Mélanges offerts au professeur Servais Pinckaers à l'occasion de son 65ème anniversaire, Freiburg i.Ue. 1991.

Pobee, J.S., Grundlinien einer afrikanischen Theologie, Göttingen 1981.

Ratzinger, J., Demokratisierung der Kirche?, in: *ders./Maier, H.*, Demokratie in der Kirche. Möglichkeiten, Grenzen, Gefahren, Limburg 1970.

—, Einführung in das Christentum. Vorlesungen über das Apostolische Glaubensbekenntnis, München 1968.

—, Vom Wiederauffinden der Mitte. Grundorientierungen. Texte aus vier Jahrzehnten, hrsg. vom Schülerkreis. Red.: *S.O. Horn/V. Twomey/S. Wiedenhofer/J. Zöhrer*, Freiburg i.Br. u.a. 1997.

—, Wenn Du den Frieden willst, achte das Gewissen jedes Menschen, in: *ders.*, Vom Wiederauffinden der Mitte. Grundorientierungen. Texte aus vier Jahrzehnten, hrsg. vom Schülerkreis. Red.: *S.O. Horn/ V. Pfnür/V. Twomey/S. Wiedenhofer/J. Zöhrer*, Freiburg i.Br. u.a. 1997, 266–287.

—, Zur Lage des Glaubens. Ein Gespräch mit Vittorio Messori, München 1985.

—, Zur Theologie der Ehe, in: *G. Krems/R. Mumm* (Hrsg.), Theologie der Ehe, Regensburg/Göttingen [2]1972, 88–90.

—/*Maier, H.*, Demokratie in der Kirche. Möglichkeiten, Grenzen, Gefahren, Limburg 1970.

Reese-Schäfer, W., Was ist Kommunitarismus?, Frankfurt a.M./New York 1994.

Rejón, F.M., Auf der Suche nach dem Reich und seiner Gerechtigkeit. Die Entwicklung oder Ethik der Befreiung, in: Concilium 20 (1984) 115–120.

Ridl, A., Die kirchliche Lehrautorität in Fragen der Moral nach den Aussagen des Ersten Vatikanischen Konzils, Freiburg i.Br./Basel/Wien 1979.

Rivinius, K.J. (Hrsg.), Schuld, Sühne und Erlösung in Zentralafrika (Zaire) und in der christlichen Theologie Europas, St. Augustin 1983.

Robinson, J.A.T., Christian Morals Today, London 1964.

—, Christliche Moral heute, München [2]1966.

—, Gott ist anders. Honest to God, München [15]1970.

Rodegem, F.M., Paroles de sagesse au Burundi, Leuven 1983.

Römelt, J./Hidber, B. (Hrsg.), In Christus zum Leben befreit. Für Bernhard Häring, Freiburg i.Br. u.a. 1992.

Rosny, E. de, Les yeux de ma chèvre. Sur les pas de mes maîtres de la nuit en pays douala (Cameroun), Paris 1981.

Rotter, H., Das personale Denken in der Moraltheologie, in: StdZ 206 (1988) 518–528.

Ruf, A.K., Sünde – Was ist das?, München 1972.

Saint Moulin, L. de (Hrsg.), Œuvres complètes du Cardinal Malula, 7 Bde., Kinshasa 1997.

Sangare, L.A. (Erzbischof von Bamako/Mali), Mariage et famille: propositions, in: *M. Cheza* (Hrsg.), Le Synode africain. Histoires et textes. Préface de Jean-Marc Ela, Paris 1996, 124f.

Sanon, A.T., Das Evangelium verwurzeln. Glaubenserschließung im Raum afrikanischer Stammesinitiationen, Freiburg i.Br./Basel/Wien 1985.

Sartre, J.-P., L'être et le néant, Paris 1943.

—, Les Mouches, Paris 1943.

Scheffczyk, L./Dettloff, W./Heinzmann, R. (Hrsg.), Wahrheit und Verkündigung. Festschrift zum 70. Geburtstag von Michael Schmaus, Bd. 2, München u.a. 1967.

Schilling, O., Die Staats- und Soziallehre des hl. Thomas von Aquin, Paderborn 1923.

Schmitz, Ph., Fortschritt ohne Grenzen? Christliche Ethik und technische Allmacht, Freiburg i.Br. 1997.

—, Tugend – der alte und neue Weg zur inhaltlichen Bestimmung des sittlich richtigen Verhaltens, in: ThPh 54 (1979) 161–182.

Schockenhoff, E., Bonum hominis. Die anthropologischen und theologischen Grundlagen der Tugendethik des Thomas von Aquin, Mainz 1987.

—, Naturrecht und Menschenwürde. Universale Ethik in einer geschichtlichen Welt, Mainz 1996.

Scholler, H., Anknüpfungspunkte für eine Rezeption der abendländischen Menschenrechte in der afrikanischen Tradition, in: *W. Kerber* (Hrsg.), Menschenrechte und kulturelle Identität, München 1991, 117–142.

—, Das afrikanische Rechtssprichwort als hermeneutisches Problem, in: *W. Hassemer* (Hrsg.), Dimensionen der Hermeneutik. Arthur Kaufmann zum 60. Geburtstag (Sonderdruck) o.O. o.J., 135–155.

Schreiter, R., Abschied vom Gott der Europäer. Zur Entwicklung regionaler Theologien. Mit einem Vorwort von Edward Schillebeeckx, Salzburg 1992.

Schuster, J., Ethos und kirchliches Lehramt. Zur Kompetenz des Lehramtes in Fragen der natürlichen Sittlichkeit, Frankfurt a.M. 1984.

Seckler, M., Das Heil in der Geschichte. Geschichtstheologisches Denken bei Thomas von Aquin, München 1964.

—, Im Spannungsfeld von Wissenschaft und Kirche. Theologie als schöpferische Auslegung der Wirklichkeit, Freiburg i.Br. 1980.

Setele, A. (Bischof von Inhambane/Mozambik), Mariage et famille: défis pastoraux, in: *M. Cheza* (Hrsg.), Le Synode africain. Histoires et textes. Préface de Jean-Marc Ela, Paris 1996, 123f.

Singer, P., Praktische Ethik, Stuttgart ²1994.

Sloterdijk, P. (Hrsg.), Kierkegaard. Ausgewählt und vorgestellt von Boris Groys, München 1996.

Steinbüchel, Th., Die philosophische Grundlegung der katholischen Sittenlehre. 1. Halbband, Düsseldorf 1938.

Stoeckle, B., Grenzen der autonomen Moral, München 1974.

Streiff, S./Ruh, H., Zum Interesse theologischer Ethik an der Rationalität, Zürich 1995.

Synave, P., La révélation des vérités divines naturelles d'après saint Thomas d'Aquin, in: Mélanges Mandonnet. Études d'histoire littéraire et doctrinale du Moyen-Age, Bd. 1, Paris 1930, 227–370.

Taabu Sabiti, Proverbes et dictons en Swahili et en Kingwana, o.O. 1976.

Taylor, C., Die Motive einer Verfahrensethik, in: *W. Kuhlmann* (Hrsg.), Das Problem Hegels und die Diskursethik, Frankfurt a.M. 1986, 101–135.

—, Quellen des Selbst. Die Entstehung der neuzeitlichen Identität, Frankfurt a.M. 1996.

Tempels, P., Bantu-Philosophie. Ontologie und Ethik, Heidelberg 1956.

—, Notre rencontre, Léopoldville 1962.

Téqui, P. (Hrsg.), Jean Paul II, La défense de la foi. Lettre apostolique en forme de Motu proprio „Ad tuendam fidem", Paris 1998.

Thomas, L.-V., Corps et société: Le cas négro-africain, in: L'Afrique et ses formes de vie spirituelle, Kinshasa 1981, 193–214.

—/*Luneau, R.*, La terre africaine et ses religions. Traditions et changements, Paris 1975.

Thurner, M. (Hrsg.), Die Einheit der Person. Beiträge zur Anthropologie des Mittelalters. Richard Heinzmann zum 65. Geburtstag, Stuttgart 1998.

Tille, J. (Hrsg.), Jesus. Auf der Suche nach einem neuen Gottesbild, Düsseldorf/Wien 1993.

Tönnies, F., Gemeinschaft und Gesellschaft. Grundbegriffe der reinen Soziologie, Berlin [8]1935.

Tshiamalenga-Ntumba, Afrikanische Philosophie. Zum originären Vertrauen des afrikanischen Menschen, in: *A. Mutombo-Mwana/E.-R. Mbaya* (Hrsg.), Église et droits de la société africaine, Mbujimayi 1995, 109–120.

Ukpong, J.S., Sin and Reconciliation Among the Ibibio. A Christian Evaluation, in: Cahiers des Religions Africaines 19 (1985) 227–233.

Utz, A.-F./Groner, J.-F. (Hrsg.), Aufbau und Entfaltung des gesellschaftlichen Lebens. Soziale Summe Pius XII., 3 Bde., Freiburg i.Ue. 1954–1961.

Uzukwu, E.E., A Listening Church. Autonomy and Communion in African Churches, Maryknoll/NY 1996.

Vahwere, B.K., Le problème moral de l'éducation sexuelle en Afrique noire. L'éthique sexuelle Nande à la lumière de la morale chrétienne selon Xavier Thévenot (unveröff. Lizentiatsarbeit), Kinshasa 1994.

Vanneste, A., Nature et grâce dans la théologie occidentale. Dialogue avec H. de Lubac, Leuven 1996.

Vidal, M., Die Enzyklika „Veritatis splendor" und der Weltkatechismus. Die Restauration des Neuthomismus in der katholischen Morallehre, in: *D. Mieth* (Hrsg.), Moraltheologie im Abseits? Antwort auf die Enzyklika „Veritatis splendor", Freiburg i.Br. ²1994, 244–270.

—, Läßt sich die Autonomie als Moralgrundlage mit der Befreiungsethik vereinbaren? Der notwendige Dialog zwischen „Autonomie" und „Befreiung", in: Concilium 20 (1984) 154–159.

Walzer, M., Kritik und Gemeinsinn. Drei Wege der Gesellschaftskritik, Berlin 1990.

—, Sphären der Gerechtigkeit. Ein Plädoyer für Pluralität und Gleichheit, Frankfurt a.M./New York 1992.

Wanjohi, G.J., The Wisdom and Philosophy of the Gikuyu Proverbs. The Kihooto World-View, Nairobi 1997.

Wiedenhofer, S., Das katholische Kirchenverständnis. Ein Lehrbuch der Ekklesiologie, Graz 1992.

—, Ekklesiologische Implikationen eines demokratischen Stils in der Ethik, in: *A. Autiero* (Hrsg.), Ethik und Demokratie. 28. Internationaler Fachkongreß für Moraltheologie und Sozialethik (Sept. 1997/ Münster), Münster 1998, 141–156.

Wiederkehr, D. (Hrsg.), Der Glaubenssinn des Gottesvolkes – Konkurrent oder Partner des Lehramts?, Freiburg i.Br./Basel/Wien 1994.

—, Sensus vor Consensus: auf dem Weg zu einem partizipativen Glauben – Reflexionen einer Wahrheitspolitik, in: *ders.* (Hrsg.), Der Glaubenssinn des Gottesvolkes 182–206.

Wildfeuer, A.G., Art. Person. 1. Philosophisch, in: *W. Korff/L. Beck/ P. Mikat* (Hrsg.), Lexikon der Bioethik. Bd. 3, Gütersloh 1998, 5–9.

Wilfred, F., Vom Schattenboxen zum Dialog. Grundlegende Probleme einer asiatischen Theologie, in: HK 53 (1999) 26–33.

Yoka Lye Mudaba, Bobongo. La danse sacrée et la libération, in: Cahiers des Religions Africaines 16 (1982) 277–291.

Zahlmann, C. (Hrsg.), Kommunitarismus in der Diskussion. Eine streitbare Einführung, Berlin ²1994.

Personenregister

Abaelard, P. 153
Abraham 42, 158f, 213f
Alexander VII. 11
Alexy, R. 82
Allgaier, K. 138
Allien, R. 26
Althof, W. 32
Ambrosius von Mailand 23
Andavo, J. 36
Apel, K.-O. 26, 43f, 56, 70, 92, 94, 99–102
Arens, E. 56f, 70
Aristoteles 98, 101–103
Arntz, K. 19
Aubert, J.M. 157
Auer, A. 108–117, 133, 199f
Augustinus 30, 42, 223
Autiero, A. 180, 206
Awa Thiam 183

Baader, F. von 19
Barber, B. 18
Barth, K. 159
Belmans, T.G. 152f
Bidima, J.-G. 71, 78
Böckle, F. 41, 114f
Bollnow, O.F. 53f
Bonaventura 153
Bondolfi, A. 56
Bradshaw, J. 172f
Brechter, S. 12
Brunner, E. 160
Buakasa, T.K.M. 186f, 189
Bujo, B. 12, 15, 17, 21, 30f, 34, 37–39, 43, 46, 52, 57–60, 64, 72–74, 76, 83, 85, 103, 105, 113, 117, 127, 134–136, 138f,

141–144, 146, 149f, 152, 155, 166f, 167, 169–171, 174, 177, 180, 183, 187, 193f, 210f, 213, 227

Chenu, M.-D. 113
Cheza, M. 219
Chomsky, N. 229
Christen, E. 204
Cone, J.H. 20
Cyprian 200f, 205

de Lubac, H. 136
Deman, Th. 139
Dembowski, H. 73
Demmer, K. 28, 113, 122
Descartes, R. 17, 19, 169
Dettloff, W. 81
Donders, J.G. 74
Dzaringa-Jisa, R. 73

Egenter, R. 114, 159f
Eid, V. 114

Fagan, S. 58
Fink, U. 142
Fletcher, J. 158, 162f
Forst, R. 23, 25f, 43, 70
Franz, A. 202
Friedli, R. 15
Fuchs, J. 54f, 110f, 115, 118, 133, 206f
Furger, F. 12

Gerken, L. 138
Greive, W. 73
Grelot, P. 42
Grohs, G. 191

254